中国近代教会大学招生考试研究

虞宁宁 / 著

高考改革研究丛书
刘海峰 / 主编

华中师范大学出版社

本书为2016年度教育部人文社会科学重点研究基地重大项目"高考制度改革研究"（16JJD880029）之成果

新出图证（鄂）字 10 号

图书在版编目（CIP）数据

中国近代教会大学招生考试研究/虞宁宁著. —武汉：华中师范大学出版社，2016.12
（高考改革研究丛书/刘海峰主编）
ISBN 978-7-5622-6923-6

Ⅰ.①中… Ⅱ.①虞… Ⅲ.①教会学校—高等学校—招生—考试制度—研究—中国—近代 Ⅳ.①G649.29

中国版本图书馆 CIP 数据核字（2015）第 016973 号

中国近代教会大学招生考试研究
ⓒ虞宁宁 著

责任编辑：王中宝	责任校对：王 炜
编辑室：学术出版中心	电话：027—67867792
出版发行：华中师范大学出版社	社址：湖北省武汉市洪山区珞喻路 152 号
电话：027—67863426/3280（发行部）	027—67861321（邮购）
传真：027—67863291	邮编：430079
网址：http://press.ccnu.edu.cn	电子信箱：press@mail.ccnu.edu.cn
印刷：湖北新华印务有限公司	督印：王兴平
封面设计：甘 英	封面制作：胡 灿
开本：710mm×1000mm 1/16	印张：23.25
版次：2016 年 12 月第 1 版	印次：2016 年 12 月第 1 次印刷
字数：391 千字	定价：58.00 元

欢迎上网查询、购书

敬告读者：欢迎举报盗版，请打举报电话 027—67861321

总　序

高考是我国各类考试中最重要、影响最大的考试。高考改革不仅关系到国家创新人才的培养、学生的健康成长，而且关系到社会公平的维护、高等教育资源的分配，还涉及宏大的社会利益再分配问题，关系到维护我国改革发展稳定的大局，是一项"牵一发而动全身"的社会系统工程，具有综合性、系统性。高考改革事关教育全局，不仅已成为重大的民生议题，而且是教育领域中最复杂、最敏感的问题，受到民众和国家教育主管部门的高度关注。

2010年7月正式颁布的《国家教育中长期改革和发展规划纲要(2010—2020年)》列有关于招生考试的专门一章，即第十二章"考试招生制度改革"。在中国历次教育改革文件中，这是第一次将招生考试单独列出一章，足见此问题在现阶段的重要性。2012年7月，国家教育考试指导委员会在北京成立，研究制定考试改革方案，指导考试改革试点。国家专门成立一个国家级决策咨询机构来指导高考改革实践，说明考试招生改革意义非常重大。2013年11月，十八届三中全会通过了《中共中央关于全面深化改革若干重大问题的决定》，其中教育方面最主要的就是考试招生改革的内容。2014年9月公布的《国务院关于深化考试招生制度改革的实施意见》，是恢复高考以来最全面、最系统的改革文件。以往也有各种各样的高考改革政策出台，但多数都是单项的或者某一个侧面的改革，而这次改革涉及考试招生的方方面面，是一个顶层设计的系统改革，标志着高考改革进入一个新阶段。

由于高考是一个至为复杂的大规模选拔性考试，是一项"横看成岭侧成峰，远近高低各不同"的制度，从某一特定的角度去观察，站在某一种特定的立场去评说，可能所见都是事实，所言也都有一定道理，但也可能会出现盲人摸象、各说各话的情况。因此，在评价高考时，重要的是全面和客观。

而要理性地、全面地评价高考,提出切实可行的改进意见,就应该对高考进行全面深入的研究。

中国是考试制度的发源地,不仅是一个考试古国,而且是一个考试大国。有些西方国家的大学入学考试只是一种测量手段,只是在小范围内引起关注,只是一个部分人关心的话题。然而,受传统和现实的制约,中国人却将高考变成了文化,变成了经济,变成了政治,变成了盛大的仪式,变成了一种备受关注的社会活动,变成了一种惯例式的全民动员。在有五千年悠久文化传统和千余年科举考试影响的中国,在一个幅员辽阔、人口众多、地域和城乡文化教育水平差异很大的中国,在民众高度重视甚至是过度重视教育的中国,高考既与世界各国的大学入学考试有相同的规律,也有不少独有的现象和问题。

长期以来,高考作为一项影响重大、关注度甚高的重要制度,总体而言是"三多三少",即新闻报道多,理论研究相对较少;一般议论多,深入分析相对较少;零星探讨多,系统研究相对较少。近年来,情况有了一些改观,特别是2012年前后讨论异地高考政策问题,2014年《国务院关于深化考试招生制度改革的实施意见》出台以后,出现了研究高考改革的热潮,许多相关论文见诸报刊。但是,对于整个高考制度还缺少系统的研究,尤其缺少真正有分量的高考改革研究著作。

高考改革是一个谁都能说得上两句的话题,但又是一个专业性很强的问题。要谈谈自己关于高考改革的观点,发表一两篇文章不难,而要深入阐述自己的观点,发表不重复的系列论文或出版专著却很难。为了将高考研究推向深入,并为现实高考提供决策参考和理论依据,在深入研究的基础上,特组织一套"高考改革研究丛书"。

作为中国高考研究的重镇,厦门大学考试研究中心一直将高考改革作为重点研究方向之一,推出了一系列研究论文和专著,研究成果为全国性的和部分省市的高考改革提供重要的理论支持。本丛书是中国第一套较全面、深入研究高考改革的丛书,对高考从理论、制度、政策、法治、内容、形式,到招生考试的区域公平、民族政策、效度和评价等各方面进行全面的研究,同时对美国、英国、法国、俄罗斯、加拿大、澳大利亚、日本和我国台湾地区的高校招生考试制度等进行了探讨;既有对高考制度的理论剖析,又有对高考改革的一些热点问题的专题论述;是从理论到实践、从宏观到微观、从国内到域外,对高考制度及其改革进行的全面而深入的研究。

总 序

"高考改革研究丛书"是对高考的基础性、系统性研究。2015年，该丛书获得国家出版基金资助，出版社与丛书主编将原来已出版的十多本著作加以修订，并扩充至22本，使之成为一个更全面、成气候的书系。本丛书基本上由我自己的著作和历年指导通过答辩的高考研究博士论文、博士后出站报告为基础构成。在我历年指导的众多博士论文或博士后出站报告中，以高考研究为选题的占大多数。要想真正为高考改革提供参考，我们的研究应力求建立在对招生考试历史与现实充分了解的基础之上。为了使这些论文的写作不至于陷入空谈，我总是要求博士生和博士后多了解高考实际。多年来，以高考为选题的博士生和博士后一般都要到部分省市教育招生考试院等考试机构实习，真正深入招生考试第一线，多与考试管理工作者接触交流，这样他们才不会太书生气，所写论文才能脚踏实地。凡是研究别国高校招生考试制度的博士生和博士后，都通晓所在国的语言文字，并尽可能到研究对象国去搜集资料和实地调研，多位博士生和博士后都在研究对象国留学多年或做访问研究一年以上。

丛书中每本著作各有专攻，希望都能切中肯綮，真正做到既有学术价值，也有现实意义；对高考改革的顶层设计，对高考改革的顺利推行，进而对维护教育公平和社会稳定起到一定的作用。恢复高考40周年即将到来，相信本丛书的出版能够为高考改革提供理论支撑，为完善中国的考试招生制度贡献绵薄之力，作为一名上世纪的77级大学生，我深感欣慰。

刘海峰
2016年10月6日

序

  古今"大学"，含义有别。从先秦到汉唐以下各时期，中国创建、发展了多种高等教育机构。这些属于传统意义上的"大学"。现代意义上的中国"大学"，是从西方移植而来，带有西方文化教育的深刻烙印。20世纪初年，在"废科举，兴学堂"的大变革中，传统"大学"消失，现代"大学"取而代之。

  中国近代教会大学是西学东渐的产物。在创办之初，教会学校入乡随俗，冠以"会馆"、"书院"、"学堂"之名，以与中国教育传统相契合。实际上，这类教育机构，从生源结构、招生考试，到课程设置、教学方式，都有别于传统书院，具有新的教育性质。废科举后，教会大学兴起，逐渐发展为中国近代大学的重要来源之一。

  在移植西方教育制度的过程中，无论是来华传教士开办的教会大学、中国政府创办的大学，抑或国人自办的私立大学，在相当长时间内都实行单独招生考试。这既受西方大学招生模式的影响，也是这一时期我国高等教育发展的必然选择，在一定程度上满足了培养专门人才的需要。

  所不同的是，在中国大学办学实践中，为了避免单独招考对高等教育学科结构、区域入学机会、社会经济发展的负面影响，自20世纪30年代初开始，南京国民政府试行高校计划与统一招生；抗日战争前期，一度实行国立各院校统一招考。相比之下，教会大学除了短期曾试行联合招生及区域统一招生之外，主要采用的还是单独招生考试，形成了独特的招生考试模式。此外，在人才选拔的理念、具体的招考方式、命题、考试管理等方面，教会大学与国立大学、私立大学也存在某些差异。凡此无不显示其别具一格的办学特色。

  迄今，学术界有关中国近代大学史、中国近代高校招生考试制度的研究已取得不少成果，但鲜有学者系统而专门地探究教会大学招生考试这一主题。这是与中国近代教会大学在人才培养中所发挥的突出作用不相称的。因此，深入研究教会大学招生考试制度及其运作模式，不仅具有重要的学术价值，而且对于当今大学考试招生制度变革很有启发意义。

虞宁宁是我指导的博士生，研究方向为中国近现代高等教育。此前，她在读硕士学位期间，曾做过中国近代基督教大学本土化问题研究；考入厦门大学教育研究院后，她对高校招生考试问题颇感兴趣。为此，她选择了"中国近代教会大学招生考试"作为其博士学位论文的研究主题，可谓因材施教，发挥所长。经过三年的艰苦学习和努力钻研，她查阅了大量第一手文献资料，几易其稿，最终顺利完成了这篇扎实的博士学位论文。2012年6月，虞宁宁通过博士学位论文答辩，获得论文评阅专家和答辩委员会的好评。

在此基础上修改而成的这部书稿，史料翔实，观点新颖，结构合理，论证充分，具有颇高的学术性与现实价值。在写作过程中，作者搜集了大量原始史料，而以齐鲁大学、燕京大学等校的校长年度报告、招生数据统计等档案资料最为可观，为深入开展自主招生模式研究、案例分析和比较研究打下了坚实的文献基础。通过系统考察教会大学招生考试的历史变迁和运作模式，总结其特点与经验，探索招生考试发展规律，力图为当今高考改革和人才培养提供借鉴。这些都体现了这项研究的创新性。

常言道，勤能补拙，天道酬勤。2013年3月，在台湾政治大学主办的第二届"思源人文社会科学博士论文奖"评选中，虞宁宁的博士学位论文有幸获得心理与教育学门首奖，真是可喜可贺！如今，在其简体版付梓之际，谨以此为序，且勉之。

张亚群
于厦门大学
2014年12月8日

目 录

第一章 绪 论 ... 1
一、研究缘起 ... 2
二、研究意义 ... 6
三、相关概念界定 ... 8
四、文献综述 ... 11
五、研究思路和方法 ... 25

第二章 教会大学招生考试的历史演变 ... 29
第一节 教会大学招生考试的早期探索 ... 29
一、20世纪20年代初教会大学发展概况 ... 29
二、教会大学早期招生考试的特点 ... 31
第二节 立案前后教会大学招生考试的改革 ... 45
一、改革的动因 ... 46
二、改革的内容 ... 53
三、改革的成效 ... 58
第三节 抗战时期教会大学招生考试的变通 ... 64
一、抗战爆发后教会大学的整体概况 ... 64
二、因时、因地、因校的招考策略 ... 69
三、抗战时期的招考特点 ... 73
第四节 抗战后教会大学招生考试的调整 ... 83
一、内迁大学积极复校招生 ... 84
二、国民政府进一步加强招生管理 ... 86
三、教会大学恢复与教会中学的联系,加强与政府的合作 ... 90

四、战后教会大学招生考试的特点 …………………………… 92
　第五节　1949年后教会大学招生考试的衰亡 ………………………… 96
第三章　教会大学招生考试的运作模式 ………………………………… 100
　第一节　独立灵活的组织体系 …………………………………………… 100
　　一、大学内部的参与者 …………………………………………… 100
　　二、大学外部的参与者 …………………………………………… 105
　　三、招考组织体系的特点 ………………………………………… 109
　第二节　自主公开的招考程序 …………………………………………… 112
　　一、招生考试前期准备 …………………………………………… 112
　　二、招生考试核心步骤 …………………………………………… 113
　　三、招生数据统计 ………………………………………………… 132
　第三节　科学合理的考生分类 …………………………………………… 133
　　一、转学生招考 …………………………………………………… 133
　　二、特别生招考 …………………………………………………… 142
第四章　案例研究：燕京大学招生考试特点解析 …………………… 148
　第一节　申请资格与报考手续 …………………………………………… 148
　　一、申请资格 ……………………………………………………… 149
　　二、报考手续 ……………………………………………………… 155
　第二节　考试内容与录取标准 …………………………………………… 164
　　一、考试科目 ……………………………………………………… 164
　　二、考试说明 ……………………………………………………… 168
　　三、试题分析 ……………………………………………………… 173
　　四、录取标准 ……………………………………………………… 180
　第三节　承认中学考试 …………………………………………………… 182
　　一、承认中学与燕大早期招生 …………………………………… 183
　　二、承认中学申请条件与程序 …………………………………… 184
　　三、考生资格与报考手续 ………………………………………… 186
　　四、考试科目 ……………………………………………………… 186

五、承认中学考试的组织与管理……187
六、承认中学考试录取情况……189
七、对承认中学考试的评价……190

第四节 智力测验 192
一、智力测验的实质……192
二、智力测验考试科目的设立背景……193
三、智力测验的要求和测验对象……195
四、试题分析……196
五、测验成绩的运用……201

第五章 教会大学与国立大学招生考试之比较 204

第一节 招考理念的比较 205
一、办学宗旨……205
二、人才观……210
三、考试观……215

第二节 招考方式之异同 218
一、性质不同的单独招考……219
二、统一管理下的自主招考……224
三、抗战时期的自主与统一招考……227
四、抗战后的自主与联合招考……232

第三节 招生实例的比较 234
一、招考组织体系……234
二、考试科目与考试命题……237
三、评阅、录取与分发……243
四、新生状况比较……249

第六章 教会大学招生考试的理论反思 260

第一节 教会大学招生考试的影响因素 260
一、自然条件的影响……261
二、政治和军事因素的影响……262

  三、经济因素的影响……………………………………………… 270
  四、文化教育因素的影响…………………………………………… 277
 第二节 教会大学招生考试的特点及规律………………………………… 288
  一、教会大学招生考试的特点……………………………………… 288
  二、教会大学招生考试的规律……………………………………… 300
 第三节 教会大学招生考试的历史作用与现实启示…………………… 309
  一、教会大学招生考试的历史作用………………………………… 309
  二、教会大学招生考试的现实启示………………………………… 317

附 录 …………………………………………………………………… 323
 附录1：1937—1940年度全国高等教育概况统计表………………… 323
 附录2：福建协和大学投考生性格调查表…………………………… 324
 附录3：齐鲁大学入学试题…………………………………………… 326
 附录4：辅仁大学入学试题…………………………………………… 327
 附录5：燕京大学1946年入学试题…………………………………… 328
 附录6：福建协和大学入学试题……………………………………… 329
 附录7：燕京大学1949年入学试题…………………………………… 331

参考文献 ………………………………………………………………… 338
后 记 …………………………………………………………………… 357

第一章 绪 论

　　传承西方通识教育理念，融会中国传统文化，中国近代教会大学取得了出色的办学成果。教会大学有全国公认的优势特色学科，如金陵大学和岭南大学的农林学，文华大学的图书馆学，沪江大学的商学，东吴大学的法学，燕京大学的新闻学，之江大学的建筑学，齐鲁大学和华西协合大学的医学以及圣约翰大学的外国语言学等。近代中国的新式人才，曾毕业或受教于教会大学的，更是不可胜数。仅以圣约翰大学为例，就有活跃在近代中国内政外交舞台上的职业外交家顾维钧，驻英公使施肇基；医学界的颜福庆、刁信德、牛惠霖、牛惠生；实业界的刘鸿生、刘吉生、荣毅仁；金融界的周作民；教育界的陈鹤琴；科技界的吴蕴之、徐凤石；宗教界的丁光训、汤忠谟，以及其他如宋子文、林语堂、贝聿铭、张爱玲、邹韬奋等，不胜枚举[1]。接受了西方正规大学教育和规范科研训练的教会大学毕业生，不仅成为中国近代新式教育的传播者，也成为中国诸多科学研究领域的开创者。以现代教育而论，教会学校堪称中国新教育的前驱之一[2]。

　　教会大学的成功办学，肯定与其科学、民主、高效、人本的招生考试制度密切相关。教会大学招生考试，作为大学人才培养的首要环节，不仅担负着选拔深造之才的重任，反映着教会大学的通识教育理念，也折射出教会大学与中国近代社会政治、经济、文化间的密切关系。因此，研究教会大学招生考试有很高的学术价值和现实意义。探寻教会大学招生考试的历史变迁，明确教会大学的人才选拔理念和招生考试运作模式，既可加深对中国近代教会大学办学特色、人才选拔和培养规律的认识，又对当前高校招生考试制度

---

[1] 熊月之、周武：《圣约翰大学史》，上海人民出版社，2007年，第346页。
[2] 《教会学校：中国新教育前驱》，《申报》1937年5月19日。

改革和人才培养质量的提升有重要的理论意义和实践价值。

一、研究缘起

中国近代教会大学的办学理念是西方传统哲学和现代世俗科学的结合，更重要的是，它是在中国传统儒家文化的基础上形成和发展起来的。虽然带有鲜明的外国文化和宗教特征，与中国传统文化看似格格不入，但教会大学却培养出大批具有爱国思想、牺牲精神和创新意识的通识精英人才，在中国近代高等教育史上写下了浓墨重彩的一笔。本研究选择教会大学招生考试作为研究主题，主要基于以下五个方面的原因。

第一，教会大学招生考试对其人才培养质量的提高有显著的促进作用。

招生考试作为教会大学人才培养的首要环节，承担着选拔优秀生源的重任，同时又发挥着学业诊断功能，为大学人才培养的后续环节提供因材施教的客观依据。教会大学移植欧美大学招生考试制度，以选拔身心和谐发展的全优人才为目标，注重对学生进行德、智、体、群、能全方位的综合评价，其中对学生德的评价又自然而然地渗透着基督教的品性标准。经过审核学生的入学志愿书、品性调查表、中学成绩表、入学保证书等多项申请材料，通过大学自主命题的入学考试，以及西医全面的体格检查，教会大学将入学意愿强烈、身心健康发展以及具有深造潜质的学生选入大学，接受精英高等教育。值得关注的是，教会大学招生考试在近代中国并不是一帆风顺地线性发展的，而是历经了各种改革。办学环境的不断变化使教会大学的人才培养目标从最初为教会培养神职人员和教育基督徒子女扩展，转变为培养、改造和建设中国社会所需的各种领袖人才和高等专门人才，甚至普通职业人才，但通识性精英人才始终是教会大学人才培养的核心和主体。教会大学适应学校人才培养目标的转换，改革和完善招生考试制度，在严峻的环境和激烈的竞争中秉持宁缺毋滥的招生原则，坚持以质取胜，确保优秀人才脱颖而出，这成为其成功办学的重要保障。

招生考试服务于教会大学的人才选拔，人才选拔又是大学人才培养的第一环节，所以人才培养质量的提高离不开人才选拔质量的改进，而科学、民主、高效、人本的招生考试运作模式则有助于提高人才选拔质量。因此，当我们关注并研究教会大学为何能培养出如此众多的优秀人才时，还是应当从其人才培养的开端，即人才选拔开始，顺次梳理教会大学人才培养的全过程，这样才能把握其全貌，探寻其规律，并为当前高校创新人才培养提供借鉴。

第二，教会大学招生考试传承并实践的通识教育理念对我国近代高等教育影响显著。

通识教育是欧美大学秉持的重要理念，当教会大学在中国土地上创建之时，也承袭了欧美传统文科大学的通识教育理念。大学存在的价值不是为了贩卖知识、技术，教授单一的技能，造就所谓的专家，而是要提供广博的基础，培养领袖精英，拓展心灵，完善人格①。中国近代教会大学虽然首先倡导并积极推进现代大学分科教学，但其在人才选拔和培养上却始终秉持通识教育理念，以培养具有基督化人格的通识精英为核心，注重对考生品行的考核，如博爱、牺牲、服务的基督精神。在国家处于危难的抗战时期，教会大学又本着强烈的社会责任感，广泛招收爱国学生，引导学生保持抗战爱国的民族气节。在招生考试与通识教育的关系上，教会大学树立了两者完美结合的典范。以入学考试的量化特征而言，中国近代教会大学虽然能够对学生特定时期的学术水平作出客观的测量、评价和比较，但结果具有一定的局限性，尤其不能对学生的学习意愿、学习态度、品行状况和适应能力作出测量。因此，教会大学招生考试通过设立基本、综合的考试科目测查学生的通识基础和专业水平，通过智力测验了解学生的学术性向、智力水平和适应能力，通过审核学生的中学成绩表、参加社团服务情况、品性调查表、入学志愿书等质性材料评价学生的个性特征和其他综合素养，为大学选拔出通识精英，使其接受更高层次的大学教育。

当近代中国高等教育机构在通识教育还是专业教育之间摇摆不定时，教会大学坚持以培养通才为核心，并围绕其人才培养目标改革、完善招生考试制度。研究教会大学招生考试，探寻通识教育理念对教会大学人才选拔的影响，可以更清晰地认识通识教育理念如何通过招生考试深化到教会大学人才培养的首要环节，对其人才培养产生重要影响，并进而对中国近代高等教育产生影响。

第三，教会大学招生考试的理论和实践对中国近代教育考试制度建设有重要的示范和借鉴作用。

教会大学招生考试的发展正好与中国近代考试制度的转型和重构期相契

---

① Yale University, The Yale Report of 1828, Hezekiah Howe, 1828.

合。1905年，中国历史悠久的融选官和教育为一体的科举考试制度被废止，"三千年未有之大变局"形成了对中国考试制度最直接的冲击，宣告了中国历史上考"官"时代的终结，使考试的重心由考"官"转向考"学"①。新式学校考试制度和文官选拔制度在清末民初的教育与考试改革中逐渐确立与发展起来，实现了中国考试制度的转型和重构。中国近代学校教育考试的创立与发展，不是在废科举后陡然而生的，而是在废科举之前的洋务学堂和教会学校中已经存在并缓慢发展起来的，科举废除后，源于西方的新式学校考试制度受到重视，影响力陡然增加。至1920年代，教会大学经过早期的探索，已经仿照西方模式建立起相对规范的现代学校考试制度，形成了从入学考试到学业考试再到毕业考试的完整环节。在大学招生考试方面，采取了综合多元的评价标准，确立了推荐免试生、普通正式生、转学生、试读生、特别生等多元化的招生录取方式，并通过颁布中等课程要求和"承认中学"等方式影响和引导中等教育的发展，对民国初期大学招生考试制度建设发挥了显著的作用。抗战时期，国立大学由自主招考到全国统考，再到单独招考、联合招考，不断改革、探索；教会大学招生考试也随着社会需要的变化不断调整，但却始终保持相对自主的招生模式，成为中国近代教育考试制度发展中宝贵的遗存，发挥独特作用的同时，也丰富了中国近代考试制度的内容，参与并见证了其改革发展的历程。

第四，教会大学招生考试是基督教文化、西方世俗文化和中国传统文化在近代中国多元共存的具体表现。

在中国近代教育体系中，教会大学扮演着沟通中西方文化的特殊角色，对中国传统教育制度的近代转型起着某种程度的示范与导向作用②。教会大学招生考试更是受到欧美大学招生考试制度的显著影响。美国大学招生时采用的证书录取制度、认可中学制度，以及签订入学契约书等规定在中国近代教会大学招生考试中都有完整的再现。随着教会大学向国民政府申请立案，逐步受到中国教育行政法规的影响和限制，以及中国国立大学快速崛起形成的竞争局面和中国社会的现实需要对大学招生考试改革的诉求，教会大学招

---

① 张亚群：《从考"官"到考"学"——废科举后考试文化的变革与传承》，《书屋》2005年第1期。
② 马敏：《教会大学的国际化特色——华中大学个案分析》，章开沅：《文化传播与教会大学》，湖北教育出版社，1996年，第74页。

生考试既没有完全沿着欧美大学招生考试制度的发展轨迹前行,也没有与国立大学的招生考试一致,而是保持和发展了自身原有的招生特色。所谓"窥一斑而见全豹,观滴水可知沧海",通过对教会大学招生考试发展演变的深入剖析,当可以探寻近代中国社会变迁过程中中西方文化之间升沉消长的历史轨迹。

第五,教会大学招生考试可以为当前高考改革,尤其是大学自主招生改革提供借鉴和启示。

当前高考改革面临许多困境,其难度和复杂性超出想象,大学自主招生改革更是处在效率与公平的风口浪尖之上,而教会大学始终实行自主招生考试,积累了丰富的自主招考经验。虽然教会大学已成历史,但作为高等教育机构,教会大学与当代高校在人才选拔和培养上具有遵循教育和考试规律的基本共性。更重要的是人们在质疑当代大学为何培养不出拔尖创新人才时,纷纷将原因归结于中国的高考制度;但是中国近代教会大学培养出大批通识精英人才,却又极少有人对其招生考试进行系统研究。

2010年7月底,我国正式颁布实施《国家中长期教育改革和发展规划纲要(2010—2020年)》,其中明确提出要"推进考试招生制度改革,以考试招生制度改革为突破口,克服一考定终身的弊端,推进素质教育实施和创新人才培养",要"完善高等学校考试招生制度,深化考试内容和形式改革,着重考查综合素质和能力"。在招生考试改革中实行"多元录取"、优秀学生"推荐录取"、特殊人才"破格录取"等措施[①]。在中国近代教会大学招生考试中,实名推荐、多元招生、推荐免试、联合招考等措施都曾普遍实施且有良好的运作模式。因此,对教会大学的招生考试进行深入、系统、完整的梳理和分析,充分挖掘历史经验,探寻近代教会大学的人才观和考试观,明晰影响教会大学招生考试的各种因素,从历史的角度理清问题的发展脉络,把握问题产生的实质,对客观分析当前高校招生考试改革措施的适宜性,提高招生考试改革的有效性,以及充分发挥高校招生考试评价、选拔功能和对中等教育的引导功能,都具有重要的理论和实践价值。

作为高校人才培养的首要环节,招生考试体现着学校的办学宗旨和教育管理理念,与大学培养人才的基本职能密切相连。当年哥伦比亚大学的孟禄曾认为,从留美学生中可以看出一种历史动向,此种动向会形成当时令人无

---

① 《国家中长期教育改革和发展规划纲要(2010—2020年)》,2010年7月。

法相信的发展①。因此，笔者有理由相信，由教会大学招生考试推而及之的中国近代大学招生考试的演变规律，也同样可以预测中国高校招生考试的发展动向。

二、研究意义

教会大学招生考试虽已成为历史，但它为中国近代高校人才选拔和培养作出过积极贡献；同时作为大学人才选拔活动，其遵循教育和考试的基本规律，又与不同地域和不同历史时期的高校招生考试有相通之处。因此，研究教会大学招生考试既有重要的理论意义，又有现实的实践意义。

首先，从历史角度而言，占中国近代大学 1/3 的教会大学，其人才选拔活动既构成中国近代高校招生考试的重要内容，也对中国近代大学人才培养质量的提高、高校招生考试制度建设和中等教育发展具有深远的历史影响。因此，研究教会大学招生考试既可以开拓教会大学新的研究领域，丰富教会大学史的相关研究，也可以显著扩充中国近代考试史的研究。

招生与大学的教学活动紧密相连，入学考试又是招生所采用的有效方式。任何扩展办学规模、提高教育质量的改革都必然涉及招生或入学考试的变化。招生规模的扩大、申请资格的变化以及入学考试标准的提高都是大学发展的具体表征。招生考试活动是教会大学教学管理活动的重要常规内容，是人才培养过程的开端，是学校提高教育质量的基础环节。已有的研究教会大学的文献中，对教会大学招生考试的系统研究尚属空白，因此，梳理教会大学招生考试的历史变迁，总结其特点，探寻其规律，可使教会大学史的研究成果更加完善，而教会大学史研究"不仅对于近代教育发展的研究极具学术价值，而且对于中西文化交流史、宗教史、政治史、社会史的研究亦具有极高的学术价值"②。

另外，有关中国考试史的研究也主要是以科举研究为主的中国古代考试史和以高考与自考研究为主的中国当代考试史③，已有文献中对中国近代教育考试的研究屈指可数，且多注重于理论探究、评价指标的确立，技术层面

---

① 蒋廷黻：《蒋廷黻回忆录》，东方出版社，2011年，第78页。
② 马敏：《近年来大陆中国教会大学史研究综述》，章开沅：《文化传播与教会大学》，湖北教育出版社，1996年，第426页。
③ 杨学为：《中国考试改革研究》，北京大学出版社，2001年，前言。

的操作以及应时的考试指导，对中国近代大学丰富的考试招生实践缺少关注。晚清民国时期是中国考试历史的重要转折期，教会大学又是近代大学的重要组成部分。因此，教会大学招生考试研究虽只是中国近代教育考试研究的部分对象，却能够在充实近代考试史研究的同时，为后续研究的开展作一些铺垫。

其次，从理论角度而言，探讨教会大学招生考试的运作模式，运用考试理论和高等教育理论对教会大学招生考试制度进行剖析，总结教会大学招生考试的特点和规律，可深化对教会大学办学特色的理论研究，丰富有关中国近代高等教育的理论研究成果。

本研究尝试通过文献分析，从西方教育管理者的视角出发，解析教会大学丰富的招生考试实践活动，探寻在近代中国复杂多元的文化、教育背景中，欧美高等教育制度对中国近代高等教育产生的影响，即其如何将自身所代表的西方通识教育理念、教学管理方式更好地与中国社会现实和文化教育传统相结合，达到和谐互动，共同促进中国新式高等教育的发展。

再次，从现实角度而言，探讨教会大学自主招生考试的制度设计理念、考试运作模式、招生考试原则和招考基本规律，对当前高校自主招生改革有积极的借鉴意义。

在大学人才培养的过程中，招生入学考试与学业考试、毕业考试相互联系，共同组成大学人才培养质量的三重保障。招生考试负责从中学及社会上选拔适宜的人才进入大学；学业考试对学生在校的学习状况进行过程性评价；毕业考试则保证大学毕业生在进入社会服务之际已经确实具备了相应的资格。招生考试的功能重在淘汰，其他两种考试重在评价，虽性质不同，但都服务于同一个目的，即大学的人才培养质量。中国近代教会大学招生考试的成功运作得益于大学享有的自主权利，坚定的办学理念，准确的办学定位，明确的招考原则和科学民主的运作、管理。大学的自主、自信、自律是实行自主招考的必要条件，这不仅是近代教会大学自主招考的成功经验，也是当前实行自主招生的高校应当具备的基本条件。

近年来，我国高考制度历经变革，依然问题重重，反映出我们对大学招生考试的性质和发展逻辑的认识还存在局限性和片面性；在大学招生考试面临新的调整和发展时，有必要从历史的角度深入思考和探索大学招生考试的本质和发展特征。"如果没有对大学的发展和悠久传统的深入认识，是不可能获得解决大学问题的真正有效的方法的。"① 因此，要对今天的高校招生考试有更明晰的认识，并探索新的改革之路，必须对历史上大学招生考试的经验教训进行认真梳理和总结，这样才能借鉴其优良传统，克服其弊端，使历史的经验教训成为当前高校改革发展的精神财富，从而避免在改革中走弯路，并在前人的基础上实现新的超越。

三、相关概念界定

（一）教会大学与中国近代教会大学

教会大学泛指由宗教组织或人士创办的具有宗教色彩的高等教育机构。在不同国家和地区，以及不同历史时期，教会大学的外延有所不同，但它有两个基本特征，其一是有宗教色彩；其二是具有人才培养、科学研究和社会服务三项大学的基本职能。

本文所研究的中国近代教会大学特指晚清民国时期由外国教会组织在中国创立或参与经营的、以基督精神作为教育宗旨的高等教育机构。按照大的宗教派别，可分为天主教大学和基督教大学。这与学者吴梓明对教会大学和基督教大学概念的论述略有差异。他认为，教会大学是指直接由教会管辖或办理的大学；而基督教大学至少包括三种不同办学形式的大学：一是由教会个别宗派直接管辖的大学，如上海圣约翰大学和杭州之江大学；二是由多个宗派或联合教会组织协办的大学，如北平燕京大学、济南齐鲁大学；三是由基督教人士创办而不直属任何宗派或教会组织的大学，如广州岭南大学②。本文研究的教会大学包括以上各种办学形式。

以基督精神作为教育宗旨是教会大学的自我界定。福建协和大学规定，大学以仁爱、牺牲和服务的精神向中国年轻人提供大学水平的教育③。齐鲁大学董事会1928年通过的办学目标为：培养学生具有仁爱、牺牲和服务的精神；造就学生具备最崇高的品格；提供专业训练，满足社会需要。华中大

---

① Ridder-Symoens H. De (ed.), A History of the Universities in Europe (Vol. I): Universities in the Middle Ages, Cambridge University Press, 1992, p. 21.

② 《吴梓明记岭南大学建校特色》，朱有瓛、高时良：《中国近代学制史料（第四辑）》，华东师范大学出版社，1993年，第561页。

③ 罗德里克·斯科特：《福建协和大学》，陈建明、姜源译，珠海出版社，1999年，第48页。

学确立的宗旨是在基督教的仁爱和牺牲的基础上，怀着把上帝之国以及永久的和平带给人间的希望，通过高等教育来发展人的智能。之江大学是执行国民政府总的教育目标，同时以仁爱、牺牲和服务的基督徒精神培养具有崇高品质、智能和实践能力的人才来适应社会的需要①。岭南大学虽不属于任何教派之性质，但仍一贯以基督精神为教育宗旨②。

民国成立后，教育部对大学设立标准的变革，使得"大学"概念的外延不断发生变化，1912年公布的《大学令》规定，文理二科并设；文科兼法商二科；理科兼医农工三科或二科或一科三种情况均可称为大学③。1917年又规定单设一科也可称为大学④。1929年，国民政府公布《大学组织法》，将大学分文、理、法、教育、农、工、商、医各学院，具备三学院以上者，始得称为大学。不合上项条件者，为独立学院，得分两科⑤。按照1929年的《大学组织法》和《大学规程》的规定，原本校名可冠以大学称谓的金陵女子大学、华南女子大学等教会大学都因不符合设立三个学院才能称为大学的标准，而在立案时改称金陵女子文理学院和华南女子文理学院。

本研究也采用以上划分方式，将所有具备两个学院以上的教会大学和学院统称为教会大学，共计16所，包括13所基督教大学和3所天主教大学，即燕京大学（Yenching University）、圣约翰大学（St. Johns University）、齐鲁大学（Cheeloo University）、沪江大学（University of Shanghai）、金陵大学（Nanking University）、东吴大学（Soochow University）、福建协和大学（Fukien Christian University）、岭南大学（Lingnan University）、华西协合大学（West China Union University）、华中大学（Hua Chung University）、金陵女子大学（Ginling College）、之江大学（Hangchow Christian College）、华南女子大学（Hwa Nan College）、辅仁大学（Fu Jen

---

① 刘家峰、刘天路：《抗日战争时期的基督教大学》，福建教育出版社，2003年，第27页。

② 吴梓明：《记岭南大学建校特色》，朱有瓛、高时良：《中国近代学制史料（第四辑）》，华东师范大学出版社，1993年，第563页。

③ 中央教育科学研究所教育史研究室：《中华民国教育法规选编》，江苏教育出版社，1990年，第402页。

④ 舒新城：《中国近代教育史资料（中册）》，人民教育出版社，1981年，第663页。

⑤ 中央教育科学研究所教育史研究室：《中华民国教育法规选编》，江苏教育出版社，1990年，第416页。

Catholic University)、震旦大学（Aurora University）和天津工商大学(Institut des Hautes Etudes et Commerciales)。由于教会大学自身的历史变迁以及不同时期政府政策的变更，各教会大学的校名多有更迭，本研究在行文中遵循两个基本原则，第一，采用较多使用的校名，如金陵女子大学多使用"金陵女子文理学院"校名；华南女子大学多使用"华南女子文理学院"校名等；第二，尊重档案史料中的用法，在引用时，对档案史料中的校名称谓，除特别需要外，不作变更。

（二）招生模式

招生是大学作为高等教育机构，为实现人才培养职能而实施的人才选拔活动。招生模式则是指大学在人才选拔活动中，基于特定的招生政策和招考理念所形成的入学方式、评价指标、录取标准等的综合。按照组织招生活动的机构和形式不同，大学招生可分为国家统一招生和大学自主招生两种模式，其中大学自主招生又可细分为单独招生、联合招生和委托招生三种形式；按照具体评价指标的差异，大学招生可分为证书招生、推荐招生、考试招生和特别招生等具体方式。就中国近代教会大学而言，其主要的招生模式是大学自主实施的推荐加考试的混合型招生模式。

（三）大学入学考试

大学入学考试，是指大学为选拔合适生源、保证招生质量而实施的教育测量与评价活动。它具有工具和活动双重属性。大学入学考试与大学招生考试联系紧密但又有所区别。大学招生考试是指大学招生和大学入学考试的综合，是"大学考试与招生取才的整个运作方式和过程。包括考试方式、考试科目、考试内容、考试时间、招生入学的途径、招生的组织机构及运作、录取标准和分发方式等内容"[①]。它是指大学主要以入学考试为依托实施的人才选拔活动。1930年国民政府教育部规定大学招收新生必须经入学试验，使入学考试逐渐成为大学招生必经的环节，考试录取成为大学录取新生的主要方式，入学考试与招生的关系愈加紧密，几成一体。

由于大学越来越多地借助入学考试选拔新生，考试录取的学生在大学新生中占绝对比例，在学生其他条件相当的情况下，入学考试成绩甚至成为录

---

① 杨李娜：《台湾地区大学入学考试制度研究》，华中师范大学出版社，2008年，第6页。

取与否的决定因素，这使得二者的关系更加密不可分，大学招生考试逐渐成为固定搭配且频繁使用的专业用语，成为特指大学的招生活动和与之紧密相关的大学入学考试活动的综合。本研究的主题是中国近代教会大学招生考试，即对近代教会大学的招生和入学考试活动进行综合研究，主要涉及招生考试的历史变迁、招考政策、招考理念、招考原则、入学考试的组织实施、考试科目及考试内容等。

四、文献综述

从招生考试的视角研究中国近代教会大学这一主题所取得的成果可谓屈指可数。只有一篇期刊文章《近代中国教会大学的招生特点》将教会大学招生考试作为独立研究对象，剖析教会大学的自主招生与单独考试、考生的宗教背景、招生质量以及招考地域等七个方面的显著特点①。其他与中国近代教会大学招生考试相关的研究成果主要可分为两大类：一是以中国近代高校招生考试为主题的研究；二是以教会大学为主题的研究。

（一）中国近代高校招生考试研究

对中国近代高校招生考试的研究成果集中在两个方面，一是运用考试学理论，对近代高校招生考试政策、考试程序、考试内容和形式、考试科目、考试法规、人才选拔效率以及自主招生考试模式进行深入研究，总结其经验和不足，进而提出对当前高考改革的借鉴意义；二是纯粹从历史角度梳理近代高校招生考试的发展变迁。

多数研究成果集中于前一方面。薛成龙在其硕士学位论文《近代中国高校招生考试研究》中指出，近代中国的招生考试经历了从统一到分散再到统一然后又分散的过程，单独招考和统一招考是近代高校招生考试的两种基本模式，各有自己的长处和历史适应性；同时，近代高校招生考试的发展始终围绕两大矛盾，即坚持严格入学标准与放宽入学标准的矛盾、招考统一与招考自主的矛盾，并由此表现出近代中国高校招生考试民主、科学、开放、实用四个基本特征②。房列曙所著的《民国时期高校考试制度的历史考察》，总结出民国时期高等学校考试制度发展的表现是完善入学考试、加强平时考

---

① 巨玉霞、张亚群：《近代中国教会大学的招生特点》，《大学教育科学》2005年第5期。
② 薛成龙：《近代中国高校招生考试研究》，厦门大学硕士学位论文，1999年。

试、重视考察能力和充分发挥教授的作用①。张亚群所著的《从单独招考到统一招考——民国时期高校招生考试变革的启示》论述了民国时期大学招考形式的变化，指出民国时期高校招生考试是中国近代高校招考的重要变革阶段，既留下了高校单独招考的经验，也昭示了统一招考的历史必然性②。张学强、彭慧丽所著的《民国时期高校自主招生制度探析——兼论对完善我国当代高校自主招生制度的启示》一文认为，民国初期高校自主招生产生的社会背景是教育体制受西方影响而形成的招生权下移。民国高校自主招生的发展经历了完全自主招生、自主招生逐渐被统一招生取代和多元招考方式并存三个阶段，并伴随着政府逐渐完善自主招生制度的进程。其积极的影响是使学校的招生与教学更加具有灵活性，同时还可以让学校不拘一格录取一部分特长生，而当代高校自主招生制度的完善则需国家制定相应的标准，并提高自主招生的公平性和公正性③。

另外，彭慧丽所著的《民国时期高校自主招生制度研究（1912—1949）》④和杨李娜所著的《民国时期的大学招考制度及其影响》⑤，都对民国时期大学招考制度的内容、特征、模式以及招生方式、招生机构进行了研究。这些成果有益于拓宽本研究的思考维度，提高研究的理论水平。

韩斌所著的论文《民国时期大学入学数学考试研究》，从历史背景、民国建立后学制与课程标准对考试内容的影响、招生考试的政策环境，以及具体试题内容等方面分析了近现代数学试题的差异，总结了近代大学数学入学试题不同阶段的命题方式，以及伴随考试出现的问题，最后归纳出对当前考试的借鉴意义⑥。论文虽然以国立大学的入学试题为研究样本，但仍为本研究需进行的比较研究提供了生动的案例。

---

① 房列曙：《民国时期高校考试制度的历史考察》，《安徽师范大学学报》（社会科学版）2004年第3期。

② 张亚群：《从单独招考到统一招考——民国时期高校招生考试变革的启示》，《中国教师》2005年第6期。

③ 张学强、彭慧丽：《民国时期高校自主招生制度探析——兼论对完善我国当代高校自主招生制度的启示》，《社会科学战线》2009年第5期。

④ 彭慧丽：《民国时期高校自主招生制度研究（1912—1949）》，西北师范大学硕士学位论文，2009年。

⑤ 杨李娜：《民国时期的大学招考制度及其影响》，《漳州师范学院学报》2005年第4期。

⑥ 韩斌：《民国时期大学入学数学考试研究》，内蒙古师范大学硕士学位论文，2010年。

值得关注的文献还有胡向东所著的《民国时期中国考试制度的转型与重构》，该著作分析了民国时期考试制度转型的历史文化渊源和思想基础，论证了清末民国时期中国文官考试制度和教育考试制度分化发展的历史规律，只是该著作更多泼墨于中国现代文官考试制度的构建与发展①。另外还有一些相关文献，对民国招生考试有涉及，在此不一一赘述②。

对中国近代高校招生考试的纯粹历史梳理主要囊括在考试发展史和考试制度史资料选编等著作中，代表性的有杨学为、朱仇美和张海鹏主编的《中国考试制度史资料选编》和刘海峰等著的《中国考试发展史》以及杨学为总主编的《中国考试通史》等③。这些研究成果对研究的开展提供了广阔的历史背景和丰富的考试史料，有利于笔者把握近代中国考试发展的整体脉络。

（二）教会大学史相关研究

从广义上讲，所有与教会大学相关的研究都可称为教会大学史研究；从狭义上讲，可以将有关教会大学群体和个体的发展史研究归为一类，与教会大学人物研究、教学管理研究、校园文化研究等并列。20世纪90年代，随着学术思想的解放，国内学术界对教会教育展开了广泛研究，曾被标为"敌伪"档案的教会学校原始档案被公开并可供查阅以用于学术研究；一直占有主导地位的传统的文化侵略研究模式逐渐退出中心舞台。借助教会大学的原始档案、晚清及民国时期的报纸杂志对教会大学的报道，以及校友的回忆文章，教会大学研究有了质的飞跃。一些学者整理出版的史料集，为研究提供了基本史料，其中也涉及入学手续、招考简章、大学年度报告以及学生入学方式等信息，对本研究有比较重要的参考价值。代表性研究成果有李楚材所辑的《帝国主义侵华教育史资料：教会教育》、陈学恂的《中国近代教育史教学参考资料》、朱有瓛主编的《中国近代学制史料》以及舒新城所编《中

---

① 胡向东：《民国时期中国考试制度的转型与重构》，湖北人民出版社，2008年。
② 高耀明：《民国时期高校招生制度述略》，《高等师范教育研究》1997年第4期；吴芬：《中国早期研究生教育研究（1902～1949）》，华南师范大学硕士学位论文，2002年；肖娟群：《我国高校自主招生考试的历史考察与现状研究》，厦门大学硕士学位论文，2008年；宋玉霞：《民国前期教育考试变革之争——基于民国教育期刊的分析》，《中国考试》2009年第4期；吴江：《民国时期的大学入学考试》，《钟山风雨》2007年第5期。
③ 杨学为、朱仇美、张海鹏：《中国考试制度史资料选编》，黄山书社，1992年；刘海峰，等：《中国考试发展史》，华中师范大学出版社，2002年；杨学为主编：《中国考试史文献集成》，高等教育出版社，2003年；杨学为总主编：《中国考试通史》，首都师范大学出版社，2004年。

国近代教育史资料》①。此外，还有南京大学高教研究所校史编写组所编的《金陵大学史料集》②，王国平等学者所编的《东吴大学史料选辑（历程）》③，以及东吴大学上海校友会、苏州大学上海校友会合编的《东吴春秋：东吴大学建校百十周年纪念》等④。《燕京大学文史资料》、《燕京大学史稿（1919—1952）》、《学府纪闻：私立辅仁大学》、《学府纪闻：私立燕京大学》等也为本研究提供了丰富的史料⑤。

除上述史料外，有关教会大学史比较深入的研究成果主要分以下六个方面。

其一，教会大学群体和个体发展史研究。迄今，有关教会大学创办和发展历史的研究最为集中，已有两套丛书和众多单册专著出版，在系统梳理教会大学创立和发展历史的基础上，对其招生考试有不同程度的涉及。

美国学者杰西·格·卢茨所著，曾钜生翻译的《中国教会大学史（1850—1950）》、高时良所著的《教会学校史》、吴洪成所著的《中国教会教育史》，以及刘家峰、刘天路所著的《抗日战争时期的基督教大学》等著作从整体角度梳理了教会大学的发展历史，对特殊历史时期教会大学应对学校发展的困境，保持较高的教学质量作了深入剖析，其中招生考试改革作为教会大学教学管理制度的完善举措有所涉及⑥。珠海出版社出版的教会大学校

---

① 李楚材：《帝国主义侵华教育史资料：教会教育》，教育科学出版社，1987年；陈学恂：《中国近代教育史教学参考资料》，人民教育出版社，1987年；朱有瓛：《中国近代学制史料（第三辑上册）》，华东师范大学出版社，1990年；舒新城：《中国近代教育史资料（下册）》，人民教育出版社，1981年。

② 南京大学高教研究所校史编写组编：《金陵大学史料集》，南京大学出版社，1989年。

③ 王国平，等编：《东吴大学史料选辑（历程）》，苏州大学出版社，2010年。

④ 东吴大学上海校友会、苏州大学上海校友会：《东吴春秋：东吴大学建校百十周年纪念》，苏州大学出版社，2010年。

⑤ 燕大文史资料编委会编：《燕大文史资料（第1、3、8辑）》，北京大学出版社，1988年、1990年、1994年；张玮瑛、王百强、钱辛波：《燕京大学史稿（1919—1952）》，人民中国出版社，2000年；《学府纪闻：私立辅仁大学》，南京出版有限公司（台北），1982年；《学府纪闻：私立燕京大学》，南京出版有限公司（台北），1982年。

⑥ 杰西·格·卢茨：《中国教会大学史（1850—1950）》，曾钜生译，浙江教育出版社，1987年；高时良：《教会学校史》，湖南教育出版社，1994年；吴洪成：《中国教会教育史》，西南师范大学出版社，1998年；刘家峰、刘天路：《抗日战争时期的基督教大学》，福建教育出版社，2003年。

史丛书,皆系外国学者所著,国内学者翻译,书中大量史料来自教会大学的亲历者,许多是国内无法得到的珍贵资料;河北教育出版社所出丛书是国内学者所著,其侧重点在于以大量直观的图片展现教会大学的历史发展。两套丛书的共同特点是对教会大学发展史进行简略的全景式扫描,而不是对某一问题进行深入研究①。

惠世如主编的《抗战时期内迁西南的高等院校》一书对华中大学、燕京大学、金陵大学和金陵女子文理学院在抗战期间的办学状况分别作了较为细致的介绍,可为分析这一时期内迁教会大学的招生策略提供背景资料②。

近年来有国内学者在掌握大量原始资料的基础上深入研究单所教会大学校史,运用高等教育理论对教会大学的创立、发展、办学特色、管理模式、学生运动以及宗教教育等方面进行广泛、深入的探讨。熊月之、周武主编的《圣约翰大学史》将圣约翰大学招生考试制度作为学校宽进严出教学管理模式的主要内容作了较为细致的论述③;另外还有徐以骅主编的《上海圣约翰大学 1879—1952》④。徐乃乾编著的《北京辅仁大学校史 1925—1952》以各系史为重点,通过对各系历史沿革、课程设置和办学特色的论述,展现学校的教学特色,其中院系的开设背景、历史沿革和办学特色都会对学校的招

---

① 珠海出版社出版的丛书:柯约翰:《华中大学》,马敏、叶桦译,珠海出版社,1999年;队克勋:《之江大学》,刘家峰译,珠海出版社,1999年;黄思礼:《华西协合大学》,秦和平、何启浩译,珠海出版社,1999年;罗德里克·斯科特:《福建协和大学》,陈建明、姜源译,珠海出版社,1999年;德本康夫人、蔡路得:《金陵女子大学》,杨天宏译,珠海出版社,1999年;郭查理:《齐鲁大学》,陶飞亚、鲁娜译,珠海出版社,1999年;文乃史:《东吴大学》,王国平、杨木武译,珠海出版社,1999年;徐以骅:《教育与宗教:作为传教媒介的圣约翰大学》,珠海出版社,1999年。河北教育出版社出版的丛书:孙邦华:《会友贝勒府——辅仁大学》,河北教育出版社,2003年;张安明、刘祖芬:《江汉冀华林——华中大学》,河北教育出版社,2003年;王国平:《博习天赐庄——东吴大学》,河北教育出版社,2003年;徐以骅、韩信昌:《海上梵王渡——圣约翰大学》,河北教育出版社,2003年;谢必震:《香飘魏歧村——福建协和大学》,河北教育出版社,2004年;张丽萍:《相思华西坝——华西协合大学》,河北教育出版社,2004年;孙海英:《金陵百屋房——金陵女子大学》,河北教育出版社,2004年。
② 惠世如:《抗战时期内迁西南的高等院校》,贵州民族出版社,1988年。
③ 熊月之、周武:《圣约翰大学史》,上海人民出版社,2007年。
④ 徐以骅:《上海圣约翰大学 1879—1952》,上海人民出版社,2009年。

生产生影响①。与辅仁大学相关的文献还有《北京辅仁大学创办史：美国本笃会在中国 1923—1933》和北京辅仁大学校友会编辑印行的《辅仁往事》系列专辑②。

张宪文主编的《金陵大学史》介绍了金陵大学初创和发展、文理农三学院、校风与校园生活、金大的爱国民主运动以及最后的合并与调整③。相关的研究著作还有王立诚所著的《美国文化渗透与近代中国教育：沪江大学的历史》，谢必震所著的《教会大学在中国：福建协和大学》，张连红主编的《金陵女子大学校史》，陈国钦、袁征所著的《新史学：瞬逝的辉煌岭南大学六十四年》以及王国平所著的《东吴大学简史》等④。

除了专门的教会大学校史著作，众多有关中国近代高等教育整体发展历史的研究成果中也有专章论述教会大学的兴起、发展以至消亡的历史变迁过程，并对教会大学的办学特色进行理论探讨。刘少雪所著的《中国大学教育

---

① 徐乃乾主编，北京辅仁大学校友会编：《北京辅仁大学校史 1925—1952》，中国社会出版社，2005 年。

② Jerome Oetgen：《北京辅仁大学创办史：美国本笃会在中国（1923—1933）》，张琰译，辅仁大学出版社（台北），2001 年；辅仁大学校友会，《辅仁往事（1~5 辑）》，辅仁大学校友会，2006~2010 年。

③ 张宪文主编：《金陵大学史》，南京大学出版社，2002 年。

④ 王立诚：《美国文化渗透与近代中国教育：沪江大学的历史》，复旦大学出版社，2001 年；谢必震：《教会大学在中国：福建协和大学》，河北教育出版社，2004 年；张连红：《金陵女子大学校史》，江苏人民出版社，2005 年；陈国钦、袁征：《新史学：瞬逝的辉煌岭南大学六十四年》，广东人民出版社，2008 年；王国平：《东吴大学简史》，苏州大学出版社，2009 年；Fenn, William P., Christian Higher Education in Changing China: 1880-1950, Wm. B. Eerdmans Publishing Company, 1976；震旦大学校友会编：《震旦大学建校百年纪念》，震旦大学校友会，2002 年；金陵大学南京校友会编：《金陵大学建校一百周年纪念册（1888—1988）》，南京大学出版社，1988 年；孙建秋：《金陵女大 1915—1951：金陵女儿图片故事》，广西师范大学出版社，2010 年；汪文汉：《华中师范大学校史 1903—1993》，华中师范大学出版社，1993 年；《大德是钦：记忆深处的福建协和大学》，中国大百科全书出版社，2007 年；汪征鲁：《福建师范大学校史（上）》，中国大百科全书出版社，2007 年；李瑞明：《南国凤凰：中山大学岭南（大学）学院》，商务印书馆（香港）有限公司，2005 年；黄新宪：《从华南女子大学到华南女子文理学院——对旧中国一所著名教会女子大学的考察》，《教育科学》1990 年第 3 期；邵彦：《非基督教运动前后圣约翰大学与燕京大学的发展比较》，河北师范大学硕士学位论文，2009 年。

史》全方位展现了中国大学教育发展的历史画卷，对中国近代教会大学发展方向的转变、政府对教会大学方针的改变以及教会大学的反应与调整均有深入分析①。另外，还有潘懋元主编的《中国高等教育百年》，喻本伐、熊贤君所著的《中国教育发展史》，刘海峰、史静寰主编的《高等教育史》等②。

以上有关教会大学历史发展的研究成果中，虽缺少对教会大学考试制度的专门研究，但涉及与招生考试相关的许多具体内容，如，依照教育部令保持相对自主招生的模式、严定招考资格、改革招生考试科目等；另外，校史研究可提供较为详实的背景资料，以分析不同历史时期教会大学考试制度变迁的影响因素。

其二，教会大学人物研究。中国近代教会大学招生考试的制度设计、评价标准的制定和录取方式的改革，都与学校创办者与后继管理者的教育理念密不可分。教会大学学生也是教会大学招生考试活动的亲历者和见证者。有关教会大学人物的研究成果有利于本研究从更微观的视角探寻教会大学招生考试活动的运行过程及运作效果。

关于教会大学校长的研究成果最为丰硕。吴梓明的《基督教大学华人校长研究》对中国10所教会大学的华人校长进行了较为细致的研究，包括他们的生平、教育理念、办学实践、爱国精神和高尚品行，展现出教会大学中华人教师的教育品格与特殊贡献③。罗义贤所著的《司徒雷登与燕京大学》一书中，论述到司徒雷登国际化的办学理念对20世纪20年代后期燕京大学招生考试改革的重要影响，使燕京大学的招生摆脱了宗教束缚，逐步面向教外、域外、境外和海外招生，形成燕京大学浓厚的多元文化氛围和民主自由的校风、学风④。金一虹所著的《吴贻芳的教育思想与实践》一书中，有专门章节论述金陵女子大学的招生考试制度，内容虽然很简略，但对金陵女子

---

① 刘少雪：《中国大学教育史》，山西教育出版社，2007年。
② 潘懋元：《中国高等教育百年》，广东高等教育出版社，2003年；喻本伐、熊贤君：《中国教育发展史》，华中师范大学出版社，2000年；霍益萍：《近代中国的高等教育》，华东师范大学出版社，1999年；郑登云：《中国高等教育史（上）》，华东师范大学出版社，1994年；宋秋蓉：《近代中国私立大学发展史》，陕西人民教育出版社，2006年；李子迟：《大学史记：近代中国的那些大学》，济南出版社，2010年。
③ 吴梓明：《基督教大学华人校长研究》，福建教育出版社，2001年。
④ 罗义贤：《司徒雷登与燕京大学》，贵州人民出版社，2005年。

大学考试制度的特点有比较准确的把握①。石建国的专著《卜舫济传记》通过卜舫济任职校长期间上海圣约翰大学的发展变化，展现出这位外国传教士的教育观、人才观，及其教育观念对学校发展的影响②。

山东教育出版社出版的《中国著名大学校长书系》中有3部专著对金陵大学校长陈裕光、辅仁大学校长陈垣和金陵女子大学校长吴贻芳的高尚人格和办学理念进行了深入剖析③。此外，有关燕京大学校长司徒雷登的研究成果还有《司徒雷登在中国》、司徒雷登的回忆录《在华五十年》等④。关于辅仁大学校长陈垣的研究成果主要有2009年由安徽大学出版社出版的《陈垣全集》（共23册），孙邦华所著的《论陈垣的大学教育思想》，张亚群、虞宁宁合著的《会通中西 教泽群贤：陈垣高等教育思想特色辨析》以及张越的硕士学位论文《论陈垣的高等教育管理思想》⑤。关于圣约翰大学校长卜舫济的研究成果还有赵晓兵的《卜舫济办学理念及其教育实践研究》、韩静的《卜舫济与圣约翰大学》等⑥。其他研究成果不再一

---

① 金一虹：《吴贻芳的教育思想与实践》，江苏人民出版社，2005年。
② 石建国：《卜舫济传记》，社会科学文献出版社，2011年。
③ 王运来：《诚真勤仁 光裕金陵——金陵大学校长陈裕光》，山东教育出版社，2004年；孙邦华：《身等国宝 志存辅仁——辅仁大学校长陈垣》，山东教育出版社，2004年；程斯辉、孙海英：《厚生务实 巾帼楷模——金陵女子大学校长吴贻芳》，山东教育出版社，2004年。
④ 罗义贤：《司徒雷登在中国》，贵州人民出版社，2005年；史静寰：《狄考文和司徒雷登在华的教育活动》，文津出版社，1991年；李跃森：《司徒雷登传》，中国广播电视出版社，2004年；刘廷芳：《司徒雷登博士年谱》，燕京大学，1946年；郝平：《无奈的结局：司徒雷登与中国》，北京大学出版社，2002年；司徒雷登：《在华五十年》，常江译，海南出版社，2010年。
⑤ 陈垣：《陈垣全集（第23册）》，安徽大学出版社，2009年；孙邦华：《论陈垣的大学教育思想》，《天津师范大学学报》（社会科学版）2011年第5期；张亚群、虞宁宁：《会通中西 教泽群贤：陈垣高等教育思想特色辨析》，《福建师范大学学报》（哲学社会科学版）2012年第1期；张越：《论陈垣的高等教育管理思想》，中南民族大学硕士学位论文，2006年。
⑥ 赵晓兵：《卜舫济办学理念及其教育实践研究》，河北大学硕士学位论文，2010年；韩静：《卜舫济与圣约翰大学》，华东师范大学硕士学位论文，2004年；余骏：《卜舫济与司徒雷登治校之道》，《清华大学教育研究》2010年第3期；项建英：《卜舫济的大学教育思想及办学实践》，《高教探索》2008年第2期。

一赘述①。

　　校长是教会大学的灵魂人物，其教育理念、办学定位、人才观以及考试观对教会大学的招生标准、评价方式以及考试风格关系密切。以上研究文献不仅展现了教会大学校长虔诚的宗教信仰、高尚的爱国情操和执著的办学精神，更论述了他们的高等教育思想对教会大学教学管理产生的重要影响，可为本研究探寻教会大学招生考试变迁的主观影响因素提供非常有价值的参考。

　　除了对教会大学校长的教育管理理念和高尚人格进行深入探讨，有些成果还通过对教会大学杰出校友和在校学生群体的研究展现教会大学的育人环境、人才培养成效和独特培养模式。燕京研究院所编的《燕京大学人物志》（两辑）辑录了众多校友的生平事迹和学术追求，有力地证明了燕京大学

---

① 平欲晓、张生：《一个教会大学校长的生存状态——陈裕光治理金陵大学评述》，《江西社会科学》2006年第10期；陈才俊：《华人掌校与教会大学的"中国化"：以陈裕光执治金陵大学为例》，《高等教育研究》2008年第7期；章开沅、马敏：《韦卓民纪念文集》，华中师范大学出版社，2010年；李良明、申富强：《韦卓民年谱》，华中师范大学出版社，2010年；韦卓民著，高新民选编：《韦卓民学术论著选》，华中师范大学出版社，1997年；秦和平：《张凌高与华西协合大学》，《华中师范大学学报》（哲学社会科学版）1997年第3期；蒋超：《岭南大学华人校长研究》，暨南大学硕士学位论文，2010年；余齐昭、李坚：《钟荣光传略》，《中山大学学报》（社会科学版）1984年第4期；曹思彬：《钟荣光与岭南大学》，《教育与进修》1984年第6期；Rodericle Scott、游捷、陈德琼：《林景润与福建协和大学》，《教育评论》1991年第3期；黄新宪：《基督教高等教育家林景润教育观探略》，《福建论坛》（人文社会科学版）2002年第1期；潘丽珍：《伊人宛在——守护精神》，福建师范大学硕士学位论文，2008年；孙岳：《吴贻芳纪念集》，江苏教育出版社，1987年；孟欢欢、王鹏：《吴贻芳女子体育思想管窥》，《教育评论》2011年第5期；范荫荣：《试论人民教育家吴贻芳的教育思想》，《黑龙江高教研究》2010年第11期；杨家余、王红岩：《吴贻芳女子高等教育思想述评：以金陵女子大学为例》，《黑龙江高教研究》2010年第2期；徐海宁：《吴贻芳教育思想的社会学分析》，《高等教育研究》2007年第4期；郑连根：《昨夜西风：那些活跃在近代中国的传教士》，中国华侨出版社，2011年；王昊：《近代中国大学校长的文化选择》，天津教育出版社，2010年；穆子月、许毕基：《大学校长记：那个年代的大学校长们》，济南出版社，2010年。顾长声：《从马礼逊到司徒雷登——来华新教传教士评传》，上海书店出版社，2005年；丹尼尔·W. 费舍（Daniel W. Fisher）：《狄考文传》，关志远，等译，广西师范大学出版社，2009年。

33年办学取得的杰出成果,其中仅两院院士(中国科学院院士、中国工程院院士)就有傅鹰(化学家)、黄家驷(医学家)、王承书(物理学家)、吴阶平(医学家)等50多位①。他们的求学经历涉及多所教会大学的招生实践。辅仁大学校友丛书之一《风云录》虽只辑录了20位人物,但他们都与辅仁大学的办学息息相关,既有学校创始人,又有学校管理者,还有著名教授和知名校友,为了解辅仁大学教学管理风格提供了更多史料②。孙崇文的《学生生活图景:世俗内外的教育冲突》采用叙事研究方法,对抗战以前中国基督教大学及其学生生活作了想象性重构,尤其是从家庭出身、宗教生活、学习生活、政治生活、校园生活等方面对当时的学生生活图景进行了描述,对认识中国基督教大学有很大帮助③。加拿大David N. Luesink的硕士学位论文"Christian Physicians for China: The Professionalism and Self-sacrifice of Cheeloo Medical Graduates, 1917—1980"通过对齐鲁医学院毕业生的研究指出,这些基督徒学生在毕业后,成为近代中国有着精深专业技能和强烈自我奉献精神的医生,为中国近代医学事业作出了积极的贡献。可见人才培养的高质量无疑又与学校高标准的人才选拔息息相关。

其三,教会大学教学管理研究。这类研究成果主要集中在学科教学、管理特色等方面,其中涉及教会大学选拔人才的特殊要求,如医学院学生的选拔标准和教会大学招收培养女生的教育理念。学科教育中的科学教育、农业教育、医学教育、英语教育等都是教会大学成效卓著的特色教育,相关的研究中也会涉及教会大学选拔某一类人才的特殊要求。陶飞亚的《基督教大学与国学研究》、徐以骅的《教会大学与神学教育》等都是代表性著作④。

---

① 燕京研究院:《燕京大学人物志》,北京大学出版社,2001年(第一辑);2002年(第二辑)。

② 辅仁大学校友会编委会、《风云录》编辑组:《风云录》,北京师范大学出版社,1985年。

③ 孙崇文:《学生生活图景:世俗内外的教育冲突》,教育科学出版社,2008年。

④ 陶飞亚:《基督教大学与国学研究》,福建教育出版社,1998年;徐以骅:《教会大学与神学教育》,福建教育出版社,1999年;金林祥:《民国西医高等教育研究(1912~1949)》,华东师范大学博士学位论文,2005年;王玮:《中国教会大学科学教育研究(1901~1936)》,上海交通大学博士学位论文,2008年;陈雪芬:《中国英语教育变迁研究》,浙江大学出版社,2011年;Cummins Patrick & Anne L. Ellis, College English Teaching in China: Motives, Methods, Materials, and Assessment, The United Board for Christian Higher Education in Asia, 1995.

有关教会女子高等教育的研究成果揭示出教会大学在招考女生,促进男女入学机会平等等方面所作的积极贡献。朱峰编著的《基督教与近代中国女子高等教育:金陵女大与华南女大比较研究》通过金陵女子文理学院与华南女子文理两所基督教会大学在历史发展、社会角色、教育功能等方面的比较研究,探讨了20世纪上半叶中国女子高等教育发展的艰辛历程,论述了教会女子大学通过专门招考女生,为培养中国近代女性知识分子所作的特殊贡献[①]。

其四,教会大学校园文化研究。教会大学受宗教文化、西方世俗文化和中国传统文化的多重影响,形成了独特的校园文化,既有通过校园建筑表现的物质文化,也有通过学校校训、校歌以及学生生活等表现的精神文化[②]。《沪江大学学术讲演录》收录了民国时期部分专家学者、社会名流在沪江大学的学术讲演稿及沪江大学学生的部分辩论稿,展现出教会大学活跃的学术交流氛围[③];杨禾丰所著的《圣约翰大学的校园生活及其变迁(1920—1937)》通过对学校生活的描述揭示其背后独特的校园文化[④]。教会大学带有宗教色彩的校园文化的形成与其注重招收基督徒学生有密切关系,同时,教会大学自由、民主、积极向上的校风又与学校积极招考不同类别考生、促进学校多元文化互动相关。

其五,教会大学与中国教育、社会及中外文化交流之关系研究。关注教会大学与中国教育和社会早期现代化的关系是近年来国内学者研究教会大学的主流趋势,这些研究从不同角度客观评价了教会大学对中国近代新式高等教育的发展、对中国社会变革以及中外关系等各个方面所起的作用。教会大学促进了中国近代新式学科的产生与发展,培养了大批新式人才,使中国的高等教育质量迅速与国际接轨,并成为中外文化交流的重要平台和传播媒

---

① 朱峰:《基督教与近代中国女子高等教育:金陵女大与华南女大比较研究》,福建教育出版社,2001年。
② 傅林:《百年回眸:中国大学文化研究》,教育科学出版社,2009年。
③ 上海理工大学档案馆编:《沪江大学学术讲演录》,上海交通大学出版社,2011年。
④ 杨禾丰:《圣约翰大学的校园生活及其变迁(1920~1937)》,复旦大学博士学位论文,2008年。

介。这些文献中也有少量内容涉及教会大学招生考试，同时对探寻教会大学招生考试的文化影响因素及其对中国近代人才培养和教育发展的影响有参考价值。

加利福尼亚大学伯克利分校1984年哲学博士论文 The Alienated Academy：Higher Education in Republican China (St. John's University, Shanghai University) 是以探讨1919年至1937年之间中国近代知识分子的文化和政治独立性以及学校与社会的关系为研究目的，其中有专章内容通过分析大学的入学考试，展现新文化运动如何塑造受教育者的自我认知，可以看作对大学入学考试所发挥的教育引导功能的创新研究[1]。论文 American Missions, Chinese Realities：An Historical Analysis of the Cross-cultural Influences on the Development of North China Union Women's College/Yenching Women's College, 1905—1943, 以华北女子协和大学（燕京大学女校）为例，研究了源于美国传教运动和美国女子教育的大学办学宗旨，在处于中国现实环境中所产生的发展方向上的转变，论述了跨文化因素对大学及个体发展的影响。论文对四位美国来华女教师作个案分析，考察她们在试图改变中国（至少改变中国女性的生活）的过程中，也受中国的影响而改变了自身的生活、信念和意识[2]。该研究所探讨的跨文化因素恰恰也是教会大学招生考试在近代中国发展变迁的重要影响因素。

其他代表性著作还有王忠欣的《基督教与中国近现代教育》，黄新宪的《基督教教育与中国社会变迁》，史静寰、王立新的《基督教教育与中国知识分子》、吴梓明的《基督宗教与中国大学教育》以及王小丁的《中美教育关系

---

[1] Yeh, Wen-Hsing, The Alienated Academy：Higher Education in Republican China (St. John's University, Shanghai University), United States—California, University of California, Berkeley. Ph. D., 1984.

[2] Harris, Marjorie Jane, American Missions, Chinese Realities：An Historical Analysis of the Cross-cultural Influences on the Development of North China Union Women's College/ Yenching Women's College, 1905-1943, United States—North Carolina, The University of North Carolina at Chapel Hill. Ph. D., 1994.

研究（1840—1927）》等①。

其六，其他相关研究。除上所述，还有学者从宗教、经费等方面对教会大学进行研究。英国白金汉大学哲学博士论文 A History of the Protestant Movement in Shandong Province, China, 1859—1951，通过对山东传教运动的历史研究，再现了齐鲁大学创立的宗教背景，对教会大学早期注重招收宗教信徒学生有比较细致的解释②。其他著作不再一一列举③。

另外，还有部分研究论著从比较的角度出发，对中外学校考试制度，包括招生考试进行了系统的对比、分析，如，贾非所著的《各国大学入学考试制度比较研究》，康乃美、蔡炽昌所著的《中外考试制度比较研究》以及杨

---

① 代表性的著作有：王忠欣：《基督教与中国近现代教育》，湖北教育出版社，2000 年；黄新宪：《基督教教育与中国社会变迁》，福建教育出版社，1996 年；史静寰、王立新：《基督教教育与中国知识分子》，福建教育出版社，2000 年；吴梓明：《基督宗教与中国大学教育》，中国社会科学出版社，2003 年；王小丁：《中美教育关系研究（1840～1927）》，河北大学博士学位论文，2007 年；Christian Education and the National Consciousness in China, New York, E. P. Dutton, 1923; Van Putten, J. D., Christian Higher Education in China: Survey of its Historical Developments and its Contributions to Chinese life, United States—Illinois, University of Chicago, Ph. D., 1934; Yenching University and Sino-Western Relations (1916-1952), Harvard University Press, 1976; Ramsey Dwayne George, College Evangelists and Foreign Missions: The Student Volunteer Movement, 1886-1920, University of California, Davis, Ph. D., 1988; 陈兴蕾：《岭南大学附设华侨学校与海外华侨教育》，中山大学硕士学位论文，2007 年；梁碧莹：《近代中美文化交流研究》，中山大学出版社，2009 年；尹文涓：《基督教与中国近代中等教育》，上海人民出版社，2007 年；黄菊艳：《近代广东教育与岭南大学》，商务印书馆，1995 年；周艺芳：《华南女子大学与福建近现代社会》，福建师范大学硕士学位论文，2006 年；陈瑶：《近代女子高等教育与女性发展——以 20 世纪 40 年代的私立华南女子文理学院为例》，北京大学硕士学位论文，2007 年；黄晓红：《华南女子文理学院的办学理念及其启迪》，《教育史研究》2006 年第 3 期；侯强：《中国近代法律教育转型与社会变迁研究》，中国社会科学出版社，2008 年；杨秉德：《中国近代中西建筑文化交融史》，湖北教育出版社，2003 年；田正平：《中外教育交流史》，广东教育出版社，2004 年。

② Cliff Norman, A History of the Protestant Movement in Shandong Province, China, 1859-1951, England, The University of Buckingham (United Kingdom), Ph. D., 1995.

③ 康志杰：《教士东来：长江流域的基督教》，武汉出版社，2006 年；夏泉、徐天舒：《岭南大学经费筹措及其影响因素分析》，《高等教育研究》2004 年第 6 期。

思帆所著的《大学入学考试制度的研究：中美比较》等①。由于中国近代教会大学受到欧美大学考试制度的显著影响，因此，这一类成果研究对本研究也有一定的借鉴意义。

综合以上所有研究成果可知，对中国教会大学招生考试制度，目前还没有系统的专门研究。但已有研究成果能够为本研究的开展提供许多有价值的参考，主要表现在三个方面：一是相关的史料集能够为本研究提供许多直接的史料，使笔者可以在文本解读的基础上提炼自己的观点，不受研究者的价值取向的影响。二是教会大学史的丰硕研究成果可使笔者对教会大学的群体发展特征、个体办学特色有更深入、全面和感性的认识，尤其是有关教会大学校长的诸多研究，为笔者了解教会大学招生制度建设的灵魂人物拓宽了视野，有利于笔者更准确地把握教会大学校长的高等教育思想，从而更透彻地剖析其对教会大学招生考试的影响。三是许多外文文献从不同视角研究教会大学，充分肯定了教会大学在近代中国新式人才培养、学科建设以及中外交流中的重要作用，同时又以其域外视角深入探讨教会大学的办学特色和管理模式，这不仅拓宽了本研究的思路，也为客观评价教会大学招生考试的历史作用提供了更好的借鉴。

尽管已经取得许多相关的研究成果，也有少量研究从整体上关注民国时期大学招生考试的特点、模式以及考试内容，但从中很难发现教会大学招生考试的完整印迹。中国近代教会大学虽然与同时期的国立大学和其他私立大学在考试制度上有共同之处，但教会大学作为相对特殊的一类群体，仍有其与众不同的招生特色，即使同在教会大学内部，由于受不同教会派别的影响

---

① 代表性论著有：王英杰：《浅谈美国高等学校的招生和考试制度》，《比较教育研究》1983年第3期。贾非：《各国大学入学考试制度比较研究》，辽宁教育出版社，1990年；邱洪昌、林启泗：《十国高等学校招生制度》，航空工业出版社，1994年；陆震：《中外学校教育考试制度探讨》，高等教育出版社，1997年；康乃美、蔡炽昌：《中外考试制度比较研究》，华中师范大学出版社，2002年；袁祖社：《权力与自由——市民社会的入学考察》，中国社会科学出版社，2003年；唐滢：《美国高校招生考试制度研究》，华中师范大学出版社，2007年；杨思帆：《大学入学考试制度的研究：中美比较》，西北师范大学硕士学位论文，2007年；王立科：《英国高校招生考试制度研究》，华中师范大学出版社，2008年；杨李娜：《台湾地区大学入学考试制度研究》，华中师范大学出版社，2008年；李宁、刘本武：《美国大学招生考试制度的发展及其特点分析》，《高等教育研究》2008年第3期。

以及大学自身所处区域环境的不同，各教会大学在招生考试方面也有不同的个性特点。从整体而言，教会大学招生考试是中国近代高校招生考试的重要内容，并且有着科学规范的运行模式和良好的运行效果。因此，有必要对其作系统的梳理和深入探究，以总结经验和教训。有鉴于此，本研究尝试在这方面进行一些开创性的探索，在归纳整理已有研究成果的基础上，充分挖掘档案史料，重点围绕教会大学招生考试的运作模式和特点进行深入研究，把握教会大学人才选拔的基本原则，掌握其招生考试发展演变的基本规律，从而形成对中国近代教会大学招生考试的整体认识。

五、研究思路和方法

本研究以高等教育学、历史学和考试学基本理论为指导，围绕中国近代教会大学招生考试主题，以教会大学招生考试的历史变迁为纵轴，以招考活动的基本内容为横轴，运用高等教育基本理论，系统考察和深入分析中国近代教会大学招生考试的历史变迁、运作模式以及招考实践，并通过个案研究和比较研究，总结教会大学招生考试的特点，深化对中国近代教会大学教学管理和人才培养模式的认识，揭示教会大学招生考试与大学人才培养质量之间的内在关系，探讨教会大学招生考试制度在中国近代考试制度转型中的作用，及其对中等教育的导向功能，并为当前中国高校招生考试制度提供历史借鉴和现实思考。

本着论从史出的基本原则，本研究首先在整理相关文献资料的基础上，论述教会大学招生考试产生的背景，以及改革、变通、调整、衰亡的历史发展过程，勾勒其发展概貌。中国近代教会大学招生考试受欧美大学招生考试制度和中国传统考试文化的双重影响，经历了早期各自为政的摸索和立案前后的锐意改革，随之又受到抗日战争的严重冲击和抗战后政局变化的影响。如何在浩如烟海的史料中挖掘出相关内容，总结和梳理出教会大学招生考试的基本发展脉络，是本研究的难点之一，也是进一步展开深入分析的基础。

其次，是论述教会大学招生考试的基本运作模式。在充分占有资料的基础上，对教会大学招生考试的组织体系和招考程序进行梳理，并通过考察不同类型学生（普通正式生、推荐免试生、转学生、试读生、特别生等）和不同层次学生（预科生、专修生、本科生、研究生）的报考资格、报考程序、考试科目、入学手续等内容，分析教会大学招生考试的具体运作过程。探讨教会大学如何秉持自身的教育理念，通过独立灵活的组织体系、民主公开的招考程序和科学合理的考生分类实现选拔优秀生源的目标,并分析入学考试对人才选拔的积极作用,以及招生考试与大学人才培养目标之间的内在关系。这一部分是研究的重点,也是教会大学招生考试核心内容的集中展现。

再次,选择一所教会大学进行案例研究,充分展现教会大学招生考试的共性与个性特点,并将教会大学和国立大学招生考试进行比较,总结提炼出教会大学自主招生考试的优势和不足。

最后,运用高等教育外部关系规律,探究教会大学招生考试与考生、中学、家庭、政府、教会等组织机构间的互动关系,分析影响教会大学招生考试变迁的各种因素,并尝试对教会大学招生考试在近代高等教育史和中国考试制度发展史上的地位、角色、影响进行客观分析,总结教会大学招生考试的规律,加深对教会大学招生考试的理论认识和辩证分析,评价其优劣得失,以对当前高校招生考试改革提供参照和启示。

本研究旨在以招生考试制度为基本研究内容,同时着眼于更广泛的招生考试活动。因为制度是有形无形的框架和或隐或显的规则体系,具有相对持久性特征,如果专以教会大学招生考试制度作为研究重心,则不免局限于制度的框架之内而难以扩展。招生考试制度的制定者、实施者主要是大学自身;而招生考试活动作为大学人才选拔的重要方式,还是大学与社会之间互动关系的集中体现,既是"确保高等学校新生质量的关键,也直接对基础教育起着导向作用"[①]。因此,本研究一方面关注教会大学招生考试制度的基本内容,另一方面也着眼于微观的招生考试活动,力求展现更生动的教会大学招生考试原貌。

在方法论层次上,本研究引入教育活动的研究范式,注重对微观的招生及入学考试活动的解读,运用历史唯物论和辩证唯物论,综合分析教会大学招生考试的发展变化,以获得比较客观的认识。

本研究拟采用的具体研究方法主要有:

1. 文献分析法

这是本研究采用的最主要的方法。关于教会大学招生考试的历史文献主要可分为两大类,一类是已有教会大学研究成果中直接记载教会大学招生考试的文献资料,这类文献资料数量相当少;另一类是分散保存在各地档案馆、图书馆以及国外图书馆中有关教会大学招生考试的档案史料,这类文献

---

① 张民选:《高校招生考试制度改革研究》,上海教育出版社,2008年,第3页。

数量较多但非常庞杂。对教会大学这一在当代中国大陆已经逝去的大学群体进行研究，搜集、整理和解读相关的历史文献是最主要的研究方法。因此，本研究需要借助大量的直接记载教会大学招生考试活动的档案史料，包括招生简章、入学规则、新生数据统计、校长年度报告等，并结合大学的办学宗旨、校长的教育理念、学校的教学管理制度等历史文献，最大限度地展现和描述教会大学招生考试的原貌，然后在史实的基础上作进一步的理论分析。

2. 历史分析法

对教会大学招生考试的分析研究，不能仅局限于招生考试活动本身，应立足于当时的历史环境进行考察。教会大学招生考试既有其纵向的历史演变，又与不同时期的政治、经济、文化等方面有广泛的横向联系。因此，在描述或展现教会大学招生考试历史原貌的同时，还应理清它的历史演变过程和影响演变的历史因素，基于已有的历史文献，本着论从史出、史论结合的基本原则开展分析。

3. 比较研究法

有比较才有鉴别，教会大学不是近代中国孤立存在的群体，国立大学、省立大学以及其他诸多的私立大学都曾与教会大学同时存在并活跃于近代中国的历史舞台上，各大学招生考试的异同和教会大学招生考试的特殊之处，只有通过比较才能得出结论。为突出教会大学招生考试制度的特点，本研究拟采用比较研究的方法，将教会大学的招生考试与国立大学的招生考试进行比较，其中既包括质性内容的比较，如招生政策、招生理念、招考原则等方面的比较；也包括量化数据的比较，如，截取民国某一段时期，将教会大学的招生考试数据信息与国立大学或全国大学的招生考试数据进行对比分析，以突出教会大学招生考试的特点。

4. 统计分析法

基于大量客观的量化数据，运用统计分析方法对教会大学招生考试进行研究，展现教会大学招生考试的变化趋势，可以印证质性研究的结论；同时对教会大学与国立大学在录取率、新生籍贯、学科分布、男女生比例等方面进行数据统计分析，再辅之以理论分析，使研究结果更加清晰、明确，具有说服力。

5. 个案研究法

为了更清晰地论述教会大学招生考试的整体特征和个性色彩，本研究还拟采用案例分析法，以增强论证的效果，以燕京大学为例作具体探讨，以深化对教会大学招生考试整体特点的认识，并充分展现教会大学招生考试的个性风采。

　　基于已有的文献分析和研究思路,本研究提出以下研究假设:第一,教会大学招生考试对其人才培养质量产生积极的促进作用;第二,教会大学的宗教特征对其人才选拔具有特殊影响;第三,教会大学招生考试可能形成的特点与其享有办学自主权密切相关;第四,教会大学长期实行自主招考,其经验和不足对当前高校自主招生改革具有借鉴意义。

第二章 教会大学招生考试的历史演变

招生是为学校教育教学活动提供对象的基础工作，只要大学存在和发展，就要以招生为前提，入学考试则是保证招生质量的重要方式。中国近代教会大学是外国教会在中国从事高等教育的重要机构，其教育功能的不断拓展决定了招生及入学考试在教学管理中扮演着越来越重要的角色。随着教会大学的发展变革，教会大学招生考试也经历了纷繁复杂的历史变迁。在不同历史时期，除了社会的重大变革之外，教会大学的宗教背景、大学管理者的主观愿望以及大学自身对质与量的要求不断提升的内在逻辑都对教会大学的招生及入学考试产生了重要的影响，从而形成了不同历史时期的招考特点。

第一节 教会大学招生考试的早期探索

中国近代教会大学的产生是教会中小学教育发展的必然结果。1882年，齐鲁大学前身登州文会馆开设大学课程，标志着中国教会大学的开端。到20世纪20年代，教会大学已迅速崛起为中国近代高等教育格局中的重要力量。"治外法权"在教育领域的奇怪延伸和欧美大学分权自治的传统使这一时期教会大学招生考试呈现出鲜明的各自为政的特点，但也形成了一些共同特征，如招生范围限于教会体系内部、普遍采用推荐免试制度、详尽细定入学契约书等。

一、20世纪20年代初教会大学发展概况

在传教士们的苦心经营下，教会学校日益完善与发展。19世纪末20世纪初，中国近代教会大学迎来了发展历史上的一个小高峰。1882年登州文会馆开设大学课程。1888年，南京汇文书院（金陵大学前身之一）开设大

学课程。同年，美以美会福勒主教视察北京汇文书院（燕京大学前身之一）并作出决定：要将学校办成大学，中文名称为汇文大学①。1892年上海圣约翰书院（圣约翰大学前身）开设大学课程。1893年，杭州育英义塾（之江大学前身）通过开办两个超过高中水平的男子班②，广州格致书院通过开设大学课程，均发展成为初级学院。1901年，由博习书院和中西书院合并而成的东吴大学成立。1903年，震旦学院成立。1909年，沪江大学建立。1910年，完全新建的华西协合大学在成都正式开课。1911年，金陵大学在南京成立。1914年，华南女子文理学院成立。1915年，金陵女子文理学院建成。1916年，福建协和大学新建成立。1919年，燕京大学合并成立（见表2-1）。

表2-1 1920年教会大学一览表

大学校名	所在城市	开设大学课程时间（当时校名）	备注
燕京大学	北京	1888年（北京汇文书院） 1889年（潞河书院） 1905年（华北协和女子大学）	合并升格，1919年始称燕京大学，1920年协和女大并入
震旦大学	上海	1903年（震旦学院）	1903年成立
圣约翰大学	上海	1892年（圣约翰书院）	升格，1905年在美立案，称圣约翰大学
齐鲁大学	济南	1882年（登州文会馆）	合并升格，1917年始称齐鲁大学
金陵大学	南京	1888年（南京汇文书院）	合并升格
金陵女子文理学院	南京	1915年（金陵女子文理学院）	新建
东吴大学	苏州	1901年（东吴大学）	合并升格
沪江大学	上海	1909年（沪江大学）	新建
之江大学	杭州	1893年（育英义塾）	升格

---

① 罗义贤：《司徒雷登与燕京大学》，贵州人民出版社，2005年，第55页。
② 队克勋：《之江大学》，刘家峰译，珠海出版社，1999年，第15～16页。

续表

大学校名	所在城市	开设大学课程时间（当时校名）	备注
福建协和大学	福州	1916年（福建协和大学）	新建
岭南大学	广州	1893年（格致书院，神学课程）	升格，1918年更名为岭南大学
雅礼大学	长沙	1912年（雅礼大学）	
文华大学	武昌	1903年（文华大学）	
博文书院	武昌	1901年（博文书院大学部）	
湖滨书院	岳州	1921年（湖滨书院）	
华西协合大学	成都	1910年（华西协合大学）	新建
华南女子文理学院	福州	1914年（华南女子学校）	开设大学一、二年级课程

资料来源：根据各校校史资料统计整理。

到1922年时，全国共有教会大学17所，其中基督教大学16所，天主教大学1所。大学的院系设置由单一的文科发展为文、理、神、医四科以及师范、商业等专修科。一些综合性大学，如燕京大学，设有文理、神、医、师范和商业科；齐鲁大学设文理、神、医科；金陵大学设文理、医、农和师范科；东吴大学设文理、法政科；沪江大学设文理、神科；圣约翰大学设文理、神、医科；福建协和大学设文理、医科；雅礼大学设文理、医科；文华大学设文理、神科；华西协合大学设文理、神、医和师范科；还有只有一个文理学院的大学，如金陵女子大学、之江大学、岭南大学等。

二、教会大学早期招生考试的特点

随着科举的废除和新式学校教育制度的建立，学生对于升大学的态度逐渐发生转变。早在1888年，上海中西书院（东吴大学前身之一）的校长在年度报告中曾抱怨，"大部分学生来自商业阶层，似乎没有人愿意接受高层次的文学教育，甚至不愿学习中文，愿意付双倍的学费全天学习英语基础入门，而不愿意花半天时间学习中文"[①]；"1900年时，学生似乎不愿意升大

[①] 冯昌李：《中西书院报告（1888年）》，王国平，等编：《东吴大学史料选辑（历程）》，苏州大学出版社，2010年，第5页。

学",但到 1920 年,"他们的志愿已经大大改变了"①。许多学生不再把学习英语作为入读教会大学的唯一目的,而希望接受较为完整、系统的西式高等教育。大学的发展、学生入学意愿的转变,使教会大学的现代招考制度在各自为政的状况下渐具雏形。

(一)自由招考不受政策约束

教会大学早期招生考试不受任何中国教育政策、法规的限制。1906 年,清朝学部颁布的"外人设学无庸立案文",使教会学校成为名副其实的设在中国的外国学校,不受中国政府的任何管辖。教会大学招生考试受差会办学目标和国外大学招生考试制度的影响远远大于中国政府相关的教育法规。始于欧美大学的现代大学招生考试制度在中国的发展,即以教会大学为先驱。同一时期的民国教育法规中除了规定入学资格应为中学毕业生或经试验有同等学力者,以及要求大学招生应严定考试外②,也缺乏有关大学招生考试的具体操作性规章。

一方面是教会大学的招生考试不受中国政策法规的约束;另一方面是教会大学发展初期的教学管理制度都是仿照欧美文科大学的模式而建,两方面的因素决定了教会大学早期的招生考试是在充分考虑学校发展现状和模仿欧美大学招生考试制度的基础上自由实践、逐渐发展起来的。早期招生考试的组织与管理呈现出较大的随意性、不确定性和不规范性。不同教会大学基于自身的办学环境和发展阶段,在招生专业、招生标准、招考方式、考试科目及内容的设置上各自为政。

(二)率先设立多种学科,招收培养新式人才

教会大学最先按照西方学术标准开设文、理、医等各科专业,招收培养新式人才。晚清民国时期,中国的学科发展正从"四部之学"转向"七科之学"③,传统科举考试分科举人的基本分类标准是文科和武科,文科举又分

---

① 乐灵生:《近二十年来中国基督教运动的改革与进步(1900—1920)》,中华续行委办会调查特委会编:《1901—1920 年中国基督教调查资料(修订)》,蔡咏春,等译,中国社会科学出版社,2007 年,第 136 页。

② 1912 年—1913 年,北京政府公布壬子癸丑学制系统,规定考试易名为试验,入学编级试验是高等学校四种试验之一,其他三种为:平时考查、学年试验和毕业试验。

③ 左玉河:《从四部之学到七科之学:学术分科与近代中国知识系统之创建》,上海书店出版社,2004 年,导论。

为进士科、明经科、算学科、律科等不同科目,但进士科一枝独秀,成为明清之际科举考试中最受推崇的一科。教会大学的分科招生与中国传统科举的分科差别迥异,完全按照欧美大学的学科标准设立。因此,教会大学的招生系科开创了中国众多新式学科招生之先河,医科、农科、林科、牙科、图书馆学等都是由教会大学首先创办并招生;其外国语言文学系更是国内其他大学无法比拟的优势学科。教会大学西方语言文学系的雄厚师资和学校大量运用外语作为教学语言的西式教学环境使之成为志愿学习西文的学生的理想选择。

成立于1914年的金陵大学农科,是中国最早开展农业教育的大学,当时国内大学设有农林科者,仅有金陵大学一所,"故各省资遣官费学生来校肄业者甚众"[1]。教会大学对中国高等教育的又一重要贡献是设立医学院,招收培养资格完全的医护人员,开启中国现代医学高等教育历程。1911年辛亥革命之前,中国共有10所医学校,7所系教会性质[2]。这些医学校中的5所后来分属于圣约翰大学医学院、齐鲁大学医学院和华西协合大学医学院。燕京大学长期设有医护预科,为北平协和医学院的附属预科。教会大学在医学教育上享有的声誉和医学院的教育模式都不同程度地影响着大学的招生考试。金陵大学电化教育、东吴大学法学院、之江大学建筑学系、沪江大学商学院、圣约翰大学报学系等院系也都是教会大学最先在中国设立并招生的院系,为中国新式人才的培养贡献颇多。

(三) 申请免试入学方式占主流

由原有教会中等学校发展而来的教会大学,其最初的大学部学生多是由本校中学部或本差会所办教会中学毕业,直接申请进入大学部继续学习,没有任何入学考试。文会馆最初3名大学毕业生就是在文会馆内沿着初等、中等到高等课程的顺序一直学习了10多年后毕业的。1900年,上海中西书院

---

[1] 南京大学高教研究所校史编写组编:《金陵大学史料集》,南京大学出版社,1989年,第13页。

[2] 翁之龙:《中国的新医学》,李楚材:《帝国主义侵华教育史资料:教会教育》,教育科学出版社,1987年,第279~280页。当时的10所医学校分别是:圣约翰大学医学院、海军医学校、广济医学专门学校(1926年停办)、夏葛医学院、陆军军医学院、大同医学院(后并入齐鲁大学医学院)、同济大学、金陵大学医科(后并入齐鲁大学医学院)、华西协合大学医学院、北平协和女子医学校(后并入齐鲁大学医学院)。

（东吴大学前身之一）第一届 4 名学生从大学部毕业，这 4 名学生都是一直在博习书院和中西书院学习，自然升级，没有入学考试①。一些新建立的教会大学也多从先期设立的附属中学或其他教会中学直接选拔学生。1915 年沪江大学曾规定，来自苏州晏成中学、杭州蕙兰中学、宁波浸会中学、上海清心中学以及监理会中学之毕业生随带荐书与文凭者不必考试，到 1923 年这类学校达到男校 17 所，女校 4 所②。1916 年 2 月，福建协和大学正式开课的时候，是将福州英华书院、格致书院、三一书院以及闽南英华书院、寻源书院等五所书院高年级的学生集合到一起，共 81 人，作为福建协和大学一年级新生③。还有些外招的学生，早期也无严格考试，东吴大学堂章程中曾规定学生可随时申请入学："凡欲来堂肄业，须于开馆前开明年岁籍贯，到堂报名，倘欲随时入堂，必能附已定之班方可。"④

由于教会大学初期均设预科（相当于高中）或附班（预科的预科，相当于初级中学），所以对外招生的数量以预科或附班为多，而大学部对外招生的数量较少；另外，教会大学与众多教会中学建立密切的关系，被承认的中学的学生申请进入教会大学最初也主要是推荐免试，只在特殊情况下加试入学科目。

教会大学采取考试入学的招生方式主要用于对外公开招考。19 世纪末登州文会馆开始实行考试入学，目的是希望"班次划一"，因为学生天资各异，聪愚不一，学习能达到的境地也各不相同，只得通过严格的考试，使各班程度保持一致，即所谓"资禀所具，利钝攸殊，诣境所臻，浅深各异，正不得不严定去取，以期班次划一"⑤。文会馆正斋（本科）的第一次考试非常宽松，基本上等同于免试入学，只要学生持中学堂的推荐书而来，就全部录取为正斋学生；第二次入学考试在学生入校学习约一个月之后举行，考试

---

① 这 4 名学生原是苏州博习书院的学生，1899 年 2 月，创办上海中西书院、苏州博习书院和苏州宫巷书院的监理会差会决定将博习书院并入上海的中西书院，博习书院的学生也随之转入中西学院。

② 王立诚：《美国文化渗透与近代中国教育：沪江大学的历史》，复旦大学出版社，2001 年，第 49 页。

③ 《协大概况》，《协大校刊》第三十卷第二期（1948 年 5 月 1 日）。

④ 孙乐文：《东吴大学堂试办章程》，王国平，等编：《东吴大学史料选辑（历程）》，苏州大学出版社，2010 年，第 91 页。

⑤ 《文会馆志》，山东省档案馆馆藏：齐鲁大学档案 J109-01-662。原文无标点。

内容是入学后所学新知。第二次考试相当严格,不及格者要被淘汰。第一次入学考试实际上是免试,除了验证学生的中学肄业经历外,不发挥任何的淘汰功能;第二次入学考试则兼具入学复试和学业考试两种性质,同时发挥人才选拔和学业评价双重功能,通过对学生入学一个月内所学内容的考查,既可了解在校学生的学习能力和学习状况,又可淘汰不合格学生。不过,1910年3月,成都华西协合大学正式开学时所招收的11名学生则是在其附属协合中学就读的100名学生中,经过入学考试录取的[①]。因为华西协合大学一开始就是由多个不同差会合作,按照大学标准创立的,它不是从教会中学逐步发展而来,也没有合适的生源直接转为大学一年级新生。

教会大学对公开招生考试,均有相应的规定,1904年,圣约翰书院规定:

(甲)欲考入正馆者,须于备馆之第四年各项功课考得均中数70分,如有一项在60分内,须经复试,将此项分数补足,方为合格。(乙)入备馆第四班者,西文考薄拉克第(一、二)《英文读本》,中文考《蒙学课本》三编。(丙)无论正馆、备馆,欲列第一班者,须考第二班之功课,分数合格,余准此类推。(丁)备馆四班,12岁以下,18岁以上不录。[②]

1920年,燕京大学规定:"凡欲投考本校学生,须先自本校教务处领取报名格式填写后,与毕业或修业证书并医生查验身体之凭单来校呈验,且须经该生前所在之学校证明该生之品行,并声明去校原由后,由本校通知入学考试日期,或在六月或在九月,至期来校考试。"[③]

由于各教会大学均设预科或发展附属中学、认可中学,所以学校录取的新生中,免试入学新生占绝对比例,经考试方式入学的新生只有少数。这也是教会大学初期生源相当依赖大学附中和教会中等教育的表现。

(四)详斟细定入学书

早期学生报考教会大学需要填写的入学书,包括入学志愿书、入学契约书(后逐渐演化为入学保证书),各教会大学要求不一,名称也不同。入学

---

① 黄思礼:《华西协合大学》,秦和平、何启浩译,珠海出版社,1999年,第30页。
② 《圣约翰书院章程》,朱有瓛、高时良:《中国近代学制史料(第四辑)》,华东师范大学出版社,1993年,第439页。
③ 国家图书馆馆藏:《燕京大学章程(1920~1922)》。原文无标点。

志愿书主要是指学生填交给学校的，表明自己求学意愿的书面文字；入学保证书的目的是保证人签名担保学生在校遵守校规；入学契约则是学校与学生家长（或其他监护人）签订的入学文件。契约书实质上是学校与学生家长（或其他监护人）之间订立的约定双方权利和义务的合同书，以保证学生在校学习的稳定性，这是教会大学招生的显著特点，也是美国契约思想在教育领域中的典型体现。

圣约翰书院1904年的章程规定："入正馆者，须具愿书，内开某生愿遵守圣约翰书院一切宪法，服从一切条教，愿尽学生义务，并保守书院之荣誉各节。进院时该生须遵例签名。"① 圣约翰书院还规定："新生进院须订定关约，以足二年为期，如欲中止，其学费仍应缴足二年。"②

上海中西书院1899年的年度报告中明确提到："很多学生决定留在学院，学完所有课程，获得毕业文凭，有的在预科，有的在大学部。有相当部分学生已经签约留在学校，从两年到六年不等。"③

金陵大学堂章程中也有此类说明："中学、高等学及大学不拘年龄。凡入学学生必须有志求学，品行端正，立志愿书加保证人。"④

登州文会馆在录取新生时均与学生家长或其监护人签订详细的约定，原文如下：

> 大美国长老会设学于登州府城内招收生徒今有某府某县某社某村某人子某名几岁愿送入馆内读书应许自备儒书笔墨衣衾遵馆内详章依次学完方准归家营业倘无故早日领回须将入学以来所耗经费一概偿还学生逃亡须寻觅送回未毕业之先学生定亲娶亲须经监督允准方可惟学生愚顽不堪造就任监督遣归此系两相情愿并无追悔
>
> 　年　　月　　日　立⑤

---

① 《圣约翰书院章程》，朱有瓛、高时良：《中国近代学制史料（第四辑）》，华东师范大学出版社，1993年，第439页。

② 《圣约翰书院章程》，朱有瓛、高时良：《中国近代学制史料（第四辑）》，华东师范大学出版社，1993年，第442页。

③ 潘慎文：《中西书院报告（1899-08-31）》，王国平，等编：《东吴大学史料选辑（历程）》，苏州大学出版社，2010年，第31页。

④ 《金陵大学堂章程》，朱有瓛、高时良：《中国近代学制史料（第四辑）》，华东师范大学出版社，1993年，第585页。

⑤ 《文会馆志》，山东省档案馆馆藏：齐鲁大学档案J109-01-662。原文竖向排列。

上述约定书除记载学生的基本状况之外，还严格规定学生必须自始至终学完所有课程，才能回家；若学生中途辍学，必须偿还学校为其所花的所有经费；如果学生逃亡，家长有责任将其找回；在学期间，学生如果定亲、结婚，必须经过学生监督的许可；当学生实在不堪造就时，任由监督将其开除。这样一份要求苛刻的契约书在当时国人对教会学校所知甚少的时代，无疑给人一种类似卖身契的感觉，使许多人望而却步，也造成许多有关教会学校离奇荒诞的传言。

天主教震旦学院1910年代的入学证书：

　　学生　　年　　岁　　省　　县人今承
　　震旦大学院允取入校肄业，一切规则愿服从遵守，如有重疾及
　　各种阻碍，概由保证人承认此据。
　　　　　　　　　　　　　　　　学生　　　　住址
　　　　　　　　　　　　　　　　保证人　　　住址
　　　　　　　　　　　　　　　一千九百十　年　月　日　缴①

1921年之江大学入学保证书：

　　具保证书　今因学生　蒙
　　贵校录取肄业应纳学膳等费遵期缴足入校之后必能恪
　　守规则如有故犯禁令希图退学等情均推保证人是问
　　此上
　　杭州之江大学校校长先生台鉴
　　　　　　　　　　　　　　　　保证人　　　　签押
　　　　　　　　字
　　　　　　　　籍贯　　　　　　职业
　　　　　　　　现在住址及通讯处
　　中华民国　年　月　日②

正常情况下，契约书除了明确学生家长的义务，也应当明确学生在校受教育的权利，即学校应提供何种程度或质量的教育服务，但近代教会大学的

---

① 《震旦学院章程》，朱有瓛、高时良：《中国近代学制史科（第四辑）》，华东师范大学出版社，1993年，第409页。

② 《之江大学校章程（1921年）》，亚洲基督教高等教育联合董事会档案（Archives of the United Board for Christian Higher Education in Asia，华中师范大学教会大学研究中心藏：AUBCHEA），Series Ⅳ-Box160-Folder3023。

入学契约书却只凸显出学生家长单方的责任。究其原因，入学契约书是由教会大学单方确定的条款，而且中国学生与教会大学在接受与传授西方新式教育上的地位不平等，教会大学居于新式教育的主导地位，在大学与学生之间，大学具有不容动摇的支配权。不过从客观上讲，这类约定书虽然很严苛，却使学生在校的学习时间有了充分的保证，学校能够对学生的教育和课程设置制定较为科学的长期规划，并保证这些计划顺利实施。正如东吴大学堂章程中所载："本学堂于教养之道颇为精详，该生父兄既送子弟来学，当以全权相畀，幸勿稍有掣肘。凡一切世俗酬应有碍学业者，须当谢绝，俾教者学者授受专久造就较速。"① 旨在约定学生家长（或其监护人）义务的入学契约书逐渐发展为教会大学录取新生必须签订的入学保证书。

（五）考试科目自定，国文注重经典

进入20世纪以后，教会学校地位变化巨大，国内对新学教育的需求更加迫切，上流社会阶层对教会大学的认可促使教会大学教育规模扩张和教育层次提升，并带来大学招生考试的变化。规模扩张要求增加招生数量，教育层次提升意味着招生的学术标准提高，但由于教会大学所处的地理环境和发展阶段不同，各个学校招生条件规定不一，考试科目也由学校自主确定。不过，各校早期的国文考试内容均注重中国传统经典，试题的基本形式借鉴科举中的策论考试，要求学生作类似的文章，且多用文言文。

1898年博习书院（东吴大学前身之一）要求学生入学时必须通过《大学》和《中庸》方面的考试②。天主教震旦学院1912年章程规定：学生年龄自15岁至20岁，国文业已清通，不需专修，遂能全力学习外国言语科学者，方能入预备科；入学必须考试，凡来投考者，先试作国文一篇；投考者如已学过英法文，则兼试英法文，并本院所授各科，（特指算学）以便插班。如插班1月后，学生未能领会者，即须降班；如由他校来求入高等科者，须按本院预科各科目，一一考验③。齐鲁大学广文学堂时期（1904年—1917年）

---

① 孙乐文：《东吴大学堂试办章程》，王国平，等编：《东吴大学史料选辑（历程）》，苏州大学出版社，2010年，第91页。

② 韩明德：《博习书院报告（1898）》，王国平，等编：《东吴大学史料选辑（历程）》，苏州大学出版社，2010年，第74页。

③ 《震旦学院章程》，朱有瓛、高时良：《中国近代学制史科（第四辑）》，华东师范大学出版社，1993年，第408~409页。

的招生考试规定，选班（预科）学生的考试内容为默讲四书并作议论一篇，正班学生的考试科目有9门：①讲四书；②背诗书经（从本堂选本命题）；③地理（以江戴德地理志略为准）；④数学（以狄考文笔算数学为准）；⑤代数（学完二次方程）；⑥西史（以五洲史略为准）；⑦新旧约故事（旧约以本堂旧约史记纲目为准）；⑧地文学（商务印书馆译本）；⑨作文①。1916年福建协和大学招生考试科目已经分为必考和选考科目，其中必考科目4门：英语（包括写作、语法、会话、阅读和听写，以及就标准英语读物进行提问等具体考试项目）、普通话（Mandarin，包括会话测试和笔试英汉互译，外国籍学生可提前一个月申请以其他语言替代考试）、国学（Classical Chinese，包括经典、历史、文章写作，笔试英汉互译等）、数学（算术、代数、平面几何）。选考科目又分A、B两组，A组为：①中国史、希腊史或罗马史；②中世纪史和近代史；③现代史；④地理；B组为：①高等数学（代数、平面几何、解析几何、三角）；②物理学；③化学；④生理卫生学（Physiology and Hygiene）。入学申请者必须通过所有必考科目的考试以及两门选考科目（A组和B组各一门）②。

从以上教会大学入学考试科目的设置来看，进入20世纪以后教会大学的招生标准显著提高。首先，报考本科的学生必须是从各中学堂毕业的。这一条标准还比较容易达到，因为在晚清的最后十年，中国的新式教育获得了蓬勃发展，特别是1905年废除科举制度之后，中国新式学堂遍地开花，学生数量激增，获得新式学堂毕业证书的学生也越来越多。但第二条标准，即要考文理综合的多门课程，对许多学生，尤其是普通中学堂毕业的学生来说，则非常困难。因为新式学堂虽然比比皆是，但普通中学堂的教学内容和教学效果在短时期内根本无法得到彻底的转变，一方面是因为传统的思想观念影响着人们的学习心理；另一方面是因为缺乏教授西学的优秀师资。所以，普通中学堂毕业的学生报考教会学校的比率是相当低的，而考试科目中有关宗教的内容更是普通中学堂毕业生不可能掌握的。

福建协和大学的入学考试科目还体现出地域文化的显著影响，由于福建协和大学地处福州，当地方言为福州话，与官方语言差异显著，而大学教学

---

① 《文会馆志》，山东省档案馆馆藏：齐鲁大学档案J109-01-662。原文无标点。
② (Fukien Christian University) Syllabus of Entrance Examination, 1916-1917, 华中师范大学教会大学研究中心藏：AUBCHEA, Series Ⅳ-Box109-Folder2397。

均采用官方语言即普通话进行,所以福建协和大学早期的入学考试中,普通话是一门重要的科目。

(六) 生源籍贯、毕业中学和宗教信仰高度集中

受地理条件的影响,教会大学早期生源籍贯的分布除个别大学外①,大都集中于大学所在城市及周边地区,跨省生源比例小。东吴大学生源集中在以苏州为中心方圆百里的地区,以及周边城市如上海、宁波等地。1892年时,博习书院有大约一半的学生来自苏州,其余的来自宁波、上海、松江、常熟、昆山等地方②。直到1917年,东吴大学139名大学层次的学生中,除大多数来自苏州方圆100里的地方,有大约20名学生来自广东,只有极少的同学来自于中国其他遥远地区③。华南女子文理学院的学生主要来自福州、厦门及汕头等地。

教会大学招收的学生大多数毕业于教会中学。华南女子文理学院的学生最初来自福建省美以美会女子寄宿学校,后又扩大至福州、厦门以及汕头等其他教区的学生,但学生均来自教会中学。1902年,杭州育英书院(Hangchow Presbyterian College)(之江大学前身)新竣工的教堂附设了几间教室,因为许多苏州、上海、宁波教会中学的毕业生开始在育英书院注册,这些具有基督教背景的学生比来自非基督教徒的富有家庭的所谓不正规学生更受欢迎④。1915年,金陵女子文理学院开课时只有11名学生,学年中间又转入2名,第一学年共计注册13名学生,全部是教会中学毕业生。1924年9月,正式开学的华中大学34名新生中有32名来自文华中学或来自长江沿岸由美国圣公会资助的其他教会中学,另有两名新生是博文学院的毕业生⑤。

教会大学倾向招收教会中学毕业生,首先是因为教会大学自己的附属中学和由同一差会所设的其他教会中学在课程设置和教育质量上都易与教会大

---

① 1915年,金陵女子学院的第一批学生来自4个省的9个城市。
② 潘慎文:《博习书院报告(1892年)》,王国平,等编:《东吴大学史料选辑(历程)》,苏州大学出版社,2010年,第63页。
③ 葛赉恩:《东吴大学1917~1918年度报告》,王国平,等编:《东吴大学史料选辑(历程)》,苏州大学出版社,2010年,第147页。
④ 队克勋:《之江大学》,刘家峰译,珠海出版社,1999年,第19页。
⑤ 柯约翰:《华中大学》,马敏、叶桦译,珠海出版社,1999年,第32页。

学的课程和教育程度相衔接（如科学教育课程和宗教课程）。其次是因为教会中学的宗教氛围浓厚，经过中学阶段的宗教课程学习和宗教生活熏陶，其毕业生大多已成为教徒或者虽然没有受洗入教，但已对宗教产生浓厚兴趣，有意向成为基督徒。教会中学毕业生进入大学的比例高，既有利于大学各项教学和管理活动的开展，也有利于保持大学浓厚的宗教氛围，凸显大学的宗教特色。

1915年金陵女子文理学院第一学年注册的13名学生中只有1人不是基督徒。沪江大学招收的学生分为四类：基督徒学生、父母为基督徒的学生、曾在教会中学就读三年以上的学生和非基督徒学生。1915年沪江大学的章程明确规定，学校中非基督徒学生数目不得超过前三类学生的总数[①]。从1920年—1925年的6年间，之江大学的学生入学人数增长了120%，即从68人增到148人，其中有116名学生为基督徒，占学生总数的78%[②]。20世纪20年代初期的一份有关基督教大学的统计（见表2-2）也显示出，教会大学学生信仰基督教的比例是相当高的。

表2-2　14所基督教高校学生基督徒人数表

大学校名	学生总数（含预科、本科、研究院）（人）	基督徒人数（人）	基督徒比例
燕京大学	273	167	61.2%
齐鲁大学	253	235	92.9%
金陵女子大学	60	54	90.0%
金陵大学	235	144	61.3%
东吴大学	198	89	44.9%
沪江大学	173	119	68.8%
圣约翰大学	239	93	38.9%
之江大学	44	23	52.3%
福建协和大学	119	100	84.0%

① Bulletin of the Shanghai Baptist College and Seminary 1915，p.23. 转引自王立诚：《美国文化渗透与近代中国教育：沪江大学的历史》，复旦大学出版社，2001年，第69~70页。

② 队克勋：《之江大学》，刘家峰译，珠海出版社，1999年，第56页。

续表

大学校名	学生总数（含预科、本科、研究院）（人）	基督徒人数（人）	基督徒比例
岭南大学	81	70	86.4%
雅礼大学	114	83	72.8%
文华大学	77	61	79.2%
博文书院	35	18	51.4%
华西协合大学	116	81	69.8%
合计	2 017	1 337	66.3%

数据来源：表中"学生总数"、"基督徒人数"两部分数据来自《中华归主》下册，第937页。

教会大学的生源除了以上所述的地域性集中、毕业于教会中学的比例高以及基督徒比例高等特点外，还逐渐呈现出生源向社会富裕阶层家庭子女集中的趋势。面向中下层民众，免学费，提供膳宿，仍难以招到学生的困境是在教会中小学校的初创时期。19世纪末20世纪初，当教会大学教育开始兴起的时候，其生源状况已经开始发生改变。中国民众对英语和自然科学教育的需要是教会大学摆脱招生困境的重要原因，这在长江流域的学校表现得更明显。1882年圣约翰书院卜舫济首先提出要重视英语课程的学习，不仅将之作为一门语言，还应将之作为教学语言普遍应用。作为全国范围内第一个使用英语作为教学语言的学校，圣约翰书院因此招揽了大量生源，学校的报考人数逐年上升，生源也开始从贫寒家庭、教徒子女变为上海及其周边地区富裕家庭的子弟[①]。

教会大学生源趋向富裕阶层子女，一方面是教会大学的招生策略已由初期以招收中下层教徒子女为主转变为利用学校的教学优势，积极招收中上层富裕阶层的子女入学；另一方面是接受大学教育所需的日渐昂贵的花费使普通家庭望而却步。1904年岭南医学堂初创时，要求学生须在校学习10年，共计要缴费1 000金元，合当时中国通用银2 200元[②]。1906年东吴大学的

---

① 熊月之、周武：《圣约翰大学史》，上海人民出版社，2007年，第237页。
② 林安德：《办岭南医学堂简法》，李楚材：《帝国主义侵华教育史资料：教会教育》，教育科学出版社，1987年，第281~282页。

年度报告显示,虽然学生名册中可以找到来自各个阶层的代表,但大多数学生来自该地区最富裕的家庭①。

(七) 总体招生规模小,生源质量偏低

教会大学早期招生受学校办学规模和中等生源不足的影响,招生总体规模小,且对外招生多集中在预科层次。1902 年,上海中西书院仅有 4 名学生从预科毕业,并全部升入大学②;1918 年有 5 名学生自预科毕业,其中 4 名进入大学继续深造③。1919 年刚刚合并而成的燕京大学仅有学生 94 人。1920 年春,金陵大学文科一年级仅 22 人,特别生有 2 人,农科一年级 8 人,林科一年级只有 1 人,全校学生总数 231 人,其中 157 人为预科生④。同年,齐鲁大学招生预科录取 15 人;1924 年,齐鲁大学有 150 人报考,仅录取 26 人,录取率为 17.3%。

教会大学录取的人数少,生源的整体质量相比后期而言,依然明显偏低。即便有许多学生对教会大学趋之若鹜,也并不意味着其招生质量有质的飞跃,因为中学教育质量普遍较低,很难为教会大学提供高质量的生源,而教会大学的预科毕业生也不是全部选择继续就读大学课程。

1904 年,岭南医学堂设立时,明确规定入医学科学习的学生,须先"习备学 4 年,次习广学 2 年(此期或要多 1 年),再次入医学科 4 年,是为卒业"⑤。学生入学后必须从预科课程开始,逐步深入地学习 10 至 11 年的时间,足以表明当时入学学生的程度不符合大学的学习要求是普遍存在的现状。1909 年—1910 年上海中西书院的年度报告中称,每年都有大批申请者无法达到书院的入学要求,而且达到书院要求的申请者人数也比预期的少得

---

① 孙乐文:《1906 年年度报告(东吴大学)》,王国平,等编:《东吴大学史料选辑(历程)》,苏州大学出版社,2010 年,第 106 页。

② 潘慎文:《中西书院年度报告(1903 年 9 月 30 日)》,王国平,等编:《东吴大学史料选辑(历程)》,苏州大学出版社,2010 年,第 37 页。

③ 葛赉恩:《中西书院年度报告(1909 年)》,王国平,等编:《东吴大学史料选辑(历程)》,苏州大学出版社,2010 年,第 47 页。

④ 《教育部视察金陵大学报告》,南京大学高教研究所校史编写组编:《金陵大学史料集》,南京大学出版社,1989 年,第 21 页。

⑤ 林安德:《办岭南医学堂简法》,李楚材:《帝国主义侵华教育史资料:教会教育》,教育科学出版社,1987 年,第 281~282 页。

多，原因是有些完成预科学业的学生提前离校，不再继续攻读①。1912年，金陵大学医科之前身，中国东方医科大学在辛亥革命后重新开学时，报名投考者40名，但因程度不齐，仅录取20人②。1913年，华西协合附中已经有139名学生，可是，在他们中间仅有少数人具备了上大学的能力③。1919年，司徒雷登接手合并的汇文大学和协和大学时，"学生仅有94人，大多数也是地方教会派来培养做传教士的，根本不具备大学生的水平"④。

教会大学早期非常高的淘汰率同样可以从侧面说明生源的质量一般，许多学生因无法适应大学的学习进度和学术要求而被淘汰。

表2-3 金陵女子文理学院学生数和毕业生数比较（1915年—1924年）

年份（年）	学生数（人）	毕业生数（人）
1915	9	
1916	17	
1917	36	
1918	52	
1919	70	5
1920	52	8
1921	70	10
1922	81	10
1923	95	10
1924	133	10

数据来源：Student Lists and Statistic. AUBCHEA, Series Ⅳ-Box129-Folder 2649。

从上表（表2-3）可以看出，金陵女子文理学院直到第5年，即1919年才有第一批毕业生，按照大学平均4年的学程，前几级学生只有5人毕业，而且一直到1924年，每年的毕业生都没有超过10人，除去学生中途出国或

---

① 葛赉恩：《1910年中西书院汇报（1909年秋季学期至1910年春季学期）》，王国平，等编：《东吴大学史料选辑（历程）》，苏州大学出版社，2010年，第49页。

② 南京大学高教研究所校史编写组编：《金陵大学史料集》，南京大学出版社，1989年，第11页。

③ 黄思礼：《华西协合大学》，秦和平、何启浩译，珠海出版社，1999年，第32页。

④ 罗义贤：《司徒雷登与燕京大学》，贵州人民出版社，2005年，第62页。

其他原因，仍有相当数量的学生是被淘汰的。沪江大学成立30周年报告中也曾指出这一问题："至历届毕业人数，自2人至110人。逐年按入学人数比较，(民国十至二十年)最高百分数为52%，最低为32%，换言之，一年级新生，能于四年修毕学程得予毕业者，只半数而已。经济及学业，当为其二大原因。前者因经济拮据，而中途辍学，后者为成绩欠佳而退学，或转学。要其四年达到目标，而能副学校之所期望者，殊非易事也。"①

教会大学早期的招生考试受差会（或其他创办者）的办学宗旨、大学自身发展阶段、中等教育质量以及欧美大学招生考试制度等因素的影响和制约，形成了一些各自的实践做法，虽然仍处在不断的变化中，但这些招生考试实践已经涉及考生资格、入学方式、考试科目、录取标准等有关招生考试的基本要素，入学手续要求签订契约书也显现出教会大学的招生特色。从教会大学招生考试的整体发展而言，这一时期的招生考试还处在教会大学各自为政的自由发展阶段，入学条件有松有紧，考试标准有高有低。教会大学招生考试还缺乏科学的理念指导和规范的制度来指导和约束招生考试行为；也缺少专门的机构系统地组织实施招考活动，以保障招生考试人才选拔功能的充分实现，促进教会大学人才培养质量的提高。

教会大学最初作为差会的传教事业机构创办，主要目的是培训教会系统的工作人员和为教会子女提供高等教育。这一办学目的直接影响了大学招生策略，使教会大学倾向招收基督徒、基督徒子女和教会中学毕业生，学生基督徒比例因此有所提高，而一些教会大学要求入学新生须有宗教课程的学时并设置宗教考试科目，更限制了普通中学生向教会大学的流动，这必然影响到教会学校的生源和学校未来的生存与发展，宗教考试科目被取消只是个时间问题。因此，当20世纪20年代中期，教会大学的教育质量受到猛烈抨击时，教会大学的招生考试改革首先被提上日程。

第二节 立案前后教会大学招生考试的改革

在中国近代社会历史发展的过程中，20世纪20年代既是教会大学自我提升的重要时期，也是教会大学作为一种异质文化教育机构与中国社会现实激烈冲突的集中爆发期，还是教会大学努力融入中国高等教育体系的萌发期。在这种提升、冲突与融合的发展背景下，教会大学借申请立案之际，锐

---

① 樊正康：《沪大三十周年纪念辞》，《申报》1936年11月21日。

意改革招生考试制度,明确招生考试的指导理念和招考原则,成立专门的招生考试组织机构,提高考生的入学资格,规范招生考试程序,细化考生评价标准,逐渐形成制度严谨、程序规范、科学分类、多元录取的招生考试运作模式,选拔出一大批优秀的可造人才,为教会大学高质量的人才培养奠定了坚实的基础。

一、改革的动因

教会大学在20世纪二三十年代的招生考试改革主要有5大动因:第一,巴顿教育调查团报告提出的教会大学改进建议;第二,教会大学自身发展的内在需求;第三,非基督教运动及收回教育权运动对教会大学教育的尖锐抨击;第四,中国政府颁布的立案条例及其他教育法规;第五,国立大学后来居上对教会大学产生的竞争压力。

1. 巴顿教育调查团的改革建议

1922年以巴顿(Burton)为代表的基督教教育调查团在对中国基督教教育事业进行了全面、系统的考察后,提出基督教教育的改革建议。教育调查团的考察层次从幼稚园教育一直到高等教育,内容涉及教会学校的规模、设备、师资、生源背景、经费、课程设置以及教育教学质量等各个方面。调查报告对基督教大学已经取得的成就,尤其是宗教教育的成果充分肯定,同时对基督教大学的办学环境、办学前景以及基督教高等教育在中国未来发展中应当发挥的作用也提出了明确的判断和理性预测。教育调查团的报告还对基督教大学存在的问题和面临的挑战进行了分析,指出基督教大学普遍存在差会自办、规模小、院系设置重复、校际之间疏于交流合作、教育资源分散、教学质量急需提高等问题,并提出基督教大学未来发展的两条建议,即联合和提高①。所谓联合,就是改变各差会分散办理大学的局面,实行差会之间的联合,通过集中的策略,整合教育资源,减少院系的重复设置,节约不必要的财政开支,提高办学效率。所谓提高,就是通过招生考试改革来提高生源质量;通过选聘优秀师资、课程改革来提高教学效果;通过加强教学管理、严格考试测评来提高教育教学质量。

巴顿调查团的报告和建议使各基督教大学既充分了解了全国基督教大学的整体发展状况,也明确了大学自身未来教育教学的改革方向。

---

① Committee of Reference and Counsel of the Foreign Conference of North America, Christian Education in China, New York City, 1922.

2. 教会大学自身发展的内在需求

自科举革废至民国建立，中国传统教育体制发生了历史性转折，学校选才成为替代科举选官的重要方式之一，极大地推动了以教会大学为代表的中国近代学校教育考试的发展。教会大学在20世纪20年代初期呈现出繁荣的发展景象。民国建立后，各项新式政治、经济、文化事业蓬勃开展，对新式人才的需求有增无减，教会大学愈受青睐，社会报考人数激增，远远超出了教会大学的容纳能力。随着中等教育水平的不断提高和教育规模的逐步扩展，教会大学的生源数量和质量都得到了改善，除了继续由本校预科学生顺次升入大学外，学校通过入学考试选拔人才的功能也有所加强。

随着教会大学教育层次的提升、教育领域的扩展，一些教会大学由初级学院发展为完全大学，毕业生逐年增多，而当时国内却无学位授予制度，教会大学因此纷纷争取向国外大学注册，以获得学位授予权。向国外大学注册的前提是学校规范的教学管理和优良的教学质量，这又对大学的招生管理提出了挑战。早期教会大学招生只设正斋（或称正馆、高等科、正科，实是大学专科和本科）和备斋（又称备馆，实指预科），正斋统设文科课程，虽有少量理科课程，但无分科之说。教育领域的扩展分化使大学科系增加，文科、理科、农科、医科和法科等科系的增加标志着教会大学人才培养范围的扩展和细化，这就涉及不同学科在招生考试时的招生标准和考试科目等具体问题，如医科、法科的招生标准都比普通文理科要高，所以必须进行招生考试改革以适应不同学科人才选拔的需要。

3. 非基督教运动及收回教育权运动对教会大学教育的尖锐抨击

中国近代社会时局动荡不定，中外民族冲突加剧。1922年非基督教运动爆发，一些青年学生联合发表《非基督教同盟宣言》，矛头指向教会学校的宗教特色[①]。1924年非基督教运动发展为收回教育权运动，外国教会在中国开办学校的权利受到强烈质疑，并被要求交出教育权，教会学校被要求向中国政府立案并改革宗教教学。运动爆发的最初原因是反对帝国主义和不平等条约的签订，但因"教会与外人有特种的关系，教会学校又占教会事业的一个重要部分，所以教会学校竟不幸而成为众矢之的"[②]。教会学校被推到风口浪尖之上，各地学校、学生会、学联，以及中华教育改进社、全国教

---

① 彭彼得：《基督教思想史》，强学会（上海），1939年，第594~596页。
② 徐松石：《教会学校是否应以读经为必修科》，李楚材：《帝国主义侵华教育史资料：教会教育》，教育科学出版社，1987年，第107页。

育会联合会等组织纷纷发表收回宣言或提出收回教育权议案①。文化和教育界名流也著文支持,陈独秀、蔡元培、余家菊等强烈批评教会教育的文化侵略性质,主张应坚决收回教育权并禁止教会学校的所有宗教活动;朱经农、胡适等则针对不同教会学校的具体情况提出取缔、改良和保留这三种不同的具体措施,各种主张的基本前提都是教育主权必须收回②。随后于1926年开始的以反对帝国主义、军阀主义为目的的北伐运动对教会大学的严重影响是大批传教士教师离开学校,教会学校学生的退学风潮遍及全国,北京政府教育部被迫颁布取缔教会学校的命令。1926年—1927年,先后有3000多名传教士离开中国,好几所大学停办,100多所中学关闭③。

  一连串的运动使教会大学的发展环境急转直下,面临前所未有的生存危机,许多教会大学都在这场危机中受到严重影响,甚至关闭。教会大学的创办者及管理者在对教会大学前景感到彷徨不安的同时,也在反思,究竟是什么原因导致学校处于这样的危机之中?未来教会大学应如何发展?处在风暴中心的基督教大学更是深感忧虑,甚至有观点认为基督教大学应自此撤出在中国的教育事业。为此,基督教教育者通过报纸、杂志和会议的形式进行了自发的或是有组织的探讨:应如何面对这场中国基督教高等教育有史以来所经历的最严重的危机?1925年1月15日—17日,基督教大学中国管理人员会议在上海举行,会议一致认为,中国基督教教育只有变得"更中国化,更有效率,更基督化",才能作出独具特色的贡献④。1925年4月,基督教大学各方代表在纽约召开会议,会议提出两个重要的问题:一,是按照西方的高标

---

  ① 1924年4月,广东圣三一学校学生首先发表宣言,提出反对奴隶式的教育,争回教育权;7月,广州学生会发表"收回教育权运动宣言",提出"几条最低限度的办法";同月,广州"反抗文化侵略青年团"通电全国,表示教会学校"皆在应收回之列,绝不容帝国主义者趾高气扬于中国教育界中";1925年,湖南学联致电北京教育部,要求取消教会学校,认为教育是一国内政,属于国家主权,不应由外人插手;中华教育改进社于1924年7月8日在南京召开第三届年会,全国教育联合会于1924年10月在河南开封召开年会,两次教育会议都通过了有关收回教育权的议案。

  ② 李华兴:《民国教育史》,上海教育出版社,1997年,第771页。

  ③ 史静寰:《狄考文和司徒雷登在华教育活动》,文津出版社(台北),1991年,第250页。

  ④ Chinese Christian Education-A Report of A Conference Held in New York City: Foreign Missions Conference of North America, April 6th, 1925, p. 18.

准培养具有西方思维方式和生活方式的毕业生（着眼于未来的中国），还是依照中国社会的现实，降低标准，培养具有职业技能，更适合服务于中国社会现实的毕业生？二，面对不断升级的反基督教运动，在华基督教教育是否应明确自己的教育目的？是否应开拓更广阔的服务项目？问题的答案会决定在华基督教教育事业的未来①。经过深刻的反思，基督教教育者们一致认为除了教会大学的外国特征、宗教特征之外，基督教大学自身在国学方面的不足也是基督教大学成为众矢之的的重要原因。1920年2月北京教育部派员视察金陵大学时，特地"命题试验学生国文，题为'试言对于南京之感想'，限30分钟交卷，与试者共170人，文理通顺者固亦不乏，而误字劣文占其大半，此可为该校惜者"②；圣约翰大学的国文教学也深受时人诟病，"即使连着几年中文课程考试不及格，仍可以得到一张圣约翰大学的文凭"③。

基督教大学若想走出困境，长久地维持、发展并对现代中国建设有独特的价值和贡献，关键是要坚定信念，进一步提高质量；要集中财物人才，将教会大学办成不可替代的"真正超等出色的学校"，而不是"三等四等"的学校④。要成为出色的学校，除了超远的办学理念、一流的师资和一流的设施，还必须要有一流的学生。毫无疑问，招生考试便是大学选拔培养一流学生的首要环节。

经历发展低潮的教会大学，开始转变办学定位，不再是基督教化中国⑤，而是服务于中国。办学观念的转变使教会大学认识到，应不断扩展新的教育服务项目，并在人才培养的标准上兼顾未来中国和现实社会两方面的发展需求。既着眼于未来中国的需要，按照西方高标准培养通识性的精英人

---

① Chinese Christian Education—A Report of A Conference Held in New York City：Foreign Missions Conference of North America, April 6th, 1925, p.50.

② 《教育部视察金陵大学报告》，南京大学高教研究所校史编写组编：《金陵大学史料集》，南京大学出版社，1989年，第21页。

③ 林语堂：《林语堂自传》，群言出版社，2010年，第47页。

④ 胡适：《今日教会教育的难关》，朱有瓛、高时良：《中国近代学制史科（第四辑）》，华东师范大学出版社，1993年，第729页。

⑤ 早在1885年，后来成为岭南大学校长的香便文曾说过："基督教大学的目标就是把受教育者培养成传道人、教师和医生，以及其他所有生活中需要的人才，它所追求的是中国的启蒙和基督化。"王忠欣：《基督教与中国近现代教育》，湖北教育出版社，1999年，第92页。

才,又依照中国社会的现实,降低标准,培养具有职业技能,更适合服务于中国社会现实的毕业生。1930年基督教大学重新审定全国统一调整计划(Correlated Program)时,专门指出,要"使规模较大的高标准大学与规模较小的专业院校并行发展,在维持西方的教育标准和适应中国社会现实需要之间取得适度的平衡,既要维持一部分大学高标准的教育,又要广泛开展规模较小、较单纯、花钱少、社会急需的专业或职业教育"①。人才培养目标的扩展决定了教会大学招考专业和考生类型的增加,考生入学资格和考试科目也要进行适当的调整,以适应大学选拔不同人才的需要。

4. 中国政府颁布的立案条例及其他教育法规

表面上看,立案与教会大学招生考试改革并无直接关联,事实上,教会大学的招生考试改革既是立案的前提条件之一,也是立案的众多结果之一。整个20世纪20年代,立案成为教会大学难以回避的棘手问题。中国政府要求教会学校立案的条例频繁颁布,自1917年开始,中国政府相继颁布立案条例,要求教会学校向中国立案。随着时间的推移,立案要求越来越严,条文越来越细,手续越来越繁,特别是1927年南京国民政府颁布的立案条例。与此同时,教会学校内部还在为立案将带来宗教色彩的弱化而对立案问题争论不休。按照立案条例的规定,立案后教会大学的宗教课程必须由必修改为选修,招生考试科目也必须作出调整,如删除宗教考试科目、提高文理科招生标准,以改善大学文理科教育质量整体偏低的状况。齐鲁大学初次向南京国民政府申请立案时,医学院可通过审核单独立案,文理科则因办理不完善审核不合格;金陵大学也是农林科可通过审核,而文理科则因学生的国文程度过低不能通过。教会大学要成功立案,必须提高教育质量,招生考试改革是提高教育质量的重要举措,选拔国文基础优良的学生,既可提高生源质量,还可减轻大学的国文教学压力,有利于提高教学效率,改进教学效果。因此教会大学的招生考试改革,尤其是文理科招生考试改革成为重点内容。

教会大学最终一致认为,应尽快向南京国民政府申请立案,因为立案将使教会大学进入政府统一的教育体系,使之享有更好的发展环境;使教会大学毕业生享有同公立大学毕业生同样的权利,能进入政府担任公职,他们考入国立大学或考取国家海外留学名额都不会有任何限制;还可提高普通民众对教会大学的信任度,增加教会大学的吸引力,使之能从公立中学招收优秀

---

① Review Correlated Program. 山东省档案馆馆藏:齐鲁大学档案 J109-01-10。

学生。之江大学董事会会议上阐述的立案理由之一就是，"政府批准立案将会从公立中学吸引一些学生，而目前这些中学很少有人进入之大读书"①。

教会大学申请立案，必须满足南京国民政府颁布的立案条例和其他教育法规的要求，申请立案的过程便是教会大学各项制度包括招生考试制度深刻改革的过程。立案之后的教会大学更要接受中央或地方政府有关教育政策和法规的约束和统一管理。例如，公立或已立案之私立大学不得招收未立案之中学毕业生②；1930年，教育部又规定附属中学学生不得无试验升入本校大学：

> 教育部以大学附属高中毕业生，不得无试验直接升入各本大学肄业，除训令各大学外，并通令各省市教育厅局云：查大学废止预科，于不得已时，准办附属高级中学，原为救济升学学生而设，但学生毕业后，不得无试验直接升入各本大学肄业，仍须与其他高中毕业生视同一律，经过入学试验，分别去取，以昭公允，而杜冒滥。除布告并分行外，合行令仰该厅转行该省省立及私立各大学遵照。此令③

这些政府规章都会对教会大学的招生考试产生影响，促使已立案、正在立案或准备立案的教会大学随时修订相关的招考细则。1932年7月25日，齐鲁大学通知美南长老会，凡在未立案之中学毕业之学生不得投考，只能借读④。地方教育行政机关对私立大学招生考试的介入管理同样对教会大学招生考试产生了一定影响。1930年上海特别市教育局就订立已立案私立大学办理招收新生暂行办法6项，要求私立大学遵照执行：

（一）凡上海特别市区域内各私立大学招收新生，应组织委员会，所定计划，应于事先呈报市教育局转呈教育部。

（二）各私立大学举行新生入学试验时，应将试验方法及程序，先期呈报市教育局转呈教育部。

（三）私立大学举行新生入学试验时，教育部或市教育局得随时派员前往调查。

（四）私立大学招收新生如有免考全部或一部分科目情事，应将免

---

① 队克勋：《之江大学》，刘家峰译，珠海出版社，1999年，第57页。
② 《沪市区内已立案私立大学招生新办法》，《申报》1930年7月7日。
③ 《大学附高学生不得无试升学》，《申报》1930年7月7日。
④ 山东省档案馆馆藏：齐鲁大学档案J109-01-287。

考理由先期呈报市教育转呈教育核准,遇有必要时,得随时查验。

（五）市教育局应于各私立大学举行入学考试时,查验投考者之毕业证书,如遇未立案大学预科,及高级中学毕业证书及无证书者,得勒令停止其考试。

（六）私立大学如不遵行上列各项办法时,市教育局得呈请教育部按照私立学校规程第六条处分云。①

总之,立案是影响这一时期教会大学招生考试改革的重大事件。

5. 国立大学后来居上的竞争压力

国立大学快速发展、学术水平不断提高给教会大学带来竞争压力。教会大学一直自认为与国立、省立或其他私立大学有明显的区别,这区别就在于教会大学是以基督精神为教育宗旨,即以基督平等、博爱、牺牲、服务的精神,养成具有基督教品性的精英人才,以适应社会的各种需要,并成为未来建设中国的主导力量。要实现教会大学的办学理想,必须展现出教会大学最优秀的一面,而这一时期国立大学正快速发展为优势院校,学术水平不断提高,有超越教会大学之势。1917年蔡元培执掌北大,将北京大学逐渐改革为学术自由、兼容并包的大师汇集之地,1919年新文化运动自北京大学首起,更确立了北京大学的地位,一大批优秀的教授加盟,使北京大学的教学和科研水平蒸蒸日上,文、史、哲学科更是突出,北京大学成为国立大学的翘楚和全国高等教育发展的重心。1925年作为庚款留学预备学校的清华学校改组,开始招收培养大学生,并成立国学研究院,其学术水平、教学质量和社会声望也远非一般教会大学所能比拟。曾任中华基督教教育会会长的卜舫济承认说:"我们发现自己已处在被中国教育系统领导而不是给与这种领导的地位。"②

面对其他大学日益强劲的发展,教会大学唯有自我改革,不断超越,保持高质量水准,才能吸引优秀学生进入教会大学,并进一步被培养为教会大学所追求的具有基督教品性的各类人才,更好地服务于中国社会,体现其独特的价值。为了实现这一目标,教会大学必须使学校的教学管理更加系统、规范而且高效,而实行招生考试改革,正是学校完善教学管理的重要内容,

---

① 《沪市区内已立案私立大学招生新办法》,《申报》1930年7月7日。

② F. L. Hawks Pott, Present Educational Tendencies in China, Educational Review, April 1920.

也是为高质量的人才培养奠定坚实的基础。

诸多因素的综合影响促使教会大学加强教学管理，提高办学效率。实行招生考试改革，提升人才培养质量，是教会大学实现办学更有效率的重要策略之一；而达到更有效率的办学目标，既是20世纪20年代中国动荡的社会时局对教会大学形成的压力，也是教会大学的主观努力方向，因为教会大学要加快自身的发展，"一方面必须适应中国社会所面临的种种矛盾的制约；另一方面还得首先克服学校内部所面临的种种困难"①。

二、改革的内容

招生考试改革内容繁杂，既涉及招生策略、招生原则和人才标准等理论层面的改革，又包括入学考试活动的具体组织，如考试安排、命题、评阅与录取等实践工作。由于招生关系到学校进一步的教学与管理工作，且生源质量的高低与学校的教学效果密切相关，并进而影响到学校的办学声誉，所以各教会大学都非常注重招生考试制度的制订、修改和完善，对招生考试的管理、考生的入学资格、报考程序、考试科目、评分与录取标准等各个方面逐步制定详细的规则，教会大学之间的学生转学和学分互认等制度也相继完善。

1. 设立专门机构，完善招考制度

办学规模的扩大必然要求教会大学的各项教学管理制度日趋完善。随着申请入学人数的增加，接受、审核报名材料、组织入学考试、评阅试卷、发送录取通知等事务日渐繁重。招考事务的增加、改进教育质量的紧迫，使教会大学招生考试改革势在必行。1924年，齐鲁大学紧急制定新的方案：重组管理新生入学的机关，以清权限而专责成；修改并扩展现行中学被承认之规定；重组大学拓展部，专门接洽各学校以期双方友谊日趋紧密②。教会大学或成立大学注册科（课），或成立隶属于教务科（课）的注册组，还有大学在学校注册科（课）之外还专门成立大学招生委员会，由注册科主任和各系科科长（后改称学院院长）担任委员会委员，共同协调处理招生考试有关事项。

学校招生考试规章也重新制定，更加严密、规范，内容更加详实、完

---

① 罗义贤：《司徒雷登与燕京大学》，贵州人民出版社，2005年，第80页。
② 山东省档案馆馆藏：齐鲁大学 J109-02-15。

善，如，申请入学的学生必须符合一定的学历要求；将考生详细分为预科生、本科一年级生、转学生、特别生、旁听生、华侨生和外国生等各种类型，分别规定相应的入学资格或特殊考试要求；相继出台和完善分层次、分院系的入学简章。

管理机构专门化和事务处理专人化充分体现出招生考试改革受重视的程度，作为整个学校教学管理改革的重要内容，教会大学内部专门招考机构的设立使其招生考试活动更具组织性、规范性，有力地保证了教会大学人才选拔质量的提高。

2. 严定报考资格和手续

将入学资格由原来的"中学毕业或经试验有同等学力者"改为"招收公立或已立案之私立中学或同等学校毕业生"是这一时期教会大学有关入学资格的显著变化。报名投考手续中，要求考生逐项填写统一印制的，包括各项表格在内的报名书。报名书内容繁多，涉及考生的基本信息，如学习经历、宗教信仰、校内外活动表现以及中学成绩、个人求学志愿、品性、体格等各项内容。1925年齐鲁大学改革后的报名书包括入学志愿书、中学品性表和体格检查表3大项内容；招收新生的资格按品格（习惯、兴味）、体质、以前之成绩、现在之程度和智力5项内容详细考查[1]。1932—1933学年福建协和大学对新生入学的审查方法，作出颇多改良：

> 招生处对于投考生在中学时学习的速度，工作的态度，领袖的能力，情绪的倾向，身体的健康等项，制成表格，请其原毕业中学的校长或教员，分别填写，使我们对于该生在中学时的学业和品性，能得到较详细的事实。除填写表格之外，我们还请其所经毕业的学校当局，用个人通信方法，告诉我们关于各该生生活品性的各方面，这种办法，已渐渐推行。各学校校长及教员，皆甚合作，并替学生备负责介绍的函件，对于我们审查新生手续上，作大有价值的贡献。[2]

报考手续改进后，教会大学要求考生提交的申请材料显著增加。为切实了解考生在中学的学习、生活、品性状况，教会大学加强了与中学之间的联系，由中学校长或教务主任直接将学生的诸多信息提供给大学。教会大学一

---

[1] 山东省档案馆馆藏：齐鲁大学档案 J109-02-15。
[2] 福建师范大学图书馆馆藏：《二十一年度（1932年）本校学生生活概况》，《协大消息》第二卷第十二期（1933年12月16日），第107页。

方面凭借学生自己的入学申请书了解学生的求学意愿；另一方面从中学提供的学业成绩表、品行表现等信息验证学生的学习能力和学习态度，综合多元指标，对报考学生作出最贴近事实的客观评价，使教会大学选拔新生时有更多参考依据和针对性，以选拔出最合适的优秀生源。

3. 拓宽招生范围

教会大学拓宽招生范围首先表现为由招收教内子女为主转为兼收教内外学生。教会大学中虽有东吴大学、辅仁大学、岭南大学等学校较早就主张不分宗教信仰，平等招收教内外学生，如英敛之、马相伯在辅仁大学尚在规划中时就立意要"广收教内外学生，以树通国中之模范"[1]，但从教会大学生源的整体状况来看，基督徒学生还是占有相当高的比例，根据20世纪20年代初的统计数据，齐鲁大学在校生基督徒比例高达92.9%，基督徒学生比例最低的圣约翰大学也有38.9%[2]。一些教会大学的管理者也倾向于招收基督徒学生或者教会中学毕业生，以保持教会大学的宗教特色。教会大学若要实现更好的发展，跻身中国最优秀的大学之列，必须改变教会大学只是差会传教事业一部分的固有形象。燕京大学校长司徒雷登就认为，是狭隘的宗教意识束缚了燕京大学初期的发展，过于注重宗教性，学生绝大多数来源于教会学校，培养目标是教会工作人员，学费主要由教会提供，竞争意识不强，作为现代的大学生多数是没有培养前途的[3]。1928年，燕京大学专门召开校务会，讨论扩大招生问题，会议主要围绕3个问题展开："一是学校是否应该规定主要从教会学校招生？二是增加了基督徒学生的比例，是否可以使学生毕业后成为更好的基督徒？三是怎样能使学校预料教会学校的学生比非教会学校的学生素质好？"[4] 讨论的最终结果是学校应扩大招生范围，平等招收非教会学校学生，促进学校生源的多元化。其他教会大学也逐渐意识到应在拓展教育领域、大学服务项目的同时，吸引更多教外优秀学生进入教会大学，这样才有机会充分实现教会大学以基督精神陶冶领袖人才的教育宗

---

[1] 《马相伯、英敛之上罗马教皇请兴学书》，朱有瓛、高时良：《中国近代学制史料（第四辑）》，华东师范大学出版社，1993年，第416页。

[2] 虞宁宁：《"立案"前后中国基督教高等教育的变迁研究》，山东师范大学硕士学位论文，2008年，第14页。

[3] 罗义贤：《司徒雷登与燕京大学》，贵州人民出版社，2005年，第94页。

[4] Yenching University Archives，Volume 28001，转引自罗义贤：《司徒雷登与燕京大学》，贵州人民出版社，2005年，第99～100页。

旨，培养出更多出类拔萃的、具有基督教品性的精英人才。

其次，在招生层次上，顺应大学人才培养目标的扩展，坚持高标准的通识性精英人才和适应社会需求、灵活性强、学术标准较低的职业人才的培养齐头并进；同时开展研究生教育，形成专修生、本科生、研究生分层招收，多层次培养，在秉持西方大学教育理念和适应中国社会现实需要之间取得适度的平衡。

再次，在招生地域上，通过教会大学之间、各差会之间的相互交流与合作，突破按各差会传教地域招生的习惯做法，以尊重学生自由求学的意愿为目的，打破招生的地域限制，实行各校在全国范围内的自由招考；同时，在原有各大学自行制定的转学生制度基础上，进一步完善教会大学间的转学渠道，主要是入学资格的统一，为学生提供转学证明、肄业成绩单等便利服务，并进行各大学间基于学术水平相互信任基础上的学分互认等。通常情况下，转学生只要持有原校的肄业证书，提供原校开具的转学证书和所修课程成绩单，通过志愿学校的转学考试，就可实现顺利转学。当然，在报名手续上，各校还有自己的具体规定。

最后，拓宽招生范围还表现在这一时期，许多教会大学开始突破原有只招男生的性别限制，兼收女生，实行男女同学。1920年沪江大学招收女生入学，开中国教会大学男女同学之先河。其他教会大学也于同年或相继实行男女同等入学的规定。

4. 改革考试科目，不断提高考试要求

按照国民政府的立案要求，宗教课必须改为选修课，招生考试科目中设立宗教科目显然也不符规定。对一些宗教色彩浓厚的教会大学来讲，圣经或其他宗教科目是必考的，并且还要求考生在中学阶段必修一定学分的宗教课程。为了立案成功，且真正实现从公立或私立等世俗中学校招收毕业生，教会大学必须废除宗教考试科目和相应的学分要求，做到这一点，确实体现出教会大学招生考试改革的决心和力度。其他考试科目的改革主要集中于提高国文考试要求，以系科为单位细化考试科目等。圣约翰大学1923年教员会议议决："自后凡新生欲投考该校者，须有中西同等程度，若西文程度甚佳，而中文稍逊者，不能录取。"① 齐鲁大学合并初期，学校设文理、医、神三个科系，入学考试的科目及内容是统一规定的，没有院系之别，均指定

---

① 《约翰大学消息》，《申报》1923年4月6日。

国文、英文和数学三门，另外再自选科二门。1929年，为了争取早日立案，齐鲁大学按照南京国民政府教育部的要求将文理学院分开，将神学院独立出去。在考试科目上，以不同系科为单位，全部统一成必考科目，并且考试内容也更加细化。1930年的时候，党义①成为大多数教会大学的必考科目。

随着学校考试科目的设置由粗到细，内容由最初的一统化逐渐向更能体现学生专业特点的方向发展，使学校在选拔生源上更具有针对性。与考试科目逐步细化相对应的，是试题类型、内容和要求等方面的不断提高。教会大学外语和自然科学方面的教育一直都比较超前，考试要求也较一般大学更高。外语考试科目不仅项目多，而且要求高，60分的及格线是对非外语系学生的基本要求，个别教会大学对入英语系学生的英文要求一度达到80分，学生在数学、史地、科学等科目中有一科不及格仍有机会被录取，但英文不及格却一概不录。燕京大学对入学新生的考查科目中，英文一直占有特殊地位，即使承认中学推荐毕业生和大学转学生免试入学，注册时也要参加英文测验并以其成绩作为编级的依据。

1924年齐鲁大学预科的普通科学题，完全是考查学生的实践运用和科学创新能力，如让学生绘制风箱图，并说明其工作原理，实质是要求学生具备切实的实验室和实践动手操作能力。考试结果表明，试题难度太高，以致当年报考齐鲁大学的150人，仅录取26人，主要原因就是有92人的科学成绩不足40分②。教会大学对理化科目的入学要求还包括审核学生提交的中学阶段的实验笔记。国文考试则将国学常识、新式标点和语体文写作等内容充分纳入试题当中。齐鲁大学1925年国文考试只要求写一篇300字短文，1934年时则规定：一是作文要写300字以上的文章，要求书写工整；二是国学常识出若干题，要按次对答；三是选择古书一段，让学生加上新式标点。其他考试科目也增加了具体要求，如中外史地要求学生了解中外历史地理之重要事实，与其中之主要人物城市，及中外历史之分期，与中外地理之影响于人类文化者③。另外，多所教会大学还在招生考试中引入智力测验，测定学生是否具备进入大学学习的基本能力，并将智力测验成绩作为选拔淘汰的重要依据。

---

① 指国民党党义。
② 山东省档案馆馆藏：齐鲁大学档案 J109-02-11。
③ 山东省档案馆馆藏：齐鲁大学档案 J109-02-15。

三、改革的成效

20世纪30年代，教会大学招生考试改革成效显著，招考理念和招生原则更加明晰，形成了教会大学相对独立的招生考试组织体系，教外生源增加，招生考试活动有序进行，整体生源质量稳步上升。

1. 明确了教会大学的招考理念和招考原则

招生考试是为大学的人才培养职能服务的，经历了20世纪20年代最严重的挫折之后，虽然仍有一些传教士不能转换教育观念，但教会大学中相当一部分具有远见的管理者和教师，已经开始以更高远的眼光看待教会大学的人才培养，而不是仅仅局限于为教徒子女提供教育和培训教会工作人员。

> 一般富有思想和开通的领袖，渐渐地萦念到发展一种良好的大学教育上去了。他们所要发展的大学：第一，当使成为研究社会问题的优美工具；第二，当保存原有文化的最优美点；第三，当使之成为西方文化上所能贡献的最优美点之模范场所；第四，当培养青年男女，使之对于民众能作有用的服务工作……高等教育的标准，是根本重要的，可惜从前太觉忽略了，以后自当十分注重。①

对大学教育功能的重视，使教会大学更注意按照大学作为高等教育机构的办学规律，提高教育质量。招生考试是大学人才培养质量的第一重保障，在不断的招考实践和改革完善中，教会大学逐渐明确了自己的招考理念：要选择求学意愿坚定，且具有潜质的优秀人才进入大学接受高等教育。判断学生是否优秀的基本标准是品行、学识和体格。无论以何种方式入校学习者，均须提供个人在品德、知识和体格等方面的良好证明，否则，学校均不予录取。教会大学的资源有限，应将有限的教育资源提供给那些最适宜接受大学教育的青年。因此，教会大学重视招生质量，坚持宁缺毋滥的基本原则。正如沪江大学成立30周年报告中所提到的："最近十年内，每届新生亦不出二百人左右。三十年来，学生人数顺序渐增，以至今日要为可慰。其尤可慰者，乃在限制学额，得免重量轻质之嫌。"②

燕大招收学生，也一向"注重于质的提高，而不在量的增加，所以一切教学与宿舍之设备，都以800名为最多目标，其中男生约占2/3强，计

---

① 美国平信徒调查团：《基督教大学的目标与其重心点的转移》，李楚材：《帝国主义侵华教育史资料：教会教育》，教育科学出版社，1987年，第146~147页。
② 樊正康：《沪大三十周年纪念辞》，《申报》1936年11月21日。

550名，女生则为250名"①。

2. 建立起相对独立的招生考试组织体系

教会大学最早是从本差会或联合办大学的差会所办的教会中学招收学生，随着招生范围的扩展，生源开始涉及不同差会的教会中学，以及一些私立中学。为了改善不同教会中学教学质量差异显著导致的新生入学质量参差不齐的问题，教会大学除公布本校招生所要求的中学课程标准外，还积极推行承认中学制度，引导中学在课程设置和教学管理上与教会大学的要求相衔接。教会大学与办学完善的中学建立密切的招生合作关系，使承认中学的优秀毕业生可以免试或只参加少量科目的考试即可进入大学就读。承认中学不仅成为教会大学主要的生源地，而且还是教会大学组织招考活动的重要协作机构，尤其外地的承认中学，是教会大学在外地招考的委托机构。

除此之外，1923年成立的基督教大学委员会，为推动基督教大学间的深入合作作出了积极的努力；其他全国性的宗教组织如基督教青年会、公教（天主教）青年会以及各地的教会组织等机构都为教会大学在全国范围内的招考提供了诸多便利。教会大学逐渐形成由教会大学、承认中学、其他教会大学、青年会以及教会、社区教堂等机构共同构成的招生考试组织体系。这一体系是非官方的，且具有较为浓厚的宗教特色。

3. 形成多样化、多维度的考生分类

20世纪30年代，教会大学的招生层次逐渐向两端扩展：一方面设立多种专修科，加强专科层次实用技术人才的培养，如，燕京大学的制革专修科、幼稚师范专修科，齐鲁大学的无线电专修科，护士、医院技士以及乡村服务等各种专修科；另一方面，教会大学积极开展研究生教育，燕京大学、辅仁大学、金陵大学等逐渐设立研究所。1926年燕京大学有8个学系招收培养研究生，1931年立案后，扩建为文、理、法3个研究所，包括国文、历史、哲学、心理、教育、新闻、物理、化学、生物、政治、经济、社会12个学系开设研究生课程②。1937年6月，辅仁大学开办文、理两个研究所，并成立闻名华北的预防斑疹伤寒血清研究所③。

---

① 《最近七年来学生总数的比较》，《燕京新闻》1934年12月11日。
② 罗义贤：《司徒雷登与燕京大学》，贵州人民出版社，2005年，第109页。
③ 王绍桢：《辅仁大学校史》，《学府纪闻：私立辅仁大学》，南京出版有限公司（台北），1982年，第6～7页。

在同一层次内，教会大学根据各自的招生标准又将考生分为不同的类型，如免试生、普通正式生、转学生和选修生、特别生等；按照学生缴纳学费的情况，可分为自费生、免费生和公费生，其中免费生是指学生所交费用被减免一部分；公费生是指所有学费都被减免的、获取全额奖学金的学生。燕京大学新校址的原主人陕西督军陈树藩感念司徒雷登专程赴陕拜会自己的诚意，不仅以低价（仅6万大洋）将地卖给了燕京大学，同时还捐出所得款项的三分之一给燕大。司徒雷登以他的捐款设立奖学金，专供陕西省每年10名学生免费入学①。1934年圣约翰大学共设有22名免费学额，其中文理学院11名，神学院5名，医学院5名，上海银行免费学额1名，文理学院的11名免费学额全部分配给教会教育体系的优秀中学毕业生，圣约翰附属高中4人，苏州桃坞中学2人，扬州美汉中学2人，皖赣教区2人，福州三一学院1人②。语言学学者高名凯当年家境贫寒，是在1931年考取了福建省教育厅的清寒奖学金才得以进入燕京大学哲学系就读的③。

按照国籍不同，考生可分为本国生和外国生。对长期居住在外国的本国华侨学生和外国生，教会大学有专门的招考规则，针对这两类学生的实际学习状况设置相应的考试科目和录取标准，如降低国文考试难度，放宽录取标准等。

教会大学还有两类特殊的考生，即宗教学院（神学院）学生和特殊培训科学生。宗教学院招收具有宗教热情、愿意从事教会事业的优秀基督徒。燕京大学宗教学院分宗教哲学系、宗教史学系、宗教教育与宗教心理学系等5个学系，招收本科生、专科生和短修生。辅仁大学1937年由教宗驻华代表蔡宁总主教创办司铎书院，作为中国传教士进修之所④。

特殊培训科学生多是短期速成教育，主要为社会在职人员设立，免试入学，收费较低廉，为有志向学的社会在职人员提供了非常难得的继续求学机会。燕京大学长期设有职业教育速成科。1924年，金陵大学积极进行农林业推广计划，创办林学函授部，"为林场苗圃服务人员，或教员、学生、农

---

① 罗义贤：《司徒雷登与燕京大学》，贵州人民出版社，2005年，第63页。
② 《圣约翰大学一览（1934—1935年度）》，转引自熊月之、周武：《圣约翰大学史》，上海人民出版社，2007年，第445页。
③ 罗义贤：《司徒雷登与燕京大学》，贵州人民出版社，2005年，第119页。
④ 王绍桢：《辅仁大学校史》，《学府纪闻：私立辅仁大学》，南京出版有限公司（台北），1982年，第7页。

人等、因职务所羁，未能求得高深林学智识者而设，暂设苗圃学及森林保护学两科，均一年毕业。每科连同学费、讲义费、邮费，全年一次缴纳、仅收6元"①。天津工商大学自 1933 年 9 月新学年开始，招收夜读生，充分利用学校教育资源，以天津市一些企业事业及行政部门职员为对象，主要开设外国语班，同时招收统计学班和中国现代法班学生，利用晚上和星期天进行授课，满足了在职人员接受继续教育的需求。

4. 推荐录取和考试录取成为两种基本录取方式

招生考试制度改革之后，入学考试在教会大学招生中的地位日趋重要，原本采取承认中学推荐免试的教会大学也开始通过考试进一步甄选学生。对外招考（普通入学考试）的考试科目和录取标准不断完善，通过入学考试录取的新生比例明显增高，逐渐成为教会大学最主要的录取方式。以推荐免试和推荐考试方式录取的新生虽然在绝对人数和所占比例上都不占优势，但因这部分学生是各中学顶尖的学生，所以仍受到特别关注。上海徐汇公学中学部即是震旦大学预科，毕业后经中学推荐直接免试升入震旦大学正科肄业。20 世纪 20 年代后期，还有 6 所基督教大学准许其承认中学毕业生免考入学，另有 4 所大学对承认中学毕业生免去部分考试科目，只考国文、英文等主科②；但到 30 年代之后，绝大多数教会大学都要求所有考生参加一定程度的入学考试。1934 年福建协和大学的入学考试分甲、乙两种："甲种为本校承认中学毕业生及转学生；乙种为普通中学毕业生。所谓承认中学者，乃历来与本校有历史上关系，其课程已由该校呈请本校教务会核准。"③

推荐录取（推荐免试和推荐考试）和考试录取成为教会大学录取新生的两种基本方式。随着入学考试的普遍开展，教会大学制定了一系列的评分和录取标准，以具体的量化指标为依据，评价学生的学术水准，并按照大学的学术要求划定录取分数线，从而保证新生学术水平的一致性，新生质量的显著提高，又进一步促进了学校教学质量的提升。

5. 生源质量显著提高

入学考试作为测查学生学术水平的有效方式在教会大学招生中被越来

---

① 《南京金陵大学添设林学函授部》，《申报》1924 年 3 月 3 日。
② 《中国基督教高等教育之概况》，李楚材：《帝国主义侵华教育史资料：教会教育》，教育科学出版社，1987 年，第 140 页。
③ 福建师范大学图书馆馆藏：《协大消息》第二卷第十五期（招生专号，1934 年）。

广泛地运用，录取标准涉及以下几种分数：单科及格分数、单科录取分数（单科最低分数线）和总平均分。单科及格分数一般都规定为60分，英文科目要求更高一些。单科录取分数是指考生有科目不及格时，学校录取所能接受的最低标准。总平均分和单科录取分数是决定录取的关键，因为按照早期的招生惯例，允许学生带有1门不及格科目（除国文、英文之外）入学，入学后一年内补考及格就可。所以，录取标准一般是规定单科最低分数线和总平均分数线，同时满足这两个条件者，即被录取。

入学考试是以教会大学的学术标准来衡量考生，不再完全以审查学生在原校成绩作为依据，这使教会大学对新生的测查标准得到统一，且更加符合大学的选拔要求；教会大学向中国政府立案并扩展招生范围的举措，又吸引了公立中学和其他私立中学的一部分优秀生源，共同促进了教会大学生源质量的提高。

表2-4 辅仁大学本科报考录取一览表（1927年—1936年）

年份 人数	1927年	1928年	1929年	1930年	1931年	1932年	1933年	1934年	1935年	1936年
报名人数（人）	50	53	140	437	788	1 020	571	594	749	1 048
录取人数（人）	34	35	79	197	301	233	235	293	291	331
录取率	68.0%	66.0%	56.4%	45.1%	38.2%	22.8%	41.2%	49.3%	38.9%	31.6%

数据来源：报名人数和录取人数来自孙邦华：《会友贝勒府——辅仁大学》，河北教育出版社，2003年，第46页。

从辅仁大学的报考和录取比例可以看出（见表2-4），1930年到1932年，报考人数急剧增加，虽然学校的招生规模也显著扩大，但录取比例相比1927年至1929年还是呈明显下降趋势，也反映出学校生源充足，能够在较大范围内择优录取。1932年至1933年报考人数急剧下降则是由于日军侵略引起华北局势紧张，学校的录取率明显升高，当形势稳定之后学校报名人数明显上升，录取率又呈现明显的下降趋势。

立案前后教会大学招生考试的改革，进一步突破了以往招生中地域、性别、宗教派别、信教与否的限制，并在入学资格、考试科目、试题要求等方面有明显改革，教会大学间有关入学标准、入学手续等方面的交流与合作日益频繁与融洽，教会系统内关于招生考试也形成诸多共识。教会大学诸校之间、大学与中学之间，以及大学与教会组织之间基于提高招生质量、改进办学效率，节约招考成本等共识，形成了合作机制。1924年2月，基督教大学联合会在上海召开年会，曾专门讨论学生转学手续、入学标准与测验及各科教学法等问题①。讨论的具体内容有：智力测验在中国教育中发达至何时，西方测验方法与标准及应如何采用方适于中国现在情形，大学入学时之政治学与历史上的需要以及医校入学之统一的试验诸问题②。不过，各教会大学改革的进程有先后，有的教会大学在20世纪20年代中期立案之前就已开始，有的教会大学则迟至30年代初期，立案之后仍在进行。改革过程是渐进的，而非一蹴而就，主要原因在于每所教会大学所在的环境和学校自身的发展阶段不同，学校间的发展极不平衡。各校设立的时间、经费状况、学校所在地域的交通、经济水平、民众思想开放程度等都不同程度地影响着学校的发展和改革。

随着教会大学逐步向教育部申请立案，教育部颁布的有关招生法规对教会大学招生考试的影响愈加显著，成为这一时期教会大学招生考试本土化适应的导向标。《大学组织法》第二十条规定："大学入学资格，须曾在公立或已立案之私立高级中学或同等学校毕业，经入学试验及格者。"③将入学资格写进大学组织法，依法行政，足可见政府改造教育之决心和力度。虽然立案之后教会大学受国民政府的统一管辖，但仍然享有高度的招生自主权，通过不断的改革与完善，教会大学形成了独具特色的招生考试制度，并与学业测评制度和毕业考试制度一起，共同构成教会大学严进严出的教学管理模式，为其高质量的人才培养奠定了坚实的制度基础。更令教会大学办理者由衷欣慰的是，招生改革增加招收教外学生，并没有对教会大学的宗教宣传带来预想中的显著不利影响，更多教外学生接触和认识了宗教，受到宗教熏陶。据美国平信徒调查团在20世纪30年代初的调查，13所基督教大学共有学生约4 000人，其中基督徒仍占半数；占学生总数1/4的女生中，基督徒所占百分率比男生更高④。

---

① 《基督教大学联合会开会沪讯》，《申报》1924年2月9日。基督教大学联合会成立于1919年，会员为燕京大学、齐鲁大学、金陵大学、金陵女子大学、圣约翰大学、东吴大学、沪江大学、之江大学、福建协和大学、岭南大学、雅礼大学、文华大学、博文书院及华西协合大学等校。

② 光荣：《教会大学会议纪事》，《申报》1924年2月13日。

③ 《教部令清大斥退资格不合之新生》，《申报》1930年12月20日。

④ 美国平信徒调查团：《中国的基督教大学》，李楚材：《帝国主义侵华教育史资料：教会教育》，教育科学出版社，1987年，第143页。

第三节　抗战时期教会大学招生考试的变通

　　1937年抗日战争全面爆发，中国近代教会大学面临动荡不定的恶劣环境，并加入了中国教育史上史无前例的大迁移。16所教会大学中有12所基督教大学参与了中国高等教育史上这一悲壮的历史迁移，包括燕京大学、齐鲁大学、金陵大学、金陵女子文理学院、东吴大学、沪江大学、之江大学、福建协和大学、华南女子文理学院、岭南大学以及华中大学，其中东吴大学、华中大学、之江大学和沪江大学还经历了不止一次的迁校，留在上海继续办学的圣约翰大学虽没有长途迁校，但也是将校园由非租界区迁入租界内，以避免遭到过多干扰。在国家面临深重灾难之时，在教会大学原有招考模式遭到破坏之时，教会大学本着强烈的社会责任感，克服重重困难，积极变通招考制度，因时、因地、因校制定招考策略，设立战时急需专业，积极组织大学联考，增设奖学助学名额，全力招收爱国青年，不仅使教会大学整体获得长足发展，更为保存中国高等教育命脉作出了积极贡献。

一、抗战爆发后教会大学的整体概况

　　1937年7月，抗日战争全面爆发，日军很快攻陷中国大片领土，北平、南京、武汉以及广州等地都相继沦陷；上海租界区因有多国势力驻扎，日军不敢轻易触犯，成为沦陷区中的孤岛。日军认为青年为抗日骨干力量，而教育机关为培养抗日主义之集团，对于学校的破坏就更加毫无忌惮，各地大学受到严重影响，许多学校被迫暂时关闭。中国学校开始了教育史上史无前例的大迁移，教会大学也不例外。抗战八年期间，中国战前的108所专科以上学校，因校舍遭到敌人占领或轰炸，不得已而迁移或停顿者达94校，其中有的大学一迁再迁，期间财产的损失、经济的耗费，甚至性命的伤亡，都不可计数。按照1939年的统计，全国共有专科以上学校101校，其中属国立者35校，省立者19校，私立者47校。在抗战期间迁移后方、暂时迁校香港以及原省迁移的学校有49所，占专科以上学校总数的48.5%；在战区续办者28校，占总数的27.7%，而28所学校中有21所在上海，占战区专科以上学校总数的75%①。1941年太平洋战争爆发后，战区学校数量又进一步减少。教会大学中，除华西协合大学和3所天主教大学原地不动外，其余

---

①　《二十八年度全国高教分布现状》，《申报》1940年4月8日。

12 所基督教大学全都加入了这场迁校运动，迁校成为中国近代一场浩大的抢救学术文化之战，"浮在各校负责人心理上的，就是其本身所负于学校历史责任和中国文化使命之重大。我们综合观察其不避艰险的努力，与其所保存的统绪，历史家必能辟一页大书为抢救学术文化之战，可以断言"①。

面对国家的深重灾难，作为高等教育机构的教会大学支持抗战的基本策略便是克服重重困难，坚持办学，本着强烈的社会责任感招收爱国学生，为抗战救国培养急需人才，为建设国家培养储备人才。正如福建协和大学校长林景润在 1937—1938 年度报告中所说："我们意识到我们肩负的教育责任，我们将在最困难的条件下努力继续我们的教育服务，使我们能够在加强人民和国家的士气、培养建设国家的领袖方面做出贡献。"② 金陵大学校长陈裕光也曾形象比喻困难时期的大学，并指出学校办学精神的重要性："盖现今大学教育为一躯壳，而坚强之意志，苦干之精神，与夫真诚勤仁（后改为诚真勤仁）之行动为其灵魂；躯壳与灵魂齐备，而后大学始称完善。"③

1937 年战争开始之初，由于对战事的预料不足，国民政府最初曾希望教会大学能以其国际背景而在战区坚持办学，延续战区的民族教育，所以对教会大学内迁一事踌躇不定。基督教大学董事会对迁校也持慎重态度，认为迁校颇费周折，建议在可能情况下，尽量留守原地办学。1937 年秋，教会大学基本上都按照原定计划开学。但随着上海战事的爆发，上海、南京以及周边地区形势骤然紧张，教育部统一要求处于危险区域的学校推迟开学时间至 9 月 20 日。为了通知学生，学校在电报上花费了不少时间和费用。原本暑期间应进行的招生考试，也因战事影响而无法进行。金陵女子文理学院魏特琳教授的日记中清晰地记载着当时的情况："我们仍然计划下个星期一在上海和南京进行入学考试，但我们能否将考卷带到上海，以及是否有学生来参加考试，仍是一个未知数。"④ 5 天之后，魏特琳的日记中又记录到："我

---

① 唐惜分：《办理大学教育之困难（1945 年 10 月）》，中国第二历史档案馆编：《中华民国史档案资料汇编（第五辑，第三编，教育一）》，江苏古籍出版社，2000 年，第 235 页。

② (Fukien University) Annual Report of the President, 1937-1938, 华中师范大学教会大学研究中心藏：AUBCHEA, Series Ⅳ-Box108-Folder2393.

③ 《校长训词》，《金陵大学校刊》1942 年 3 月 1 日，王运来：《诚真勤仁 光裕金陵——金陵大学校长陈裕光》，山东教育出版社，2003 年，第 239 页。

④ 明妮·魏特琳：《魏特琳日记》，南京师范大学南京大屠杀研究中心译，江苏人民出版社，2000 年，第 1 页。

忘了告诉你们，昨天没有考试，因为只有3名学生来考试，她们也很愿意推迟考试。我们甚至没能把考卷带到上海。"①

1937年11月，教育部命令南京的学校关闭，所有师生转移到安全地带。金陵大学在危机情势下决定西迁。金陵大学先至汉口，后至重庆，最后在12月3日最后一批人员到达成都华西坝，其中理学院的电机工程系及电化教育科、汽车专修科等的高年级班因重庆工业较为发达，遂留在重庆办学。金陵女子文理学院在南京局势危急时，也决定放弃在南京开学的想法，同时在上海公共租界内的女青年会大楼和武昌华中大学内继续办理教学中心，安排学生在就近的基督教大学借读，同时由金大女教师负责指导学习及生活事务。1939年夏，金陵女子文理学院决定不再设上海学习中心，而将学校整体迁往成都。

东吴大学是抗战中迁校次数最多的学校之一，先迁到太湖南岸的湖州中学，11月底又迁至屯溪，后又迁至上海公共租界，和沪江、圣约翰及金陵女子文理学院联合办学，1941年后又经福建邵武至广东曲江，同迁校到当地的岭南大学合作，法学院则迁至重庆与沪江大学商学院合办东吴沪江法商学院，生物系则早在1938年就迁至成都，与华西协合大学合办。

沪江大学的杨树浦校区在1937年8月13日上海战役一开始即遭日军强行占领，仓促中学校迁入市区的商学院继续上课。杨树浦校区后经美国政府支持，向日军政府交涉，后才被归还。1938年4月7日，沪江大学校长刘湛恩为抗战救国奔走呼吁，遭敌伪之忌恨而被刺杀，使学校遭受重大损失。其后，学校在极度艰苦恶劣的环境中继续办学，并与圣约翰、之江等大学组成华东基督教联合大学。1941年冬太平洋战事爆发，敌伪进占整个上海，因环境骤变，学校不愿接受日伪政府管理，不得已宣告停办。同学会为维持母校年久优良师资及莘莘学子的学业起见，接办成立"沪江学院"，转入地下秘密办学。同时重庆方面由美国会及同学会等筹划西迁在渝复校，1942年2月，与东吴合组东吴沪江法商学院，及后之江大学加入，合组为法商工学院②。

之江大学1937年9月仍坚持开学，有2/3学生，大约330人注册；

---

① 明妮·魏特琳：《魏特琳日记》，南京师范大学南京大屠杀研究中心译，江苏人民出版社，2000年，第15页。
② 《私立沪江大学》，《申报》1948年7月19日。

11月战事紧张，之江大学紧急决定内迁，慌乱中先撤离到安徽屯溪，却因周边地区相继陷落无法开展教学，遂被迫宣布学期暂停。1937年12月23日，杭州陷落。之江大学董事会召开特别会议决定在上海公共租界与圣约翰和沪江大学合作办学。1942年，上海公共租界失去中立地位，已经向中国政府立案的之江大学无法受到切实保护，遂决定暂时停办，同时考虑内迁。后在福建邵武借福建协和大学校舍及设备开设工学院和商学院，1944年6月因各种困难，之江暂时停办，直到1946年秋，在杭州复校。

圣约翰大学在抗战开始后，即通知学生和教职员推迟开学，并经董事会决定将学校迁至公共租界内的慈淑大楼，与沪江、之江、东吴等大学合作，成立华东基督教联合大学。1941年珍珠港事件后，学校教学屡遭骚扰，美籍教职员先后被拘禁。1942年4月，学校成立紧急董事会，全部由清一色的中国人担任。1942年8月，紧急校董会选举颜惠庆为主席，沈嗣良为校长。沈嗣良表示坚决率领圣约翰的行政人员坚持大学的两项基本原则：即继续作为一所基督教大学开办下去；使学校避免任何政治纠葛①。圣约翰大学在沦陷区继续办学，一直坚持到抗战胜利。

1937年11月，齐鲁大学的文、理、医三学院迁至成都，济南只留下神学院、护士学校和乡村服务社。在整个抗战期间，齐鲁大学实际上是在两个校址同时办学。日本偷袭珍珠港事件的当天，在济南的齐大校园即被日军占领，学校被迫关闭，英美教职员被拘禁。1937年12月27日，日军占领整个济南。1945年12月27日，迁往成都的齐鲁大学回迁济南，正式复校。

同处福州的福建协和大学和华南女子文理学院在原地坚持办学直至1938年上半年。1938年5月，因厦门失守，福州岌岌可危，福建协和大学迁至闽赣交界的福建邵武；华南女子文理学院迁至闽北山区的延平（即今天的南平）继续办学。抗战胜利后福建协和大学于1945年12月迁回福州；华南女子文理学院则在南平一直持续办学到1946年1月。

岭南大学1937—1938学年度比较平稳地度过，一直到1938年10月秋季开学以后，日军开始攻占广州，学校立即停课。10月21日，广州沦陷。在广州沦陷之前的10月13日，岭南大学学生开始撤出广州，迁至香港，借用香港大学图书馆和实验设备继续维持教学。岭南大学医学院部分学生则迁

---

① 徐以骅：《教育与宗教：作为传教媒介的圣约翰大学》，珠海出版社，1999年，第159页。

至广东北部的曲江；农学院先是在香港办学，1940年11月又迁至广东北部接近湖南的坪石。1941年12月之后，香港形势危险，岭南大学在距离广东曲江不远的大村买下一块地作为校址，建起校园，1942年9月，重新开学。1944年10月，农学院从坪石迁至大村，1945年1月，日军占领曲江，岭南大学再次被迫中断教学。学校准备到广东梅县准备秋季重新开学，后因日本投降，得以回广州复校。

燕京大学1941年12月太平洋战争爆发前一直坚持在北平办学。卢沟桥事变后，华北形势紧张，北大、清华等国立大学已经南迁，其校园被日军占领。燕京大学是否能坚持如期开课，且独立办学不受干扰，在当时实在是个未知数。经过反复商讨，燕京决定留在北平，继续开办，这是司徒雷登生平"最难之决定"[1]。为了适应战时的特殊需要，燕京大学重新悬挂美国国旗，并由司徒雷登同时担任校长和教（校）务长。当时日美之间没有公开对立，日军尚不敢轻易触犯，凭借学校的美国背景，燕京得以在1938年至1941年在北平坚持办学。但太平洋战争一爆发，日军就进驻燕大校园，并逮捕监禁燕京大学校长司徒雷登，学校被迫关闭。后经燕京大学校友会和教职员工的共同努力，克服重重困难，在成都华西坝复校。

中国的3所天主教大学，上海震旦大学、北平辅仁大学以及天津工商大学，是自始至终坚持在原校址办学的教会大学。上海圣约翰大学虽然一直在上海，但抗战开始后，也将办学地点迁到租界内。震旦大学和天津工商大学都是具有法国背景的天主教大学，震旦大学居于上海公共租界内；天津工商大学则借助与日本皇室的特殊关系，得以在战争期间继续留在原地办学[2]。

北平辅仁大学初期由美国耶稣会士主办，1929年西方经济危机爆发后，美国耶稣会捐赠资金受严重影响，在罗马教廷安排下，辅仁大学由德国圣言会会士接办，但学校的美籍教职员仍占一定比例。战争初期，日军不敢擅意妄为。1941年，辅仁大学的管理者鉴于国际风云日趋险恶，预测美日冲突势不可免，为应对可能出现的恶劣局势，并考虑到德国是日本的同盟国，日军不会伤害德国教员，便将学校的美籍教员陆续撤退，改由德籍教职员适当补充[3]。太平洋战争爆发，日寇在一夜之间将燕京、协和等校一律接收，几

---

[1] 史静寰：《狄考文与司徒雷登——西方传教士在华教育活动研究》，珠海出版社，1999年，第255页。

[2] 阎玉田：《踞柝津之阳——天津工商大学》，人民出版社，2010年，第81～82页。

[3] 孙邦华：《身等国宝 志存辅仁——辅仁大学校长陈垣》，山东教育出版社，2004年，第78页。

所大学的美籍教职员均被拘禁在集中营等地方，"幸辅大主持人为德国圣言会士，大都为德籍司铎，故校务进行如恒，弦歌不辍，虽其他国立院校或早经关闭，或由伪政府接办，独辅大孑然屹立，硕果仅存"①。

地处武昌的华中大学在抗战刚刚爆发时仍坚持开学，并接收了一些东部省份流亡的借读生。随着战争形势的不断恶化，学校于1938年7月决定迁往桂林，几经波折，于8月下旬到达桂林。1938年底，日军对桂林狂轰滥炸，学校又决定学期结束后再度搬迁，目的地定在昆明或云南乡村。1939年2月，学校师生从广西出发，经镇南关出镜到越南河内，再乘窄轨列车到云南昆明，因认为昆明仍不够理想，又转去云南大理的喜洲小镇，最终于1939年5月在喜洲正式开学②。华中大学两次迁校，行程数千公里，历时数月，其颠沛流离之苦，为近代大学之少有，为保存中国近代新式高等教育命脉之忠诚，可见一斑。

由上可知，教会大学在抗战期间的整体状况大致分为3种：一是留守原地，坚持办学，但学校的教学管理不可避免地要受到日伪政权的干涉，在不涉及对国家、民族忠诚的本质问题上也需要与日伪政权有一定的合作；二是就近迁校，可节省大量的迁校费用，同时为当地及周围沦陷区青年提供高等教育机会和更多的战时服务，但却要面临许多不确定的危险；三是西迁后方，在自由的中国继续办学，保存中国近代高等教育的命脉，不受日本殖民文化政策的干扰。

二、因时、因地、因校的招考策略

战争为中华民族带来深重的灾难，教会大学虽带有一定的外国和宗教色彩，但教会本身所带有的慈善性质和日本侵略者的野蛮行径，也使教会大学和差会当局对这场给中国民众带来巨大灾难的战争义愤填膺。他们义无反顾地站到反对侵略者的立场上，以自己所理解和认同的方式尽可能地作贡献。作为高等教育机构，他们认为最有价值的贡献就是给战乱中的中国青年提供更多的机会，使之接受高等教育，为苦难的中国培养更多急需的人才，为中

---

① 王绍桢：《辅仁大学校史》，《学府纪闻：私立辅仁大学》，南京出版有限公司（台北），1982年，第7页。

② 张安明、刘祖芬：《江汉昙华林——华中大学》，河北教育出版社，2003年，第72页。

国保存高等教育命脉。

沦陷区的北平、天津和上海分布着多所教会大学。北平两所教会大学分别是辅仁大学和燕京大学（坚持到1941年12月）；上海是由圣约翰、沪江、之江、东吴四所大学联合组成的华东基督教联合大学，另外还有天主教震旦大学；天津则只有天主教的工商大学一所。教育部希望辅仁等大学能利用学校的国际关系，维持现状，"培养爱国青年，延续民族教育"，并"联络平津其他具有国际性教育团体，在敌伪统治区内，共同遵守三项原则：（一）行政独立，（二）学术自由，（三）不悬伪旗；以示正义不屈"[①]。就近迁校的福建协和大学和华南女子文理学院没有离开福建省，成为战时东南沿海地区重要的高等教育机构。岭南大学则是在香港和广东两地继续办学。西迁的教会大学主要分布在两个地方，一是成都华西坝，先是有4所教会大学，后燕京大学加入，成为5所；另一个是云南喜洲，仅华中大学1所。各校所处的时代背景相同，但具体环境和学校办学状况则差异显著，因而在抗战的特殊时期，都因时、因地、因校地制定了有共性也有个别特色的招生考试策略。

1. 因时招考

选拔优秀青年，为抗战救国培养人才，为延续民族教育储备人才，是抗战期间教会大学遵行的主要招生策略。除了秉持原有基础学科招生的高质量标准，教会大学本着自身的教学特色和社会实际需求，设立各种专修科和培训班，并与国民政府积极合作，培养战时急需人才。抗战开始后，国民政府号召处在后方的大学扩大招生，以解决流亡学生的入学问题，华西协合大学积极响应，扩大招生，其学生人数迅速增加，加上其他学校的学生，华西校园内容纳了超过原有容量5倍的学生，因此显得格外拥挤[②]。

1942年，华西协合大学、金陵大学、齐鲁大学和金陵女子文理学院四校遵照教育部令，合办英语专修科，学制2年，目的在训练英语专门人才，毕业后能担任文书及翻译工作。招生要求是男女兼可，但必须是在公立或已立案之私立高中（同等学校亦可）毕业经会考及格或准予升学者；在大学修业一年以上英文程度优良者可投考插班生。考试科目为国文、史地、数学、

---

① 王绍桢：《辅仁大学校史》，《学府纪闻：私立辅仁大学》，南京出版有限公司（台北），1982年，第7页。

② 刘家峰、刘天路：《抗日战争时期的基督教大学》，福建教育出版社，2003年，第120页。

公民、英文作文及翻译、英文六科。招生名额包括新生及插班生共 30 名。来自战区的学生，如果经济来源断绝，可由专修科负责代为向教育部请领膳食及特种贷金，其他战区或非战区的学生，如家境清寒，品学优良，也可以由专修科代为向成都学生救济委员会请求救济①。1941 年 12 月美国宣布对日参战后，大批美军进入中国与缅甸交界的滇缅战场作战，美国援助中国的空军作战部队到中国作战以及其他大量的国际事务都需要英语文书及翻译人员。教会大学的英语教学水平历来最受认可，由教会大学培养英语人才是顺理成章之事，也反映出抗战时期教会大学与政府的积极合作。

针对战时中等教育程度不足的普遍现象，以及救济流亡青年失学的现状，华中大学设立大学先修班，招收高中毕业生，进行一年的预备学习，以尽力维持大学原有的招生标准。

2. 因地招考

抗战开始后，金陵大学和金陵女子文理学院曾在上海短暂维持，后于 1938 年西迁。东吴、之江、圣约翰和沪江四所大学则继续留在租界内的慈淑大楼合作办学，建立上海基督教联合大学（The Associated Christian Colleges in Shanghai），成立联合董事会，负责各校间教学管理事务的相互协调与合作。太平洋战事爆发后，上海的教育环境骤然发生恶劣的变化。东吴大学的一部分教授为了维护祖国的文化，为了缓解沦陷区失学的苦闷，同时也为了一些本身的生活问题，与之江大学留沪的一部分教授联合起来，办了一所华东大学，包括文、理、工、商、教育五学院。为了避免日寇的注意力，更为了避免"文化汉奸"的臭名，华东大学不肯向敌伪教育登记，得一些所谓"保障"。招生时，没有登过报，也没有贴过广告，只凭着人与人之间互相传达出去，而报考的青年却非常踊跃，一方面透示出沦陷区青年求知欲的高涨，一方面也表示了教育坚贞不拔的气节②。

山东齐鲁大学、南京金陵大学以及金陵女子文理学院按照事先与华西协合大学商议确定的方案，陆续迁往华西协合大学在四川成都华西坝的校址所在地，复校开课。四校共处一地，内迁各校的设施也不能尽数转往成都，教育资源倍感紧张，四校遂联合各校资源，共同办学。各大学的教学秩序平稳

---

① 南京大学高教研究所校史编写组编：《金陵大学史料集》，南京大学出版社，1989 年，第 59 页。
② 王国平，等编：《东吴大学史料选辑（历程）》，苏州大学出版社，2010 年，第 330～331 页。

之后，内迁各校因随迁学生数量有限，且碍于战乱期间，全国交通极为困难，都拟在当地招考新生。鉴于四大学联合在一处办学的现状，华西坝四教会大学于1939年开始联合招考："每周至少四校长例会一次，协商关于行政、财政、教职员待遇及有关公共事宜，以故虽分四校，实合作为一，迄无冲突摩擦之虞；每月有四校教务协会，由校教务长、注册主任会商关于授课时间规律招生考试各问题；同样亦有训导长协会，磋商关于学生误导事宜。"①

燕京大学在北平办学时基本都是暑期招考，1942年在成都复校后，鉴于四川中学生冬季毕业学生多的地域特点，经校教务会议议决后，适应当地的实际情况，采取新的招生办法，在冬季补招各院系新生，并同时招收转学生②，以弥补优秀生源不足、暑期招考不能满额的问题。

在特殊的战争时期，学校的教学与管理制度受现实条件的制约而有所改变，考试制度同样如此，成都华西坝五所教会大学（燕京大学1942年加入）实行联合办学、联合招考，成为教会大学历史上共患难、齐发展的一段美谈，改变了教会大学以往招生大多集中于东部沿海省份的状况，一大批西北、西南省份的学生得以投考入学，促进了当地教育水平的提高。

3. 因校招考

抗战期间，教会大学根据国民政府教育部的要求和战时需要，并结合学校自身的专业特色、实际办学状况，积极调整招生策略，发展战时急需的工程、医疗以及农业等方面的专业，招考计划倾向战时急需专业，使大学更好地满足当时形势的需要。

1941年齐鲁大学与其他教会大学联合招生，取消了智力测验。1943年秋，辅仁大学师生虽在敌伪压迫、日寇威胁之下，仍遵国民政府之学制规定；并积极扩充学系，广收沦陷区失学青年，将社经学系改为社会学、经济学两学系；美术学系分国画、西画两组；并设立研究所，在沦陷最初二三年间，形成辅仁大学的快速发展，并保持故都学府之一片净土。而沦陷区青年莫不以考入辅大为荣，故在学同学骤增为四千余人，造成辅大之鼎盛时期③。

---

① 王光媛：《抗战时期的华西协合大学》，《成都文史资料选辑（总第九辑）（内部发行）》，1985年，第140页。

② 《金大春季招生》，《燕京新闻（成都版）》1943年12月11日。

③ 王绍桢：《辅仁大学校史》，《学府纪闻：私立辅仁大学》，南京出版有限公司（台北），1982年，第8页。

1942年—1943年春季学期，同处成都华西坝的五所教会大学因各自的专业特色和实际办学状况有所差异，其招考院系和要求皆有不同。金陵大学决定于当年春季一部分科系招收新生，其中文学院国文系6名，哲学心理系4名，图书馆专修科5名；理学院数学系5名，物理系5名，生物系5名；此外与教育部合办电机工程系约40名，汽车专修班30名；农学院植物病虫害组10名，森林系应用植物学组5名；代招四所大学合办的英语专修科30名；其他各系则暂不招生；而招考新生之各系均不收女生。金陵女子文理学院经校教务当局决定，当年春季招收一部分新生。华西协合大学、齐鲁大学和燕京大学当年春季均不招收新生，只燕京大学会依宿舍容量酌情收容教育部分发的战区借读生，最多不超过二三十名①。1941年，圣约翰大学招考新生，仍坚持其一贯的严格作风，据圣约翰大学数学教授特克尔（Tucker）讲："这次考试是异常的严格，报名者虽有600名之多，而校方录取的数目，是极有限度的。我们不但要新生程度好，并且录取的只不过是程度最优良的新生。"②

三、抗战时期的招考特点

　　战争使沦陷区大批青年丧失了接受高等教育的机会，如何在抗战的特殊时期坚持招生标准，为国家、民族培养出高质量的人才，同时又尽量给学生创造更多的入学机会，是沦陷区大学在招生管理时的重要问题。坚持招生的规范性，同时在特殊情形下灵活变通，成为招生管理的主要特点。

1. 招考制度灵活变通

　　早在九一八事变后，燕京大学就积极收留东北流亡学生，1932年1月，燕京大学已招收东北寄读生12人，其中男生9人，女生3人③。淞沪会战打响，致使有些学校停顿，许多学生因学校开学无期，请求入燕京大学借读。1932年2月，燕大又专门在院长会议上就收录京沪各大学寄读生一事进行讨论，并决定，"经认可者暂以一学期为限，并以宿舍空额为取录人数之标准，惟报名者超过宿舍空额时，则以学校情形酌定之"④。抗战全面爆

---

① 《本年春季招生问题五大学分别决定》，《燕京新闻（成都版）》1942年12月19日。
② 赵尔谦：《梵王渡送考记》，《申报》1941年7月11日。
③ 《燕大东北寄读生》，《平西报》1932年1月31日。
④ 《京沪寄读生燕大允收录》，《平西报》1932年2月14日。

发后，处在上海的圣约翰、沪江、之江和东吴四校联合组成的华东基督教联合大学成为华东沦陷区青年学生的主要聚集地。为了鼓励、支持流亡学生不入日伪学校的爱国行为，教会大学管理者们本着强烈的社会责任感，积极创造条件，增加招考专业，扩充招考名额，并通过特殊时期招考办法，招收借读生，尽最大可能为失学青年创造求学机会。在为沦陷区学生提供更多就学机会的同时，教会大学也不忘坚守学校一贯的质量标准，对学生严格考核，规定所有借读生、转学生都必须参加入学考试及（或）编级考试，依据考试成绩决定学生跟读的年级。

1939年7月，成都华西坝4所教会大学在上海联合招考新生时，按例应将试卷密封寄往成都校阅，后因考卷太多，航空邮寄不方便，更担心遗失，使招生录取没有了依据，遂决定在上海临时聘请贝德士、刘崇本、黄明丽、田冠生、赵传家等教授评阅试卷，决定去取[①]。1940年夏，在上海、香港两地举行联合招考时，试卷也全部是在上海当地聘请施德蔚、刘崇本、田冠生、赵传家等教授，就地评阅并决定录取名单，随后在上海、香港两地同时揭晓[②]。

日本人为了监视和控制沦陷区的教会大学，均向各大学提出要求，允许日本学生进入教会大学学习。处在沦陷区的教会大学还必须巧妙应对日伪监控，与其进行表面上的合作、实际上的斗争。燕京大学司徒雷登就假装欢迎学生报考，但却以保证招生质量为理由，不予录取，"同意日本学生报考，一视同仁，结果一个也没有录取。日本人提出疑问，就拿出试卷给他们看，日本学生都是特别派来的，学历知识不够标准，英语、智力测验等各门考卷，得分很低，因而落选"[③]。

2. 新的招考方式出现

抗战时期，大学联招联考方式首次在教会大学招生考试中采用。教会大学的教学管理受欧美大学自治的传统影响，历来都是各大学单独招考，独立发布招生简章，自行组织招考活动，大学间的招生合作仅限于协助组织招考活动，提供考试场地、监考人员等，至于命题、阅卷等核心事务仍由教会大学自主决定。战争期间学校办学面临特殊困难，几所大学共处一隅，校园、

---

① 《成都金大等四大学在沪招生竣事》，《申报》1939年7月15日。
② 《华西四大学港沪招考竣事》，《申报》1940年7月4日。
③ 罗义贤：《司徒雷登与燕京大学》，贵州人民出版社，2005年，第175页。

教学设施共享，师资互补，形成高度融合的大学区，为大学联合招考奠定了客观基础。

各大学管理层从节约学生和学校考试成本、统一协调各大学教学事务、维护教学管理秩序等方面考虑形成的联考主张是推动大学实施联合招考的主观力量。考试科目基本一致，命题则是各校单独，考试内容不同，评阅录取的标准也是各校自行制定。联合招考是形式上的，目的是合理、有效地利用现有资源，组织考试招生活动，考试内容和录取标准等实质性问题仍由各校自主决定。齐鲁大学1941年第一次招考时规定理学院和医学院的录取标准为英文50分以上，数学30分以上，总平均40分以上为合格；文学院录取标准为国文60分以上，英文50分以上，总平均40分以上为合格。第二次招考时规定，文学院录取标准为国文60分以上，英文45分以上，总平均35分以上为合格。理、医学院录取标准为英文45分以上，数学20分以上，总平均35分以上为合格①。1942年在成都复校的燕京大学招考新生，出乎意料地，成都、重庆两地竟有超过3000名学生报考，燕大遂昼夜加工，赶制考卷，增设考场②。

3. 实科招生显著增加

抗战期间，"救国"专业受到青睐。抗战爆发后，中国政府与法国合资从事开发西南建设事业，震旦大学受当地委托物色专门技术人才，学校将要毕业学生都已受聘，但西南诸省仍严重缺乏工程师及经济专门人才，中法合作各项企事业，如铁路局、银行、工厂等，所需用之人员，均须谙习法语。以前学生认为法文仅能应用于外交及政治方面，故学者不多，抗战期间，则有感于国家西南地区新兴建设事业的需要，因此报名入震旦研习工科及经济科的新生，比起往年多有增加，成为抗战建国时期的一种好现象③。

其他理、工、农、医等实科专业招生增长迅速。辅仁大学理学院的物理机电系、金陵大学和福建协和大学的农学院、金陵大学的工学院、华西协合大学医牙学院等院系的招生规模明显扩大（见表2-5至表2-7）。1942至1943学年度，福建协和大学总注册生406人，其中37%入农学院，32%的

---

① 山东省档案馆馆藏：齐鲁大学档案 J109-02-183。
② 王百强：《燕京大学历史概述》，张玮瑛、王百强、钱辛波：《燕京大学史稿》，人民中国出版社，2000年，第35页。
③ 《震旦大学造就建设人才》，《申报》1939年5月13日。

学生入文学院，29%入理学院，还有2%的特别生①；1944至1945学年度，总注册生数比上年增长24%，其中文学院增长仅22%，理学院增长29%，农学院增长达48%，1945年春季学期农艺学系在教育部的特别资助下新增一个超过40人的班级②。

表2-5 福建协和大学抗战期间文、实科学生人数

年份(年)\人数(人)	1936—1937	1937—1938	1938—1939	1939—1940	1940—1941	1941—1942	1942—1943	1943—1944	1944—1945
文科（文）	42	44	44	56	110	142	131	135	131
实科（理、农）	129	130	116	128	187	254	275	339	460
文科比例	24.6%	25.3%	27.5%	30.4%	38.3%	35.9%	32.3%	28.5%	22.2%
实科比例	75.4%	74.7%	72.5%	69.6%	62.7%	64.1%	67.7%	71.5%	77.8%

表2-6 金陵大学抗战期间文、实科学生人数

年份(年)\人数(人)	1936—1937	1937—1938	1938—1939	1939—1940	1940—1941	1941—1942	1942—1943	1943—1944	1944—1945
文科（文）		60	74	89	156	176	289	277	268
实科（理、农）		214	286	332	484	537	646	629	595
文科比例		21.9%	20.6%	21.1%	24.4%	24.7%	30.9%	30.6%	31.1%
实科比例		78.1%	79.4%	78.9%	75.6%	75.3%	69.1%	69.4%	68.9%

表2-7 华西协合大学抗战期间文、实科学生人数

年份(年)\人数(人)	1936—1937	1937—1938	1938—1939	1939—1940	1940—1941	1941—1942	1942—1943	1943—1944	1944—1945
文科（文）	113	161	142	165	206	271	354	381	509
实科（理、医）	280	402	347	368	426	420	531	617	568

① (Fukien Christian University) The President's Annual Report（1942-1943），华中师范大学教会大学研究中心藏：AUBCHEA，Series Ⅳ-Box108-Folder2393。

② (Fukien Christian University) The President's Annual Report（1944-1945），华中师范大学教会大学研究中心藏：AUBCHEA，Series Ⅱ-Box44-Folder1148。

续表

年份(年) 人数(人)	1936—1937	1937—1938	1938—1939	1939—1940	1940—1941	1941—1942	1942—1943	1943—1944	1944—1945
文科比例	28.8%	28.6%	29%	31%	32.6%	39.2%	40%	38.2%	47.3%
实科比例	71.2%	71.4%	71%	69%	67.4%	60.8%	60%	61.8%	52.7%

数据来源：上述3个表格中部分数据（原始人数）均来自亚联董档案（AUBCHEA）中各校统计资料。

国民政府教育部自1933年开始调整高等教育文、实科比例差距过大的问题，要求大学及独立学院招生时文科各类学生与理科各类学生比例持平，后进一步要求文科各类学生总数不得超过实科学生总数。按照美国文科大学传统建立的教会大学文科专业占据传统优势，遂依照政府意愿，积极扩充加强实科教育，至抗战时期，理工农医等实科专业人才需求更加迫切，教会大学依据各校特色扩展招生院系。以上3所教会大学的学生数据表明，实科专业学生人数增加显著，所占比例基本都在60%以上，甚至接近80%，是教会大学适应社会需求转变招生策略的典型体现。

4. 招考地域受局限

抗战之前，教会大学已经形成较为稳定的招考体系，每年都会在全国范围内考生集中的地域设置报名处和考场，方便考生在当地或附近地区报名考试。燕京大学常年在北平、天津、上海、广州和汉口等地设考场；辅仁大学常在北平、上海、青岛、天津、开封等地设考点；岭南大学常在广州、福州、厦门、汕头、香港等设立招考地点。1934年福建协和大学设置厦门、漳州、泉州、兴化和汕头5处代考处[①]；1937年齐鲁大学招考地点设有济南、北平、南京、上海、福州、广州、汉口、开封、太原、青岛等10处[②]。抗战时期，东部省份大片国土沦陷，非常时期想要按照以往的程序进行招生考试工作已难以做到，能够比较稳妥地进行招考的地域仅限于各校未被占领的校园和上海的公共租界。1941年7月燕京大学的招生广告中，标明的报名地点只有北平育英中学和上海基督教教育会两处[③]。太平洋战争后，连上

---

① 福建师范大学图书馆馆藏：《协大消息（招生专号）》第二卷第十五期，1934年。
② 《齐鲁大学文理医学院招生》，《申报》1937年6月27日。
③ 《燕京大学招生》，《申报》1941年7月1日。

海的公共租界也不是十分安全有保障。1941年华南女子文理学院仅在福建省和福建广东交界的南平、鼓浪屿、永春、平和、莆田、福清、永安、闽清、永泰、梅县和云都等地招考；华西协合大学、齐鲁大学及金陵女子文理学院三所大学在西部的联合招考地点只有成都、重庆、城固、沅陵四地，金陵大学的招考地点另加璧山、万县、西安三地①，但也仅局限于中国西部省区，东部地区只在上海、香港还能够勉强进行招考活动。1943—1944学年第二学期招考新生，金陵大学的考区仅限成都一处②。

5. 基督徒学生比例有所降低

教会大学在抗战前形成的招生考试体系因战争而遭到破坏，尤其是内迁教会大学与众多教会中学的联系随着各校在战乱期间的四处迁移而中断，留守的教会大学生源也发生变化，导致基督徒学生比例有所降低。1939年沪江大学一年级新生共305人，其中基督徒85人，仅占27.9%③。1938年华中大学共有在校生163人，其中基督徒90人，占55.2%；迁校云南喜洲之后的1941年秋，全校149名学生中有69名基督徒，所占比例下降到46.3%；1942—1943学年度华中大学基督徒学生比例接近40%，到1943年则只有32%④。华中大学校长韦卓民的年度报告中也明确指出这一问题的存在："学生中基督徒的数量在下降，因为我们离教会中学太远了，而这些中学曾是我们主要的生源'供给者'(feeders)。"⑤

基督徒学生数量的减少进一步弱化了抗战期间教会大学的宗教色彩，使

---

① 《各地院校招收新生》，《申报》1941年6月26日。

② 《金大春季招生》，《燕京新闻（成都版）》1943年12月11日。

③ (University of Shanghai) Educational Statistics 1939-1940，华中师范大学教会大学研究中心藏：AUBCHEA, Series Ⅳ-Box240-Folder3951。

④ New and Old Students (of Huachung University) for Fall Term 1938-1939，华中师范大学教会大学研究中心藏：AUBCHEA, Series Ⅳ-Box165-Folder3079；Report on Enrollment of Hua Chung College for Fall Term, 1941-1942，华中师范大学教会大学研究中心藏：AUBCHEA, Series Ⅳ-Box165-Folder3078；The President's Report to the Board of Directors of Huachung University for the Academic Year 1943-1944，华中师范大学教会大学研究中心藏：AUBCHEA, Series Ⅳ-Box164-Folder3069。

⑤ The President's Report to the Board of Directors of Huachung University for the Academic Year 1942-1943，华中师范大学教会大学研究中心藏：AUBCHEA, Series Ⅳ-Box164-Folder3069。

教会大学更加世俗化。

6. 奖助学金名额增多

抗战全面爆发后，家境清寒的学生为数日增。教会大学学生中，中产阶级及较贫寒家庭出身的学生比重增加。各教会大学纷纷想方设法，筹措资金，设立多种类型的入学奖学金。1941年暑期招生时，震旦大学特别规定，在原来所设奖学金名额以外，增设大中学各部奖学金50余名。1941年投考的新生，凡家境清寒、无力担负求学费用者，均可于报名投考时填具表格，申请奖学金。奖学金名额分配为：法学院16名，每年给200元；法文特别班（志愿入理工者）7名，其中5名是每年给300元，另2名每年给150元；医学院5名，每年给150元；高中部10名，每年给100元。实践部视入学考试成绩为定，凡入学考试成绩在90分以上者，可免本学期学费；85分以上者，免半费；80分以上者免1/4①。燕京大学1941年的招生广告中明确标明设有多种类型的奖学金②，为家境贫寒的优秀学生提供尽可能多的接受高等教育的机会，既为国家选拔培养栋梁之材，也为实现学校精英教育的理念。

7. 总体规模曲折上升，具体状况各校不一

由于不愿进日伪强行接管的大学接受奴化教育，沦陷区学生的求学成为重要问题。对他们而言，教会大学虽然有一些宗教色彩，但教学管理各方面却是无可挑剔，自然成为最佳选择。

> 圣约翰是上海的老牌大学，招考向来不登广告（实际是因为未立案，不能刊登招生广告），1941年蜂拥而至者，竟有600名之多。圣约翰大学新生入学试验日期，到梵王渡的公共汽车，满载着无数的男女青年，每个人均怀着胜利的心情，手里不但有理化数本和端砚一方，并且有考试法宝，如试题指南，考试必需之类，因此有许多锲而不舍的同学，在未入试场前的五分钟，犹做临时抱佛脚的工夫，可谓勤矣。③

由此可见沦陷区学生报考入学的积极性。学生积极报考，大学也努力扩充招生专业和名额。1938年秋，鉴于北平地区女生投考大学的需求，辅仁大学设立女部，由德国圣神会修女主办，并招收文学院、教育学院各系和理

---

① 《震旦大学各部增设奖学金名额》，《申报》1941年7月10日。
② 《燕京大学招生》，《申报》1941年7月1日。
③ 赵尔谦：《梵王渡送考记》，《申报》1941年7月11日。

学院数学组一年级女生，这是辅仁大学招收女生之始；1939年，理学院其他各系也开始招收女生，并增设家政学系①。1943年7月，天津工商大学也决议增设女子文学系，满足天津市极缺女子高等学府的问题，招生广告一出，"高中毕业女生有志升学者，皆欣然喜色。每日寄发招生简章不可数计，报名者络绎不绝"，当年即招收新生90名②。1945年，学校院务会议议决在工科建筑系、商科国际贸易系、会计财政系均招收女生；同时，扩充文学院，添设家政系和史地系。辅仁大学和天津工商大学成为太平洋战争爆发后京津地区仅剩的两所相对自由的高校，吸引了众多学生报考。从抗战期间基督教各大学注册学生数的变化（见表2-8）可大致了解教会大学的整体状况。

表2-8 基督教大学抗战期间学生人数表

年份（年）\人数（人）	1936—1937	1937—1938	1938—1939	1939—1940	1940—1941	1941—1942	1942—1943	1943—1944	1944—1945	1945—1946
福建	169	174	163	197	297	403	400	463	591	714
金女大	259	85	140	160	206	210	301	280	336	348
之江	537	180	474	642	790	919		228	384	759
华中	207	350	163	130	98	148	160	151	215	240
华南	96	84	72	64	87	72	101	115	120	186
岭南	560	400	622	536	635	800	499	574	500	791
金陵	908	250	506	519	768	793	1 039	1 099	1 272	1 121
沪江	629	396	642	777	841	870		283	1 182	868
齐鲁	567	367	161	258	415	468	368	461	400	490
东吴	667	479	851	793	1 121	1318		320	750	1 243
华西	440	563	573	595	638	763	891	1 149	1 300	1 900
燕京	807	588	942	982	1 086	1 156	342	380	408	816
圣约翰	578	632	872	885	1 130	1 420	2 000	2 000	2 100	2 150
合计	6 424	4 548	6 181	6 538	8 112	9 340	6 101	7 503	9 558	11 626

数据来源：刘家峰、刘天路：《抗日战争时期的基督教大学》，福建教育出版社，2003年，第130~131页。有空缺者表示没有准确的统计。

---

① 王绍桢：《辅仁大学校史》，《学府纪闻：私立辅仁大学》，南京出版有限公司（台北），1982年，第7页。

② 阎玉田：《踞栎津之阳——天津工商大学》，人民出版社，2010年，第78页。

从整个抗战期间基督教大学学生总人数变化的情形可以看出，学生规模整体上呈现曲折上升的趋势，两个转折点分别出现在 1937—1938 学年度和 1942—1943 学年度，这是因为 1937 年 7 月抗日战争发生时，正值学校招考期间，战事的发展使 9 月份开课的新学期注册生数明显减少；第二次转折是由于 1941 年 12 月的太平洋战争，但当时是学期中间，学生入学统计在 9 月份新学年开始时即已结束，所以从图 2-1 看，其影响迟至 1942 年秋季学期才显现，滞后于事件发生的实际时间。

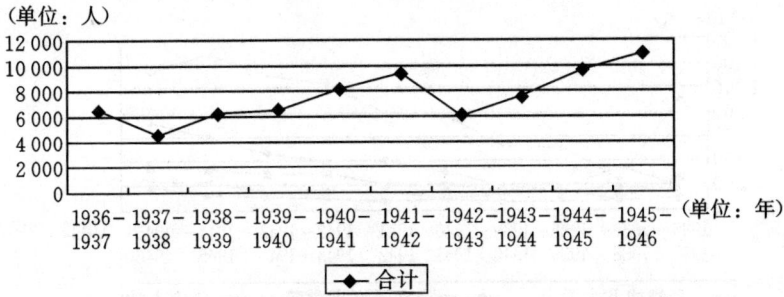

图 2-1　13 所基督教大学抗战期间学生总人数变化图

具体到不同的大学，招生规模的变化则情况各异，以各校学生人数变化的整体趋势可见一斑。圣约翰大学和华西协合大学是基督教大学仅剩的两所招生规模非但没有减小，反而在抗战期间迅速扩大的学校。华西协合大学的学生注册数从抗战前的不足 500 人，发展到抗战结束时的近 2 000 人；圣约翰大学则从抗战前的近 600 人扩充到 2100 多人。两所大学分处教会大学西部的教育中心成都和东部教育中心上海，一所在自由区，一所在战区，反映出抗战期间中国青年学生的地域分布特点（见图 2-2）。

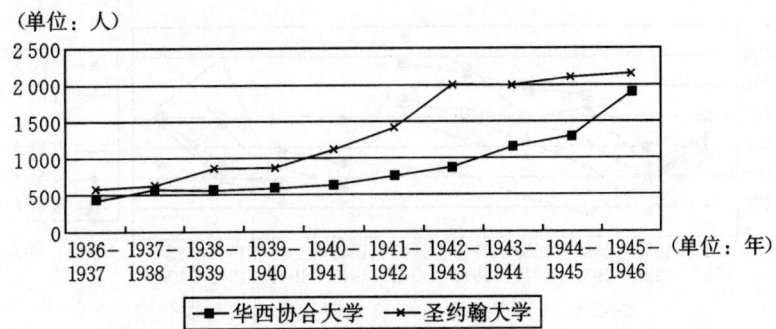

图 2-2　圣约翰大学和华西协合大学抗战期间学生数量变化图

金陵大学、华中大学、福建协和大学、金陵女子文理学院和华南女子文理学院的招生与教学在受到1937年或1938年的战事影响之后，基本处于较为平稳的发展趋势。金陵大学在抗战初期受到的影响大，内迁之后的招生规模扩充速度非常快，幅度大，仅4年的时间就达到并超过战前的招生规模。相比较而言，金陵女子文理学院、华南女子文理学院和华中大学的学生规模却一直保持比较缓慢的发展。华中大学迁至云南喜洲小镇之后，尽管自然环境非常适宜，但因地处偏远，当地经济、文化、教育发展水平比较落后，学校招生受到明显影响（见图2-3）。

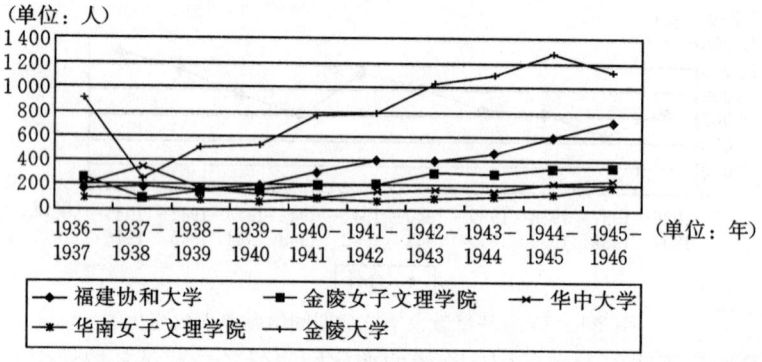

图2-3　5所基督教大学抗战期间学生人数变化图

图2-4中所示的之江、岭南、沪江、齐鲁、东吴和燕京6所基督教大学的学生人数变化与教会大学学生人数的整体变化趋势一致，6所大学在抗战期间经历了至少两次严重的影响，有的大学如岭南、沪江、东吴等还受到3次影响。每次变化均与日军的侵略直接相关，由于各教会大学分散各处，学校招生规模受影响的具体时期有差异。

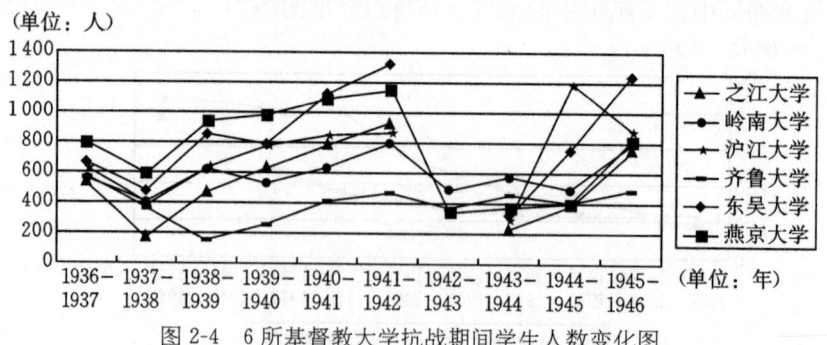

图2-4　6所基督教大学抗战期间学生人数变化图

自1938年至1941年抗战爆发，留守在战区继续办学的之江、燕京、沪江、东吴、圣约翰等大学的学生人数都屡创新高，达到其学校发展史上的最大规模,天主教辅仁大学在抗战时期也达到了学校招生规模的最高峰,这与教会大学在抗战期间本着强烈的社会责任感,积极创造条件,招收爱国学生的招生策略息息相关。这些教会大学的招生办学活动为沦陷区的爱国青年提供了更多接受高等教育的机会,也树立了民族教育不屈的典范。

司徒雷登曾讲到,燕京大学留下来教育华北的青年是一种责任,因为日军占领区的大量人口正失去接受高等教育的机会[1]。中国著名红学研究者周汝昌就是在1939年考入燕京大学,他当时选择燕京的理由就是因为燕京大学"不受敌伪政权控制",而"对一个爱国的青年来说,是宁死也不进敌伪学校的"[2]。抗日战争使教会大学的地理分布格局发生改变,成都成为一大教育中心,先是有金陵、金陵女子、齐鲁、华西4大学联合办学,1942年又有燕京大学加入,各大学紧密合作,试行联合招生办学,保持正常的教学和教育质量。华中大学在苍山洱海之间的喜洲小镇招生办学,虽然规模难以扩大,但始终坚持较高的入学标准和严格的教学管理,为当地培养出许多专门人才,对当地教育和社会发展的影响不言而喻。华中大学教育系的存在使喜洲中等教育师资队伍建设受益匪浅,也为西部高等教育发展和社会建设作出了突出贡献。

抗战中教会大学展现出强烈的社会责任感,致力于为中华民族反抗侵略的战争服务,为培养爱国青年、保存民族教育贡献了积极的力量。曾处北平沦陷区的燕京和辅仁大学,坚持办学,并积极创办新的院系、专业,扩充招生名额,为日伪统治下的战区青年提供了接受爱国民族教育的宝贵机会。在与国家患难与共的经历中,教会大学将仁爱、服务和牺牲的基督精神完美体现在挽救国家、民族的教育希望的斗争中,不仅使自身得到长足发展,更大的收获是进一步融入中国,成为中国人自己的学校。抗战后教会大学的发展便是这一变化的有力证明。

第四节 抗战后教会大学招生考试的调整

抗日战争的胜利燃起全中国民众的建设热情,政治、经济、文化、教育

---

[1] J. L. Stuart to the Board of Trustees, June 4, 1938, AUCHEA, Series Ⅳ-Box304-Folder4715.

[2] 陈远:《消逝的燕京》,重庆出版社,2011年,第115页。

等各项事业经历了抗战期间的艰难困顿,亟待振兴。战争期间内迁的教会大学忙于收复校园,准备回迁;同时,积极筹划在原校的招生事宜,中国高等教育史上的又一次大迁移在1945年至1946年形成。各地留守的教会大学也是踌躇满志,在摆脱了日本侵略者的统治阴霾后,满怀激情地投入为建设国家培养硕学宏材的高等教育事业中,迎接学校发展新时期的到来。抗战期间受到严重影响的教会大学招生体系逐渐恢复,学校的招生策略也为适应战后的教育形势作出了许多调整,重点在于提高招生标准,改进生源质量。

一、内迁大学积极复校招生

抗日战争使教会大学遭受了重大的物质损失,战争期间,有11所基督教大学曾沦入日军之手,校园及校内财产遭到抢劫、破坏。校园破败不堪,多幢建筑物成为危楼,校园里遍布战沟、枪穴;教学楼和学生宿舍内的家具荡然无存,学校教职员无法带走的个人物品也踪迹全无。1938年,华中大学内迁时将大学图书馆85%的图书和2/3的科学仪器封存在汉口英国轮船公司的仓库,但抗战胜利后大学迁回武昌时,所有这些教学资源除找回300瓶生物标本外,其他的全都丢失,不知去向[1]。金陵女子文理学院在抗战期间被敌伪占据,作防卫司令部之用,虽外形尚好,但内部设施,如科学仪器、课桌、水汀、钢琴等均被洗劫一空。单宿舍之修理费,就达六七百万元之巨。虽然有政府津贴大部分复校费用,仍感到拮据[2]。除圣约翰、华西协合2所基督教大学外,其他11所基督教大学的校舍都属临时敷用,需要切实修理或重建。仅11所基督教大学修复及改进校舍就至少需款1 500万美元[3]。战后经济不稳,通货膨胀严重,又加重了教会大学的经济负担,为了学校生存大计,13所基督教大学召开联合董事会,在国内举行大规模募捐活动,募捐总数为150亿元,除由教育部拨款补助60亿元外,不足之额由各校分头募捐[4]。

---

[1] (Huachung University) The President's Annual Report for the Academic Year 1946-1947,华中师范大学教会大学研究中心藏:AUBCHEA, Series Ⅳ-Box164-Folder3070.

[2]《金陵女子大学校长吴贻芳详述复校情形》,《申报》1946年7月15日.

[3]《中国教会大学战时损失綦重》,《申报》1947年2月1日.

[4]《基督教十三大学联合筹募基金》,《协大校刊》第廿九卷第一期,1947年11月15日.

在日伪占领租界时期，天主教震旦女子文理学院（隶属于震旦大学）也曾一度遭到占领，充作日军伤兵医院，致使损失惨重，抗战胜利后才收回①。

教育环境的改变和教育资源的匮乏必然对学校的招生产生影响，但各教会大学还是全力投入复校和在原校址进行的招生及教学工作。燕京大学在日军占领期间，校舍受到极大的破坏，各种教学仪器损失殆尽，图书大量散失，教师们流散在各地，但学校却在短短的56天就招收了300余名新生并于10月10日举行了开学典礼②。沪江大学自从胜利以后，筹备迁回军工路原校，1946年4月21日完成迁移工作，4月22日正式在原校上课，全校学生901人③。金陵女子文理学院教职员及学生共200余人，于1946年7月陆续由成都抵南京，积极进行复校工作，1946年9月23日，金陵女子文理学院正式在南京校园复课④。福建协和大学1945年12月下旬由邵武迁回福州校址，由于迁校是受战后过高的希望和热烈参与建设的特殊心理决定，迁校非常仓促。因此，最初的几个月困难重重，需要集中完成1945—1946学年度两个学期的工作⑤。抗战期间曾共处上海的圣约翰、东吴和之江三校，1947年合组成立华东基督教联合大学进行合作办学，决定初步的合作办法是联合举行一年级新生招考。报名及考试地点设在上海、苏州、杭州三处；考试科目分国文、英文、数学、公民、中外史地、理化、生物等项。联合大学招考院系共分文、理、法、商、工、医等6学院，包含中国文学系、外国语文学系、教育学系、历史学系、新闻学系、政治学系、经济学系、社会学系、法律学系、生物学系、化学系、物理学系、工商管理学系、会计学系、银行学系、国际贸易学系、土木工程学系、机械工程学系、建筑工程学系、化学工程学系等20系，医学院暂不分。招收新生名额为文学院240名，理学院150名，法学院150名，商学院100名，工学院120名，医学院40名。录取后上课地点则分别在上海梵王渡圣约翰大学、上海岚山路东吴法学院、苏州天赐庄东吴大学以及杭州闸口之江大学四处⑥。

---

① 《震旦女子文理学院》，《申报》1948年7月26日。
② 罗义贤：《司徒雷登与燕京大学》，贵州人民出版社，2005年，第187页。
③ 鲍忠祈：《沪江大学速写》，《申报》1946年5月22日。
④ 《金陵女子大学校长吴贻芳详述复校情形》，《申报》1946年7月15日。
⑤ (Fukien Christian University) The President's Annual Report for 1946-1947，华中师范大学教会大学研究中心藏：AUBCHEA, Series Ⅳ-Box108-Folder2393。
⑥ 《华东联合大学设六院二十系 定于本月底分别招收新生》，《申报》1947年7月2日。

二、国民政府进一步加强招生管理

自 20 世纪 30 年代起,国民政府为提高全国高等教育质量,就开始介入大学招生考试管理,如,要求大学招生必须进行入学考试,引导大学及学院改变文、实科招生比例,以及颁布高中课程纲要,制定大学招考命题原则等。抗战期间,本着统筹全国高等教育资源、保持高等教育质量、为战时培养急需人才以及便利考生等目的出发,国民政府教育部对大学招生考试进行改革,试行统一招考和分区招考,并实行多种录取方式。抗战胜利后,政府管理进一步加强。1946 年—1948 年,国民政府教育部就专科以上学校招生问题颁布了多项办法,包括专科以上学校学生转学办法、1946 年—1948 年各年度公私立专科以上学校招生办法、大学先修班学生免试升学办法、伪高中①的毕业生升学救济办法以及公私立专科以上学校招收同等学力学生办法等等,对专科以上学校的招生考试问题作了详尽的规定。

1. 专科以上学校招生办法

1946 年—1948 年,国民政府教育部连续 3 年颁布公私立专科以上学校招生办法,公布的内容要点多,提出了许多细化的规范,要求各校遵照执行。1946 年的招生办法仅规定了招生方式、招生名额限定原则、招考日期及报名费用;1947 年、1948 年颁布的招生办法条文显著增多,涉及招生方式、招生名额、考试科目、不同类型考生的具体要求等内容,1947 年的办法要点如下:

(1) 各校应采四项招生方式(甲)"联合招生",得于若干重要地区增设招生分处,(乙)"单独招生",得多设招生分处,(丙)"委托招生",得委托其他专科以上学校代招,(丁)"成绩审查",未设招生分处之地区,其成绩优良高中毕业之优秀学生,由原校开具历年学行成绩表保送,经审查后,令其参加复试及格者,予以录取。

(2) 联合招生,各校共组招生委员会。

(3) 联合招生,各校除联合考试外,得兼采成绩审查方式,并得委托其他招生区,及其他专科以上学校代为招生。

(4) 联合招生,报名,命题,阅卷事宜,由各区自办。

(5) 参加联合招生或单独招生,委托其他专科以上学校代招学生,

---

① 指抗日战争时期处于沦陷区内,受日伪控制或影响的高级中学。

录取名额,由各校径行商定。

(6) 专科以上新生入学试题,科目规定如左(下):

(子)笔试(甲组)理工师范学院理组:国文,英文,数学(高等代数,解析几何,三角),公民,物理,化学,史地。(乙组)文法商师范学院文组,及地理系:国文,英文,数学(高等代数,平面几何,三角),公民,中外史地,理化(投考统计系,应考甲组数学)。(丙组)医农学院,及博物生物等系:国文,英文,数学(高等代数,平面几何,三角),公民,史地,理化,生物。至美术音乐体育系科,除参照乙组酌定笔试科目外,应加试专门科目或术科。

(丑)体格检查。

(寅)口试。

(卯)招收初中毕业生之专科校或专修科新生入学试验,科目由校拟订,报部备查。

(7) 招生名额,应参酌各校师资设备,及下列规定办理:

(甲)文理法商师范农工等院各系科,以每系科招40名至50名为原则。

(乙)医学院或医药专科,以60名为原则,附设之专修科,以40名为原则。

(丙)国立各大学招收师范生名额,不得超过所收新生总额10%。

(丁)由部指定加班各系科,另照规定名额招收。

(8) 前条招生名额,各校如因特殊情形须加变更,应先呈部核准,如录取不足额,得呈请续招。由部指定加班各系科,并应招收足额。

(9) 各校各年级(学科最高年级除外)如有缺额,得收转学生,其名额由校报部核定,转学试验科目,由校参照部颁科目表订定。

(10) 招生日期应在7月15日以后,8月15日以前。除经部指定设立之春季始业科系外,公私各校不得于春季招新生。

(11) 同等学力录取比例:(甲)专科生不得超过10%。(乙)大学及独立学院不超过5%。(丙)失学一年以上,并于失学前修毕高中二年级课程,缴原校成绩单,审查合格,方准以同等学力报考。(丁)曾在职业及师范肄业,或现在中学肄业,不得以同等学力报考。

(12) 师范及职业学校毕业,须缴验服务满四年证明文件始准报考。

(13) 大学与独立学院,不得招专科及专修科肄业生或毕业生为转学生。

（14）各校新生入学试验录取标准，除采用联合招生各校，由联合招生委员会拟定外，由各校自行拟定。对于边疆及海外侨生均从宽录取。

（15）各校招生简章，应先报部备案。

（16）各校一部分科系新生，须分请各省市教育厅局保送学生应考……拟定办法，呈部备案，并将办法径送教育厅局。

（17）报名费，以50元为准。①

2. 转学生问题

教育部规定专科以上学校学生转学，须由原肄业学校发给转学证明书，详细记载各学期成绩；学生转学应在报名时呈验原校发给的证明书，才能报考；学生如因伪造、假借、涂改证件，或因操行成绩不合格被勒令退学者，均不得发给转学证明书②。

3. 同等学力考生问题

1947年4月暑期招考之前，教育部就公布了当年度公私立专科以上学校招收同等学力学生的具体办法：

（1）专科学校招收同等学力学生，名额不得超过新生总数10%。

（2）公私立大学与独立学院招收同等学力学生，不得超过5%。

（3）凡以同等学力报考专科以上学校者，必须为已失学一年以上，而失学前已修毕高中二年级学程者。

（4）曾在职业学校或师范学校肄业或现在普通中学肄业者，皆不准报考。③

1947年底，国民政府在总结抗战时期全国专科以上学校招生考试经验和教训的基础上，根据新时期高等教育的发展要求，通过新的高等教育法，其中有关入学考试要求的修订也写入法律条文，作为大学遵照执行和政府依法管理的依据。大学法第二十六条规定："大学入学资格应曾在公立或已立案之私立高级中学或同等学校毕业，或具有同等学力，经入学试验及格者。"专科学校法第十九条规定："专科学校入学资格，应曾在公立或已立案之私

---

① 《专科以上学校招生办法》，《申报》1947年4月25日。
② 《教部严格规定专科学生转学办法》，《申报》1946年6月15日。
③ 《同等学力报考大学》，《申报》1947年4月11日。

立高级中学毕业,或具有同等学力,经入学试验及格者。"与之前的法律规定最大的不同之处是放宽了入学资格,将同等学力考生的报考资格以法律形式确定,给予自修学生以投考大学和专科学校的机会,使高等教育之门向更多清寒学生而有志上进者开放①。

4. 其他规定

此外,还有其他一些暂时性的规定,如抗战结束初期,沦陷区原日伪统治下的伪高中毕业生升学问题突出且集中。为此,教育部订立伪高中毕业生入学救济办法进行指导:

(1) 凡伪高中毕业生,未经甄审投考大学试验成绩及格,可先为试读生,再补行甄审。

(2) 入临大先修班,或补习班,补习期满及格者,免予甄审。

(3) 台湾省日人所设中等以上学校毕业者,承认其学历资格。②

1947年国民政府教育座谈会关于改进大学教育的建议第十二条明确提出,"各大学招生标准应尽量提高,宁缺勿滥"③。

除国民政府教育部的统一规定外,地方教育行政机关也根据各地的实际情况,积极进行招生考试管理和改革。上海市教育局1947年教育实施计划第六条即是筹办大学入学中学毕业联考。1947年5月,上海市教育局顾毓秀邀请上海的公私立大学校长商议考试问题,希望能将上海市的中学毕业会考与各大学的入学考试联合举行,以减轻中学毕业生之精力及时间负担,不但有益于学生,且希望创立一种可行的新制度。参加会议的有大夏大学校长欧元怀、复旦大学校长章益、圣约翰大学校长涂羽卿以及上海交通大学、同济大学、暨南大学等校的校长或教务长共10余人④。经商议制定的中学毕业会考与大学入学考试联合举行办法,由上海局呈奉教育部采纳,并通令各省市一体施行。该办法规定:联合考试由各大学及市教育局组织联考委员会办理,负责命题、阅卷、监考、计分等各项事宜;考生可填报多项志愿(限于参加联考的大学);考试科目以国文、外国语、算学、理化(生物)、史地

---

① 《高等教育的新立法》,《申报》1947年12月29日。
② 《伪高中毕业生入学救济办法》,《申报》1946年12月24日。
③ 《大学教育改进要点之建议(1947)》,中国第二历史档案馆编:《中华民国史档案资料汇编(第五辑,第三编,教育一)》,江苏古籍出版社,2000年,第197页。
④ 《中学毕业生会考拟与大学入学试联合举行》,《申报》1947年5月3日。

五科为限；命题范围遵照部颁课程标准①。联考方案的出台与实施折射出大学入学考试的发展方向，即逐渐走向区域联考，并可以推测区域联考的未来发展方向即是全国联考。台湾地区实行的大学联考方案无疑是这一时期大学区域联考的继续发展。

如果说抗战时期政府是因忙于抗战而无力顾及私立大学和独立学院的招生，那么战后一系列招生办法的出台则显示出政府有意更深地介入对全国高等教育机构的招生考试管理，不仅包括公立大学和独立学院，也包括私立大学和学院，以及所有的公私立专科学校。从入学资格到招考方式、联合招考的具体组织与实施以及考试科目都作了详细要求，尤其是对转学生的规定，要求原校仔细审核，慎重填发转学证明书，转学生的考试科目因学系不同分别考试，专业性要求更高。对伪高中的毕业生的资格进行严格甄审等等，甚至连入学考试的报名费都加以具体的限定，使教会大学自主招考的空间有所减小。不过，政府的指导性要求也带有足够的张力，特殊情况下，大学招生方案与政府规定有冲突时，可以通过与教育部协商得到通融。

三、教会大学恢复与教会中学的联系，加强与政府的合作

抗战期间，教会大学四处迁校，教会中学同样因战争的影响四散流离，各自寻找相对安全的地点办学，抗战前教会大学和教会中学经过长期合作建立起来的稳固、高效的招生体系受到严重冲击，尤其是西迁的教会大学与学校原来所在地的教会中学相距甚远，地理上分处各地，战时交通又极端困难，致使多所教会大学的生源在质量上和基督徒比例上受到直接影响。抗战胜利后，无论是教会大学还是教会中学，都积极筹备返回原校地址继续办学，同时也都乐意恢复原有的学生"供需"关系。金陵女子文理学院院长吴贻芳提到，在南京复校后，学校着力于恢复与以往承认中学的友好合作关系，以提高新生水平，改进学校的教育质量②；华中大学 1946—1947 学年度的校长报告中也提到，返回武昌后，学校加强了与华中地区教会中学的联

---

① 《上海市三十六年度教育实施计划（1947年8月）》，中国第二历史档案馆编：《中华民国史档案资料汇编（第五辑，第三编，教育一）》，江苏古籍出版社，2000年，第190~191页。

② 《金陵女子大学校长吴贻芳详述复校情形》，《申报》1946年7月15日。

系，新生中来自教会中学的毕业生比例因此增加①。1948年，华南女子文理学院招生考试除在本校设立考点外，其他地市的考点均设在教会中学，如泉州培英女中、漳州进德女中、莆田咸益女中、南平剑津女中、江西南昌葆灵女中、厦门鼓浪屿毓德中学②。

1947年10月，基督教育全国大会在上海举行，之江大学教授王裕凯等20余人联名递交提案，建议各大学暑期招考采用保送免试的方式入学，对审查合格的中学学生成绩总平均80分以上者，可由原校保送免试入学。提议者希望将此作为大学教育政策上一种良好的变革，先在各基督教大学试行，再逐渐普及全国各大学③。所谓保送免试入学，实质是教会大学在20世纪早期广泛采用的承认中学（或附属中学）推荐免试制度，后因国民政府于1930年明令规定大学附属中学不得无试验入学而发展为承认中学推荐考试制度。此次提案的提出，是教会大学加强与教会中学或其他承认中学联系的积极措施，既可减轻学生的考试负担，又可保证教会大学的优秀生源，还可为全国大学的招生改革做先行试点，探寻更优的方案。1948年岭南大学招生便采用了此种方式，"广州岭南大学，该校今年拟在各教会中学（广东、香港、澳门除外）中选择办理认真之廿校，选毕业生之列前茅者，每校可保送2名免试入学，保送名单及学生成绩统于6月16日以前径寄广州岭大"④。

其他教会大学在1948年的招生中继续采用承认中学推荐考试制度，金陵女子文理学院规定，凡与该校有联系之中学均经函托于6月中旬在各该校代考新生，厦门毓德中学亦为代考学校之一，其他各校有拟代考者，可径与金女大接洽；金陵大学1948年的承认中学推荐考试，亦加入了厦门英华中学和怀仁中学两校，只要是承认中学成绩前30%的毕业生，即可在这些中学校直接参加入学考试⑤。

恢复与教会中学良好合作关系的同时，教会大学也延续了抗战时期与政

---

① （Huachung University） The President's Annual Report for the Academic Year 1946-1947，华中师范大学教会大学研究中心藏：AUBCHEA, Series Ⅳ-Box164-Folder3070.

② 《全国教会大学今暑招生消息》，《申报》1948年5月29日。

③ 《之江教授建议大学采保送制》，《申报》1947年10月31日。

④ 《全国教会大学今暑招生消息》，《申报》1948年5月29日。

⑤ 《全国教会大学今暑招生消息》，《申报》1948年5月29日。

府精诚合作培养人才的优良传统,继续加强与政府的合作。除了遵循政府的相关招生规定外,还积极响应和参与政府的各项特殊招生政策及计划。1946年,教育部分发572名大学先修班学生至各校,其中分发到教会大学的有17名,计:金陵大学7名,燕京大学2名,东吴大学6名,金陵女子文理学院1名,之江文理学院1名①。这一方面是学生的志愿选择;另一方面则显示出教会大学与政府招生工作的协调运作,这是建立在双方充分信任基础之上的合作。

四、战后教会大学招生考试的特点

抗战胜利后,教会大学纷纷复校并调整招生策略,与抗战时期相比,战后教会大学的招生考试主要呈现以下特点。

1. 招生数量明显上升

尽管受到教育资源紧缺的制约,以及学校坚持质量原则,限制招生规模的策略影响,教会大学的整体招生规模在战后几年还是呈现出明显的上升趋势。这主要是两方面的原因,一是学生求学的热情;二是学校办学的激情,两者都是8年战争阴霾结束后的自然迸发。1945年燕京大学复校招生,原只打算招收一年级新生,但报名人数之多,远远出乎预料,学校为照顾青年学生的强烈愿望,决定多招收一个预备班,给在入学考试中只有一科稍差的学生就读机会,最后录取新生150名,预备班150名②。1947年,沪江大学共计1 066人,其中新生就占到663人,且全部是留校住读,显示出学生求学的精神和迫切的心情③。1947年,上海圣约翰大学延宕多年的立案问题终于圆满解决,与其他立案大学可享同样权利,毕业学生入政府机关任事也不再有学籍障碍。这给青年学生报考圣约翰又增加了一些砝码。教会大学在抗战后虽面临严重的经费短缺,但依旧努力经营,根据社会需要增设院系,培养人才,使得教会大学的招生院系有所增加。1946年,辅仁大学增设农学系,培养农业人才。燕京大学积极筹设工学院,在经费紧张、通货膨胀严重的条件下,依靠在美国的募捐和各地实业界校友的积极支持,成功创办起工学院④,1948年金陵大学设有22系,4个专修科,历史、化学、农艺、

---

① 《京沪临大先修班学生分发各校免试升学》,《申报》1946年9月2日。
② 王百强:《燕京大学历史概述》,张玮瑛、王百强、钱辛波:《燕京大学史稿》,人民中国出版社,2000年,第38页。
③ 鲍忠祈:《沪大缩写》,《申报》1947年10月14日。
④ 《燕大筹设工院 决定采五年制》,《申报》1948年1月9日。

园艺等 5 个研究所,及中国文化研究所,学生 1 111 人。

2. 单独招考占主流

除 1947 年华东基督教联合大学试行一年级新生联合招考外,教会大学仍主要采用单独招考方式,体现了教会大学一贯自主的招考作风。东吴大学分处苏州和上海两个校区,在上海的法学院也自行招考。各校招考的日期、地点均不一(见表 2-9)。

表 2-9 部分教会大学 1948 年招考消息汇总表

学校	公开招考地点	报名日期	考试日期	其他
金陵大学	南京	1948.1.21—22	1948.2.2—3	春季 120 名
	上海	1948.1.17	1948.2.2—3	
华西协合大学	四川省内			厦门学生可由福建协和大学代考
岭南大学	广州	7月上旬及9月上旬两次		
燕京大学	北平、天津、上海	5.20—6.20		报名费 20 万元,外埠加收 5 万元~10 万元。
沪江大学	沪大本校	第一次:7.12—14	第一次:7.16—17	
		第二次:8.16—18	第二次:8.20—21	
	广州东山培正中学	6.14—16		
金女大	京沪二处	7月中旬		
之江大学	上海、杭州、广州、汕头、厦门	上海、杭州:7.19—21		7.26—27
福建协和大学	福州、厦门、莆田、汕头、台北、上海	7.5—12		7.19—20
东吴大学	文理学院	7.16	7.19—20	新生 200 人
	法学院		7月底	新生 150 人

资料来源:《金大招收新生报考日期决定》,《申报》1948 年 1 月 9 日;《全国教会大学今暑招生消息》,《申报》1948 年 5 月 29 日;《私立东吴大学》,《申报》1948 年 7 月 14 日。

从上表可知，教会大学的招生地点各不相同，皆由各校根据本校的实际情况加以确定，如，福建协和大学因距台湾较近，会在台北设立招考地点，以招收台湾地区的学生；各校招生季节多分春季、夏季两次，夏季招生的日期从5月至9月都有。

3. 招生质量普遍回升

为躲避战乱而在抗战时期四处迁移的教会大学和中学在抗战胜利后复校原址，得以恢复正常的教学秩序。教会大学与教会中学及其他承认中学的招生合作关系逐步恢复，教会中学毕业生在教会大学新生中所占比例有所提升。与此同时，教会大学本着一贯重视质量、宁缺毋滥的基本原则，有计划地限定或增加招生数量，保证招生质量。金陵女子文理学院1946年秋招考新生，为提高教育质量，限定新生名额为100名，以保持全校300名学生的教学规模①。学校同时还注意通过入学考试加强与基督教女子中学的合作，以提高新生质量和基督徒学生的比例。1948年，金陵女子文理学院的基督徒学生比例由1947年的41%提高至1948年秋季的44%，新生班更是达到46%；而全校学生中来自56所教会中学的比例达到53%，其余47%的学生来自51所公立学校和57所私立学校②。福建协和大学自邵武迁回后，制定了更为严格的招生选拔政策。1944年参加入学考试的1 500人，录取了185人，录取率为12.3%③；1946年，1 200名申请人中只录取100多一点新生，录取率不足10%④。1946年沪江大学在校长凌宪扬的主持下大幅提高入学考试标准，2 000名考生只录取300名，录取率仅为15%⑤；1947年招考新生，两次投考者共2 527名，录取633名，录取率约为25.0%⑥。

---

① 《金陵女子大学校长吴贻芳详述复校情形》，《申报》1946年7月15日。

② (Ginling College) Report of the President, November 1948, 华中师范大学教会大学研究中心藏：AUBCHEA, Series Ⅳ-Box45-Folder1166.

③ (Fukien Christian University) The President's Annual Report (1944-1945), 华中师范大学教会大学研究中心藏：AUBCHEA, Series Ⅱ-Box44-Folder1148.

④ (Fukien Christian University) The President's Annual Report for 1946-1947, 华中师范大学教会大学研究中心藏：AUBCHEA, Series Ⅳ-Box108-Folder2393.

⑤ 王立诚：《美国文化渗透与近代中国教育：沪江大学的历史》，复旦大学出版社，2001年，第360页。

⑥ 鲍忠祈：《沪大缩写》，《申报》1947年10月14日。

教会大学的办学质量受到高度的认可，胡适在1947年演讲时曾称，"假如国立大学不努力，很可能被几个教会大学取而代之"①。在他的十年教育计划中，就将13所基督教会大学列入第二批发展的学校。

4. 自主权逐步缩小

国民政府通过颁布详细的招生考试办法更多地介入公私立大学的招生管理，对大学的招生政策、招考方式、考试科目甚至报考费用都进行限定，显示出政府加强高等教育管理的倾向。政府介入的程度越深，则大学的自主权限越受到制约。例如，国民政府规定大学及独立学院招收同等学力考生不得超过5%；伪高中毕业生未经甄审考入大学就读的，只能录取为试读生，必须经过教育部核准，承认其学籍后才能转为正式生，一旦教育部核准不通过，则大学已经录取的学生也必须剔除，否则毕业也拿不到学位。抗战后教会大学的招生多了许多繁琐的事务性工作，除了将招生情况造册上报外，还要因学生的报考资料、学历证书的核准等问题与教育部进行多次的公文往返，因为抗战期间各地教育状况，尤其是沦陷区的中等教育状况太过复杂，而教育部又规定伪高中的毕业生升学要么入大学先修班，要么必须经过甄审。1947年福建协和大学招收转学生时直接在入学资格中规定："各院系转学生须在公立或已立案之私立大学或独立学院肄业，得有学分并学籍经教育部核准者。"②

当然政府规定也有足够的张力，特别情形下，大学可以与教育部进行协商解决分歧。1948年教育部规定不允许春季招考，除非新设或特设专业自春季开始招生，但金陵大学1948年春季则是各院系全面招生共计120名；教育部规定夏季招生日期在7月15日至8月15日之间，但教会大学招生日期却从5月至9月都有；教育部规定报名费是10万元，燕京大学的报名费是20万元～30万元（也可能有通货膨胀的因素，因政府的规定是在5月8日公布的）。由此可见，政府虽刻意加强管理，使教会大学享有的招生自主权有缩小的迹象，但实际上有些规定仍有很大弹性，并非强制性的法律规定，而是有较大变通的空间；当然也存在政府忙于内战，无暇监管的客观现实因素。

---

① 《胡适向蒋主席建议十年教育计划》，《申报》1947年9月6日。
② 《协和大学招收男女生》，《协大校刊》第廿七卷第三期，1947年1月1日。

第五节　1949年后教会大学招生考试的衰亡

抗战胜利后内战的全面爆发，使刚刚经历了日军侵华战争灾难的中国，又面临新的政治危机，教会大学招生考试也受到社会时局和政治因素的显著影响。随着解放军自北向南逐步解放各大城市以及中华人民共和国的成立，新民主主义的高等教育发展规划逐步制定与实施，教会大学被统一改造，并最终于1952年全国高校院系调整时被完全合并到其他高校中，结束了其在中国大陆70年的招生考试历程。自1949年至1952年，教会大学招生考试经历了短暂的3年过渡时期，随着招生自主权逐步缩小，教会大学自主招考逐渐趋向衰亡。

这一时期，教会大学主要分属各地军政委员会的领导，如燕京大学、辅仁大学、天津工商大学归华北军政委员会教育部领导，齐鲁大学、金陵大学、金陵女子文理学院等均由华东军政委员会教育部直接领导。1949年各教会大学仍保持原有的自主招生权力，但入学考试科目和内容已经为适应新的教育环境作出调整，燕京大学虽然仍设有"社会科学常识"考试科目，但试题内容已有重大改变，反映马克思主义思想和苏联社会、人文及地理状况的试题大量增加，如社会发展的最终目标是什么社会？季米特洛夫是哪国人？新民主主义的土地政策是什么？《家庭、私有财产及国家的起源》一书的著者是谁？资本家增加剩余价值的普通方法有哪些？

中华人民共和国成立后，政治环境发生根本变化，教会大学的管理权逐步收归中华人民共和国政府，教会大学招生自主权逐步缩小，直到被完全取消。1950年，中国各区军政委员会教育部即开始试行区域内高等学校联合招考。1950年10月，辅仁大学首先被并入北京师范大学等校。1950年12月，政务院通过《关于接受美国津贴的文化教育救济机关及宗教团体的方针的决定》。1951年中华人民共和国教育部确立不允许外国人在社会主义新中国办学校的方针，教会大学的改制、合并拉开序幕。1952年，中国高等教育的整体布局在学科建制和地域分布上都展开了全国范围内的大调整。教会大学一直实行的自主办学模式在不断的院系调整和教学改革中失去了特色，其始终坚持的自主招生考试也在中国高校快速走向全国统考的转变中变得面目全非，最终随着教会大学的整体消失而不复存在，成为历史名词。

中华人民共和国成立后，教会大学招生出现几方面的明显变化：一是入学资格，各学校的招生简章中，都为优秀工、农、兵的入学提供了优惠待遇，大大拓宽了普通民众进入学校的途径。二是考试科目及内容的变化。原有考试科目"公民"一律改为"政治常识"，笔试之外全部加口试，考试内容的政治性显著增强。三是招生考试的运作逐渐由1949年的大学自行组织到1950年几大行政区在区内统一组织，最后过渡到1952年全国统一组织。

教会大学1950年的招生简章中大都有如下规定：凡具有高级中学毕业程度的同等学力考生报考，必须有下列证明之一：（一）县以上人民政府或市人民政府教育行政机关之证明；（二）县以上工会或解放军团以上政治机关之证明①。在招生简章最后的附则中，还列出能够从宽录取的条件：

1. 有三年以上工龄的产业工人；
2. 参加工作三年以上的革命干部及革命军人；
3. 兄弟民族学生；
4. 华侨学生。但具有上述条件的学生，须于报名时缴验有关机关、部队、工厂、团体证明文件，并须在报名单备注栏内注明。②

这些规定充分表明，1949年以后，教会大学的招生条件在学历要求上有所放宽，为同等学力的考生进入高等学校学习提供了更多的机会；附则中有关从宽录取的有关规定则体现了国家对工人、军人、少数民族和华侨学生给予适当照顾的政策倾向。这些规定的出台同时预示着教会大学的招生自主权有所缩减。

1950年齐鲁大学的考试科目按文、理、医三个院系分设考试科目，在笔试之外全部加以口试；转学生的考试科目也有细致的规定，分为共同科目和主要科目，二年级的共同科目是大一国文、大一英文和政治常识，三年级的共同科目是大一国文、大二英文（文学院免试）和政治常识；主要科目是指各院系的专业课，按照年级加系别的顺序依次列明。转学生的考试科目分为共同科目和主要科目，二年级的共同科目是大一国文、大一英文和政治常识，三年级的共同科目是大一国文、大二英文（文学院免试）和政治常识；主要科目是指各院系的专业课，如二年级的中国文学系考文艺论，历史系考中外历史，经济系考政治经济学、普通会计、工商管理等等，均详细分列③。政治常识成为新生和转学生的必考科目，表明教会大学基于三民主义

---

① 山东省档案馆馆藏：齐鲁大学档案 J109-05-01。
② 山东省档案馆馆藏：齐鲁大学档案 J109-05-01。
③ 《私立齐鲁大学1950年招生简章》，山东省档案馆馆藏：齐鲁大学档案 J109-01-154。

的"公民"考试在新形势下已经完全转变为基于马克思主义的政治经济学常识考核。

1949年后教会大学与现实不相适宜的办学性质还使教会大学招生数量受到明显影响,金陵大学1950—1951学年度第一学期学生人数为853①名(其中文学院138名、理学院296名、农学院376名、农事43名)②;比1948年绝对人数减少259人。

1951年中华人民共和国试行高等学校分区统一招生或联合考试,同年底教会大学全部由中央人民政府正式接管,教会大学的性质和组织机构发生根本变化,原有招生体制发生改变,教会大学招生自主权被取消。1951年6月16日华东军政委员会教育部给齐鲁大学的批复文件中明确表明齐鲁大学不得自行公布招生简章,所有招生名额纳入统一计划。

1951年华东军政委员会教育部给齐鲁大学的批复文件如下:

六月七日教字第一○二号报告及附件均悉。关于你校所呈招生简章兹批复如下:

一、你校今年暑期招生既分别参加华东高校统一招生与山东高校联合招生及委托华北与中南料理,则无单独公布招生简章之必要。

二、你校参加华东高校统一招生经山东文教厅呈报并业由我部转知华东高校统一招生委员会在案。至拟委托华北及中南招生一节,以华东高校统招会已决定增设北京、广州二考区,你校委托该两区之招生名额已予一并列入华东高校统一办理。

三、各校招生名额正呈请中央教育部核示中,未奉批复并转知前,你校招生名额不得自行公布。③

由政府接管后的金陵大学与金陵女子文理学院于1951年由华东教育部批准合并改为公立金陵大学。1951年招生因两校系科的大幅调整有明显变化。金陵大学与金陵女子文理学院的合并方案中提到,"两校原有系科繁冗而师资配备短少,每届招生名额,趋于平均分配,以致各系科人数寥寥,往往有少至十名以下者,未能发挥培育人才之效能,过去此种作风盖为私立大

---

① 所引材料中总数为852名,疑为笔误。
② 《金陵大学向卫理公会年会提出的报告》,南京大学高教研究所校史编写组编:《金陵大学史料集》,南京大学出版社,1989年,第71页。
③ 山东省档案馆馆藏:齐鲁大学档案J109-05-01。

学之产物,今后应集中力量以图重点发展,且应向公立的标准看齐"①。依照这一合并原则,公立金陵大学停办哲学系、地理系、医学先修科、护士先修科、家政系的营养组及蚕桑系;中国语言专修科、托儿专修科及农业专修科三科停止招生;体育系及林业专修科暂停招生,教育学系、农业工程学系,及外国语文学系暂停招生,方针及观点有待转变与明确因而必须整编教材的社会学系、历史学系及影音专修科暂停招生。两校系科调整后,文、理、农3院尚有17个系科可继续招生,规定招生名额共500名,文学院125名,理学院180名,农学院195名②。

  经历了抗战后最初的喜悦,教会大学又陷入新的政治危机。中华人民共和国的成立和新民主主义高等教育发展战略的调整使接受外国教会捐助的私立教会大学在中国的存在变得不合时宜。随着1952年教会大学被取消,与欧美大学招生考试制度一脉相承的教会大学招生考试从此消亡,但它对我国近代大学教育发展和考试制度转型的影响却是深远而具体的。

---

① 《金陵大学、金陵女子文理学院两校合并筹备委员会拟具的两校合并方案》,南京大学高教研究所校史编写组编:《金陵大学史料集》,南京大学出版社,1989年,第79~80页。

② 《金陵大学、金陵女子文理学院两校合并筹备委员会拟具的两校合并方案》,南京大学高教研究所校史编写组编:《金陵大学史料集》,南京大学出版社,1989年,第79~83页。

第三章 教会大学招生考试的运作模式

　　中国近代教会大学按照自己的办学理念和人才标准，选拔优秀生源，培养具有基督教品性的通识精英，以服务国家和社会。教会大学富有成效的人才选拔和培养活动得益于其民主、科学、高效、人本的招生考试运作模式。为实现选拔高质量人才的目的，教会大学不断地探索、改革和试验，逐渐建构起独立灵活的招生考试组织体系、自主公开的招考程序以及科学合理的考生分类规则，形成了其独特的招生考试运作模式，并呈现出良好的运行态势。遵循效率优先的教会大学招生考试在保障并不断提高其招生质量的同时，也显现出制度背后以生为本的人文关怀。

第一节　独立灵活的组织体系

　　20世纪20年代末，教会大学按照南京国民政府颁布的教育法规，积极申请立案，成为中国近代私立大学重要的组成部分。立案后的教会大学从原本独立的教会教育体系跨入中国政府管理的高等教育体系，但依然享有高度的招生自主权。在遵循教育部基本法律法规的前提下，教会大学的招生考试活动从原来教会教育体系内部相对封闭的状况转为面向公私立大学或中学开放招生，但从教会大学的招生考试组织体系看，依然具有浓厚的宗教色彩。教会大学、教会中学、基督教会、青年会、基督教教育协进会等机构共同组成教会大学的招生考试组织体系。在自愿、民主、平等的基础上，招生体系中的参与各方形成一种自由的松散联结体，运作灵活但高效，成为教会大学人才选拔的基本保障。

一、大学内部的参与者

　　教会大学享有自主招生权，其招生考试活动主要由大学主导，在整个教会大学招生考试组织体系中,教会大学招考机构处于核心地位。20 世纪 30 年代教会大学的行政组织机构已经趋于完善,各教会大学均设有专门负责招生考试事务的机构。1939 年国民政府教育部对大学行政组织建设提出具体补充建议,调整后的教会大学基本组织系统大致如图 3-1。

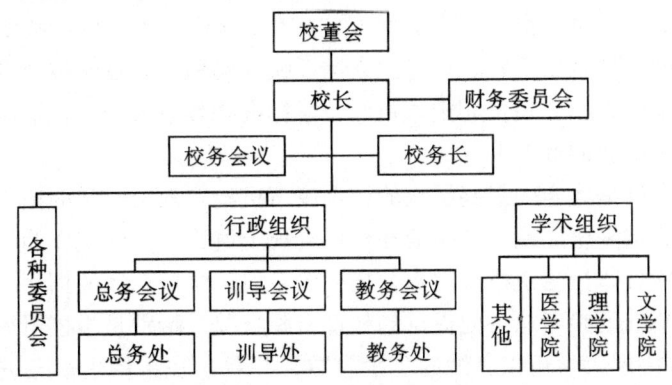

图 3-1　教会大学组织结构图

教务处下设的注册课或招生课是教会大学内部专门负责招生考试的行政机构,各教会大学档案资料中对此机构的汉语翻译并不一致,如招生课、注册课、注册部、注册室、注册组、招生组等译名,这些都属于汉语翻译用语的微小差异,其英文名称都是 Register Office。除招生课之外,有些教会大学在校务会议下附设的各种委员会中设立招生委员会或考试委员会,全权或与教务处招生课分工负责招生考试事务,一般的分工是由招生课负责事务性的工作,如发布招生信息、整理学生的申请材料、寄送试卷、组织考试等活动,而招生委员会则负责招生考试过程的学术事务,包括制定招生标准、确定考试科目及内容、审核评定转学生在前校的学分情况以及讨论并提出录取标准,在校务会议上讨论等等。燕京大学招生课的工作内容主要有:编印入学简章及表格,参观及调查各承认中学和其他中学状况,接洽外埠代考单位,审核各类报告手续及文件,办理入学试验,调查及研究新生前校入学试验及本校修业之成绩,编印发行入学试验题目,办理其他有关招生事宜[①]。

如果大学不设招生或考试委员会,则招生考试活动中的学术标准由教务会议讨论决定。教务会议由教务处召集,校长主持,教务主任、各学院院长

---

① 钱家珏:《燕京大学的教育制度和主要经验》,张玮瑛、王百强、钱辛波:《燕京大学史稿》,人民中国出版社,2000 年,第 380 页。

以及教授代表参加,是解决学术事务的会议,包括确定招生考试的评阅标准、录取标准以及招生考试过程中特别考生的录取等与学术有关的特殊事件。每年招考季节开始之前,教务处会召开有关招考的专门会议,商讨制定每年的招考标准、各院系的招生参考名额(包括一年级新生名额和二三年级转学生名额,以及研究院或研究学部的招生名额)、考试科目和要求,以及有关招生的各项具体事宜,如考生来信反映的问题等。在学校教务会议讨论之前,各系科教员会负责制定本科的教学标准和教学大纲,包括制定学生入学、升级和毕业的标准①。

校务会议是大学内最高层次的综合议事机构。教会大学的招生策略、招生方案的确定等全局性事务需要在校务会议上讨论。各学院作为学术组织可提出各自的具体招生资格及院系拟招生的系科,学校总体的招生决策需要在各院系的基础上参考总务处提供的教育资源状况(特别是学校可提供的住宿空间),以决定大学可以容纳的学生总数,并对各院系招生事务进行有机协调(见表3-1)。

表3-1 教会大学招生考试专门机构一览表

年份(年)	大学名称	招考机构
1930	辅仁大学	校务会议下设的考试委员会;事务机构中设的注册部
1931	震旦大学	教务处下设的招生注册股
1931	沪江大学	教务处下设的招生委员会
1931	华中大学	考试委员会
1931	岭南大学	校长直辖的注册处
1931	齐鲁大学	秘书处所辖的注册课
1931	之江文理学院	教务主任直辖的注册股
1931	金陵女子文理学院	注册处、招生委员会
1931	福建协和学院	教务处入学科
1932	辅仁大学	事务机构中设注册部

---

① 《金陵大学总章程》,南京大学高教研究所校史编写组编:《金陵大学史料集》,南京大学出版社,1989年,第110页。

续表

年份（年）	大学名称	招考机构
*	华中大学	教务处注册组（设主任1名，组员若干名）
1936—1937	燕京大学	招生课、注册课、招生委员会
1931	金陵大学	招生委员会
1939—	金陵大学	教务处招生组（按1939年教育部要求调整）
1942—1943	福建协和大学	教务处注册课（掌理学生注册及招生事项，设主任1名，办事员3名）

资料来源：各教会大学校史资料。

　　1939年，教育部为整齐划一专科以上学校的行政组织，使之运行灵活高效特别制定颁布大学行政组织补充规定，大学在教务处下分设注册组，并设立校务会议和教务会议，分别讨论全校一切重要事项和一切教务事项①。教会大学的行政组织机构也因此作出相应调整。金陵大学西迁后，按照教育部规定，将学校行政部门改为校长办公室和教务、训导、总务三处，并在教务处下设注册、学籍、成绩和招生四组。改组之前，金陵大学设立招生委员会全面负责各科和学校招收新生的工作，其成员由校长任命，委员会下设三个分委员会，分别负责大学招生、附中的招生和模范学校的招生，每个委员会都设一个主席。大学招生委员会按照教员会的规定决定：①举行入学考试的日期、地点和方法；②新生报到入学的日期；③交纳入学考试费用的日期；④申请入学的标准；⑤学生在其他院校如获有学分的话，其最高学分的数目；⑥各本科和中学录取新生的基础标准。招生委员会每年至少召开一次全会，由校长召集，讨论委员会共同感兴趣的问题，决定与招收新生有关的共同政策②。齐鲁大学则是在招考时临时组织招生委员会，由各院院长、各系科主任以及招生课主任等组成，共同负责招生考试事务。

　　教会大学负责招生考试事务的机构名称虽有不同，但职能大致相同，主

---

　　* 此处评分不详。——作者注

　　① 《大学行政组织补充要点》，中国第二历史档案馆编：《中华民国史档案资料汇编（第五辑，第二编，教育一）》，江苏古籍出版社，1997年，第699～700页。

　　② 《金陵大学总章程》，南京大学高教研究所校史编写组编：《金陵大学史料集》，南京大学出版社，1989年，第111～112页。

要包括组织招生会议、确立招生方案、入学资格、报考日期、考试科目、考试地点及考试费用等内容；公布招生考试信息，提供招考简章供考生索取；接受、审核考生的报名材料；联系确定外地招考适宜的时间、地点；与当地的机构或学校联系，确定可以借用教室作为考场使用的日期；确定本校到外地主持招考的工作人员；联系本校各院系教授进行考试命题工作；组织入学考试、试卷收回后联系阅卷人员；汇总考试成绩、发放录取通知以及其他相关事务。1941年福建协和大学的专门招生机构是教务处下设的注册课，由教务长全面负责，当时的注册课主要职责是充实学生名额；扩大招生范围；整理学生学籍；制定入学考试新章以及厘定考试条例等①。

为了便利考生投考和选择院系，招生课还会整理出版考试说明、以往试题以及大学各学院的课程纲要等，为考生提供更多信息。燕京大学历年都会将以往部分考试真题结集出版，1936年又发行课程概要，方便考生了解大学院系状况及新生选系：

> 本校招生课为使有意投考本校及初入学之新生对本校各系情形清晰起见，特刊行各学院课程概要一册……其宗旨为历年新生报名投考时或入学后，对选择主修学系时感困难，盖以本校设有文、理、法三学院，总计有十六学系，每系均各有其特殊之点，初来学者，不谙内容，难免有彷徨歧路，无所适从之苦。本校有鉴及此，特编印课程概要一书，俾为新生选系之参考。②

教师是大学内部参与招考工作的重要成员，其主要职责是参与讨论确定各系科的招生标准；参与命题、监考、阅卷和面试工作；作为主试官被派往外地主持招考。教会大学招考试题的命题工作，一般是由注册科通过各院院长商请某学科教授进行某一科目的命题，试题形式和内容由命题教授自行把握。考场监考人员、阅卷以及面试工作的人员安排也都是在自愿基础上确定，参与面试工作的教员通常都是各科系的主任或非常有声望的教授。外派招考人员是大学直接在外地设点招考时由大学派到当地主持招考的工作人员，一般由学校教授担任。外派招考人员需要联系当地媒体刊登招生广告、联系报名地点和考场地点、接受考生报名资料并审核，特殊情形下还要承担阅卷录取工作或在当地聘请教授评阅试卷等。民国时期大学实行自主招考，

---

① 福建师范大学图书馆馆藏：《私立福建协和大学二十五周年纪念册》1941年5月。
② 《招生课发行课程概要便利投考新生》，《燕京新闻》1936年5月1日。

派知名教授到外地负责招考工作是比较普遍的现象，早期国立大学招生也是如此，1920年北洋大学在上海招生时，是委派蔡惠臣、陈雄飞两位教授到上海主试，先对报名者进行面试，合格后登记准予参加考试，试题是密封后装在两个皮箧内，由两个护兵一同带去，考试结束后，将试卷密封带回天津评阅①。1921年北京大学在上海招生派出的主试人员是胡适之和马寅初，借上海第二师范学校举行，考试结束后，也是将试卷密封带回北京核定去取②。

教会大学内部还有一类特殊的组织以非正式的方式参与大学招考的服务工作，即教会大学里的宗教团契。在入学考试进行期间，各团契成员会为投考的学生提供各种帮助。1941年圣约翰大学招生考试在校内思颜堂和红色华夏交谊室分别举行，就由约翰基督徒团契竭力招待，使新生感到便利不少③。不过，这类组织的参与纯属志愿服务性质，各大学宗教团契参与的状况也不尽相同。

二、大学外部的参与者

招生考试活动是大学与中学、大学与学生、大学与社会间多向互动的重要平台，在这个活动平台上，教会大学虽然起着主导作用，但只是其中的一方，整个招生考试活动还要依靠教会、教会中学、公私立中学以及其他组织的积极协作。

教会是教会大学招生组织体系中的特殊机构。早期教会大学作为教会的传教组织，教会直接参与大学招生策略的制定和实施，有些教会大学创办之初所招的学生，就是借教会的力量或是在同一教派所办的中学高年级中直接选取的。天津工商大学第一年招生，即是通过教会组织在各主教区进行宣传的。华南女子文理学院大学部第一批学生，就是教会中学高年级学生的组合。随着教会大学向中国政府立案、学校行政组织机构的改革，教会大学作为高等教育机构的性质得到普遍承认，培养世俗人才的职能充分发展，但教会大学的经费来源依然与教会有着密不可分的关系，教会大学也依旧担负着为教会培训神职人员的重要工作，这就决定了教会在大学的整个招生体系中

---

① 《北洋大学主试员来沪》，《申报》1920年7月28日。
② 《北大在沪招考纪》，《申报》1921年8月21日。
③ 赵尔谦：《梵王渡送考记》，《申报》1941年7月11日。

仍占据着一定的地位，具有相当的影响力。教会大学每年都有对教徒子女或基督徒学生的助学名额，这种现象在天主教大学更为明显，有些学生就是由教会保送免试入学的，当然这类学生总体比例很小。辅仁大学中一道特殊的风景就是有许多学生穿黑袍，这些教会保送的学生被学校里不信天主的学生称为天主教会派的学生①。辅仁大学第二任校长于斌，曾在民国十年（1921年）被吉林高德惠主教送到上海震旦大学预科，专攻法文，一年后毕业②；国际公法专家潘朝英在香港圣若瑟学院经四年学习毕业后，复因成绩优异，蒙香港主教保送赴北平辅仁大学插班至二年级英文系就读，并获得完全免费之待遇③。

　　教会中学是教会大学最主要的生源来源，也是教会大学招生考试活动的密切合作者，在教会大学招生体系中居于重要地位。因为同属教会教育机构，教会大学和教会中学之间联系频繁而紧密。从大学角度而言，希望从教会中学收取更多的学生，一方面是出于教学管理的契合性，教会中学和教会大学的课程衔接比较紧密，管理理念和方式一致；另一方面是出于宗教信仰的考虑，教会中学毕业生基督徒比例高，且在中学就已经熟悉并参与众多的宗教团契，有利于保持大学的宗教氛围。从中学角度而言，已经习惯了教会中学教学管理方式的众多毕业生，倾向于继续在教会大学接受高等教育。在多所教会大学的学生中，教会中学毕业生都占明显优势。例如，金陵女子文理学院学生中，教会中学毕业生一直占有很高的比例（见表3-2）。

表3-2　金陵女子文理学院部分年度学生毕业中学统计表

年份（年）	学生总数（人）	来自教会中学（所）	所占比例	来自公立中学（所）	来自私立中学（除教会中学）（所）	其他（所）
1921	70	60	85.7%			10（教会）
1927秋	97	87	89.7%	4	6	

---

①　公孙嬿（查显琳的笔名）：《抗日爱国的张怀教授》，《学府纪闻：私立辅仁大学》，南京出版有限公司（台北），1982年，第122页。

②　王绍桢：《第二任校长于斌枢机主教》，《学府纪闻：私立辅仁大学》，南京出版有限公司（台北），1982年，第68～69页。

③　王绍桢等：《杰出校友群像》，《学府纪闻：私立辅仁大学》，南京出版有限公司（台北），1982年，第327页。

续表

年份（年）	学生总数（人）	来自教会中学（所）	所占比例	来自公立中学（所）	来自私立中学（除教会中学）（所）	其他（所）
1935	238	157	66.0%	44	37	
1936 秋	259	180	69.5%	41	38	
1944 春	299	124	41.5%	61	65	49（大学转学）
1945 秋	348	134	38.5%	93	75	46（大学转学）
1947 秋	440	199	45.2%	113	116	12（同等学力）
1950 秋	223	145	65.0%	40	27	11（同等学力）

数据来源：亚联董档案（AUBCHEA）中有关金陵女子文理学院的相关史料。

在教会中学、公立中学和其他私立中学中，有一部分办理完善的中学，是教会大学的承认中学（accredited schools）或附属中学（affiliated schools），这些学校是教会大学招生考试体系中的核心成员。承认中学的校长和教务主任全权负责整理被推荐学生的申请材料，并（寄）送到教会大学，教会大学审核资料后，再告知承认中学具体的拟录取名单，包括可以免试入学的学生名单、需要参加某一科目入学考试的学生名单，以及需要在入学后补习特定科目的学生名单等。随着推荐考试逐渐代替推荐免试成为教会大学在承认中学招生的主流形式，承认中学在招生考试组织体系中的职责进一步扩充，除组织具备资格的学生递交申请材料外，还要参与组织具体的考试活动。承认中学组织考试，是由中学与教会大学商妥后，由教会大学负责提供试卷和评阅试卷，承认中学负责其本校的具体考务工作。为了增加承认中学考试的规范性，燕京大学曾做出改革，要求同一地区的承认中学举行联合考试，并由各承认中学校长或教务主任共同组成承认中学考试委员会，如果某地区只有一所承认中学，则要求聘请社会人士加入招生委员会，以示公正。

从某种意义上讲，承认中学既是参加考试的一方，又是组织考试的一方，体现出教会大学与承认中学之间的充分信任。随着教会大学招生范围逐渐扩大，一些外地的承认中学又成为教会大学最佳的委托招考机构和考点，保证了招生考试活动的高效运行。承认中学的优秀毕业生成为教会大学最理想的精英学生。教会大学，尤其是基督教大学都有各自的承认中学，对承认中学毕业的成绩居前列的学生实行推荐免试或推荐考试入学,考试科目一般少于普通入学考试科目;且考试地点多设在各该中学,或是在同一地区的几所学校中选择一所。燕京大学是提前专门组织承认中学被推荐学生考试,由大学注册课与各承认中学(或附属中学)进行协商,商议以何种方式、何时、何地举行比较妥当,充分征求意见后,再由大学注册科最终确定。天主教大学也会在天主教中学集中的地方设立招考办事处,并到天主教中学招考学生(见表3-3)。

表3-3 部分教会大学承认中学一览表

大学名称	年份(年)	承认中学(或附属中学)名称
福建协和大学	1926	正式承认的中学:厦门英华书院、福州英华书院、福州格致书院、漳州寻源书院、福州汉英书院、泉州培元中学①; 暂行承认的中学:厦门集美学校、兴化哲理学校、邵武汉美中学、延平流芳中学、福州青年会学校
华中大学	1932	江西南昌葆灵女中、湖北武昌文华中学、湖南长沙福湘女中、湖南岳州湖滨中学、南京汇文女中、南昌豫章中学等
齐鲁大学	1926	烟台益文学校、沂州经文中学、潍县文华中学、青州守善中学、黄县崇实中学、泰安育英中学、山西太原崇实中学、安徽怀远含美中学、江苏徐州培心中学、河南信阳信义中学、广东佛山华英中学、福建福州三一学校等
沪江大学	1929	上海明强中学、沪江大学附属中学、上海惠中学、上海晏摩氏女校、上海中西女校、宁波四明中学、宁波甬江女学、开封济汴中学、广州培正中学、香港圣保罗学校、香港皇后书院(预科)、杭州蕙兰中学、杭州弘道女校、苏州晏成中学、苏州慧灵女子中学、汕头礐石中学、嘉应女子中学、汕头女子中学、广州培道中学、香港圣司提反学校
岭南大学	1934	岭南中学, Pui Ying Middle School, Pui Ching Middle School, Swatow Kak-Kwong Academy, Pooi To Middle School, 真光中学

① 1926年福建协和大学承认中学的标准:凡中学欲求本校承认者,须正式具函说明以备审查。甲、课程除与中华民国新制初高中学相同外,并有6年之完备英文课程及会话习练;乙、毕业班中2/3学生在英、汉、数、理、化有相当成绩足以胜任修读本大学课程者。正式承认的学校是经过一段时间合作后,各校课程均与福建协和大学所规定之范围相合,并其毕业生在协大修业者成绩出色。

续表

大学名称	年份（年）	承认中学（或附属中学）名称
圣约翰大学		圣约翰大学附属中学、苏州桃坞中学、安庆圣保罗学校、扬州美汉学校、福州三一学校、上海青年会中学、宁波斐迪中学和效实中学、芜湖圣雅各中学、开封圣安得烈中学等

资料来源：《福建协和大学章程（1926—1927）》，AUBCHEA，Series Ⅳ-Box109-Folder2399；（Hua Chung College）Catalog of the School of Arts, the Yale-in-China School of Science, the School of Education of the Academic Year 1932-1933. AUBCHEA, Series Ⅳ-Box165-Folder3076；齐鲁大学档案 J109-02-0015；私立沪江大学一览（1929—1930）. AUBCHEA，Series Ⅳ-Box240-Folder3951；（Lingnan University）Catalogue with Announcement for 1934-1935. AUBCHEA，Series Ⅳ-Box181-Folder3250；熊月之、周武：《圣约翰大学史》，上海人民出版社，2007年，第71页。

实行全国招生的教会大学不可能以一校之力亲赴全国各地设立招考处，因此，在外地的招考多委托当地教会大学、中学或教会组织、青年会组织、校友会进行，这些组织成为教会大学在外地招考的主要协作单位。委托招考是建立在充分信任和密切合作的基础之上的。教会大学能够在全国主要城市，如北平、上海、天津、广州、武汉、福州以及其他教会中学较为集中的地方设立考点，主要依靠教会体系内的各类教育机构和宗教组织积极协作。1937年福建协和大学在上海的报考点就是在上海圆明园路169号的全国基督教协进会①。广州、福州等地的基督教青年会也经常成为各基督教大学的招生分处。

三、招考组织体系的特点

教会大学内部专门的招生考试机构和参与者，连同大学外部的招考协作机构共同构成教会大学招生考试活动的组织体系，这一体系具有以下显著特点。

第一，整个体系是以具有宗教性质的组织为核心。参与教会大学招考活动的组织机构或个人中，除了教会大学的承认中学中有极少数几所中学是私立中学，绝大多数为教会中学，其他如青年会、基督教会、天主教会、基督教教育协进会等都是具有宗教性质或带有宗教色彩的组织。天津工商大学创

---

① 《私立福建协和学院招男女生》，《申报》1937年6月27日。

立时第一次招生是通过各区主教进行，完全是借教会的组织渠道开展工作。20世纪30年代的教会大学在招生时已经采取开放招生的策略，但其招考活动的组织体系则在很大程度上保持了原有的构成。这是因为组织体系一经形成便具有一定的稳定性；同时，教会大学认为这种组织体系很适宜大学的招考活动，大学能够招收到品性、学识、能力、体格全面发展的优秀学生，具有较高的效率，无须大的变更。由于大多数参与招考活动的组织都具宗教性质，各机构之间的沟通和协作更容易，整个体系的运作效率也更高。

第二，招考组织体系具有半封闭半开放的性质。教会大学半封闭半开放式的招考运作决定了其组织体系的性质。针对承认中学和教会的招生具有封闭性，承认中学推荐的学生和教会推荐的学生享有特殊的入学权利，如免试、免费、免部分考试科目等。在此之外，面向公私立学校通过普通入学考试招收新生的方式，教会大学称为公开招考。承认中学未被推荐的学生和其他公私立学校的毕业生，只要符合学校的入学资格，都可报名参加公开招考，学校依据学生递交的报考资料和入学考试成绩等决定录取与否。面向承认中学和教会的招考是封闭性、排他的；面向社会的普通招考是开放性的、普遍接纳的。封闭性招考为大学招收具有基督教品性的精英学生，是保持教会大学宗教特色和学术水平的理想学生群；开放性招考为大学招收更多教外优秀学生，有利于促进学校内的学术交流，增加教会大学的活力，提升大学整体的教育质量；同时还可使更多教外学生直接接触和认识宗教，为传播福音提供更广阔的空间。

第三，教会大学的招考机构，包括招生课和招生委员会等处于体系的核心和主导地位。整个组织体系中，教会大学的招生课和（或）招生委员会是最核心的部门，与所有其他机构和协作者直接联系，是整个招生考试活动最主要的决策机构和统一组织者。招生体系的其他机构多属于大学总体招考方案的执行者，但在组织当地具体招考活动时，又享有高度的自主权，除入学资格由大学制定、各科试题由大学统一提供外，其他事务均自主，如考场的设置、监考人员的安排等。大学内部关于招生标准的决策原则是民主集中制，即各系科教员会确定本系科的招生标准后，再集中到院一级，最后综合形成学校的招生标准。教会大学的教务会议在招生考试决策中扮演重要角色。例如，1947年5月30日齐鲁大学教务会议议决：暑期招生，各院系均招一年级新生，惟政经系只招经济组新生，分两期招考，第一期8月初，第二期9月初。各院系原则上不招插班生，但有特殊情形者可酌量办理。招考酌量增多，在未设招生分处之地区可遵照部颁成绩审查办法办理招生①。1948 年 4 月 1 日，教务会议又对暑期招生问题中有关考试方法、地点与各院系取录男女生人数等问题进行讨论，并议决：一是按照往例成立由各系主任和院长组成的招生委员会；二是采取普通考试及保送复试办法，保送须由指定或承认之优良学校办理，保送名额为取录总数的 10％②。大学有关招生考试的临时管理机构、招生专业、考试方法、招收数量及比例分配等核心问题都以民主讨论的方式确定，且各院系及教师代表具有充分的话语权。总而言之，教会大学在整个招考体系中具有举足轻重的地位。

第四，体系内各机构间的合作基于平等协商的原则。教会大学各学院在教学管理上享有较大的自主权，学校负责招考事务的行政机关、注册课或专门的招生委员会在制定招生办法前需要与各学院进行充分的沟通，各学院的教授会对本院的招考标准具有决定权。由校长担任主席的教务会议每年会召开有关招生的专门会议，各院系科室共同协商制定招考办法。无论招生标准还是招生名额的确定，都是集体协商的结果，而不是命令式的传达。

教会大学与校外招考组织机构间的关系更是如此。教会大学与承认中学共同组织招生考试前，大学会与各承认中学协商适宜的考期、考点，或组织考试的适当形式，如承认中学联合举行考试的组织程序；同时，承认中学或其他教会学校也可以主动函请作为当地的考点。当然，在有些情况下，是由教会大学作出决策，但从出发点而言，是需要大学做决定，而不是教会大学独断专行。教会大学与委托代考机构之间、大学外派主考人员与当地协作机构之间的合作都是在平等互助的基础进行的。各机构间基于良好的合作互助关系协助大学在当地开展招生考试活动，双方均是平等的主体。

第五，体系内的各机构间呈现一种松散联结。尽管教会大学的招生考试形成了相对稳定的组织体系，但各机构间的关系并不是法定的权利义务关系，而是基于宗教服务精神的一种松散联结。教会大学招生体系的存在基础是内在的精神力量，它既不是官方行政性的组织体系，也不同于一般的民间组织。体系内部除大学专门的招生机构外，都享有参与或退出的充分自由。

---

① 《齐鲁大学教务会议三十六年度（1947 年）春季第二次会议记录》，1947 年 5 月 30 日，山东省档案馆馆藏：齐鲁大学档案 J109-02-98。

② 《齐鲁大学教务会议三十七年度（1948 年）春季第二次会议记录》，1948 年 4 月 1 日，山东省档案馆馆藏：齐鲁大学档案 J109-02-98。

教会大学招生考试实践也证明，这种松散联结的招生组织体系，因为各成员有着共同的目标，反而表现出更高的自律性，从而促进了教会大学招生考试的公信力，并提高了工作效率。

第二节　自主公开的招考程序

按照招生考试对象的范围不同，教会大学招生考试可分为两大基本类型：特殊招考和普通招考。特殊招考包括面向教会的推荐免试和面向承认中学的推荐考试（或免试）；普通招考是面向所有符合入学资格的学生的招考，又称为公开招考。承认中学考试和普通招生考试是教会大学最主要的两种考试。本节主要以普通入学考试为例剖析教会大学招考活动的实际运作。

从确定当年招生方案（指本科生）到新生注册入学，注册课形成注册报告，整个过程要持续 6 个月的时间，大致分为三个阶段：一是招生考试前期准备，包括协商确定招生考试的基本事项、确立招生考试的基本内容、组织教授命题等；二是招生考试活动的核心步骤，包括发布招考信息、接受考生报名、组织入学考试、评阅试卷、决定录取以及公布录取信息；三是后期招考数据的整理分析。

一、招生考试前期准备

教会大学在秉持选拔精英的招生理念前提下，参照教育法律法规中有关招生考试的相关规定、学校的教育资源可供能力以及当年的社会需求现状，制定学校的基本招生方案。学校教育资源的可供能力是决定学校招生录取名额的主要因素，人力资源中当年学校各院系的师资聘用状况和非人力资源中的实验设备、图书资料，尤其是学生宿舍的容纳能力是主要的决定性因素。

在教会大学招生考试专项教务会议上，各学院院长会依本院系教学资源状况提出各专业拟招生名额，包括一年级新生名额和转学生名额，以及院系的招生标准；学校总务处会依据学生宿舍的容纳能力提出学校总的可容纳新生数，最后经过协商，最终确定大学共同的基本招生标准和各院系的特殊要求，以学校为单位确立报考手续和考试时间、地点、考试科目等基本内容。需要在外地设立招考处时还要确定学校外派的主试人员。

确定招生方案之后，注册科的事务性工作是印制招生简章，以备考生索取；同时联系院系教授，就规定的入学考试科目命题。命题的方式主要是个人单独命题，完成后密封直接交教务处或专门的考试委员会。

二、招生考试核心步骤

从作为招生考试活动组织者的教会大学的角度而言，招考活动的核心步骤是：发布招考信息→接受考生报名→安排入学考试→组织评卷录取→接受新生注册；从考生角度而言，相对应的五个步骤是获取招考信息→填交报名材料→参加入学考试（资料审核通过者）→等待评卷录取→到校注册入学（见图3-2）。

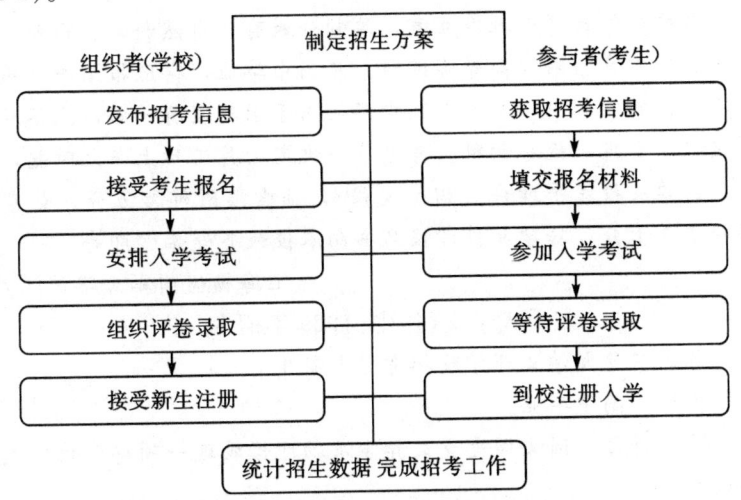

图 3-2　教会大学招生考试核心步骤

（一）发布招考信息

教会大学属于非政府办学，其招生考试活动带有市场化的运作特点。对外开放的普通招生考试主要通过三种渠道发布招考信息：社会媒体、学校报刊和教会组织。社会媒体中最主要的是公开发行的报纸、杂志，如上海的《申报》，发行量大，影响力广，成为发布招生信息的最佳渠道。一到招考季节，《申报》上就有大幅版面集中刊登各校的招生广告，如燕京、东吴、齐鲁、沪江、之江、震旦等华东地区的教会大学都曾在上面刊登过招生广告。身居上海市中心的圣约翰大学在民国中期以后未见其在《申报》上刊登招生广告，是因为该大学一直未立案，按国民政府规定不得刊发招生广告。但1883年圣约翰书院在《申报》上刊登的广告，却可能是中国近代教会大学最早的招生广告之一。招生广告的具体内容为：

本教会学生向来仅教汉文，现议定兼教西文，每日训诲，力求精深。凡愿入塾者，立关约8年为期，前4年每月贴修洋两元，后4年一概免贴其饭食，铺陈归本院置备。此外，西文散学每月修金洋8元，衣食自备，其来塾者须年自10岁以上。

此布①

后来，刊登招生广告成为教会大学及中国近代其他大学发布招生信息的主要媒介之一。

沪江大学1929年招生广告

本校业经教育部批准立案，编制分教育、自然科学、商业、社会科学等科，教育科附设高等师范科。凡高中毕业，得照报名手续投考正科一年级；其旧制中学毕业或高中毕业而于国英理有一课以上不及大学一年级程度者得，投考预科。考期第一次定七月二日上午九时起，连试两日。转学及投考手续详《招生规程》，函索须附邮票五分。如索详章须附邮票二十分。转学及投考报名书向本校教务处函索即寄。

上海杨树浦军工路沪江大学启②

东吴大学文理学院1929年招生广告

苏州东吴大学文理学院招考男女新生

资格　高中毕业

应试科目　国文国史英文算学及物理惟物理一项得以化学或生物学替代之

报名手续　请向本校招考处函索报名单照填

考期　七月三日四日连考两天考期内本校供给膳宿惟卧具须自备

附告　物理一项不应考亦可惟入学后须补读一学程③

通过教会大学自己的报纸杂志发布招考信息，也是常用的方式之一。燕京大学的《平西报》、《燕京新闻》，圣约翰的《约翰声》、《约翰年刊》，福建协和大学《协和校刊》、《协和年刊》，金陵大学的《金陵光》、《金大校刊》，金陵女子文理学院的《金陵女子文理学院校刊》等，在每年的招考季节前夕，都会刊登学校的招生简章以及学生发表的考试指南等文章。各教会大学

---

① 《万航渡圣约翰书院具启》，《申报》1883年7月9日。原文无标点。
② 《私立沪江大学招生》，《申报》1929年6月27日。原文无标点。
③ 《苏州东吴大学文理学院招考男女新生》，《申报》1929年6月28日。

每年还会将学校的各项制度以章程、布告、简章、学则、学生须知或大学一览等各种形式印行,其中对学校招生的入学资格、入学程序、考试科目等内容都有具体规定。招生简章是每年招考时注册课必备的、供考生免费索取的信息资料。1938年燕京大学印制的招生简章有:燕京大学研究院入学简章(不索费)、燕京大学本科入学简章(不索费)、燕京大学华侨学生入学简章(英文,不索费)、燕京大学外国学生入学简章(英文,不索费)和燕京大学宗教学院入学简章(不索费)等①。

　　教会大学校董会中都有来自教会差会的代表,许多学校教职员工本身就是传教士,所以招考信息也易于通过教会的渠道发布出去。后来,教会大学每年招考新生两到三次成为惯例,且考期大体都集中在寒暑假期间,即每年的一二月份和七八月份,准备投考的学生就可有准备地在招考季节关注招考信息或直接向志愿投考的大学索取招考简章。

　　报纸的招考广告通常简明扼要,语言文字表述简练,表达出关键内容即可,主要内容含三项:招考院系及专业、招考年级、报考时间及地点。以大学整体名义印制的招考简章比较综合,往往包含不同院系(文、理、医、农等)、不同层次(本科、研究生)、不同国籍(本国学生、外国生等)的招考要求,详细记载有关学校招生考试的各项信息,具体内容因院系、层次和考生国籍等不同而有所差异,各有侧重。以大学某一院系的名义印制的招考简章则针对性较强。就教会大学通常颁布的普通入学招考简章而言,其主要内容有:

1. 招考院系、年级及类别

　　通常情况下,教会大学一年公开招考2至3次,集中在暑期和寒假期间,有些教会大学在暑期安排两次招考。暑期第一次招生规模最大,招考院系最多,正常情况下,各院系都会在7月份招考新生。具体招考院系因各校的院系设置不同而有差异。如燕京大学是文、理、法3学院;齐鲁大学是文、理、医3学院;福建协和大学最初是文、理两学院,后增加农学院;天津工商大学是工、商两学院;华中大学是文、理、教育3学院;沪江大学是文、理、商3学院;东吴大学是文、理、法3学院;华西协合大学是文、理、医牙3学院;金陵大学、岭南大学都是文、理、农3学院;金陵女子大学和华南女子大学则都是文、理两学院。学院所设系科更是因学校发展状况

---

① 国家图书馆馆藏:《燕京大学学生须知(第二十三届布告第十二号)》,1938年。

不同而不同。1937年齐鲁大学文学院招收一年级新生的系科有国文系、外国语文系、历史社会系和政治经济系4个学系；理学院有天文算学系、物理系、化学系和生物系4个学系，另附设无线电专修科①。燕京大学1936年时已经有16个学系招生。福建协和学院1937年文、理两科各有3个学系招生，即文科的中国文史学系、外国文哲学系、教育学系，理科的数理学系、化学系和生物学系②。

招生年级因招考学校、招考次数的差异有较大的变化。最全面的招生包括各院系科一、二、三3个年级，以及研究生院一年级；早期还包括预科一年级。招生类别按层次分为预科生（1930年依国民政府规定取消）、本科生、研究生；按入学后的身份分为正式生、特别生、旁听生；按国籍分为本国生（国内生和侨生）和外籍生。在招生简章中出现的招生类别是不同分类标准的综合：一年级新生、二三年级转学生、特别生、旁听生（选修生）和专修科生。

2. 入学资格

不同历史时期教会大学招生所要求的入学资格有明显的变化。按民国建立后中国推行的新式学校教育制度，中等教育为四年；而教会大学由于不受中国政府管辖，各教会所设教会中等学校的学制也不尽相同。因此，教会大学早期招生各行其政，在入学资格上并无严格要求缴验证书，只需投考入学，按入学试验的程度编入不同层次的班级，如本科、预科或附班。

北洋政府时期，各地军阀当政，军阀混战频仍，教育发展经费来源不稳定，中等教育欠发达，教育质量受到严重影响。教会大学虽逐渐扩展招生范围，但由于各中等学校学制、教材差异显著，国家又缺乏统一的中等教育课程标准，各教会大学招生时遂以各自的要求为准，公布本校招生所要求的中等课程标准（纲要），以方便学生了解大学招生的具体学业标准。教会大学对入学资格的要求，多以修习过一定学时的中等课程、具备相应学习能力为准。1922年新学制颁布后两年（即1924年），由原来四年制中学改组的新制高级中学出现第一批毕业生，同年收回教育权运动在全国范围内爆发，教会大学招生改革要求入学资格为旧制中学或新制高级中学毕业或者具同等程度者。20世纪20年代末30年代初，随着南京国民政府颁布《大学组织

---

① 《齐鲁大学文理医学院招生》，《申报》1937年6月27日。
② 《私立福建协和学院招男女生》，《申报》1937年6月27日。

法》《大学规程》等一系列教育法律法规，对大学入学资格从法律上加以限定，立案后或准备立案的教会大学招生所要求的基本入学资格遂与教育部规定一致，本科一年级新生入学资格为：公立或已立案之私立中学或同等学校毕业生；转学生入学资格为国立省立或已立案之私立大学肄业一年以上。有些院系（如医学院）基于所设课程的深度和学制安排，对入学资格的要求比一般文理学院要高，在招生简章中会特别注明。1929年齐鲁大学医学院本科的入学资格规定为：

（1）曾在新制六年中学毕业，或具有相当程度，而以本校所定中学课程大纲为标准者；

（2）中学毕业后曾在本校医预科或在其他相当大学修业二年，其课程及实验时间最低限度须与下列考试课程概要内所定相同，但入本校医本科均须于修毕医预科课程后，再经医本科之入学考试。①

上述入学资格（2）中规定的考试课程概要为：

国文 作文一篇，命题多根据于子书及论文集，故投考生平日须有相当预备以三百五十字为完卷，文理通顺者为合格；

英文 须于六年中学毕业后读过大学英文十六学时者，考试时注重其能否将常句运用恰当，至于文法之记诵与文字之练达尚非至要；

生物学 须有一年大学生物学及一年大学普通动物学之程度，或有大学生物学与普通动物学十二学时之成绩，其中有二百五十小时之生物实验者方为合格；

物理学 须具有大学普通物理学之程度，习过物理满十六学时，其中曾用一百二十五小时于实验，且曾实行个人实验，及于实验时受教员亲身指导者实验课程；

化学 须有四学期之化学实验者，即普通化学、定性及定量化学、有机化学，此科之大旨乃使学生有近世化学之推测及娴熟实验之方法；时间至少须读毕化学二十学时预科之化学。②

3. 报名手续

各教会大学都会在招生简章中将本校报名手续，包括需要填写、缴交的报名书，需要缴验的证书，需交照片的规格、数量以及报名考试的费用等做具体的说明。例如，如何获取学校的报名书，报名书填写的具体要求，以及

---

① 山东省档案馆馆藏：齐鲁大学档案 J109-02-0015。原文无标点。
② 山东省档案馆馆藏：齐鲁大学档案 J109-02-0015。

交回的时间等都有说明。各教会大学关于报名手续的具体规定略有差异,如东吴法学院规定:"凡曾被任何学校开除之学生于报名时应将开除缘由用书面声明"①,但报名书、品性证明书(性格调查表)、学历证书、照片、转学证明、转学成绩单(仅限转学生)及报名考试费用等内容都是必不可少的。1934年福建协和大学规定的报名手续为:

  (1)报名者须先向本校招生科或代考处索取各种报名表格按式填写,外地索须附邮票一分。

  (2)报名时应交纳左(下)列各件:

  (甲)报名表格两种。第一种(红色)由报名者亲自填注后,黏贴四寸相片一张,直接交到本校招生科或本校所设之代考处。第二种(黄色)之第一面亦由报名者亲自填注后,黏贴四寸相片一张,交其最后所肄业学校校长或教务主任,请其填注第二面之介绍书,并在相片上签名,加盖校章后,径寄本校招生科,不得由报名者自己寄来。

  (乙)性格调查表一张。该表由报名者交其最后所肄业学校校长填注后径寄本校招生科,不得由报名者自己寄来。

  (丙)高中毕业文凭。由报名者缴到本校招生科代为保存,俟入学考试完毕及呈报教育部检验后发还。

  (丁)高中毕业证明书或转学证明书。该项证明书须由毕业之中学或肄业之大学校长出具黏贴报名人相片一张,加盖校章后,径寄本校招生科。如系转学生须附寄修业成绩单。

  (戊)报名费二元,于报名时缴纳。

  以上手续完了后方得参与入学考试。②

  随着教会大学招生考试制度的不断改革,原本在报名时就要求学生提交的体格检验证书已经转移到考试录取后由学校统一体检,体检不合格者不准入学。1929年沪江大学规定:新旧生于每学期内须受校医检查体格,取得体格证书后方准注册;若校医于体格证上注明须受相当诊治者,该生得暂行注册,至身体痊愈由校医证明后方可正式入册③。1946年齐鲁大学规定:学生于录取后到校时检查,体格不合格者不准入学,学生于来校前须延医诊

---

① 《东吴大学法学院一览(1935—1936学年)》,东吴大学法学院,1935年。
② 福建师范大学图书馆馆藏:《协大消息(招生专号)》第二卷第十五期,1934年。
③ 《私立沪江大学一览(1929—1930)》,华中师范大学教会大学研究中心藏:AUBCHEA,Series Ⅳ-Box240-Folder3951。原文无标点。

断，如患疾病必须休养者无须来校，以免徒劳往返①。

考生办理报名手续的地点依各校规定，有的学校规定可在当地的招考办事处直接办理，有些则要求外地考生必须以邮寄的方式向学校本部办理报名手续，但可以在当地或就近设置的考场参加入学考试。

4. 考试科目

考试科目与学生备考直接相关，是招生简章中的核心内容之一。20世纪30年代，虽然教会大学仍是各校单独招考，但考试科目却与教育部的规定大致相符，涵盖基本的学科（见表3-4），大致分为国文、英文、数学、中外史地、物理、化学、生物等科，具体科目名称有差异。党义是配合国民政府宣传三民主义，进行党化教育而设置的入学考试科目，军事术科考试科目也是在"九一八"事变后针对日益严重的民族危机增强军事化教学与管理的必然需求。其中国文、英文、数学是各校各院系的公共必考科目。中外史地、物理、化学、生物等考试科目因学生报考院系不同而有取舍。党义和军事术科两个考试科目是国民政府在特定历史时期规定的必考科目，但各教会大学的招考实践表明，其实施程度依学校不同而有差异。20世纪30年代燕京大学入学考试科目并没有党义和军事术科科目，但党义的部分内容在其自定的考试科目"社会科学常识"中有所体现。圣约翰大学的入学考试中也没有党义和军事术科等科目，这与圣约翰大学直到1947年才立案也有直接关系。这一时期教会大学还设有一特殊的考试科目——智力测验，利用教育心理学的发展成果进行教育测验，了解学生的学术性向和是否具有能适应大学教育的潜在学习能力（见表3-4）。

表3-4　部分教会大学考试科目一览表

大学	年份（年）	普通考试（公开招考）科目
福建协和大学	1928	（一）国文作文（二）英文作文（三）汉字解释或智力测验（四）英字解释或智力测验（五）口语（国语英文并用）
福建协和大学	1934	（一）党义（二）国文作文（三）国学常识（四）英文作文（五）英文新字（六）智力测验（七）英读（八）口试。另加以中学课程中重要科目数门之普通试验，如社会科学、数学（代数及平面几何）、自然科学（于化学、物理、生物三门中择其二）

---

① 《济南齐鲁大学招生简章（1946年7月）》，山东省档案馆馆藏：齐鲁大学档案J109-02-188。

续表

大学	年份（年）	普通考试（公开招考）科目
沪江大学	1929	（一）国文（二）英文（三）社会科学（四）理科（物理、化学二选一，并交实验笔记）（五）混合数学（六）拟入自然科学学科考（一）（二）（三）外加物理及三角
辅仁大学	1932	第一试　党义、国文、英文、数学； 第二试　智能测验、检查体格，并分院系科考试。 文学院：国文学系加试国学常识、中外史地；西洋语言文学系加试英文口试；史学系、哲学系、社会经济学系加试中外史地。 理学院：数学系、物理学系加试物理及数学；化学系、生物学系加试物理及化学。 教育学院：教育学系加试中外史地；心理学加试科学常识；美术专修科加试绘画、书法、几何画。
岭南大学	1934	（一）国文（二）英文（三）党义（中文试题）（四）数学（中英试题各一份）（五）物理（中英试题各一份）（六）史地（中国部分为中文，外国部分为英文）（七）智能测验
圣约翰大学	20世纪30年代中期	文理学院： （一）国文（二）英文（三）常识（四）数学（五）西洋史（六）科学
华西协合大学	1938	文学院：国文、中外地理、中外历史、英文、智力测验、数学及自然科学（三角及解析几何、代数及几何、物理、化学、生物五门中任选两门） 理学院：国文、英文、智力测验、三角及解析几何、代数及几何、物理、化学、生物

资料来源：《私立福建协和大学一览（1928—1929）》，AUBCHEA，Series Ⅳ-Box109-2399；福建师范大学图书馆馆藏；《协大消息（招生专号）》第二卷第十五期，1934年；《私立沪江大学一览（1929—1930）》，AUBCHEA，Series Ⅳ-Box240-3951；北京大学图书馆馆藏；《教育部立案北平辅仁大学简章》，中华民国二十一年度（1932年）；(Lingnan University) Catalogue with Announcement for 1934-1935，AUBCHEA，Series Ⅳ-Box181-3250；熊月之、周武：《圣约翰大学史》，上海人民出版社，2007年，第75页；West China Union University 1938，AUBCHEA，Series Ⅳ-Box278-4401。

教会大学入学考试科目的数量和内容都各不相同，笔试是考试的主要形式，笔试科目至少5门，最多10门，包括不必刻意准备的智力测验。国文、英文、数学是各校招生的必考科目。从以上教会大学的考试科目分析，辅仁大学招生考试科目在党义、国文、英文、数学等基本科目外，又以考生拟入院系不同决定专业考试科目，按照各院系人才培养的实际需求设置相应考试科目，人才选拔的针对性加强，其他教会大学则仍维持文理综合的考试科目。智力测验也是多所大学的必考科目，成为教会大学招生考试的显著特点，反映出教会大学注重以科学为依据，改革和完善招生考试制度，不断提高人才选拔的质量的状况。

5. 报考日期及地点

报考日期依各大学的安排而定，暑期第一次对外公开招考的报考日期一般在每年的六七月份，报名时间会持续到考试开始前的一周左右；暑期安排两次招考的学校第二次报考大致在八月份，也有的九月份开学之后视学生注册情况再行补招。同一次招考，外地报名截止日期早于学校所在地报名截止日期，考试日期多数是各地同时举行，也有的大学分别举行。各大学的报考日期自行确定，从不刻意冲突，而且尽量避免时间上的"撞车"：1937年暑期招考，齐鲁大学考试日期在 7 月 26、27 两日[1]；福建协和大学上海考区的考试日期是 7 月 16、17 两日；福州本校的是 9 月 1、2 两日[2]；辅仁大学第一次考试日期为 8 月 10 至 12 日，第二次考试日期为 9 月 3 至 5 日[3]。

考试地点的安排按照每次招考的范围、数量和预计报名情况而定，暑期第一次招考规模大，全国各地考试地点的安排也最多。第二次招考多在大学校内举行。1934 年福建协和大学设置厦门鼓浪屿英华中学、漳州寻源中学、泉州培元中学、兴化哲理中学和汕头嵒光中学 5 处代考处。1936 年燕京大学入学考试分别在北平、汉口、广州、上海 4 处同时举行[4]。1937 年暑期齐鲁大学招考，报名地点只有学校注册部和北平招考办事处 2 处，考试地点则设有济南本校、北平、南京、上海、福州、广州、汉口、开封、太原、青岛等 10 处[5]。1937 年福建协和大学暑期招考在福州和上海两地举行，福州的地点是在福建协和大学校内，上海的报名及考试地点是上海圆明园路169号全国基督教协进会，两地的报名和考试日期不完全一样，本校的报名截止日

---

[1] 《齐鲁大学文理医学院招生》，《申报》1937 年 6 月 27 日。
[2] 《私立福建协和学院招男女生》，《申报》1937 年 6 月 27 日。
[3] 北京大学图书馆馆藏：《私立北平辅仁大学一览》，民国二十六年度（1937 年）。
[4] 《北平燕大消息》，《申报》1936 年 8 月 21 日。
[5] 《齐鲁大学文理医学院招生》，《申报》1937 年 6 月 27 日。

期晚，考试日期也晚①。

6. 报名费用

考生报名时需缴纳报名费，不同年份的报名费因物价波动有差异，同一年份各教会大学的报名费用差距不大。

7. 投考须知

投考须知是大学招生时对学校招考要求所作的特别说明，以提醒考生须特别注意的重要事项。投考须知仅见在个别教会大学所发布的招考信息中，如福建协和大学规定：

（甲）投考学生，须由各该毕业中学校或肄业大学当局直接向本校证明。

（乙）投考学生，对于国语英语，须能直接应用。

（丙）凡非由高级中学毕业者，概不收录。

（丁）凡学力操行身体不及格者，概不收录。

（戊）本校不设预科，不收特别生及试读生，凡资格不足入第一年级者，概不收录。

（己）入学试验国文程度不及格者，概不收录。

（庚）凡不在报名限期以前完备报名手续，临时投考者概不收录。

（辛）不录者欲取回毕业文凭及转学书，须附邮费及挂号费，否则如有遗失，本校不负责任。②

以上是教会大学招生简章所包含的主要项目，各教会大学公布的简章虽然主要的项目分类一致，但具体内容还是存在诸多差异，如在报考日期和地点的安排及具体的考试科目设置上，都反映出教会大学所享有的自主招考权利。

（二）接受考生报名

大学招生课或各招考处要接受考生的各项报名材料并审核。报名手续中要求考生提交的各项书面材料是教会大学了解新生的重要依据，这些材料是决定考生能否被录取或能否被准予参加入学考试的关键因素，对考生和教会大学都具有重要的价值。报考大学本科一年级的考生需要提交的资料项目包括志愿书、品性表、成绩单、体格检验证书（有的教会大学后来改为入学时由学校统一组织体检）、保证书以及毕业证书等。这些资料的格式不一，通

---

① 《私立福建协和学院招男女生》，《申报》1937年6月27日。
② 福建师范大学图书馆馆藏：《协大消息》第二卷第十五期（招生专号，1934年）。

常是各大学招生注册课自行设计印制的表格。随着各大学报考手续的不断改进，多项内容被纳入统一印制的报名书，更显规范和统一。1931年齐鲁大学将考生需提交的书面材料统称为报名书，其中分三项具体内容：（甲）志愿书（见图3-3，图3-4）；（乙）体检证书（见图3-6，图3-7）；（丙）中学成绩及品格表（见图3-8，图3-9）。

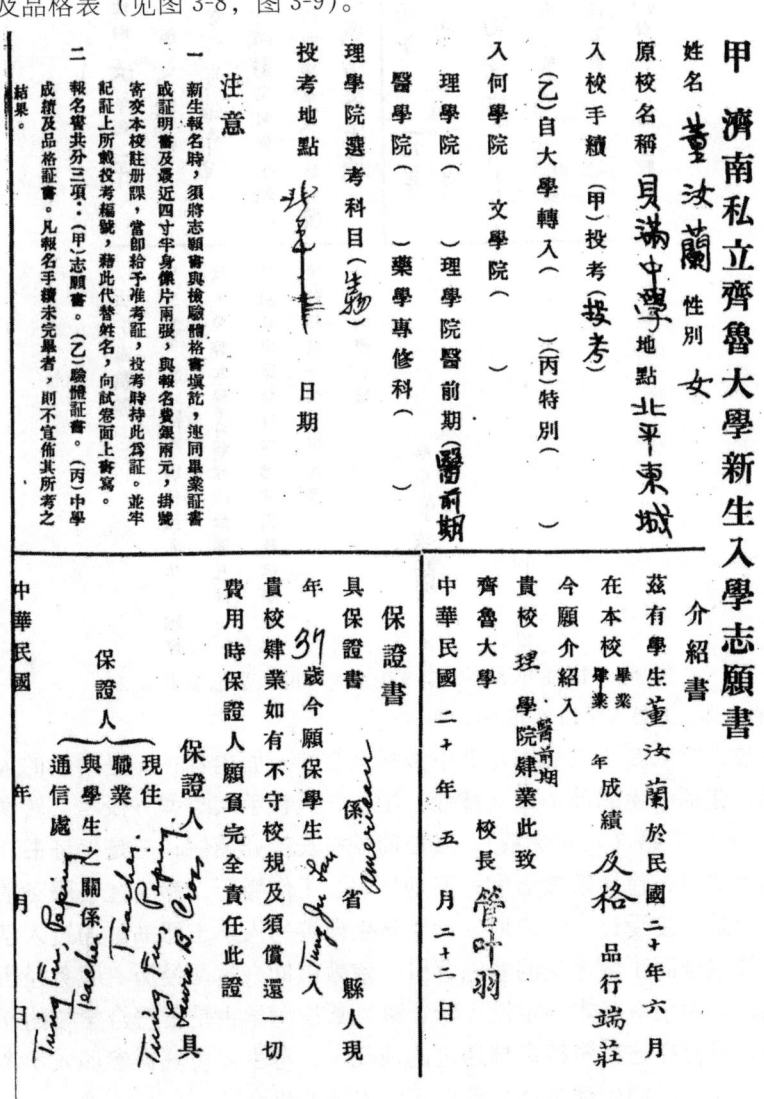

图3-3　1931年齐鲁大学考生董××的入学志愿书（一）

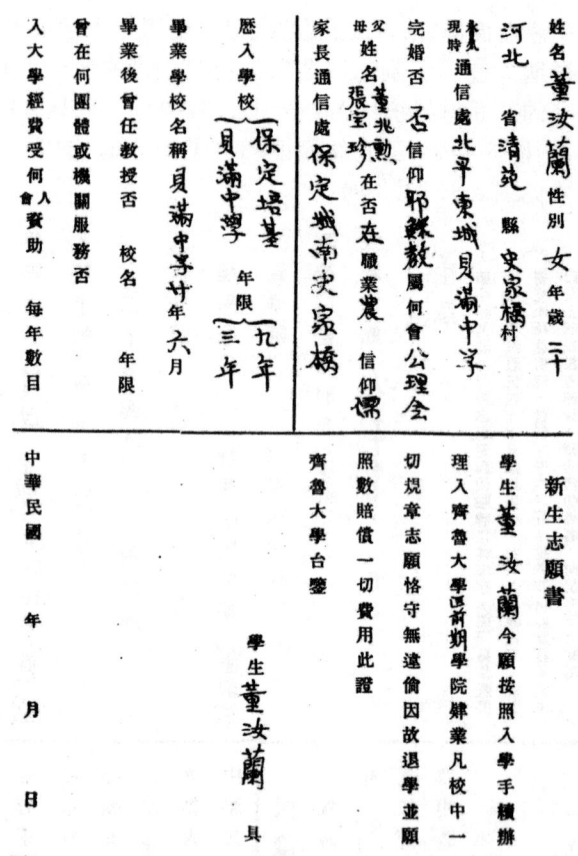

图 3-4　1931 年齐鲁大学考生董××的入学志愿书（二）

资料来源：齐鲁大学档案 J09-02-89。

齐鲁大学的新生入学志愿书中包括至少 6 方面内容：一是学生的入学申请信息，包括学生的前毕业（肄业）学校、入校手续类型（投考、转学还是特别）、入学志愿（入何院系）；二是前校校长的介绍信；三是保证书；四是家庭基本信息，包括宗教信仰；五是学习、工作经历，参与社会服务情况状况，以及是否接受过入学资助；六是学生自签的入学志愿书。通过入学志愿书，学校可全面了解考生的家庭背景、宗教信仰、学习经历、服务经历、求学意愿，对考生有基本的定性评价，以判断投考学生是否符合学校的初步选拔标准，只有在这些资料审核通过的情况下，考生才可获得参加入学考试或经教务会议（或招生委员会）评议入学申请的机会。

上述志愿书中，保证书是一项重要内容，它是由除学生和家长之外的第三方与学校签署的契约文件，这是教会大学招生中的重要特色，主要目的是保证学生入学后遵守校规，另外，保证人作为学生在当地的经济支持者和联络者，能够确保学生学习的持续性和稳定性，也可保证学校生源的相对稳定，使学校正常的教学秩序不受或少受影响。入学保证书是美国契约思想在教育领域内的显著体现。教会大学录取的新生在入学前都要签订保证书，各校关于保证书的规定和格式不一，有的包含在报名书内，有的单独一份；有的在报名时提交，有的在录取后注册时现场签订。1929年福建协和大学规定：新生入学概须经过相当担保人向本校切实保证该生在校不得有逾轨之行为①。对于保证书，齐鲁大学曾有一份说明，明确了保证人的各项责任（见图3-5）。

保證書說明

一　本校各學院新生入學前，須照填保證書，經本校審查認可後，方准註冊。

二　保證人須有正當職業。

三　第一保證人，須住濟南，如長期離濟，或失其保證人資格時，得由學生或其家屬另覓，重填保證書。

四　本校教職員，不得任保證人。

五　本校對各保證人，有隨時訪問及調查之權。

六　保證人，負學生家庭與學校間，聯絡傳達之責。

七　保證人，負照顧學生疾病，及追償各項費用之責。

八　保證人中途退保，在未覓得新保證人前，仍須負責。

九　第一保證人之住址或第二保證人之通訊處，如有變更時，須隨時通知本校。

图3-5　1929年福建协和大学新生入学保证书

资料来源：齐鲁大学档案J09-02-89。

---

① 《私立福建协和大学一览（1928—1929）》，华中师范大学教会大学研究中心藏：AUBCHEA，Series Ⅳ-Box109-Folder2399。

山東濟南私立齊魯大學
Cheeloo University
(Shantung Christian University)

檢驗體格證書
REPORT OF MEDICAL EXAMINATION

此證書須經資格相當之醫士填註
This certificate properly filled out and signed by a qualified physician, is required
簽押與志願書一同寄交本校註冊課
to be sent with each Application for Entrance to Cheeloo University.

姓名 Name of Applicant ___李文英___ ___Li Wen Ying___
　　　　　　　　　　中文　　　　　　　英文

性別 Sex ___女___　　　年歲 Age ___廿一___

通信處 Address: ___北平清華園自畔住號___

原校名稱 From what school ___北平私立貝滿女子中學___

今查得該生之體格適宜
I have examined the applicant and consider him or her physically fit to
投入貴校肄業
pursue a regular course of studies in the University.
並以本醫士之推測彼將
I also consider that there is a reasonable expectation that he or she will be
能有一健全的生活
able to live a normal, active life afterwards.

Signed _____
醫士簽押　中文　　　英文

畢業學校 ___P.U.M.C.___ 學位 ___M.D.___

現充某醫院職務 ___P.U.M.C.___

日期 Date ___July 6, 1931___

注意：若該生身體不健康不能習
If an applicant is not robust enough to pursue a university course, it
大學課程即不予簽押
will aid the University and, in the end, be to the interest of the applicant
則雙方均受益矣
if the examiner will refuse to sign this certificate.

图 3-6　1931 年考生李××的体检证书（部分）（一）

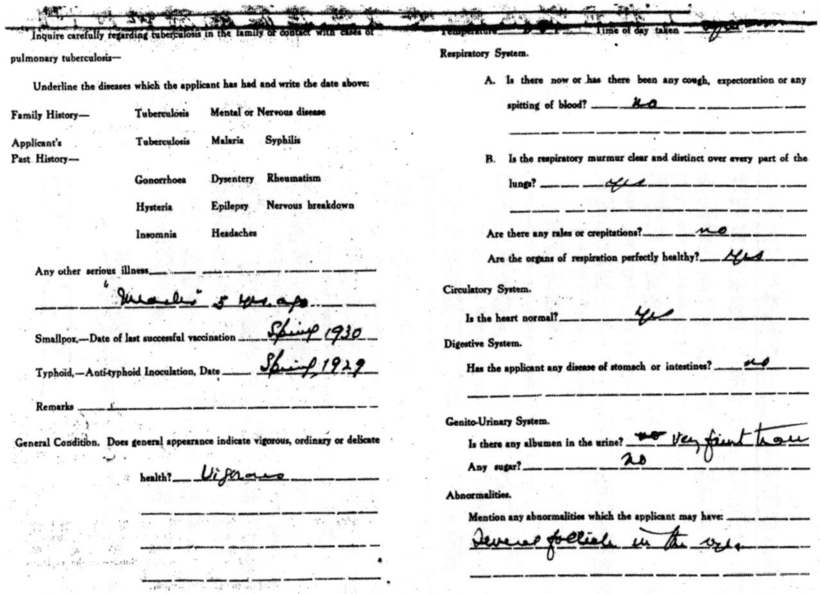
Temperature　　Time of day taken

Inquire carefully regarding tuberculosis in the family or contact with cases of pulmonary tuberculosis—

Underline the diseases which the applicant has had and write the date above:

Family History—　Tuberculosis　Mental or Nervous disease

Applicant's Past History—　Tuberculosis　Malaria　Syphilis

Gonorrhoea　Dysentery　Rheumatism

Hysteria　Epilepsy　Nervous breakdown

Insomnia　Headaches

Any other serious illness "Measles" 5 years ago

Smallpox,—Date of last successful vaccination Spring 1930

Typhoid,—Anti-typhoid Inoculation, Date Spring 1929

Remarks

General Condition. Does general appearance indicate vigorous, ordinary or delicate health? Vigorous

Respiratory System.

A. Is there now or has there been any cough, expectoration or any spitting of blood? no

B. Is the respiratory murmur clear and distinct over every part of the lungs? yes

Are there any rales or crepitations? no

Are the organs of respiration perfectly healthy? yes

Circulatory System.

Is the heart normal? yes

Digestive System.

Has the applicant any disease of stomach or intestines? no

Genito-Urinary System.

Is there any albumen in the urine? no very faint trace

Any sugar? no

Abnormalities.

Mention any abnormalities which the applicant may have: Severe follicle in the eyes.

图 3-7　1931 年考生李××的体检证书（部分）（二）

资料来源：齐鲁大学档案 J09-02-89。

齐鲁大学考生李××1931 年的体检证书中，第 1 页主要信息全部采用中英文双语标示，清楚地标明学生的姓名、性别、地址、毕业学校以及主持体检的医生的学位、毕业学校、目前的工作职务，同时还标明体检的日期等内容。体检的具体内容仍然是全英文标注，体检内容主要包括 9 大项。第 1 项是学生的年龄、总体状态、体重（是否比较稳定）和身高；第 2 项是检查学生的呼吸系统有无疾病，并询问家人有无肺病；第 3 项是检查循环系统，包括体温、脉搏和心脏；第 4 项检查消化系统，包括胃、肠、牙齿、口腔、咽喉等是否处于健康状态；第 5 项是检查生殖泌尿系统，要检测尿酸、尿蛋白和尿糖的含量，并且还要进行性病排查；第 6 项是检查有无皮肤系统的疾病；第 7 项是五官科的检查，主要是检查视力和听力；第 8 项是神经系统的检查，检查学生本人有无头痛、失眠、神经衰弱、歇斯底里、癫痫、精神抑郁症或其他精神障碍，另外还要求仔细询问学生近亲属中有无类似的病征；第 9 项询问学生有无接种疫苗，无论是由外国医师还是中国医师接种的。其他相关的情况也要据实填写。

有的教会大学依据自身往年招生体检的经验判断，入学后统一体检更适宜，遂改变原来报名时提交体检证书的要求，由学校统一组织在入学时体检，体检不合格者不予办理注册手续。1928 年福建协和大学规定：“新生入校概须于注册日，经本校校医察验身体，若有特殊弱点，或传染病，非经治愈后不准入学。”①

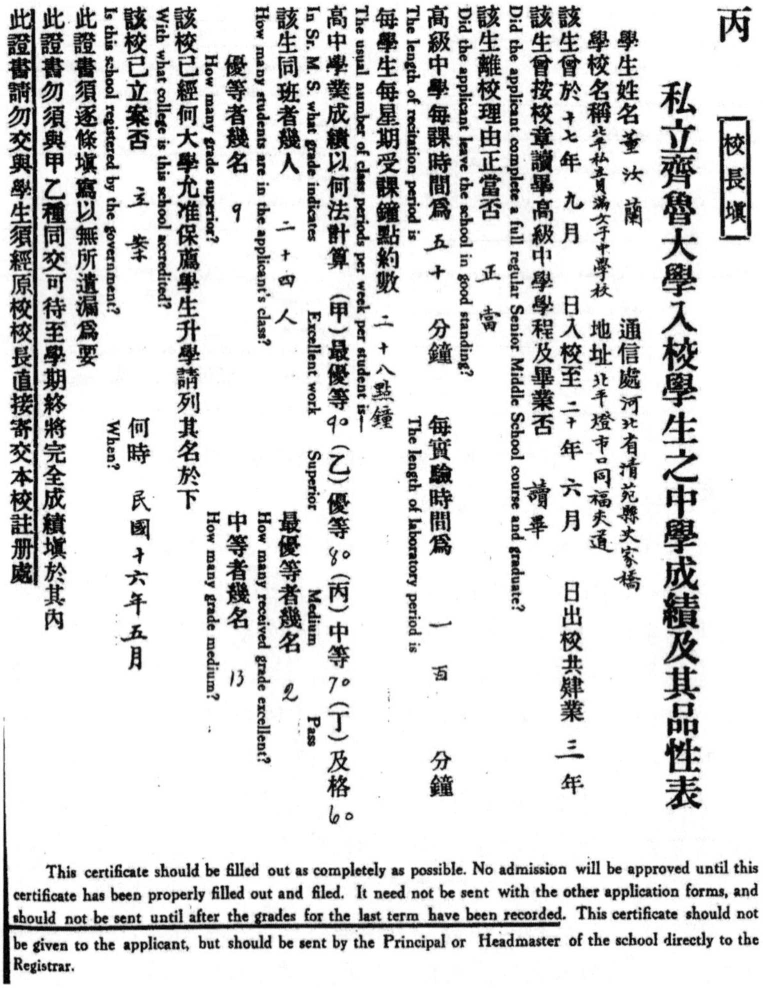
丙

校長填

私立齊魯大學入校學生之中學成績及其品性表

學生姓名 董汝蘭　通信處 河北省清苑縣丈家橋

學校名稱 北平私立貝滿女子中學校　地址 北平燈市口同福夹道

該生曾於十七年九月 日入校至二十年六月 日出校共肄業三年

該生曾按校章讀畢高級中學學程及畢業否 讀畢

Did the applicant complete a full regular Senior Middle School course and graduate?

該生離校理由正當否 正當

Did the applicant leave the school in good standing?

高級中學每課時間為 五十 分鐘　每實驗時間為 一百 分鐘

The length of recitation period is　The length of laboratory period is

每學生每星期受課鐘點約數 二十八點鐘

The usual number of class periods per week per student is—

高中學業成績以何法計算 (甲)最優等 90 (乙)優等 80 (丙)中等 70 (丁)及格 60

In Sr. M. S. what grade indicates　Excellent work　Superior　Medium　Pass

該生同班者幾人 二十四人

How many students are in the applicant's class?

優等者幾名 9　最優等者幾名 2

How many grade superior?　How many received grade excellent?

中等者幾名 13

How many grade medium?

該校已經何大學允准保薦學生升學請列其名於下

With what college is this school accredited?

該校已立案否 立案　何時 民國十六年五月

Is this school registered by the government?　When?

此證書須逐條填寫以無所遺漏為要

此證書勿須與甲乙種同交可待至學期終將完全成績填於其內

此證書請勿交與學生須經原校校長直接寄交本校註冊處

This certificate should be filled out as completely as possible. No admission will be approved until this certificate has been properly filled out and filed. It need not be sent with the other application forms, and should not be sent until after the grades for the last term have been recorded. This certificate should not be given to the applicant, but should be sent by the Principal or Headmaster of the school directly to the Registrar.

图 3-8　1931 年考生董××的中学成绩及品性表（一）

① 《私立福建协和大学一览（1928—1929）》，华中师范大学教会大学研究中心藏：AUBCHEA，SeriesⅣ-Box109-Folder2399。

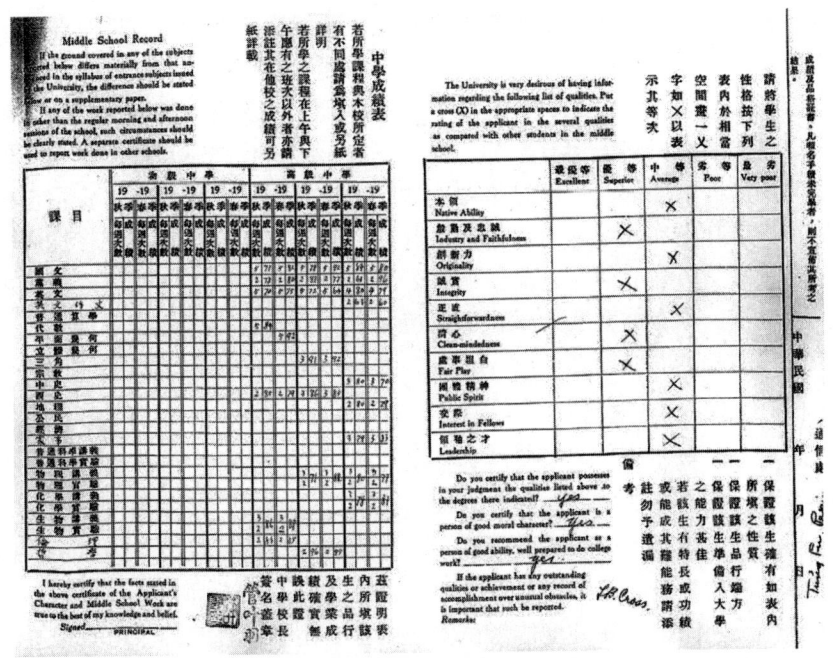

图 3-9　1931 年考生董××的中学成绩及品性表（二）

资料来源：齐鲁大学档案 J09-02-89。

中学成绩及品性证书（见图 3-8、图 3-9）是齐鲁大学入学考试报名书的第三项，即丙项内容。除投考学生的个人基本信息外，中学成绩表主要涉及学生在中学就读时的详细情形，中学阶段所修课程的成绩，具体要求到每周上课次数和分数，还必须含有实验笔记的成绩和学分记录；品性调查表则涉及本领（有时译为智力）、殷勤及忠诚、创新力、诚实、正直、清心（有时译为洁思）、处事坦白（有时译为处事公道）、团体精神、交际（有时译为同人爱敬）、领袖之才等多项内容。相应的品性项目评价分为最优等、优等、中等、劣等和最劣五个等次，考生的中学校长要据实填写学生在这些方面的表现，使大学对学生品性状况有较全面的了解。值得注意的是，按图 3-9 所示，考生董××所在中学校长给她的品性成绩中，10 项内容有 6 项成绩为中等，4 项为优等，没有一个最优等，显示出中学校长对学生品性状况的评价具有高度的客观性。

教会大学要求学生提交的报考材料涵盖了学校的各项招生标准：毕业证书及报名书能证明投考者的品行和学历水平；入学试验（笔试及口试）可证

129

明投考人的学识才力和接受高等教育的意愿；健康检查则可证明学生的体格是否适宜入学；再加上自由运用英汉文字的能力。

接受、整理学生报名材料是学校招生注册科和外地招考处的繁重事务，除了学生的书面材料，还有照片、报名费等，无论校内还是外派招生工作人员都需要进行繁琐的考生信息整理、材料审核工作，以确定入学资格合格的考生，准予其参加入学考试。特殊情况下，教会大学允许学生在参加入学考试的同时提交中学成绩表、品性调查表等材料。学生参加考试一般以报名费收据为凭证；也有的教会大学，如燕京大学，会发放专门的准考证，考生持准考证参加入学考试。

（三）安排入学考试

考生报名截止后，注册科将各地报名情况进行统计，作为进一步工作安排的依据。校内考务安排在教务会议上议决，注册科汇报各地报名情况，拟定考场安排、各科考试顺序及时间、所需监考人员数量以及其他有关考试的具体事务，在教务会议上通告并议决，监考人员多由教师自愿报名，然后再由注册科统一安排。在外地的考试安排则主要由学校外派的主考官或在当地的委托招考机构具体组织。

各教会大学会详细制定有关入学考试的考场规则，防止作弊行为的发生，保证考试的规范性和结果的公平性。这些规则有的以明文方式规定，如考场纪律；有的则是监考过程中的规范性操作，如采用号签纸的方式，将考生姓名、考号另行记录，而不是直接填写在试卷上。

（四）组织评阅录取

通常情况下，外地各考点考试结束后，监考人员将试卷密封，交由考点负责人寄回大学本校，由学校注册科联系各学院院长，将试卷送至学院，请相关科目的教授进行评阅。各地试卷寄达的时间不一致，评阅试卷也是即到即阅，不必等到试卷全部到齐后再阅。评阅完的试卷再交由注册科，由注册科统一进行学生入学成绩统计。全部阅卷结束后，仍由注册科（一般是注册科主任）在教务会议上通告新生入学成绩总体状况，结合学校预定的招生名额，由教务会议议决当年的新生录取标准，成立招生考试委员会的学校则由招生考试委员会根据各系科的录取要求确定最终录取标准。齐鲁大学早期对于考试课程的评分及录取标准主要有：

第一，每门功课的成绩都达到60分方为合格，可录取；

第二，有一门功课不及格，但总分较高，平均分能达到 66 者，也可录取，但必须在第二学期补考此门功课；

第三，如果有两门或两门以上不及格，皆不予录取。①

1934 年福建协和大学规定：

新生入学考试，各科程度均须及格，但英文程度稍差者，得准其入学，于平常课程之外，补习英文，每周两小时，以一学期或一学年为限。在此限期内，只准每学期修读正式功课十五学分（照普通每学期应修十七学分中减除二学分为补习英文之用惟不给学分），至于每学期所缺学分，可俟日后在校或入暑期学校补足之。②

（五）发布录取信息

录取信息的发布有多种形式，如登报发表、邮寄送达和电报通知等，最有中国特色的是在校门前张榜公示，这一方式继承了中国传统科举考试的文化特色，寓意着考生金榜题名。辅仁大学在北平本校的录取名单一律榜示公布。公布的录取名单按照不同的录取方式分别标明，有不同年级、不同性别、不同层次、不同身份等的差异。如大部分学校录取名单分为本科一年级新生名单（分男、女）、转学生名单（分二、三年级单列）、专修科录取名单、特别生录取以及旁听生录取名单等；有的学校录取名单是以院系为单位，分列各年级、各类学生名单，还有的列正取生和备取生名单③。

（六）接受新生注册

新生到校注册是大学人才培养过程中承上启下的重要阶段，标志着上一阶段招生工作的基本结束和学生在校学习生活的开始。由于近代大学普遍实行自主招考，许多考生同时报考两到三所大学，各校录取名单多有重复，学生被多所大学录取后，只选择最心仪的大学注册。因此，大学录取人数并不等同于入学人数，甚至出现较大差距，所以入学人数才是大学招生工作最准确的衡量指标。许多大学为了应对录取学生报到率低的问题，在公布录取名单时，还会列出备取生名单，当正取生超过报到期限未注册时，学校便会依

---

① 《文会馆》，山东省档案馆馆藏：齐鲁大学档案 J109-01-662。原文无标点。
② 福建师范大学图书馆馆藏：《协大消息》第二卷第十五期（招生专号，1934 年）。
③ 正取生是指大学已经正式录取，可按校历规定日期到校注册入学的学生。备取生是大学预先录取的，作为正取生不能到校注册时的候补学生。

次通知备取生到校注册。由此可知，新生注册仍是大学招生考试活动中比较重要的步骤，而且注册新生的选课安排、转学生的编级等都要以入学考试成绩作为重要的参考。

三、招生数据统计

新生注册后，教会大学注册科会进行招生数据的统计，有的大学专门对新生数据进行单独统计，有的大学是以每学期（或每学年）学校全体注册学生为对象进行统计。基督教大学向国外托事部的报告需详细记录各院系、各年级、各类学生数量，且要求男、女生分列。大学自身为了解招生状况所作的数据统计更多样，除包含各类学生数，还包括学生籍贯分布、年龄分布、男女性别比例、学生家长职业、学生宗教信仰以及原毕业中学等各项数据统计，作为学校了解生源状况和调整招生策略的主要依据。

教会大学的招生考试程序自主、民主、公开、透明。各校设置的考试科目、考试日期和考点的设立，以及招考信息、录取信息的公布都显现出各校的自主性。多数教会大学设立党义考试科目时，燕京大学却坚持设立社会科学常识考试科目；福建协和大学依据学校所在地区普遍讲福州方言的状况，强调普通话考试科目，引导考生学习国语。从发布招生信息到招考结束后的数据统计，教会大学招生考试活动都是以非官方的形式在运作，这与中国传统科举考试的官方组织性质区别显著。

教会大学实行多次招考、多点招考，充分体现了以生为本的思想。报考日期不同，使学生具有多次报考机会和多种选择；同一所大学进行2次甚至3次招考，既可以让错过第一次招考的学生有机会报考，又使第一次失败的考生获得再次报考心仪学校的机会；在全国范围内设立多个考点，则使报考学生可以就近参加考试，避免考生来回奔波之苦。按照齐鲁大学早期的规定，只要当地报考学生数超过8人，就可以考虑在当地设立考场。多次招考、多点招考无疑给教会大学带来更多繁琐的工作，但却体现出教会大学招生考试制度设计的基本出发点，是从学生的角度出发，在保证人才选拔效率的前提下，更多尊重学生的利益和需求。

教会大学还非常注重科学统计招生考试数据，为改革完善招生制度提供客观的量化依据。对考生的所有报考信息，教会大学都有专门的个别记录和汇总记录，如各学院新生入学成绩表、学生个人报考档案中的收录学生记载以及各年度招生数据分类统计等。1935年齐鲁大学文学院新生入学成绩表，将学生的准考号、姓名、性别、年龄、籍贯、原校名称、是否教友等各项信息填写得非常清楚、详细，学生每门课程的入学考试成绩、参加该科考试的试卷编码、报考系别、录取情况、录取号（未录取的也依次编号）都标注得一清二楚，还有一栏是"备考"（今备注），简要记录某些特殊情况，如注明学生是否是保荐生，或者学生的报考地点，或者是某些学生虽被录取，但个别科目不合格，需补习，也会在备注栏内注明。通过这样的记录表格，学校的招生情况一目了然，既简明又清晰。教会大学在新生注册后还会按照各种维度对新生或全体注册生进行分类数据统计；校长的年度报告中对每一学年生源变化的现象及原因都也有所说明和分析，充分体现出教会大学对招生考试活动的重视和规范、科学的管理思想。

第三节 科学合理的考生分类

完善的制度是对招考行为最好的规范，教会大学通过制定一系列的规章对招生考试活动加以规范。有按照院系分类的招考简章，如《东吴大学法学院招考简章》、《金陵大学文理科招考简章》、《齐鲁大学医学院招考简章》、《燕京大学宗教学院招考简章》；有按照招生层次制定的考试规章，如《齐鲁大学无线电专修科招考简章》、《燕京大学研究生院招考简章》；更多的入学考试规则明确载于学校章程等制度文件中，如《辅仁大学章程》、《沪江大学一览》、《岭南大学布告》。具体内容涉及不同层次、不同类型、不同国籍考生的入学资格、报考手续、中学成绩要求、考试科目以及录取标准等。严谨、完善的规章制度使教会大学人才选拔活动的各个环节都有章可循，有据可依。教会大学将考生进行科学分类，针对各类考生的不同特点确定入学资格及考试科目的做法又反映出教会大学以生为本的制度设计理念。转学生和特别生即是其中两类典型的考生群体。

一、转学生招考

教会大学每年 2 到 3 次，甚至多次的招生考试，除了招收本科一年级新生外，还会涉及一个自由流动的考生群体——二、三年级转学生（又称插班生或编级生）。转学生制度最早在教会大学间通行。转学生考试不仅在教会大学招生考试中是一种常态现象，也普遍存在于国立大学、省立大学和其他私立大学的招生考试中。学生可以在同类大学中相互流动，也可以在不同类型的大学间自由转学，既可从国立大学转到私立大学，也可从私立大学转到国立大学。教会大学的转学生大部分是由教会大学或其他私立大学转入，由公立大学（国立、省立大学）转入的学生非常少。

在教会大学的普通招考中，转学生占有相当比例，其招考要求与其他类型考生有所区别，是教会大学多样化考生类型中的重要一类。按照转学生流动的方向，可分为向外流动的转学生（转出生）和向内流动的转学生（转入生）。本节只考察向内流动的转学生，即从公立大学、教会大学或其他私立大学转入教会大学的转学生招考程序。

1. 转学生招考的普遍性

按照欧美大学教学管理制度建立起来的教会大学，自然承袭了欧美大学招考转学生的制度。在欧美大学中，学生可依据自身兴趣和客观因素的转变较为自由地更改院系和转换学校。基于尊重学生求学意愿和学术兴趣而逐渐形成的转学机制使得校际间的学生流动成为一种普遍现象。燕京大学校长司徒雷登在美国求学时，就曾于1893年秋季经他的老师丹尼尔先生介绍，由美国南部著名的私立教会学校，弗吉尼亚州夏洛特乡的潘陶普斯学校（Pantops Academy at Charlottesville）转学到具有崇高声誉的汉普登—悉尼学院（Hampden-Sydney College）插班读二年级，毕业时获得了艺术学和文学的学士学位[①]。胡适1910年留学美国时先是就读于康奈尔大学农学院，一年后即转入哥伦比亚大学攻读教育；梁启超的儿子梁思成，赴美留学时也是先入康奈尔大学，后又转入宾夕法尼亚大学建筑系。中国近代教会大学的创办者和管理者多数都具有欧美大学教育的背景，许多办学者自身都有转学经历，这使得教会大学自办学之初就存在招考转学生的潜在可能。

从教会大学在近代中国的办学现状而言，学生学术兴趣的转变、家庭移居和政治动荡等原因，也造成大学在校学生的转学现象。1944年暑期，燕京大学共录取新生109人，其中一年级本科生55人，转学生（插班生）达54人，多是由沦陷区或外校转学而来[②]。教会大学的学生家长职业多分布于商界、政界、宗教界、学界，受中国近代社会政治时局的动荡影响以及教会传教工作的安排，上述职业皆属于流动性较强的职业类型。家长职业的变动、家庭居住地的变迁都可能造成学生转学，还有些学生转学是因学业、操

---

① 司徒雷登：《在华五十年》，常江译，海南出版社，2010年，第15～17页。
② 张玮瑛、王百强、钱辛波：《燕京大学史稿》，人民中国出版社，2000年，第1325～1326页。

行或其他政治因素而被教会大学勒令退学或劝退。教会大学招收学生一向注重品行和学业，且向来主张教会所办学校不与政治发生任何关系，所以当一些教会大学的学生因参加政治性明显的学生运动而与学校一贯坚持的原则严重冲突时，学生就面临被勒令退学的选择。费孝通先生1928年考入东吴大学医预科，后因参加学生运动无法在东吴大学继续读书，由教师推荐转学至燕京大学社会学系①。教会大学的学生在入学后面临学业的严格要求，已经入学的学生在校期间每年都有一些因学业或操行成绩不合格被学校劝退或勒令退学，另有一些学生因各种主客观因素休学、退学，造成一年级以上各年级学额形成空缺，招考转学生可适当弥补缺额。

教会大学承袭的欧美大学招考制度中原本就有招考转学生的设计，再加上办学实际中出现学额的空缺，造成教育资源的浪费，为充分利用教育资源，提高教育效率，教会大学招考转学生遂成常规机制。招考转学生一般限制在大学二、三年级，因为教会大学出于保证毕业生质量和维护学校教育声誉考虑，要求转学生必须在本校学习两年以上才有可能获得本校的毕业证书和（或）学位证书。特殊时期，教会大学也会招收一年级下学期转学生。抗战期间华中大学深居云南腹地，从当地招收的许多中学生因缺少充分的学习准备和相应的学术训练，无法适应大学的学习生活，在本科一年级的第一学期即有相当数量的学生以各种理由退学或转学，学校为此制定的招生策略中将招考转学生的范围扩展到一年级下学期，以弥补学生的流失。

2. 转学生的入学资格

在教会大学招考的所有类型考生中，转学生的入学资格界定得最为简洁、明晰。早期转学生入学资格相对宽松，并不要求必须是已立案大学肄业。有无专门的转学生入学考试也是依各校具体情况而定。金陵女子文理学院曾规定：转学生入学资格须在国立、省立或已立案之私立大学肄业一年以上，经学校审核和考试通过方可，初转入的学生不编级，转入一学期后视成绩而定②。20世纪20年代，燕京大学对福建协和大学的转学生一律免试入学，但入学后要参加英文和智力测验考试，以便编入适当的班级③。20世

---

① 费孝通：《论人类学与文化自觉》，华夏出版社，2004年，第2页。
② 徐海宁：《中国近代教会女子大学办学研究——以金陵女子大学为个案》，南京师范大学出版社，2008年，第189页。
③ Colleges of Arts and Sciences General Information 1925-1926，北京大学档案馆馆藏：燕京大学档案 YJ1924006。

纪30年代，各教会大学对转学生的入学资格多按照教育部规定，统一界定为在国立、省立或已立案之私立大学肄业一年以上，经入学试验及格者。

转学生转入新校继续求学还涉及一个重要的问题，即学分互认。最关键的是，转入后的学校对转学生在前校肄业期间所修学分是否认可或如何认可的问题。大多数教会大学的规定是对转学生已修学分持认可态度，但认可的多少则各校规定不同，有的大学全部认可，有的部分认可，还有的是在一定条件下部分认可。燕京大学早期对福建协和大学转学生的学分是全部认可；金陵女子文理学院规定，转学生在原校所得学分，要经学校招生委员会认可后按本校计算方法核算①。还有的教会大学规定，学分获得承认的科目免于入学考试；学分不获承认的科目须在入学考试中加考该科。1934年燕京大学教务处招生课对编级生（转学生）的学分承认问题作了详细的规定：

①编级生前校学分，应以前校与该校各学年应修学分数目互相比例为承认标准（该校一二年级学生均应修36学分，如一年级成绩优良二年可多修，但不得过4学分）；②编级生前校课程，该校至多承认76学分（该校毕业须修满136学分）；③编级生前校所得中英文学分之承认与否，须按其在该校中英文入学试验结果定之；④编级生前校所读课程，凡在该校重读者，其前校所得之学分，即归无效；⑤编级生前校未读毕之学科，其已读科之学分，须俟其在该校续读该学科完毕后，方得承认；⑥暑期学校所读学分，可用以补足各学期修业之欠缺，而不得用以缩短大学本科修业八学期之限度；⑦编级生前校所读主修课目，能否用为满足该校主修学系之修业条件，应由各该学系主任酌定；⑧编级生之该校编级，应以该校所承认之学分数目为标准，而不按其前校年级为标准；⑨编级生不得编入该校四年级，并至少须在该校修业四学期修满60学分，方得自该校毕业云。②

3. 转学生报考手续

转学生报考手续按普通报名投考的要求办理，基本程序与本科一年级新生相同，也是经过索取报名书，填交报名书、毕业证书、相片、报名费、成

---

① 徐海宁：《中国近代教会女子大学办学研究——以金陵女子大学为个案》，南京师范大学出版社，2008年，第189~190页。
② 《燕大招生课拟定下学年编级生试验标准》，《平西报》1934年3月14日。

绩表等手续。与一年级新生报考不同的是，转学生还必须提交由正在肄业的大学所开具的转学证明和大学肄业成绩单。燕京大学早期规定，由其他大学转学到燕京大学的插班生必须按照以下办法：

  （一）将中学及预科证书及所用之课程呈本校教务处考核；

  （二）自何学校转学则须有该学校校长发予修业证书详列品学成绩；

  （三）欲插班者须经特别考试合格。①

齐鲁大学规定转学生需要提供的材料包括高中毕业证书、介绍信或转学证书或大学修业证书、大学修业成绩单、体格检验证书、相片等。1934年度齐鲁大学文、理学院招生简章中规定："凡在国立、省立或已立案之私立大学修业一年以上，成绩优良，愿转入本校者，须先将高中毕业证书，大学修业证书及学科详细成绩表与介绍信，检验体格证书，最近四寸半身像片两张，及报名费银两圆于秋季开学前一月挂号寄交本校注册课。"②

所谓介绍信、转学证书和大学修业证书三者，虽然名称不同，但其内容基本一致，都是由转学生原来所在学校开具的用以证明转学生基本情况的书面材料。如1931年华北神道院学生蔡××的转校证书：

转校证书

  学员蔡××年二十四岁系山西河津县人 在敝院正科肄业壹年成绩颇佳兹欲转入贵校肄业特发给证书以凭转校此证

华北神道院院长赫士
中华民国二十年七月三十一日　给③

转学时要求转学生至少在大学内修业一年，且成绩优良，转学生须提供其在大学的学科详细成绩单，以便学校审核学生的基本学习状况。

1931年华北神道院学生蔡××的大学成绩单

蔡××成绩

  哲学 90 　是非学 68 　旧约史 88 　论理学 75 　耶稣实录 79

  基督大纲 91 　使徒历史 70 　地理 85 　儒教哲学 70 　国文 78

---

 ① 国家图书馆馆藏：《燕京大学章程（1920—1922）》。

 ② 《民国二十三年度（1934年）私立齐鲁大学文、理学院招生简章》，山东省档案馆馆藏：齐鲁大学档案 J109-02-15。

 ③ 山东省档案馆馆藏：齐鲁大学档案 J09-02-89。

旧约神学 93　歌罗西 89　心理学 76①

以上转学证明和大学成绩单是由转学生之前所在学校开具的，燕京大学的转学生制度规定，转学生既可直接使用燕京大学的转学生报名书，又可由之前所在学校单独开具证明②。燕京大学有专门印制的转学生报名书，其中各项内容俱全，包括转学证明书、大学肄业成绩表以及个人履历表等等。

4. 转学生的入学考试科目

转学生招考由各校自行组织，单独招考。不同教会大学和同一教会大学在不同时期对转学生的考试规定不同。有的教会大学招考转学生，不需要入学考试，只须参加编级试验；有的教会大学则将转学生入学考试和编级考试分别进行，即转学生须先参加统一的入学考试，录取后再参加编级试验，以确定转学生适合插入的班级。1928年福建协和大学关于插班试验的规定是：

由专门学校转学者——凡由各专门学校得有优等成绩而欲转学本校者，须由其原校具正式转学书及该生在校所习各科之详细成绩，咨送本校，于举行入学试验后，得举行转学试验，即将其在原校所习各科再行复试。

由其他著名大学转学者——转学者须由其原校具正式转学书并详细修学成绩咨送本校，经审查合格即与免考转学，但成绩庸劣之学分本校得不承认之。③

1934学年度齐鲁大学文、理学院招生简章中明确规定，转学生要在开学前到校接受编级试验，试验科目为国文、英文及主修科数种。如果学生转学时某课程在转学后一年内考试时列为不及格或劣等，则该项转学学时、学分即被注销。转学生在本校文学院或理学院肄业至少达二年方可得本校学位④。

抗战时期内迁成都华西坝的教会大学在招考本科一年级新生时都是采取

---

① 山东省档案馆馆藏：齐鲁大学档案 J09-02-89。
② （Yenching University）Entrance Regulations for 1927-1928. 华中师范大学教会大学研究中心藏：AUBCHEA, SeriesⅣ-Box309-Folder4754。
③ 《私立福建协和大学一览（1928—1929）》，华中师范大学教会大学研究中心藏：AUBCHEA, SeriesⅣ-Box109-Folder2399。
④ 《民国二十三年度（1934年）私立齐鲁大学文、理学院招生简章》，山东省档案馆馆藏：齐鲁大学档案 J109-02-15。

联合招考的形式，但招考转学生依然是各校单独行动，每年招考与否，招考日期定在何时、设置哪些考试科目都由各校自主决定。即使同一所教会大学，在不同年份，其转学生入学考试科目也有较大变化。

1945年成都华西坝5所教会大学关于转学生的报考，各校办法不一。

> 金大之转学考生须经过普通考试，其考试科目与各院新生同，但如前校成绩优良，经审查合格，得准单考国、英、数三科，录取后再定编级试验。金女大转学考生，文科各系者须考国、英、数、史地；理科各系者须考国、英、数、理化，成绩合格后，须再受其主修科目试验。齐大、华大、燕大三校另举行转学生考试，只在成都区办理。①

与本科一年级新生入学考试科目的变化趋势相似，教会大学转学生的入学考试科目也呈现出不断细化和专业化的趋势。20世纪30年代以前，须参加普通入学考试的转学生考试科目与其他所有新生入学考试科目一致，大致分为国文、英文、数学等通识科目，专业课目多以文、理两大类划分，如文科考中外史地，理科考化学、生物等。随着大学学科建设的不断完善，转学生入学考试中的专业科目逐渐细化到各个不同学系和专业方向，标志着对转学生的要求更细化、更专业化。20世纪40年代的考试科目更明显体现出这一趋势。燕京大学转学生最早是免试入学后进行英文和智力测验两科的编级考试，后来入学考试科目调整为国文、英文和智力测验3科公共必考科目，编级考试科目是以学院为单位划分的主修科目。1934年燕京大学教务处招生课议定，凡编级生入学试验最低限度以英文、国文须全及格，并在前校成绩至少须于中等以上，方准入学②。抗战后多数教会大学将编级试验与入学考试融为一体，转学生只参加入学考试，不再有单独的编级试验，根据入学考试的成绩编入适当的班级。1945年燕京大学进行转学生考试科目改革后规定，"凡经入学考试及格后，不再举行编级考试"③。入学考试和编级考试科目统合到一起；同时，不仅公共必考科目按院系划分，加试科目更是细化到每一学系，反映出对转学生入学考试的专业要求不断提高（见表3-5）。

---

① 《华西坝五教会大学新生报考办法公布》，《燕京新闻（成都版）》1945年6月13日。
② 《燕大招生课拟定下学年编级生试验标准》，《平西报》1934年3月14日。
③ 《燕大秋季招生考试科目增加》，《燕京新闻（成都版）》1945年5月23日。

表 3-5　燕京大学 1945 年转学生入学考试科目一览表

学院	年级	公共科目	各学系加考科目
文学院	二年级	国文、英文、中国通史及自然科学（普通数学、物理、化学、生物任择一种）	中国文学系：文学史 外国语文系：高级英文 史学系：西洋通史 新闻学系：时事测验
文学院	三年级	国文、英文、社会科学（经济学、政治学、社会学任择一种）	中国文学系：文学史及文字学 外文系：高级英文及西洋文学史 史学系：中国通史、西洋通史 新闻学系：时事测验、中国通史
理学院	二年级	国文、英文	数学系：微积分学、高级数学、普通物理（或普通化学） 物理系：微积分学、普通物理、热学（或力学） 家政系：家政学、普通化学、普通生物
法学院	二年级	国文、英文、中国通史、自然科学（普通数学、物理、化学、生物任择一种）	政治学系：政治学 社会学系：社会学 经济学系：经济学
法学院	三年级	国文、英文	政治学系：政治学、比较政府、中国通史（或经济学、社会学） 经济学系：经济学、货币银行、统计学（或会计学） 社会学系：社会学、社会制度、中国通史（或政治学、经济学）

资料来源：《燕大秋季招生考试科目增加》，《燕京新闻（成都版）》1945年5月23日。

5. 转学生录取状况

转学生虽是教会大学常规招考的学生类型之一，但各校每年招考转学生的绝对数量及其占录取新生的比例很不一致，形成这种状况的原因主要有两个，一是转学生的招收数量要以学校空余的学额为准；二是教会大学为保证转学生质量，会按照本校的学生平均水平对转学生进行较为严格的考核。1925年燕京大学提高转学生录取标准，当年秋季学期燕京大学收取的转学生数量只有18人，一学年结束时也没有超过这个数①；但1929年—1932年的招考数据显示，每年转学生入学人数保持在40人左右，约占入学新生总数的12%②。1941年齐鲁大学第一次招考录取的94名新生中只有1名转学生，第二次招考录取的50人中有转学生3人③。总体而言，转学生在教会大学新生中占有一定规模，是不可忽视的一类学生群体。1944年春季学期，金陵女子文理学院注册学生总数为299人，其中从其他大学转学至金陵女子文理学院的学生有49人，占学生总数的16.4%；1945年秋季学期有转学生46人，占注册学生总数（348人）的13.2%。

6. 招考转学生的作用和影响

转学生是大学生中的流动群体，带动了校际间学术思想、学习态度和方法等的相互交流与融合，是尊重学生学习意愿，保障学生平等享有各种教育资源的基本体现。学生的自由流动践行教育公平的原则，保障学生的切身利益，有利于发挥学生主体的积极性，活跃思想，促进创新。在抗战爆发的特殊时期，许多大学在校学生在母校身处战区无法继续开课之时，都是通过转学他校的方式完成学业，业已存在并且运行相对成熟的转学生招考机制在教会大学应对特殊情况时发挥了突出的作用，使学校的教学管理事务有章可循，有例可依，教学秩序相对平稳。妥善运行的转学机制使众多学生能在其他大学继续完成学业，使中国近代高等教育事业不至受到更大的破坏，保障了基本的人才培养质量。1939年，燕京大学陆续有学生转往昆明的西南联合大学，学校注册课都以同情的态度，积极帮助学生，将要求转学的学生成绩单直接寄往有关机关，甚至连校长司徒雷登都亲自帮助学生解决转学过程中的困难。

> 1939年7月转学西南联大的几位燕京同学到达昆明时，已是8月中旬，西南联大转学期已过。正当学生们万分焦急之际，没想到司徒雷登不远千里来到昆明，与西南联大校长梅贻琦联系。结果，所有燕京同学一律凭转学证明及成绩单转入联大。④

---

① Annual Report of the Deans, College of Arts and Sciences for Men Covering the Session of 1925-1926, 北京大学档案馆藏：燕京大学档案 YJ1924006。

② 《1930—1932年燕京大学新生报名录取入学人数比较表》，《燕京大学校刊》第5卷第7期。

③ 山东省档案馆馆藏：齐鲁大学档案 J109-02-183。

④ 罗义贤：《司徒雷登与燕京大学》，贵州人民出版社，2005年，第179页。

在近代中国，由于政治、经济与社会时局的动荡不定，学生的求学生涯多历经波折，能够一帆风顺地在一所学校接受四年的大学教育对许多学生来说是相当不容易的事情；同时随着学生学习兴趣的转变，以转学方式寻找更适合自己学业发展的教育资源和教育平台是学生应享有的基本选择权。大学之间的共识与默契合作，使转学招考成为常态管理模式，在尊重学生权利的同时，又可充分利用学校的教育资源，也是大学对自身教育质量充满自信的表现。转学生招考为学生在不同院校间相互流动提供了公开且较为公正的渠道。转学生是作为考生的一类列入大学的招生简章中的，虽然与一年级新生招考相比，在报考资格和考试内容上有所差别，但报名手续、考试安排等方面一律与一年级新生招考相同，显示出转学生考试在教会大学招生考试制度中的常态化管理。

对学生来讲，转学生招考制度意味着学生可以在一定程度上自主选择优秀教育资源。高等教育作为一种准公共产品，学生作为付账的"消费者"，有权选择更适合自己的高等教育服务产品。当教育作为一种人力资本投资的观念被学生普遍认可时，插班生考试制度更可以引发学生对自己受教育过程的理性思考，从而对自己的教育投资负责，更积极主动地参与到教育过程中。通过校际间的流动，感受不同学校的教学风格和文化传统，还有助于学生的自我教育和成长。学生选择校际流动的行为，又能带动大学间的积极竞争。对教会大学来讲，招考转学生，使招考对象不再限定在高中毕业生，而是将范围扩大到大学在校生。允许学生在校际间流动，是关注学生利益诉求，以学生为本的直接表现；同时又可使近代大学因学生休学、退学等原因造成的闲置教育资源得以充分利用。

教会大学对转学生采取学分认可、入学考试和编级考试互相补充的招考模式，在尊重学生已有学习成果的基础上，通过入学考试维持本校的招生标准，通过编级考试客观评价学生的学术水平和学习能力，本着对每个学生的发展认真负责的态度，确定学生应转入的院系和班级。学有余力者可跳级跟读，学习困难者则降级插班，真正做到因材施教，不以统一进度限制学生的个体发展。

二、特别生招考

特别生是指招生入学时以不同于普通正式生的标准或身份进入教会大学的学生。各校对特别生的界定不一。1916年2月，吴贻芳（后来成为金陵女子文理学院院长）便是以特别生的身份插班入读金陵女子文理学院一年级，后经努力学习，补考成绩优异，又由特别生转入正式生。特别生大致分两种情形，一种是参加普通入学考试者；一种是未参加普通入学考试者。第一种情形的特别生投考，按普通入学规则办理，报考流程与其他类型考生大体相同，细节规定上有差异，主要表现在几个方面：

1. 入学资格各校规定不一

1920年燕京大学章程规定，未能完全合格，不能入大学一年正班之学生，只能拣选数门学习者，为特班学生①。1922年圣约翰大学改革国文教学，国文修习不及格者，按特别生对待，不得授学士学位②。1928年福建协和大学规定，特别生是指"学生修课钟点较普通学生为少而言（即在16小时以下者），非指其入学手续有所特别也，凡欲入本大学者，无论其为特别生，或普通生，皆须经普通入学试验，或转学插班试验"③。1929年齐鲁大学有关文理科特别生的规定为：

一、凡不愿完全肄习本校所规定之课程，或不愿得本校之毕业证书及学位者，可入本校为特别生。由本校按其程度编入相当班次。

二、凡中学毕业生有三年教育经验者，入本校文理科教育系为特别生，可酌予免考。④

神科特别生的入学资格为：非大学毕业生、神预科毕业生或大学肄业生者，但"于基督教事业有特别经验及成绩者，且需要经本科教员会许可"⑤。1930年齐鲁大学文、理两学院招生简章中规定：高中毕业生不愿在本校文学院或理学院毕业得学位者可酌收为特别生，特别生又分三类，一是因有特殊情形不能在学校文、理学院完成四年学程但愿意集中求学一段时期者，二是曾做教员三年，想在文学院或理学院作整读生但不希望拿学位者，三是在学校所认可之教育机关或团体服务达一年以上经该机关介绍愿在本校文学院或理学院作选读生者⑥。1930至1931学年度燕京大学宗教学院特别生的入学资格是：未在大学卒业而有同等学力者，得入院为特别生，但不能获得神

---

① 国家图书馆馆藏：《燕京大学章程（1920—1922）》。
② 《约翰大学注重国学》，《申报》1922年9月8日。
③ 《私立福建协和大学一览（1928—1929）》，华中师范大学教会大学研究中心藏：AUBCHEA, Series Ⅳ-Box109-Folder2399.
④ 山东省档案馆藏：齐鲁大学档案 J109-02-15。原文无标点。
⑤ 山东省档案馆藏：齐鲁大学档案 J109-02-15。原文无标点。
⑥ 《齐鲁大学文理学院1930年招生简章》，山东省档案馆馆藏：齐鲁大学档案 J109-02-15。原文无标点。

学士学位①；同年度研究院特别生的规定为：有同等程度研究特别问题者得选课为特别生②。福建协和大学招收的半读生也称为特别生：

> 本校鉴于一般已有职业之高中毕业生及曾修业于大学者，虽有志于深造，但苦为职务所牵，往往不能以全力向学，爰特规定半读生办法。惟此种学生，须先向本校教授会请求许可。入学手续如报名及入学考试等与普通学生相同。③

金陵女子文理学院"视参加入学考试而不欲为正式学生和不申请学位仅选读课程者为特别生，所选课程，照给学分"④。1942年，金陵大学规定特别生的入学资格为大学二年级以上或同等学力之学生⑤。1944年辅仁大学规定，招收的特别生分甲、乙两类：甲类是"在公立或已立案之私立高级中学或同等学校毕业者"；乙类是"无前项资格而学有专长能在本校选修课程者"⑥。

从以上规定可以看出教会大学对特别生的界定和入学资格的规定各不相同，其中比较一致的有两点：一是特别生投考需要有高中阶段毕业或高中以上程度；二是特别生只选读课程，不拿学位。

除入学资格不同，各教会大学招收特别生的名额规定也有很大的随机性和不确定性。1923年圣约翰大学共有大学生332人，特别生仅有2人⑦。1930年，齐鲁大学规定，招考特别生之学额不能超过总学额的1/10⑧。1942年，金陵大学招收特别生是视各系各班人数多寡而定，人数多时随时停止招收⑨。

---

① 国家图书馆馆藏：《私立燕京大学一览（1930—1931学年度）》。
② 《燕京大学校组织大纲》，《燕京大学校刊》1928年9月14日。
③ 福建师范大学图书馆馆藏：《协大消息》第二卷第十五期（招生专号，1934年）。
④ 徐海宁：《中国近代教会女子大学办学研究——以金陵女子大学为个案》，南京师范大学出版社，2008年，第189页。
⑤ 《金陵大学教务简则（1942年11月）》，南京大学高教研究所校史编写组编：《金陵大学史料集》，南京大学出版社，1989年，第132页。
⑥ 北京大学图书馆馆藏：《辅仁大学学则（1944年）》。
⑦ 《约翰大学消息》，《申报》1923年4月6日。
⑧ 《齐鲁大学文理学院1930年招生简章》，山东省档案馆馆藏：齐鲁大学档案J109-02-15。原文无标点。
⑨ 《金陵大学教务简则（1942年11月）》，南京大学高教研究所校史编写组编：《金陵大学史料集》，南京大学出版社，1989年，第132页。

2. 入学手续略为繁琐

齐鲁大学规定特别生报名手续与正式生相同，且必须提交相应的证明材料，并要遵守学校的一切规章制度：

> 特别生报名手续与正式生同，甲等生（前文所述第一类特别生）须有正当理由证明其不能完毕四年学程之原因，乙（前文所述第二类特别生）与丙等生（第三类特别生）须由其服务之机关备函介绍，若本学院院长对某特别生认为有须经过某种特别考试者，即行考试之。甲乙两等生可在校内寄宿，丙等生则不得在校内寄宿。凡特别生均须遵守一切校章校规。①

金陵大学规定，特别生应于每学期开学前半个月内具函申请，并填明保证书（应有校外及本校教职员各1人负责担保），本人学历经验及现在状况，缴足证件，必要时得经口试，最后交教务委员会审核通过方能入学，入学后应遵守一切校规②。福建协和大学规定，特别生"须先向本校教授会请求许可，入学手续如报名及入学考试等与普通学生相同"③。辅仁大学1944年学则规定，"特别生应于每学年开学前用书面向校长请求，经审查合格并所入学系主任考试教务会议通过后方得入学"④。从辅仁大学的规定看，其特别生投考不参加统一的入学考试，而是经过以下四道程序：向校长书面申请—资格审查—系主任考试—教务会议通过。

从多所教会大学的规定而言，特别生的入学要比普通入学程序略为繁琐，需要教授委员会或教务会议讨论决定。1948年9月齐鲁大学教务会议有关特别生入学考试的讨论决定是：特别生须先考国文、英文、算术、作文，初试及格后再补试其他科目，考试及格的课程可以免修⑤。

录取后的特别生与其他正式生享有同等权利，同时应遵守学校的一切章程。

---

① 《齐鲁大学文理学院1930年招生简章》，山东省档案馆馆藏：齐鲁大学档案J109-02-15。原文无标点。
② 《金陵大学教务简则（1942年11月）》，南京大学高教研究所校史编写组编：《金陵大学史料集》，南京大学出版社，1989年，第132页。
③ 福建师范大学图书馆藏：《协大消息》第二卷第十五期（招生专号，1934年）。
④ 北京大学图书馆藏：《辅仁大学学则（1944年）》。
⑤ 《教务会议记录（1948年9月22日）》，山东省档案馆馆藏：齐鲁大学档案J109-02-98。

3. 特别生的身份转换

按照不同入学资格和录取标准招收的特别生,还享有一项特殊的权利,即转为正式生。在达到学业标准的条件下可申请获得学校的毕业证书和(或)学位证书,这是对志在求学的特别生的莫大鼓励。各教会大学对特别生转为正式生的要求有不同规定。1929 年 8 月 14 日,南京国民政府公布的《大学规程》第三条对特别生转为正式生作出明确规定,具有公立或已立案之私立高级中学或同等学校毕业资格的特别生,在入学后第一年内接受入学考试及格的,可转为正式生。

齐鲁大学 1929 年规定:

> 凡未经入学考试之特别生,欲改为正班,必补行普通入学考试,但此种补考不得在入校两年以后。若已于入校时经过考试之特别生,经主任及科长之允许,即可改为正班。特别生选习之课程及其受课表,亦须经选课顾问认可并签字。①

辅仁大学 1944 年学则规定,甲、乙两类特别生(见前文所述)中只有甲类可转为正式生,具体要求是:

> 甲种特别生于第一学年内各科考试及格经补受入学试验及格后得改为正式生。乙种特别生所选课程亦应随班考试但不得改为正式生。②

从教会大学特别生的招考制度可以看出,特别生主要有三大类来源:一类是入学考试未通过,但学有专长者;第二类是在职教员有意深造者;第三类是教会大学认可的教育机关或社会团体(如教会)介绍或推荐的进修人员,只选读部分课程。特别生的录取方式主要有考试录取、申请录取和推荐录取三种。不难看出,特别生招考制度不仅使偏科但优秀的学生能得到求学的机会,也给在职教员和社会其他团体工作人员中有志深造者更多的求学希望和适宜的学习空间。特别生可转为正式生的制度设计更是体现出学校招考制度以生为本和注重服务的理念,为促进学生的个体发展创造自由、宽松的人本环境,满足特殊学生的一般求学愿望和一般学生的特殊求学意愿。

教会大学通行的转学生、特别生招考制度充分体现了教会大学以生为本

---

① 山东省档案馆馆藏:齐鲁大学档案 J109-02-15。原文无标点。
② 北京大学图书馆馆藏:《辅仁大学学则(1944 年)》。甲类特别生是指在公立或已立案之私立高级中学或同等学校毕业者;乙类特别生是指无前项资格而学有专长能在学校选修课程者。

的招考制度设计理念，尊重学生个体的求学意愿，并为学生的自主发展搭建起畅通的渠道和平台。最重要的是促进了中国近代大学自由、民主之学风的形成和发展，并通过制度的建设，促进学生积极向上、自主自立，选择最适合自身发展的专业道路。出版家邹韬奋原就读于南洋公学电机科，后来通过转学生考试"如愿以偿"地踏进了圣约翰大学文科[①]；辅仁大学历史系周一良也是通过转学考试进入燕京大学[②]。转学生和特别生招考制度使年轻学子在寻找自己发展道路的过程中有更多自由选择的机会，从某种意义上说，正是多了这许多自由选择的机会，才使得众多学生真正发现或选择了最适合自己的发展道路，也才使得更多的学生得以成为更出色的人才。

　　教会大学招生考试活动是大学与社会之间多向互动的重要平台。在这一平台上，交织着教会大学与政府之间、教会大学与教会中学之间、教会大学与其他公私立中学之间，以及教会大学与教会组织及其他社会团体间纷繁复杂的关系。这些关系因教会大学招生考试活动的开展而产生，维护着教会大学招生考试体系的稳定和招考活动的平稳进行。政府的弹性管理给予教会大学高度的招生自主权利；教会中学的密切配合保障了教会大学拥有一部分优秀的生源；其他组织机构的积极支持使教会大学在外地的招考活动得以顺利进行。同时，教会大学自身在招考活动中严格、完善的管理则保证了招考活动的公平与公正，而对考生进行科学分类、多元录取的制度设计又体现出招考制度背后的人文关怀。

---

① 邹韬奋：《经历》，生活·读书·新知三联书店，1979年，第31～32页。
② 周一良：《毕竟是书生》，北京十月文艺出版社，1998年，第18页。

第四章 案例研究：燕京大学招生考试特点解析

燕京大学于1919年由北京汇文书院和华北协和大学合并成立。校长司徒雷登追求卓越的办学理念，这使燕京大学迅速发展成为教会大学中的佼佼者。在实现大学招生考试的规范性、科学性、开放性、国际性和卓越性等方面，燕京大学都堪称教会大学之翘楚；在处理学校自主招考与政府统一管理之间的关系上，燕京大学也体现得更为自主。燕京大学在30年的自主招生过程中，逐渐形成了多样化的考试方式，如承认中学考试、普通入学考试（公开招考）、编级考试、外国生考试、自主联合考试等。智力测验作为燕京大学自主招考的特色考试科目，在其人才培养模式中扮演着不可或缺的重要角色。

第一节 申请资格与报考手续

燕京大学34年（1919年—1952年）的招考历史一共经历了5个阶段、4种具体招生方式的变化，分别是自主单独招生（1919年—1941年）、自主联合招生（1942年—1945年）、自主单独招生（1946年—1949年）、区域统一招生（1950年—1951年）、全国统一招生（1952年），其中31年的时间都属于大学自主招生。在招生系科上，燕京大学从最初只有文理科及预科，发展到1932年文、理、法3个学院，及制革和幼稚师范两个专修科；1941年燕京大学招生系科发展到3大学院16个学系，另外还有3个研究所的5个学部[①]。1947年招考又增加了文学院护预学程和理学院医预学程、工

[①] 《燕京大学在沪招考新生》，《申报》1941年5月23日。

科学程及护预学程①。在接手燕大之初，司徒雷登就在留美归来的中国学者刘廷芳、洪业的推动和协助下，建立了一套严格的入学考试制度，加强了对学生质量的选择②。随着招生院系的不断扩展，燕大对考生的分类也愈加细化，按照各种不同标准划分出正式生、常规生、特别生、附习生（旁听生）、编级生、华侨生、外国生等各种类型，并制定出有针对性的招生条件。

一、申请资格

燕京大学入学申请资格因考生申请入学年级和考生类型的不同而有一定差异，按考生入学的层次不同，分为预科生、专修科生、本科一年级生、编级生（转学生）和研究生。不同层次考生的入学申请资格在不同历史时期均有变化。1922年教育部颁布新学制，中学实行六三三学制，大学实行本科4年制，允许单独设立初级中学或高级中学。大学和中学纷纷按照新学制的要求延长或缩短相应的学业年限，以顺应教学管理的相关要求。原有4年制旧制中学，或者延长学制办成6年制完全中学，或者集中精力只办初级或高级中学。在6年制中学毕业的学生可直接投考入读大学一年级。在学制改革背景下，燕京大学的招生规则适时改变，1924年，6年制中学毕业生可直接报考大学本科一年级，旧制4年中学毕业生只能报考预科③。不过，在20世纪30年代之前，燕京大学本科、预科和专修科一直都允许具有同等程度者报考，只要考试通过即可录取（见表4-1）。

表4-1 燕京大学部分年度本科一年级生入学申请资格一览表

年度（年）	入学资格
1925—1926	具有新学制六年初级高级中学毕业之程度曾习有六十单位以上之功课者或具有同等程度者
1928—1929	预科及高级中学毕业生或具有同等资格者
1930—1931	公立或已立案之私立高级中学毕业，或同等学校毕业，经入学试验

① 北京大学档案馆馆藏：燕京大学档案 YJ1947054。
② 王百强：《燕京大学历史概述》，张玮瑛、王百强、钱辛波：《燕京大学史稿》，人民中国出版社，2000年，第8页。
③ Peking University (Yenching Ta Hsueh) Bulletin No. 20，北京大学档案馆藏：燕京大学档案 YJ1924006。

续表

年度（年）	入学资格
1933—1934	公立或已立案之私立六年制中学毕业
1947—1948	（1）曾在公立或已立案之私立高级中学毕业领有正式毕业证书或准予升学证明书者；（2）曾在公立师范学校或高中师范科毕业领有正式毕业证书并于毕业后服务满规定年限者；（3）曾在公立或已立案之私立高级职业学校毕业领有正式毕业证书并于毕业服务满规定年限者但限于报考与原习学科性质相同之院系

资料来源：亚联董档案、北京大学档案、国家图书馆以及《申报》中有关燕京大学的招生史料。

1922年新学制改革后的几年时间内，为保证大学与中学教育的有效衔接，燕京大学对报考预科和本科一年级的学生要求其在中学的功课量最好达到40个单位和60个单位①。燕京大学对学生在中学的功课量列出必修、最佳、可接受3种不同程度的分配标准（见表4-2)②。

表4-2 燕京大学申请者中学功课量要求一览表（单位：个）

科目	单位类型	必修单位数	最佳单位数	可接受单位数
国文		12	16	20
英文		12	16	20
别种外国文字		0		4
算学	笔算	0	2	4
	代数、几何、三角或混合算学	4	4	10
科学	科学总论或科学之一	2	4	12
	地理	2	4	4

① 单位（unit）是燕京大学计算学生功课量方法，相当于"学分"。其标准是每星期上课4次以上，每次不少于45分钟，积1学期为1单位。6年中学功课以60单位为标准，每单位约占每学期功课量的1/5。

② 《燕京大学文理科男校学生须知（1925—1926）》，北京大学档案馆馆藏：燕京大学档案 YJ1924006。

续表

科目 \ 单位类型		必修单位数	最佳单位数	可接受单位数
历史	本国史	4	4	8
	外国史	4	4	6
社会科学	社会学或经济学、教育	0	4	4
	宗教或伦理	2	2	4
	职业类科目	0	0	6
合计		42	60	102

数据来源：《燕京大学文理科男校学生须知（1925—1926）》，北京大学档案馆馆藏：燕京大学档案 YJ1924006。

燕京女校预科班（在向新学制转换的过渡期内暂时保留的）要求的单位数按必修单位数和可接受单位数列举如表 4-3 所示。

表 4-3　燕京女校预科班申请者中学功课量要求一览表（单位：个）

科目 \ 单位类型		必修单位数	可接受单位数
国文		8	12
英文		8	12
算学	代数、几何或混合算学	4	8
科学	科学总论	—	4
	物理学	2	4
	其他科学	—	4
历史	本国史	2	4
	外国史	2	6
社会科学		—	2
宗教或伦理		2	4
职业类科目		—	6
合计		28	66

数据来源：Colleges of Arts and Sciences General Information 1925-1926，北京大学档案馆馆藏：燕京大学档案 YJ1924006。

燕京大学女校入学申请者必须满足40个单位的功课量，除了28个必修的单位数，其余12个单位从可接受的单位数中补足。另外，所有申请入学者必须准备参加国文、英文、中外、西史、数学和科学等科目的考试①。

1930年之前，燕京大学设有预科（1926年男校预科暂时停办，1927年又恢复；1926年女校预科改为附属高级中学），后依国民政府教育部规定取消或改为附属高级中学；燕京大学因立案而改革入学资格，按照教育部要求招收公立或已经立案的私立中学毕业生。

伦理或圣经要求有2个单位的必修，说明如果考生在4年制中学就读，则4年中每周都必须有1节不少于45分钟的圣经必修课；如果在6年制中学毕业，则6年中也至少有4年每周上1节宗教必修课程。早期燕京大学的学生几乎全部来自教会中学，与燕京大学要求中学必修宗教课程有直接关系。1925年北京教育部颁布《外人捐资设学请求认可办法》后，燕京大学随即开始准备请求认可，大学校内的宗教课程和宗教活动全部加以改革。1927年春季，燕京大学获北京教育部正式认可（改组后的宗教学院不申请认可）。1929年夏，燕京大学又依照南京国民政府教育部颁布的法令法规，由校董会正式申请立案（宗教学院不申请立案）。立案后，燕京大学有关入学资格的规定不再涉及中学宗教课程学时。

抗日战争期间，战乱频仍，交通困难，教育部身处大西南，通讯不便，沦陷区许多学生无法顺利拿到教育部审核后的正式毕业证书。燕京大学在招考时对报考手续做了适当变通，允许学生以学校的毕业证明信暂时代替正式的毕业证书报名投考，但对考生的入学资格始终要求是公立或已立案之私立中等学校毕业，对同等学力考生、师范生、职业学校毕业生的报考要求按教育部的相关规定适时调整。抗战期间，为保证战时基础教育的稳定和生产建设需要，教育部曾严格限制同等学力考生，对师范生和职业学校毕业生，即使服务期限已满，仍不允许投考大学②。

1947年，已复校北平的燕京大学的入学申请资格又发生了许多变化：第一，投考本科的考生资格变化明显，允许师范生在服务期满后投考；允许职业学校学生服务期满后投考专业相近的院系。第二，对收复区高中毕业生

---

① Colleges of Arts and Sciences General Information 1925-1926，北京大学档案馆藏：燕京大学档案 YJ1924006。
② 《公立院校统一招生教育部有重要补充》，《申报》1940年7月22日。

的学历和经历审查细致，要求收复区高中毕业者须有免予甄审或甄审及格证明，民国三十年度（1941年）以前之高中毕业生未曾升入大学者须详述毕业后之经历；当年不招收同等学力学生①。1948年允许同等学力考生报考，是因为当年同等学力考生投考大学的权利被作为正式规定载入新通过的高等教育法规中。自学成才的清寒学子有更多机会进入大学，被认为是推进高等教育公平的重要举措。要求收复区高中毕业生有免予甄审或甄审合格证明才能投考，是因为抗战胜利后，随着内迁大学陆续在收复区恢复开课，战争期间留在沦陷区就读日伪高中的学生大量投考大学，教育部颁布了专门条例要求对抗战期间在沦陷区就读的学生进行甄审，大学必须招收免予甄审或甄审合格的高中毕业生或同等学校毕业生。未经甄审的学生即使通过考试被录取，教育部也不予办理学籍。

燕京大学所设各类专修科的申请资格与本科一年级生的要求一致。研究生的入学申请资格一般要求大学毕业或者具有同等程度。各年度还有入学的具体要求。1925—1926学年度，燕京大学研究生的入学要求为：

（1）所主修专业系主任同意；（2）向研究生委员会表明能熟练运用汉语文字正确、清晰地表达自己的思想，外籍生可使用其他语言文字；（3）英语程度足以满足相关课程的学习需要；（4）至少住校一年。②

1928年燕京大学研究院的申请资格为：大学校毕业生入院为正式生；有同等程度研究特别问题者得选课为特别生③。1947年研究院的招生资格为：①对于所选习之专门学科，有充分之准备，能用中文作明确畅达之文章，并对与所研究学科有密切关系之外国文有相当造诣，至少能阅读所习学科之外国文原本书籍。②曾在国立省立或立案之私立大学与独立学院毕业。③经公开考试，并审查其在原毕业学校之功课成绩，均认为合格。④如无上述第二款之资格，但在经教育部认可之国外大学毕业者，亦得应前项之考试④。入学申请资格呈现日益严格的变化趋势，表明大学对科学研究的重视，通过对申请资格的限定和考试考核，选拔具有较高学术水平的研究人

---

① 北京大学档案馆馆藏：燕京大学档案 YJ1947054。
② 《燕京大学文理科男校学生须知（1925—1926）》，北京大学档案馆馆藏：燕京大学档案 YJ1924006。
③ 《燕京大学校组织大纲》，《燕京大学校刊》1928年9月14日。
④ 北京大学档案馆馆藏：燕京大学档案 YJ1947054。

员，加强大学的科研职能。

除上所述，燕京大学还有几类特殊的有关申请资格的规定，如转学生和旁听生入学申请资格、外国学生入学申请资格以及宗教学院入学申请资格。转学生入学申请的基本资格是在大学修业一年以上；申请入学为旁听生须具有曾在教育机关服务3年以上之资格①。

燕京大学的宗教学院早在1925年就已经单独设立，实行单独招生，不参与大学统一的招生活动，一般采取推荐入学。1930年，燕京大学宗教学院招生要求考生须具备大学卒业资格，如果未在大学卒业而有同等学力者，只能录取为特别生，不得获得神学士学位。

对申请就读燕京大学的外国学生，燕大制定有专门的外国学生招生政策，招收渴望了解中国和乐意融入中国学生生活的外国学生。这些学生将获得燕大英语系学位。1938年，燕京大学计划招收3个班的外国学生，报名者必须是完全高级中学毕业生，另外还有对申请者的具体要求：

（1）具有苏联国籍，计划在中国长期居住，并希望学好汉语以更好地适应在中国的生活。

（2）在中国长大的外籍公民子女，希望在中国接受一至两年的高等教育以更多地了解中国文明。无论这些学生将来是否再回中国，他们都对汉语深感兴趣，并将之作为有效的工具，更深入地融入周围的生活，帮助他们避免成为纯英语派学生（a clique of purely English-speaking students）。

（3）来自国外的学生，因欣赏中国文化的优势而希望在中国接受一年的教育。这类学生被建议在其国内至少就读两年的大学课程后再转来。尽管他们希望以汉语作为与周围人的联系纽带，但不能过高期望他们在汉语言的学习上取得显著进步。②

对中国文化和交中国朋友没有特殊兴趣，只是因为其他大学看起来不够气派（inexpensive）或其他原因，想到燕京大学就读的外国学生，燕京大学一概不予录取。燕京大学希望把有限的机会留给那些合格的、能够充分地利

---

① 《燕京大学文理科男校学生须知（1925—1926）》，北京大学档案馆馆藏：燕京大学档案 YJ1924006。

② （Yenching University）Entrance Information Bulletin for Foreign Students 1938，华中师范大学教会大学研究中心藏：AUBCHEA，SeriesⅣ-Box309-Folder4755。

用这一求学机会的学生。因此，学校的录取原则是从入学意愿非常强烈且入学考试成绩最优秀的学生中选拔。这毫无疑问导致入学竞争非常激烈，燕京大学因此建议所有申请者作好申请被拒后的其他计划①。1948年，燕京大学对外国学生申请入学的资格有细微调整，但招收方向仍分为三大类，招生仍然是为了满足那些对中国真正热爱、愿意为中西方文化交流作出积极努力的外国学生的求学意愿。

对中国没有兴趣，或因其他原因申请入学者，燕京大学不考虑录取。招收外国学生主要分为三大类（three main categories）：

1. 居住在中国，希望能熟练运用汉语并想继续留在中国的学生。

2. 想在有文化特色的国文学院学习一至两年，但会在国外院校继续学业并取得学位者，建议在自己的国家接受一至两年的学院教育（college work）后以转学方式来学。

3. 想成为中国通（to identify themselves with China），因此想获得燕京大学的学位，这类学生必须至少住校两年。②

到1938年时，燕京大学还没有针对外国转学生的专门考试，一般只接受成绩优异的中国转学生，并且需要接受转学生考试，对外国转学生，燕京大学只接受在高水平院校（a high grade institution）就读且成绩在班内居前3名的学生③。

二、报考手续

进入20世纪30年代的燕京大学，每年要组织多次入学考试，如春季研究院入学考试，承认中学推荐考试，外国学生入学考试，普通入学考试等。就本科招考而言，每年从4月份就开始组织考生报名，填写提交各项申请材料。按照燕大招生考试制度的安排，承认中学考试和外国生考试都提前在5月份举行，因此考生4月份就要开始准备并提交申请材料。承认中学考试

---

① (Yenching University) Entrance Information Bulletin for Foreign Students 1937，华中师范大学教会大学研究中心藏：AUBCHEA, Series Ⅳ-Box309-Folder4755。

② (Yenching University) Entrance Information Bulletin for Foreign Students 1948-1949，华中师范大学教会大学研究中心藏：AUBCHEA, Series Ⅳ-Box309-Folder4756。

③ (Yenching University) Entrance Information Bulletin for Foreign Students 1938，华中师范大学教会大学研究中心藏：AUBCHEA, Series Ⅳ-Box309-Folder4755。

参加者均是品学兼优的学生；外国生招考因名额限制，竞争也会比较激烈。参加提前招考未被录取的承认中学学生可以再报名参加普通入学考试（公开招考），而外国学生也可有时间向国外大学申请入学①。

（一）普通正式报考手续

1. 索取并填交报名书

燕京大学的报名书均统一印制，且按学生入学方式或选读班级的不同进行分类，投考者须按照自己的实际条件和入学愿望选择合适的报名书，并在报名书上注明入学申请的类型。报名书主要分为以下5种：

（1）考试入学报名书（application for entrance by examination）；

（2）凭承认中学或附属中学毕业证书入学报名书（application for entrance by certificate from an accredited or an affiliated school）；

（3）转学报名书（application for entrance by transfer on advanced standing）；

（4）附属职业速成班入学报名书（application for entrance as student in a short vocational course）；

（5）旁听生入学报名书（application for entrance as auditor）。②

燕京大学本科一年级新生入学报名书（见图4-1，图4-2）包括大量考生信息，左、右上角分别是报名号和注册号。中间显著位置列明报名须知，主要有5条，一是所交相片的规格和要求；二是填写报名书的具体要求，须由考生亲自逐条填写详细，不得缺略也不得请人代填志愿书，并须签名盖章；三是要求报名书背面之成绩及证明书须由前校校长或教务主任填定并签名盖章；四是要求照章缴纳报名费；五是选定应试地点和选考科目。报名书正面的左、右下方分别是学生要填定的履历书和志愿书。履历书中有一项是要求学生填明宗教信仰及所属宗派，另有一项是介绍人，其中提到"以本大学教职员为佳"，说明燕京大学在招生过程中非常希望招收本校教职员推荐的优秀生源，同时也表明学校当局与教职员之间在招生过程中的良好诚信关系。报名书背面的成绩表要求非常详细地填写，学生各门课程的课时数、分数均须列明，并要求列出学生在班内的名次、全班人数、操行成绩以及体育

---

① 《燕大今夏招生计划规定》，《燕京新闻》1936年3月13日。

② (Yenching University) Entrance Regulations for 1927-1928. 华中师范大学教会大学研究中心藏：AUBCHEA, Series Ⅳ-Box309-Folder4754.

成绩。由于各学校计分标准可能存在差异,燕京大学还要求考生前校校长或教务主任在成绩表下端注明该校采用的记分法,以更明晰地了解考生真实状况。

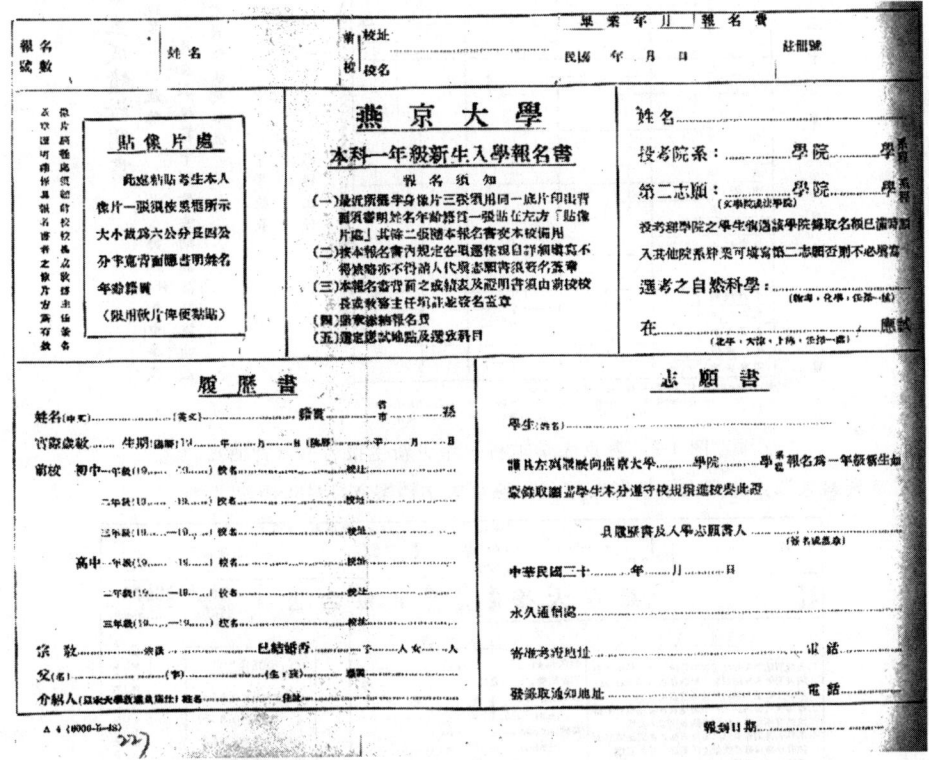

图 4-1　燕京大学本科一年级新生报名书(正面)

报考学生向注册处索取空白报名书后,必须详细填写各项内容,不许漏填,也不得刻意略填。品行证明一项,须由该生前校校长或教务主任签章,如未经该生前校校长或教务主任签名或盖章,则必须有燕京大学的教职员或毕业生或校友具函保证该生品行,方为有效[①]。1947年又特别规定报名书必须亲自填写并签字盖章,不得缺略,亦不得请人代报,报名书上所填之年龄、籍贯须与高中毕业证书或毕业证明书相符[②]。

---

① 《燕京大学文理科男校学生须知(1925—1926)》,北京大学档案馆馆藏:燕京大学档案 YJ1924006。

② 北京大学档案馆馆藏:燕京大学档案 YJ1947054。

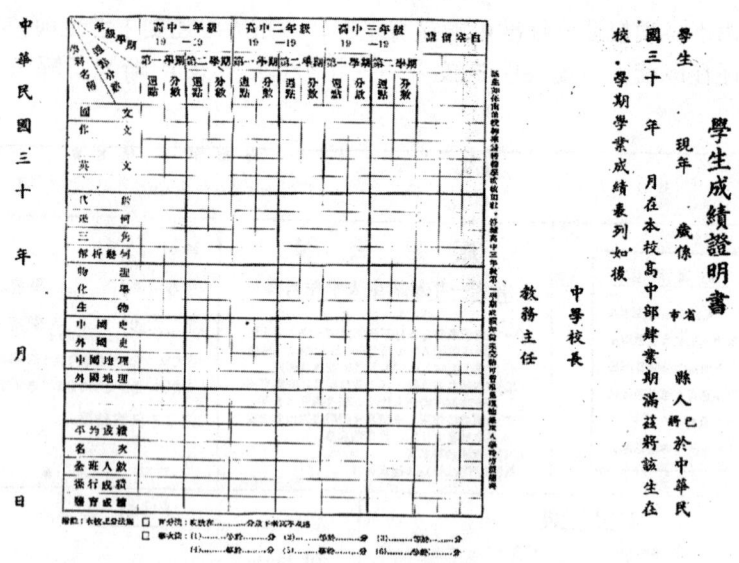

图 4-2 燕京大学本科一年级新生报名书（背面）

资料来源：北京大学档案馆馆藏：燕京大学档案 YJ1948045。

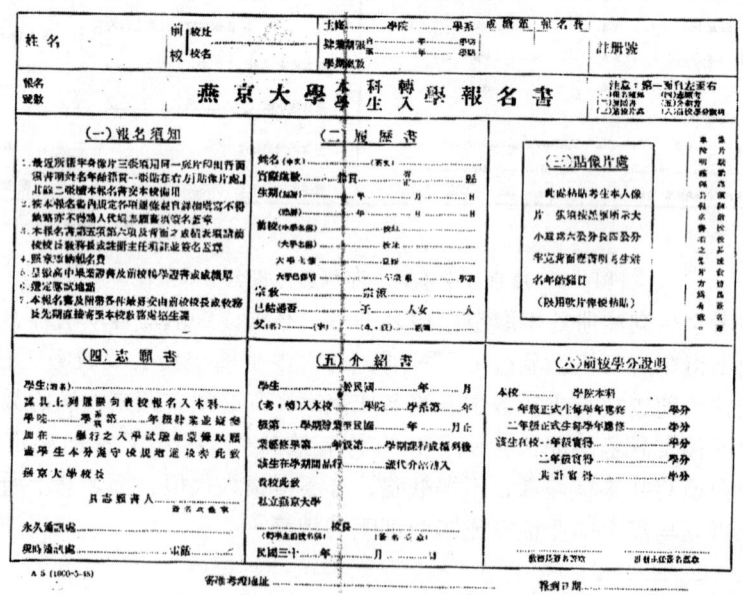

图 4-3 燕京大学转学生报名书（正面）

转学生报名书（见图 4-3，图 4-4）需填定的项目除个人基本信息外，主要有学习经历（履历书）、入学志愿书、转学证明（介绍书）、前校学分证明以及大学成绩表等。与本科一年级新生的报名书相比，转学生的报名书多一项前校学分证明；成绩表是大学成绩表，具体内容不是填写课时和成绩，而是学分和等次。如果有在暑期学校所修的课程，必须详细注明。报名书由考生详细填明基本信息后交给前肄业大学教务处或教务主任填明该生成绩，再由该大学校长或教务主任直接寄交燕大。如果转学生之前所在大学有自备的转学证书，则转学证书必须证明该生在前校品行及功课之成绩，并加以详细解释方为有效。燕京大学必须在收到学生的正式转学志愿书和转学证书后，才会正式研究该生的转学申请。

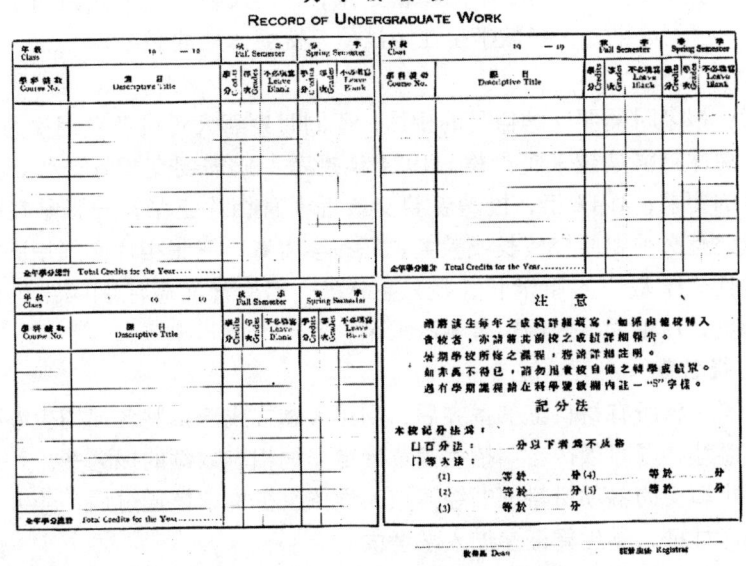

图 4-4　燕京大学转学生报名书（背面）

资料来源：北京大学档案馆馆藏：燕京大学档案 YJ1948045。

2. 呈验证书

报名投考者必须呈验中学毕业证书，可与报名书同时寄送学校，经燕大招生机构认为理由充足时，证书可以在考试期间随考卷补交。抗战期间，受到战争的影响，大量中学不能与搬迁到重庆的教育部取得联系，无法及时为毕业生颁发经教育部验证许可的毕业证书。对这种问题，大学在招生时均给以通融，燕京大学在抗战期间及抗战后初期也规定学生可以以中学校长签发的毕业证明书代替正式的毕业证书。

159

除毕业证书外，1933年之前燕京大学要求考生报名时必须同时呈交体格检验证书。燕京大学早期曾规定体检证书必须由燕大校医（北平地区）或大学认可的当地医生（外地考生）出具；1932年报名时规定北平考生在指定医院体检，考生须于报名期间前往北平红十字会医院举行体检，在他处体检者无效。1933年燕京大学对体格检查时间作出重大调整，将体检程序后移至考生被录取后，要求学生在入学前自行找合适医生体检，入学后再由校医复检①。因为按照以往规定，学生要在报名期间体检，经医生证明无疾病者，方准予参加入学考试；而实际情况是：一方面报名投考者只有30%左右的录取率，要求全部投考者体检浪费时间、精力，还增加学生成本；另一方面，根据燕京大学1932年的体检结果，200人中只有1人因病不能参加考试②。由此可见，大多数学生在考试前无接受体检的必要。

3. 考生相片

考生报名时需要交纳自己的相片，不同时期燕大对投考者相片的要求也不同，总体趋势是越来越严格。1924年投考者只需要交相片一张，并无其他更多的要求；1947年，投考者要交最近半身相片三张；一张贴在报名书上骑缝处且必须要原校校长或教务主任签字盖章；三张相片必须用同一底片印出并且一律裁为6厘米长、4.5厘米宽；相片背面应注明考生姓名、年龄、籍贯，凡相片不合规定者不准报名③。

4. 报名费

投考生将所有材料证书备齐后，到燕大本校或燕京驻各地招生办事处办理报名手续，同时须按当年招生简章规定交纳相应数额的报名费。

考生填交的各项材料证书经燕京大学招生机构审核通过后，燕大会发给学生准考凭证，学生凭证参加入学考试。

除以上常规报考手续之外，燕京大学招考外国学生和宗教学院学生还有特殊要求。

（二）对外国考生的特殊要求

外国学生投考燕京大学，必须先向燕京大学外国学生指导员索取预报名

---

① 《燕大本年招生问题略加改进已筹备完毕》，《燕京报》1933年3月16日。
② 《燕大本年招生问题略加改进已筹备完毕》，《燕京报》1933年3月16日。
③ 《私立燕京大学三十六年度（1947年）招考本科一年级新生简章》，北京大学档案馆馆藏：燕京大学档案 YJ1947054。

信息表（a preliminary information blank），填好交回后；再领取正式报名表（见图4-2），按照规定格式填写，所有报名手续与其他考生相同①。预报名信息表内容包括学生的基本信息，如姓名、出生日期、国籍、来华经历、学习经历及其他与入读燕大相关的问题，如住宿、饮食习惯；学习汉语的目的、说汉语的频率等，目的是了解学生是否具有正确的、强烈的入学动机，是否真正对中国文化感兴趣以及对来华学习的心理准备是否坚定。预报名信息表原文内容如下：

YENCHING UNIVERSITY-FOREIGN APPLICANTS
Preliminary Information Blank

Please answer fully and frankly, continuing your answer on the back if necessary. When you are undecided on any point, please make this clear. Return the blank to Miss Lucy M. Burtt, adviser to foreign students, Yenching University, Peiping West, where upon any information that you have requested will be sent to you.

Name　　　　　　　　　　Date of birth
Nationality　　　　　　　At what ages have you lived in China?
Schools attended, and for what years:
What is your purpose in wishing to study at Yenching? Please answer fully:
When did you first consider coming to Yenching, and because of what circumstances?
Are you merely considering, or have you definitely decided to come if accepted?
If the former, what arguments for and against, are you weighing?
How long do you plan to stay at Yenching? Where do you expect to study after that? What class do you expect to enter there?
Do you wish to live in the dormitories? (Fees are $20 each semester, Chinese currency)
If not, where would you like to live?

---

① （Yenching University）Entrance Information Bulletin for Foreign Students 1938，华中师范大学教会大学研究中心藏：AUBCHEA，SeriesⅣ-Box309-Folder4755。

Do you prefer a Chinese room-mate, a foreign room-mate, or to live alone? Second choice?

How often do you eat Chinese food?

Do you wish at Yenching to eat Chinese food, perhaps supplemented with milk, fruit, etc., or mainly foreign food?

What kinds of academic courses do you wish to take, if available?

What friends have you at Yenching, if any?

How much Chinese do you speak and read?

Do you think you could follow an ordinary lecture in Chinese?

Do you wish to study Chinese at Yenching? If so, with what purpose?

Do you wish to carry a full schedule of class-work, or have you other interests for which you wish to save time?

What further information regarding Yenching do you wish?

To what address should it be sent?①

图 4-5 燕京大学 1938 年外国学生报名书

资料来源：(Yenching University) Entrance Information Bulletin for Foreign Students 1938，AUBCHEA，Series Ⅳ-Box309-Folder4755。

正式的外国学生报名书（见图 4-5）主要有 4 大项内容：一是履历书，二是贴相片处，三是志愿书，四是推荐书。履历书要列明中英文姓名、籍

---

① (Yenching University-foreign Applicants) Preliminary Information Blank, 华中师范大学教会大学研究中心藏：AUBCHEA，Series Ⅳ-Box309-Folder4755。

贯、宗教信仰以及详细的求学经历等。在志愿书中考生要说明申请入学的时间、入学类型（新生，转学生还是研究生）、遵守校规的保证、选考地点以及自然科学选考科目（化学还是物理）。

（三）宗教学院的申请要求

宗教学院性质特殊，学生的入学申请要求也与文、理、法三学院不同，1925 年燕京大学宗教学院规定，常规生的申请要求为：

  1. 必须向院长提交由教堂主管（authorities）或可信任的基督教人士、牧师或其他人士的推荐信函，证明他是教区成员，且非常肯定地准备从事基督教事业。
  2. 申请人必须证明对圣经有深入的了解（a good knowledge）。
  3. 申请人必须有良好英语能力，能够听懂英语演讲并阅读相关的英语书籍。
  4. 申请人必须具有燕大认可的大学的文科或理科学士学位。申请时须提交毕业证书。①

尽管没有其他的学术要求，但如果教务处认为学生的本科基础成绩不能适应神学院学习的需要，会要求学生在神学院学习期间在文学院补修相关课程。如果投考生在大学三四年级期间，能顺利完成某些严格的神学课程，可申请作为转学生，与申请书同时递交的是指导教师对学生所学课程内容、方法和等级的说明。另外，转学生还须获得 32 分以上的文学或理学学士课程学分②。

按照常规程序完成报名手续且需要参加入学考试的所有考生，如果材料审核通过，将收到准考凭证，可以准备参加入学考试；一些特殊申请者，如，旁听生，虽可免于入学考试，但是申请人必须具有曾在教育机关服务三年以上之资格，并且由该服务机关或燕京大学承认的团体或个人写推荐信郑重推荐，再由燕京大学招生委员会裁定其在指定课目中旁听一年③。

自 1919 年到 1949 年，燕京大学一直实行自主招考，在报考手续上保持

---

  ① （Yenching University Bulletin）The School of Religion Catalogue（1925-1926），北京大学档案馆馆藏：燕京大学档案 YJ1924006。
  ② （Yenching University Bulletin）The School of Religion Catalogue（1925-1926），北京大学档案馆馆藏：燕京大学档案 YJ1924006。
  ③ 《燕京大学文理科男校学生须知（1925—1926）》，北京大学档案馆馆藏：燕京大学档案 YJ1924006。

着高度的稳定性，不同年份及不同类型报名书的形式或内容会有差异，但每年的报考程序大同小异。报名时考生需要提交的各项材料毫无例外地都指向大学招考新生的基本要求：学识、品行和体格。燕京大学的考试科目、内容与录取标准更显现出燕京大学按照学校的招生理念和人才标准，通过自主招考方式选拔最合适的优秀生源就读燕大的个性特色。

第二节 考试内容与录取标准

入学考试的核心问题在于考试科目及内容。科学、合理的科目设置和内容设计既可以显著提高考试的效度，较为全面地考查学生已有的知识水平；又不至于对学生应考造成过重的负担，使考试的功能充分发挥，使考试的价值得到最大体现。科目过多或过少，内容偏浅或偏深，都达不到准确测量、评价学生以及科学选拔人才的目的。因此，考试科目与内容的设置是学校对拟选拔人才应具备的知识结构的要求；而录取标准则反映出学校对人才学术水平的要求。

一、考试科目

燕京大学入学考试科目主要为笔试科目，1937年才开始在部分特别考生中增加口试一项。按照不同考生群体划分，燕京大学入学考试的笔试科目大致分为4类：承认中学推荐生考试科目、公开招考考试科目（一年级新生）、转学生考试科目、华侨及外国籍学生考试科目。由于承认中学考试将在下一节具体论述，本节主要涉及后3类考试科目（见表4-4）。

表4-4 燕京大学部分年度公开招考科目一览表

年度（年）	考试科目	
	入学考试科目	编级考试科目
1924	国文、英文、数学组合、科学、中史、外史（注：数学组合是代数学与几何；科学是任选一门，附带实验）	英文、智力测验
1925	国文、英文、数学、自然科学、中国史及世界史 注：数学二选一（代数、几何及三角；混合数学）；自然科学在生物学、化学、物理学、地质学、地文学、科学总论中任选一，欲入本科之医学预备课者须考生物学或化学或物理	英文、智力测验

续表

年度(年)	考试科目	
	入学考试科目	编级考试科目
1929	国文、英文、混合数学、中外历史、中外地理、科学 注：混合数学（代数、几何、三角）；科学（任选其一。入考时须当场呈验实验笔记）（1）生物学（2）化学（3）物理学（4）地质学（5）普通科学。入医学预科者，限定须考（1）或（2）或（3）	国文、英文、智力测验
1930	国文、英文、数学、史地、科学、智力测验（外地考生入学后参加）	
1933	国文、英文、数学、自然科学、社会科学常识（简称常识）、智力测验	
1935	国文、英文、智力测验、混合数学、社会科学常识、奖金论文	
1941	国文、英文、数学、理化、智力测验、常识	
1945	国文、英文、数学、理化、史地、生物、公民	
1947	国文、英文、数学、自然科学、常识、智力测验	

资料来源：燕京大学各时期的档案资料；《燕京大学本科简章（1929—1930）》，AUBCHEA，Series Ⅳ-Box309-Folder4754；北京大学档案馆馆藏：燕京大学档案YJ1924006，YJ1929022，YJ1947054；《燕大本年招生问题略加改进已筹备完毕》，《燕京报》1933年3月16日；《招生委员会本年度招生办法决定》，《燕京新闻》1935年3月16日；《燕京大学在沪招考新生》，《申报》1941年5月23日；《燕大秋季招生考试科目增加》，《燕京新闻（成都版）》1945年5月23日。

燕京大学公开招考入学考试科目（见表4-4）的设置有几个显著的特点：

（1）国文、英文、数学是三大必考科目，智力测验也是新生的必考科目。早期燕京大学新生在注册上课之前要经过两次考试：入学考试和编级考试。先举行入学考试，录取后入学时再举行编级测验，1924年—1926年的编级测验科目都只有两门，即英文和智力测验。1927年，编级考试科目增加为3门。入学注册时，无论是考试入学、证书入学还是转学，都必须接受智力测验、国文和英文考试。这些考试的目的是进行分班，在考试中成绩不佳的学生将被要求放弃某些选修课程而学习特殊功课[1]。20世纪30年代中

---

[1] （Yenching University）Entrance Regulations 1927-1928，华中师范大学教会大学研究中心藏：AUBCHEA，Series Ⅳ-Box309-Folder4754。

期，入学考试与编级考试合而为一，考试科目重新整合，智力测验开始成为入学考试科目之一。

(2) 1933年燕京大学入学考试科目有重大调整。第一，原史地试验改为社会科学常识。按燕京大学招生委员会的意见，社会科学常识既包括原有史地知识，又能将经济、其他社会科学以及中外大事包括在内，改考社会科学常识，比较切合实际。第二，数学试验分两次举行。按照燕大已往的入学考试科目设置，文、理、法3个院所用的入学试题均完全一样，但依据考生实际状况，投考文、法学院的学生往往对数学缺乏兴趣，对数学的准备欠充足，以致数学考试成绩不尽如人意。考虑到这种状况，燕京大学招生委员会决定，自1933年起，将数学考试科目分为普通和甄别两种，普通数学考试于暑期招考时举行，试题相对容易，是学校招收录取学生对数学最低限度的要求。甄别数学考试则是在9月份开学时举行，凡已被录取学生中拟入理学院或法学院经济学系者，均须参加，不及格者须补修或改入其他院系。第三，1933年—1934年，自然科学考试仍为3选1，从生物、物理、化学3科中选其一，自1935年起改为2选1，从物理和化学两科中选择其一[①]。

(3) 燕京大学的入学考试中没有党义科目，公民科目也仅出现在燕京大学迁校成都时期。南京国民政府成立后，为加强党化教育，要求各大中学校普遍开设三民主义课程，大学招生考试科目也增加党义一科，后因党化教育的色彩过于浓厚，党义课程改为公民课程，大学入学考试科目中党义也相应改为公民。20世纪30年代，党义是各大学招生考试的必考科目，不考党义在国立和省立大学招生考试中是不可能的，即使在教会大学中也是少有的例外，更何况燕京大学是已经立案的私立大学。但直至1942年燕京大学在成都复校，与华西坝四教会大学联合举行招生考试，公民科目才在燕京大学的入学考试科目中出现。复校北平后，燕京大学依旧以社会科学常识考试科目取代公民考试科目。比较能够解释此种现象的依据是教会大学确实在中国近代享有相当大的招生自主权，而对于燕京大学坚持以内容涵盖史地知识、经济、其他社会科学以及中外大事的社会科学常识考试科目代替公民科目，国民政府教育部大概除了默许之外，也提不出更有力的反驳依据。

以上是公开招考科目的变化情况，除此之外，燕京大学转学生入学考试科目和外国考生入学考试科目也有不同变化。

---

① 《燕大本年招生问题略加改进已筹备完毕》，《燕京报》1933年3月16日。

第四章 案例研究：燕京大学招生考试特点解析

转学生的考试科目及内容一直处在不断的修改、完善之中。1924年—1925年，燕京大学男校的教学成绩非常不理想，学校当局因此下决心提高招生标准，对成绩低于燕京大学学生平均水平的转学生一概不予录取①。1925年，按照燕京大学与福建协和大学的协定，福建协和大学学生转学至燕京大学可免试，已获得的课程学分无条件承认，但仍需参加英文和智力测验；由其他学校转学来的学生，除参加英文、智力测验外，还需参加已获学分的课程考试②。1927年转学生经学校严格审查原校成绩通过后，于入学时参加国文、英文和智力测验，以便编级③。随着学校教育教学条件的逐步改善和教学水平的提高，招生考试科目的设置和命题更加规范系统，依照不同院系的具体特点和每年的招生实际适时变化。1935年转学生共同考试科目为国文、英文、智力测验和数学。其中数学分为两种，人文、法学院考普通数学，入理学院者考高级数学；科学则在物理和化学两科中任选其一④。1937年转学生入学考试科目改为国文、英文和智力测验3科，但同时规定各院系可以举行甄别试验，即对学生拟入院系的主修学科进行考试⑤。1941年转学生考试科目为国文、英文、智力测验，另外再加3门主修学科，根据考生拟入院系确定⑥。1937年海外侨生转学生的考试科目为国文、英文、智力测验和科学⑦。

燕京大学转学生考试科目中最早确定的两科是英文和智力测验，20世纪20年代中后期，教会大学开始国文教育改革，入学考试对国文的要求明

---

① Annual Report of the Deans College of Arts and Sciences For Men Covering the Session of 1925-1926，北京大学档案馆馆藏：燕京大学档案 YJ1924006。

② Colleges of Arts and Sciences General Information 1925-1926，北京大学档案馆馆藏：燕京大学档案 YJ1924006。

③ (Yenching University) Entrance Regulations for 1927-1928，华中师范大学教会大学研究中心藏：AUBCHEA，Series Ⅳ-Box309-Folder4754。

④ 《招生委员会本年度招生办法决定》，《燕京新闻》1935年3月16日。

⑤ 《北平私立燕京大学本科入学简章（1937年）》，北京大学档案馆馆藏：燕京大学档案 YJ1937007，第472页。

⑥ 《私立燕京大学三十年度（1941年）招考》，北京大学档案馆馆藏：燕京大学档案 YJ1948045，第232页。

⑦ (Yenching University) Entrance Information Bulletin for Overseas Chinese Students 1937，华中师范大学教会大学研究中心藏：AUBCHEA，Series Ⅳ-Box309-Folder4755。

显提高。1927年，转学生考试科目确立为国文、英文和智力测验3科。其后，无论其他科目有何增减，上述3科作为转学生入学考试的基本科目始终没有变化，数学和科学也曾作为转学生入学考试科目，但都时间不长。最终，燕京大学转学生考试科目确立为3＋X模式，即国文、英文和智力测验是所有考生必须参加的必考科目，X则是各院系根据课程要求设立的主修科目考试。这实质上是一种通识加专精的考试科目组合，用来综合判断学生的通识基础和专业知识水平。

华侨和外国学生入学考试科目大致与国内考生一致，也须参加国文、英文、智力测验、科学、数学、常识6科，其中报考理学院的学生还要再参加高等数学的甄别试验。对外国学生在入学前会进行免修和编级测验（The Exemption and Placement Tests），目的是让程度足够好的学生避免再修一些初等的必修课程，如初等数学、初级法语或德语①。虽然考试科目一致，但对侨生和外国学生，燕京大学规定的国文还是有差别的，只考初级国文，程度相比国内考生要容易许多，在录取时国文标准也比较宽松。

对于居住在外国的，申请投考燕京大学的外籍学生，燕京大学允许其在以下两种考试中任选其一：

1. 美国大学入学考试委员会组织的以下科目考试

学术性向测验（Scholastic Aptitude Test）；

学业测验（Achievement Tests）。

1）英语；2）社会常识；3）物理或化学。

2. 英国大学入学考试（The matriculation examination to a British University）②

燕大对外国考生的考试规定显现出学校招生考试的国际化特点，考生除了可以参加英、美两国的考试外，如已通过香港大学的入学考试，也可被免试录取。

二、考试说明

燕京大学每年会定期将往年入学考试的试题真题结集出版，一为指导考

---

① （Yenching University）Entrance Information Bulletin for Foreign Students 1938，华中师范大学教会大学研究中心藏：AUBCHEA，SeriesⅣ-Box309-Folder4755。

② （Yenching University）Entrance Information Bulletin for Foreign Students 1948-1949，华中师范大学教会大学研究中心藏：AUBCHEA，SeriesⅣ-Box309-Folder4756。

生复习应考；同时为请业内人士评论建议，以求更好地修正。除智力测验外，其余各科试题或全部或有选择地公布，在各科试题前，会将各科考试说明一并刊发。

燕大去年度本科入学试验科目说明及试题，现已出版，内分国文，英文，数学（代数，几何，三角），及科学（任择下列之一）（一）物理学，（二）化学，（三）生物学，此外并有智力测验，但试题不发表。[①]考试说明中涉及各科的程度要求、学习方法等，并有推荐的参考书目。

（一）国文

1. 程度

1925年适用的国文考试说明中，学习国文应达到的程度是"国文结构学生应有普通之知识，古人典籍学生应有真实之赏识，能用文字发表自己之思想，涉览群书，期能了解并获乐趣"[②]。1938年的考试说明中规定，按照教育部高中课程标准，学生必须达到以下能力方为合格：一，能应用本国语言文字，深切了解固有的文化；二，能自由运用语体文外并须有用文言文叙事说理表情达意之技能；三是有读解古书欣赏中国文学名著之能力[③]。

2. 学习方法

（1）学生应多在图书馆浏览中文书籍，以期获得研究之径。

（2）读书宜造成写札记之习惯，期能自由发挥自己之见解，增加撰稿之乐趣。

（3）中文文法宜常考究，自己之札记及文章宜细心修改文法上之错误。

（4）学生宜常练习文言白话互译。

（5）学生宜善用新式标点符号。

（6）学生宜练习演说熟悉发音原理，造就口才俾能随意发表自己之意见。[④]

---

① 国家图书馆馆藏：《燕京新闻》第1卷第45期，1935年1月31日。
② 《燕京大学文理科男校学生须知（1925—1926）》，北京大学档案馆馆藏：燕京大学档案 YJ1924006。
③ 《民国廿七年度（1938年）燕京大学本科入学试验科目说明及试题》，北京大学档案馆馆藏：燕京大学档案 YJ1938006。
④ 《燕京大学文理科男校学生须知（1925—1926）》，北京大学档案馆馆藏：燕京大学档案 YJ1924006。原文无标点。

3. 推荐书籍

1925—1926学年燕大学生须知中，引用梁启超的一段话对学生学习国学应读书籍给予推荐，希望学生能通读。

> 今再为拟一真正限度如下：《四书》、《易经》、《诗经》、《礼记》、《左传》、《老子》、《墨子》、《庄子》、《荀子》、《韩非子》、《战国策》、《史记》、《汉书》、《后汉书》、《三国志》、《资治通鉴》（或《通鉴纪事本末》）、《宋元明史代事本末》）、《楚辞》、《文选》、《李太白集》、《杜工部集》、《韩昌黎集》、《柳河东集》、《白香山集》、其他词曲随所好选读数种以上，各书无论矿学、工程学……皆须一读，若此未读，真不能认为中国学人矣。①

另外，还有几本当时比较新但很有影响力的著作也被推荐：马建忠的《文通》、章炳麟的《国故论衡》和《国学概论》、《胡适文存》（第一集、第二集）、梁启超的《饮冰室论文集》（第一辑）以及钱基博的《国学必读》。

国文考试说明显现出燕京大学除希望考生有比较好的传统国学根基外，还非常重视新文化的内容，如学习方法中建议学生应多练习文言和白话文互译；熟练运用新式标点符号；锻炼口才，自由发表自己的见解等。这种倾向在试题内容中也有体现。

（二）英文

英文考试，包括口试、作文、文法、笔述、听力、默读、识字各项，不专考某种书籍。

1. 程度

中学英文授课时间每星期应有五小时，学生自初中一年起读英文，至高中三年止，应具下列四项能力，方为合格：

（1）能作明白清晰之短文；

（2）诵读普通英文课本不感困难；

（3）通晓英语，谈话清楚；

（4）善用文法，尤宜熟谙动词。②

---

① 《燕京大学文理科男校学生须知（1925—1926）》，北京大学档案馆馆藏：燕京大学档案 YJ1924006。原文无标点。

② 《民国廿七年度（1938—1939）燕京大学本科入学试验科目说明及试题》，北京大学档案馆馆藏：燕京大学档案 YJ1938006。

2. 方法与内容

运用英文能力之发展，固宜按照上举之次序；然学习稍久，该四项亦宜同时进行。学习之始，难求准确；惟最大最速之长进乃自勤苦练成之良好习惯中得来。故学生欲求英文发音之完善，当从熟悉发音学之教员学习之。教师应完全用英语教授。翻译一项不必注意。

于默诵英文融会书中之意义外，亦宜朗读以表现书中之情节，盖真能了解所朗诵之意义者，自必能表现书中之情节也。

学习者不必多从事于文法；明白字句之构造，以求意义之了解为最要。习文法常重实用，熟读定理，裨益实少。

初作英文，须注重各种辞句之构造，及分段清晰，不宜冗长。①

3. 书籍介绍

英语命题无固定课本，The Graybill Mastery of English Series（Edward Evans）及 Faucett's The Step By Step English Readers（Commercial Press）内容尚佳，可参阅。其他普通应用之简易著名文选等书亦宜注意诵读。

（三）数学

鉴于各学院学系所需要的数学程度不同，燕大将数学试验分为两种：学生入文学院或法学院者，对于数学兴趣一般，且所修功课与数学无紧要关系，则入学考试只考普通数学，程度较易；入理学院的学生要学习的课程多与数学有关联，所以入学考试内容相对高深。

（四）社会科学常识测验

试验目的为考查学生对历史、地理及其他社会科学及中外大事等普通知识的掌握情况，要求学生了解重大的历史事件、社会和经济发展以及地理学知识，同时还应了解艺术、音乐、科学、文学、宗教以及政治等方面的伟大著作和代表人物，定时翻阅报纸杂志，关注时事发展。投考者应着重于平时积累而非临时采取其他形式的正式学习。

（五）智力测验

智力测验的目的在于观察考生智力发展的程度，考生不需要特别准备，即使准备也无益。试题从不发表。考生接受测验之前，要先做例题，并掌握

---

① 《民国廿七年度（1938—1939）燕京大学本科入学试验科目说明及试题》，北京大学档案馆馆藏：燕京大学档案 YJ1938006，第 192 页。

答题要点：尽力多做题，但不能太快，以免出错；不要在一道题上耗费过多时间，不会做的可直接跳过。

燕京大学对各科目的程度要求因考生不同而不同。外国学生因所处的教育环境和教育内容有差异，国文科目的考试要求显著偏低，且重点集中在了解中国的文化和具有初级的汉语认读和理解能力。外国学生国文考试包括语言和文化两部分。语言部分包括口试，并测试考生认读单个汉字的能力，以及初级程度的汉语阅读理解；对汉字书写不作要求，但给考生机会展示书写汉字的能力；希望学生最好掌握汉语拼音知识和组合拼音的能力，可参考的书籍主要有商务印书馆出版的平民教育运动教材《平民千字课》和 Baller 所著的 Mandarin Primer。文化部分考查重要的中国事件，包括中国历史、哲学、艺术以及习俗、书院和当代事件（customs, institutions and contemporary affairs），还有包含整个领域的初等、简明扼要的著作。建议学生阅读当时的期刊和报纸，以了解更多同时代资料，所推荐的参考书目主要有 China Yesterday and Today (E. H. Williams), Outline History of China (Gowen and Hall), Sketch of Chinese History (F. L. H. Pott), Chinese Art (S. W. Bushell), Brief History of Early Chinese Philosophy (D. T. Suzuki)①。

对外国学生的英文考试则与美国大学入学委员会（College Entrance Examination Board）开展的综合英语测验本质上类似，将测查学生在美国中学所学主要英语课程的知识，以及使用准确、清晰的英文写作文章和阅读理解英文诗歌、散文的能力。

对于常识、数学以及自然科学等科目的考试要求，无论外国学生，还是本国学生，都基本一致，例如数学、自然科学等科目，都是根据学生拟入院系不同设定不同的考试要求。

燕京大学公布的考试说明实质上发挥着考试大纲的作用。它有两个主要的特点：第一，考试说明是由燕京大学自主制定和公布的，而不是由政府统一颁布。虽然在政府出台高中课程标准后，有些具体要求需要按照教育部的规定作些调整，但从整体而言，不会与燕京大学的考试要求有大的差异。燕京大学完全可以在不违背教育部基本要求的前提下，按照学校教学的水平制

---

① (Yenching University) Syllabus of Entrance Examination for Foreign Students，华中师范大学教会大学研究中心藏：AUBCHEA, SeriesⅣ-Box309-Folder4755。

定考试标准,并引导中学按大学要求的程度开展教学。第二,考试说明的具体内容不断变化,并最终落实到试题中。随着社会主流文化的变迁,学校教学的发展和招生考试制度的改革,对各科目的考试要求、学生升学应具备的能力以及考试的参考书目都会发生变化,这些变化最终又会落实到考试的试题当中。1940年燕京大学英文考试的目的进一步明确为测查投考者实际使用英语的五种技能,分别为口述了解之能力(听力理解)、词汇、阅读了解之能力、文法以及作文(英文写作能力),并要求投考者注意掌握英文文法中的一切主要原则并熟练运用于造句,要精读部分现代英国作品(1900年之后的作品)并注意语句之构造法以及语句中思想的连贯,还要坚持练习写作,能准确使用动词、名词、代词等,并注意附属句及短句的联接等[①]。

三、试题分析

试题是考试内容的直接载体,命题的原则、特点都会在试题中体现,试题内容体现学校考试重心的变化,考试重心的变化反映学校对人才知识结构和能力要求的变化,而其背后则又折射出时代对人才的需求和社会文化的变迁。

试题量大是燕京大学入学考试中各科试题的普遍特点,而除国文外的史地、数学及科学等试题均为双语命题,考生可选答一种,则体现出入学考试的国际化特点。随着考试科目的调整,试题内容也相应变化,尤其是1933年,燕京大学将史地科目改为社会科学常识,增加了社会科学、经济以及时事内容;入学后举行的数学甄别试验难度加大;科学考试虽不再要求考生提交科学试验笔记,但测试学生实验能力的内容被融入试题中,在一定程度上增大了试题难度,考试侧重点转向能力考核[②]。1935年数学考试科目又调整为普通数学和高深数学两种,普通数学的试题难度相应降低。1936年,燕大又拟改革命题标准:

> 本校鉴于往年各学系所出试题,或有未尽适合一般高中毕业生之程度者,最近教育部亦曾训令各大学注意此点,遂决定向各学系发一通,请于出题时务必参照课程标准及各中学教学实况,并拟于最近期内将本

---

① 《民国廿九年度(1940年)燕京大学本科入学试题试验科目说明及试题》,北京大学档案馆馆藏:燕京大学档案 YJ1940015。

② 《燕大本年招生问题略加改进已筹备完毕》,《燕京报》1933年3月16日。

校去年各科试题分寄一部中等学校教员，请求批评，俾为参考之资。①

在燕京大学各入学考试科目中，国文和常识两科的试题内容变化相对更明显一些，仅以此两科试题为例，作一简要分析。国文试题见表4-5、表4-6。

表4-5 1937年—1950年燕京大学国文试题统计表（一）

年度（年）	一	二	三	四	五
1937	作文（文言白话皆可，但须分段，并加标点符号）	就所给文言文加标点符号	选择正确词意	改正错别字	
1938	作文（文言白话均可，分段加标点符号，并将文章内容大纲附于篇末）	就所给文言文加标点符号			
1940	作文（文言语体随意）	语体文言互译			
1945	补全成语（20%）	虚词填空（30%）	标点符号题（25%）	佳句补全（可按原文填，或自凭臆想填）（5%）	作文（20%）
1946	作文（40%）	成语改错字（20%）	虚词填空（20%）	文言文译白话（20%）	
1947	补全成语	虚词填空			
1948	补全成语	虚词填空	阅读理解（9篇）		
1949	虚词填空	文言文加标点，并译成口语文	作文（二题任择其一，文白不拘，分段加新式标点，勿超三百字，谨避滥调套语！）		

资料来源：北京大学档案馆馆藏：燕京大学档案。

---

① 《燕大今夏招生计划规定》，《燕京新闻》1936年3月13日。

表 4-6　1937 年—1950 年燕京大学国文试题统计表（二）

题型	试题举例
作文题	一九三七之夏（1937年）；述予投考燕京大学之目的（1938年）；古今人治学态度之比较研究（1940年）
标点符号题 —『 』「 」，；：。！？	宋子曰见侮不辱使人不斗人皆以见侮为辱故斗也也知见侮之不辱则不斗矣应之曰然亦人之情为不恶斜侮乎其不恶侮也曰若是心耻之而不斗未必不因畏之也晋王述性狷急尝食鸡子以箸刺之不能得便大怒举以掷地鸡子于地圆转不止述遽下地以屐齿蹍之又不得瞋甚复于地取内口中啮破而后吐之恶鸡子之不遽得也俄与其谢无奕以事相失谢性粗强乃过于述径来述室让之肆言极骂可谓辱矣而述正色面壁不敢动半日谢去良久转头间左右己去未答云己去然后复坐是其不忍一鸡子而忍强梁之骂岂知见辱之为不侮哉然而不斗者心有所畏也然则斗与不斗非由于辱与不辱也夫宋子不能解人心之恶止暴者之侮而务说人以勿辱岂可行哉（1937年） 1. 据禀并另单钞件均悉修隄筑圩是搜集流亡劝民耕作之本宜不时亲往监督出示自誓 2. 接读十九日惠示具纫爱注勤拳至为感泐即维尊候绥愉盖廑弥笃跂颂无涯津案现办情形公函业经备述现经两月之久办理尚未就绪令阁下及总署诸老多费唇舌（1945年）
选择词意题	一　不辱之辱　赐也（1）　羞也（2）　屈也（3）　耻也（4）　（　） 　　应之应　当也（1）　相感（2）　人姓（3）　答对（4）　（　） 二　恶侮之恶　不善（1）　过也（2）　憎也（3）　耻也（4）　（　） 三　刺之之刺　讯也（1）　责也（2）　捉取（3）　采也（4）　（　） 　　　　　　　　　　　　　　　　　　　　　　　　　　（1937年）
改错题	题心悼胆　自相茅盾　血惺　声吟床弟　技路忘羊 摧残教育　成积优良　目不假急　莫明岂妙　藉贯（1937年） 针灸独步　南风不竞　科学倡明　委屈求全　风声鹤淚　身体强全　恩畏并施 花落知多小　短期内有这么些陈迹也就不坏了　见识浮浅（1946年）
语体文言互译题	我们对于旧有的学术思想，积极的只有一个主张，——就是"整理国故"。整理就是从乱七八糟里面寻出一个条理脉络来；从无头无脑里面寻出一个前因后果来；从胡说谬解里面寻出一个真意义来；从武断迷信里面寻出一个真价值来。为什么要整理呢？因为古代的学术思想向来没有条理，没有头绪，没有系统，故第一步是条理系统的整理。因为前人研究古书，很少有历史进化

续表

题型	试题举例
	的眼光的，故从来不讲究一种学术的渊源，一种思想的前因后果，所以第二步是要寻出每种学术思想怎样发生，发生之后有什么影响效果。因为前人读古书，除极少数学者以外，大都是以讹传讹的谬说，如太极图，爻辰，先天图，卦气……之类，——第三步是要用科学的方法，作精确的考证，把古人的意义弄得明白清楚。因为前人对于古代的学术思想，有种种武断的成见，有种种可笑的迷信。如骂杨朱墨翟为禽兽，却尊孔丘为德配天地，道冠古今！——故第四步是综合前三步的研究，各家都还他一个本来真面目，各家都还他一个价值。（1940年） 范文子不欲战……曰吾先君之亟战也有故秦狄齐楚皆疆不尽力子孙将弱今三疆服矣敌楚而已唯圣人能内外无患自非圣人外宁必有内忧盍释楚以为外惧乎（春秋左氏传成公十六年文）（1946年） 文言译口语文 安鸿渐有滑稽清才而复惧内妇翁死哭于路其孺人性素严入穗幕布中诟之曰路哭可因无泪渐曰以帕试干妻严戒曰来日早临棺须见泪曰唯计既寝来日以宽巾纳湿纸于额大叩其颡而恸恸罢其妻又呼入窥之妻惊曰泪出于眼何故额流渐对曰岂不闻自古云水出高原闻者大笑
补全成语题	上下其__ 杯盘狼__ __其轻重 察言观__ 朽木不可__也 好高__远 得不__失 又__一个 姗姗其__迟 尾大不__（1945年）
虚词填空题	1. 王先生者山东人__ 必__正名乎；2. 士可杀__不可辱 爱__不见搔首踟蹰；3. 非其罪而杀__ 放__四海；4. __有智者不能救也 __在缧绁之中非其罪也；5. 一__以喜一则以惧 盖有之矣今__未之闻也；6. 左左__陷大泽中 是__仁述也；7. 汤汤乎民莫能名__ 有妇人__九人而已；8. 肴核__尽__不能令又有受命；9. 大__孔子 岂不汲汲乎殆__；10. 想当然__ 特其小焉者__（1945年） 1. 身__一家之长 妻子__贼所戮；2. 文不足__演义 __子之矛攻子之盾；3. 唐寅__吴之名士也 子所言__岂此之谓欤；4. 观__此乃知时弊之所在矣 我公知之__；5. 既来之__安之 若然__吾失之矣；6. 四海__内皆兄弟也 未有乐__者；7. 前人已详论之__ 此调遂成绝响__；8. 大__中华 当可不力图富强__；9. 曹操智__多疑 揭竿__起；10. 爱之欲其富__ 地之相去__千有余里（1947年）

续表

题型	试题举例
补全佳句	红杏枝头春意＿；悠然＿南山；身轻一鸟＿；一年灯火＿人归；屏风九叠云锦＿；云破月来花＿影；我＿酌彼金罍；映阶碧草＿春色；日出海＿球；吴山与越山相对＿今古（1945年）

资料来源：北京大学档案馆馆藏：燕京大学档案。

由以上试题统计分析可知，从试题的类型和形式上看，燕京大学的国文考试试题题型比较少，每年的大题在2~5个之间，最少的两道大题，最多的五道大题；主观题和客观题比重大致相当；从试题的内容看，主要集中在作文、标点符号、虚词使用、词汇积累、文言语体文互译5大方面，重点考核学生的语法运用能力、翻译能力、理解能力和写作能力，对知识点的单纯记忆不是考核重点，以1945年的补全佳句为例，试题中明确说明，考生如果读过原文，可按原文照填，如果未曾读过原文，可任臆想填写，这说明如果考生不知原文，但能做出其他比较适宜的答案，也是可以被接受的，答案不具有唯一性，同样表明考试注重考生能力，而不以所谓的标准答案囿其发挥。

社会主流文化对国文考试内容的影响是显而易见的，新文化运动后的中国文学，提倡语体文，积极推行标点符号改革；同时，又有一些学者提出应回归中国传统文学，文言文才是中国最具代表性的语言文字，社会上对文言文的使用也是普遍而广泛的。燕京大学的国文考试重心在文言文和语体文之间不断调节平衡，1933年招生考试改革，鉴于社会上之实际需要，自当年起，国文考试虽仍有白话文内容，但重心则在文言文①。1941年，燕京大学派往上海招考的主试人员则称，燕大国文注重新文学，每次所出作文题目，亦以新文学题目为多。此外，如翻译（文言翻白话）、新式标点等亦有可能②。

解放后各科试题显现出明显的思想倾向，受到新民主主义时期中国主流文化的影响，马列主义、唯物主义等内容出现在试题当中。1950年燕京大学参加华北高等学校联合招生，其研究生入学考试的英文试题有3大题：第1题为汉译英，内容是有关马列主义的一段文字；第2题是英译汉，内容是

---

① 《燕大本年招生问题略加改进已筹备完毕》，《燕京报》1933年3月16日。
② 《燕大在沪招生》，《申报》1941年7月1日。

有关湖南农民土地改革的一段文字；第 3 题是作文题，要求从 3 个题目中任选一题写，所给 3 个题目分别为："解放对于我的意义"（What liberation means to me）；"我打算如何帮助人们"（How I intend to help People）；"英语对我的专业有何帮助"（How can English help me in my field）①。这种考试题型与燕大以往英文考试分口语、词汇、语法、阅读和作文的考试形式相去甚远，内容也有较大改变，如燕大英文考试中的阅读能力考核，要求考生在限定期间读完一篇英文经典文章，更须在规定时间内回答完所列问题。

社会科学常识也是燕京大学比较特殊的考试科目，考试内容涉及中外历史、地理及其他社会科学，以及中外重大时事。从多个年份的常识题分析，燕大常识考试科目的题型、数量都比较固定。数量一般固定在 100 道题，题型最主要的是填空题和选择题，偶尔会出现画图题。1948 年之前，常识题基本都是客观题，1949 年的试题中出现两道主观题。出题的范围相当广泛，不过各方面的内容大致比较均衡，试题内容主要涵盖：

1. 中外历史题

何谓五伦？（一）____ （二）____ （三）____ （四）____ （五）____（1938 年）

西洋中古时代信奉的宗教是_____。（1938 年）

中华民国第一任临时大总统是（1）袁世凯 （2）孙文 （3）唐景崇（ ）（1945 年）

西洋工业革命开始的时候正当中国（1）元代 （2）明代 （3）清代（ ）（1945 年）

社会发展的最终目标是（1）资本主义社会 （2）共产主义社会 （3）社会主义社会 （4）新民主主义社会（ ）（1949 年）

季米特洛夫是（1）保加利亚人 （2）苏联人 （3）南斯拉夫人 （4）芬兰人（ ）（1949 年）

2. 地理题

陇海铁路与其他三铁路接轨之点在（一）郑州 （二）____ （三）_____。（1938 年）

说出两个南美洲的国名（一）____ （二）____。（1938 年）

---

① 《私立燕京大学研究生入学试验英文试题（1950 年 8 月 5 日）》，北京大学档案馆馆藏：燕京大学档案 YJ1950051。

埃及是（1）恒河流域　（2）尼罗河流域　（3）底格里斯河流域（　）(1945年)

延安位于（1）长城以南，黄河以北　（2）长城以南，渭水以北（3）长城以南，阴山以北　（4）渭水以南，秦岭以北（　）(1949年)

斯大林格勒位于（1）乌拉河畔　（2）伏尔加河畔　（3）顿河畔（4）聂伯尔河畔（　）(1949年)

3. 时事题

法俄两国现在的关系为_____。(1938年)

日本投降的根据是：（1）美国杜鲁曼总统，中国蒋主席，英国阿特利首相联名在Postdam所发出之劝告书　（2）中美英开罗会议之宣言书　（3）美国罗斯福总统，中国蒋主席，英国邱吉尔首相之Postdam劝告书（　）(1945年)

此次太平洋战争起于（　）年（　）月（　）日止于（　）年（　）月（　）日。(1945年)

最近我国恢复并发展生产，需要贯彻四方八面政策。四方八面是（1）_____（2）_____（3）_____（4）_____(1949年)

4. 其他社会科学

替外国商人在国内市场上奔走而从中取利的名叫_____。(1938年)

中央法币统由（1）中央银行　（2）中央，中国交通，农工等四行（3）中央，中国，交通，中国农民等行发行（　）(1945年)

三民主义经济政策要点为_____。(1945年)

政府机关向人民训示的公文称_____，人民向政府机关请求的公文称_____。(1945年)

《家庭，私有财产及国家的起源》一书的著者是_____。(1949年)

资本家增加剩余价值的方法普通是：（1）_____（2）_____（3）_____（1949年)

5. 1949年的两道主观题：

就下列二题，任选其一，作短文一篇，文言白话不拘：

(1) 人类社会如何发展？　(2) 新旧民主主义之区别

1949年是燕京大学社会科学常识题发生变化的重大转折点，从试题的类型和内容两方面都有新的价值取向，这是社会文化变迁、教育环境改变对

179

大学人才培养产生的新的需求。大学担负着为社会和国家培养人才的重要职能，当社会和国家对人才的评价标准发生改变时，大学招生考试的内容也相应变革，正是高等教育的外部关系规律发生作用的典型表现。这也是中国近代所有教会大学招生考试都必然经历的过程。

四、录取标准

燕京大学有多种录取新生的方式，录取标准各有不同，早期有考试录取、证书录取、成绩审查录取（转学生）等方式。考试录取是指通过参加燕京大学的公开招考而被录取，即使同为考试录取，标准仍有差异，不过特殊权利仅仅是针对华侨学生和外国生，因为他们在国外居住，缺少学习国文的环境，录取标准才相对宽松一些，其他国内参加公开招考的学生，录取标准都是一致的。

1923年—1926年，燕京大学的录取标准中都明确规定允许学生在有1门科目不及格的情况下入学。5门入学考试科目（国文、英文、数学、中国史及世界史、科学）中必须有4科以上及格，且中文、英文都必须及格才能被录取；除国文、英文外的科目有一门不及格者可照顾录取，但须在入学一年内补考及格①。1924年，燕京女校的规定也是如此："如英文或汉文有一样不足分数者，即不得入学，至于他科设有一门不足分数尚可入学，但须于一年内补考一次。"② 1927年，燕大录取标准有所改变，历史、数学或科学不及格的学生原则上将不被录取，但学校仍会对每个人的情况慎重考虑③。

对华侨生和外国生，燕京大学一直采取比较宽松的录取标准，各院系在录取华侨生和外国生时，均可放低对其国文的要求。学生入学后，再补修国文或选修大学阶段的其他外语课程。1925年规定"凡自不用中国语言地方

---

① Peking University Bulletin No.15, General Circular of Information 1922-1923, 华中师范大学教会大学研究中心藏：AUBCHEA, Series Ⅳ-Box309-Folder4754（注：当时的学年按整年计算，从1922年底至1923年底）；《燕京大学文理科男校学生须知（1925—1926）》，北京大学档案馆馆藏：燕京大学档案 YJ1924006。

② 《燕京大学女校简章》，北京大学档案馆馆藏：燕京大学档案 YJ1924006。

③ (Yenching University Bulletin) General Information 1927 - 1928, 华中师范大学教会大学研究中心藏：AUBCHEA, Series Ⅳ-Box309-Folder4754。

所来之优秀学生，可得考试委员会许可，免考中文"①；对中国学生之久居国外，或外国来华之学生，入学时国文试验，得通融办理；惟入学后须补习国文②。居住在外国的外籍学生投考燕京大学，也可以选择参加美国大学入学考试委员会组织的学术性向测验（SAT）和学业测验（AT），或者英国大学入学考试，但只有申请人的考试平均成绩显示其有较高的学业水平，并且高中成绩优异才会被录取③。

进入20世纪30年代，智力测验也成为入学考试的必考科目，成为录取标准之一，而除了正规的入学考试成绩之外，投考生在注册入学前还必须接受健康检查，如果健康检查不通过，即使考试成绩已通过，同样不会被允许注册。

总体而言，燕京大学是将考生分为本一新生、研究院生、编级生（转学生）、短期学生、旁听生、特别生和宗教学院生7类，实行多元录取。各类生源比例随办学发展而演变。早期仅招本科生和预科生，20年代中期开始招收研究生。至30年代，招录研究生约占全校新生总数的1/5至1/4。从办学规模来看，伴随世俗化发展，燕京大学招生规模稳步扩展。在校生总数，从1924年的438人，增至1930年的808人④。另一方面，其招生虽是多元的，但每年本科一年级新生所占比例最大，成为生源主体。以1930—1932年度招生为例，燕京大学每年招收一年级新生200名左右；其次是研究院学生、编级生和短期学生，各有几十人；旁听生、宗教生和特别生较少，多数年份招生不足10人（见表4-7）。

表4-7 1930年—1932年燕京大学新生报名录取人数比较（单位：人）

学生类别	1930年			1931年			1932年		
	报名	录取	录取率	报名	录取	录取率	报名	录取	录取率
本一新生	384	193	50%	490	188	38%	743	208	28%
编级生	252	75	30%	150	42	28%	201	51	25%

---

① 《燕京大学文理科男校学生须知（1925—1926）》，北京大学档案馆馆藏：燕京大学档案 YJ1924006。

② 《燕京大学本科简章（1929—1930）》，华中师范大学教会大学研究中心藏：AUBCHEA, Series Ⅳ-Box309-Folder4754。

③ (Yenching University) Entrance Information Bulletin for Foreign Students 1948-1949，华中师范大学教会大学研究中心藏：AUBCHEA, Series Ⅳ-Box309-Folder4756。

④ 罗义贤：《司徒雷登与燕京大学》，贵州人民出版社，2005年，第100页。

续表

学生类别	1930年			1931年			1932年		
	报名	录取	录取率	报名	录取	录取率	报名	录取	录取率
研究院生	149	86	58%	151	88	58%	144	95	66%
短期学生	89	54	61%	44	29	66%	19	19	100%
旁听生	9	9	100%	13	12	92%	11	8	73%
特别生	2	2	100%				1	1	100%
宗教学院生	7	7	100%	9	8	89%	9	9	100%
总计	892	426	48%	857	367	43%	1 128	391	35%

部分数据来源：《燕京大学校刊》第5卷第7期。

由此可见，就本科一年级招考而论，1932年报考人数较1930年增加近1倍，但录取率却下降30%。这说明燕大招考标准大为提高，并未因报考人数剧增而盲目扩招；同时也显示其日益显著的办学成绩，吸引更多优秀生源报考，二者形成良性互动。

燕京大学坚持以自己的学术标准设置考试科目和考试内容，成为确保其招生质量的重要举措，考试之严格是出了名的，正如人所言，"当年的汉花园（北京大学）、清华园（清华大学）和燕园（燕京大学）'三园'的入学考试都不讲情面，不是好闯的关"①。社会科学常识和智力测验成为燕京大学入学考试的特色科目，展现出燕京大学在招生考试中追求的国际化标准。对华侨生和外国生投考燕京大学有完善的制度规定，对录取新生的标准留有灵活变通的空间，又体现出燕京大学在招生考试制度中的人性化设计，以生为本，谨慎关注每个考生的不同状况，尽力为学生提供发展的空间和机会，而不仅仅是冷漠的制度执行者。

第三节　承认中学考试

承认中学考试是指燕京大学面向其附属中学或认可中学毕业生进行的招生考试活动，是燕京大学招考新生的一种重要方式。20世纪20年代，燕大

---

① 陈明远：《那时的大学》，山西人民出版社，2011年，第175页。

实行证书录取（Admission by Certificate）制度，与19世纪70年代美国大学盛行的证书录取制度一脉相承，但在具体操作上因中美教育的发展状况不同而有所差别。当时的美国大学，多数是新建的州立大学及农工学院，只要申请者持有中学毕业证书，填写相应的入学申请，即可被免试录取；而像哈佛、耶鲁一类的传统著名大学，仍然要求有相应的入学考试。燕京大学的证书录取针对的是燕京大学附属中学（Affiliated Middle School）或经过燕京大学认可的、办理完善的高级中学毕业生，这些被认可的中学被称为燕京大学的承认中学（Accredited Middle School）。附属中学更多受到燕京大学的直接管理，但一般都用承认中学统一指代两类中学，在其他教会大学也是如此。在符合燕京大学规定的中学学业成绩要求的前提下，毕业证书和中学校方的推荐信是承认中学毕业生成为燕京大学新生录取候选人的充分必要条件。成为录取候选人不等于一定被录取，还必须于入学时参加英文、国文和智力测验等科目的编级考试，最后才能正式注册成为燕大新生。

一、承认中学与燕大早期招生

在教会大学的招生考试组织体系中，承认中学与教会大学关系最为密切。燕京大学成立初期，承认中学毕业生入读燕京大学无须入学考试："学生来自本校所承认之中学校或预科程度者，呈验证书后准免入学考试。"①

虽然燕京大学明确规定：无论公立还是私立学校，只要符合大学关于认可中学的规则，都可成为燕京大学的承认中学或附属中学②。但燕京大学的承认中学中，还是教会中学占有很高的比例，早期更是教会中学一统天下。1925—1926学年度，燕京大学男校承认的办理完善之中学有11所（当时的燕京女校尚没有承认中学），全部是教会学校。这11所承认学校为：北京汇文学校（Peking Academy, Peking）、北京崇德学校（Ch'ung Te School, Peking）、北京崇实学校（Truth Hall, Peking）、北京萃文学校（T'sui Wen School, Peking）、直隶通县潞河中学（Jefferson Academy, Tunghsien, Chihli）、天津新学书院（Anglo-Chinese College, Tientsin）、奉天文会书院（Manchuria Christian College, Mukden）、山西太谷铭贤学

---

① 国家图书馆馆藏：《燕京大学章程（1920—1922）》。原文无标点。
② （Yenching University）Entrance Regulations 1927-1928，华中师范大学教会大学研究中心藏：AUBCHEA，Series Ⅳ-Box309-Folder4754。

校（Oberlin-Shansi Memorial Academy, Taikuhsien, Shansi）、福建泉州培元中学校（Westminster College, Chuan Chow, South Fukien）、山东潍县文华中学（Point Breeze Academy, Weihsien, Shantung）、山东德县博文中学（Porter Academy, Techow, Shantung）①。

1928年燕京大学男校承认的中学有：广东皇仁书院、福州英华学校、山西铭义学校、北平崇德学校、广州培英中学、通州潞河中学、北平美国学校、山西铭贤学校、天津新学书院、北平崇实学校、广州培正学校、天津汇文学校、苏州萃英学校、山东博文中学等。燕京女校虽然到1927年还没有认可中学，但已有17所学校被看作附属学校，其优秀毕业生经校长推荐可免试入学：南昌弘道学校（Baldwin School, Nanchang, 即葆灵女中）、北京贝满女中、长沙福湘女中学、北京慕贞中学、南京汇文中学、天津中西中学、上海中西女校、南京明德中学、北京培华中学、北京美国学校、北京笃志中学、武昌圣希理达学校、上海圣马利亚中学、广州真光中学、杭州弘道中学、湖州湖郡女学、福州文山中学②。

1928年，燕京大学共录取一年级新生178人。其中男生133人，由承认中学推荐免试者101人，占男生录取总数的76%；女生45人，由承认中学推荐免试者41人，占女生录取总数的91%；总计一年级新生经承认中学者推荐免试者142人，占一年级新生录取总数的80%③。

1930年教育部要求大学附属中学毕业生不得无试升学，必须和其他学校报考新生一同参加入学试验；同时，承认中学符合条件的毕业生大量增加，燕京大学的证书录取制度逐渐调整为承认中学考试，并固定在每年的5月份提前举行。

二、承认中学申请条件与程序

燕京大学早在1920年—1922年的章程中就已明确规定申请成为燕京大学承认中学的条件是"中学或预科学校须经本校调验其课程，并学生升学考

---

① Colleges of Arts and Sciences General Information 1925-1926，北京大学档案馆馆藏：燕京大学档案 YJ1926006。
② (Yenching University) Entrance Regulations 1927-1928，华中师范大学教会大学研究中心藏：AUBCHEA, Series Ⅳ-Box309-Folder4754。
③ 根据燕京大学公布的录取名单统计整理。

试之成绩,并许本校之视查员参观其学校情形,合格者方予承认"①。

1933年,燕京大学修改承认中学暂行规则,请求成为燕京大学承认中学的中学必须具备三项标准:

（一）凡公立或已立案之私立高级中学,其学科、程度经本校认为能与本校本科衔接,而办理成绩昭著者;

（二）承认中学应以下列各科为高中之课程:国文、英文、数学、史地、自然科学。每科应授学分,参照部颁课程标准。

（三）欲请求为本校承认中学者,至少须曾有毕业生五人经本校普通入学试验录取,而各生入学后第一学期成绩均能平均在中等以上者。②

要成为燕京大学的承认中学,必须在达到上述标准后,向燕京大学提出申请,由燕京大学派员视察合格,认为申请学校符合既定的承认标准时,先试承认两年,两年后如果承认中学仍能保持优良的教学,再正式承认。在试承认期间,该校毕业生享有与正式承认中学毕业生同样的参加推荐考试入学的权利。燕京大学有权对承认中学随时进行视察。

获燕京大学正式承认的中学分为甲、乙两等级。确定等级的标准是每年在燕京大学一、二年级就读的,经推荐考试被录取的该承认中学全部毕业生的总平均成绩。举例说明,北京崇实中学是燕京大学的承认中学,1935—1936学年度,在燕京大学一、二年级就读的崇实中学毕业生中有14人是经过推荐考试录取的,那么这14名学生的总平均成绩就是评定崇实中学等级的唯一标准。如果这14名学生的总平均成绩高于燕京大学一、二年级全体学生的总平均成绩,则崇实中学属甲等承认中学;反之,崇实中学就属于乙等承认中学。每学年第一学期末,燕京大学会按照学生的成绩修订承认中学的等级。承认中学的等级,燕京大学只将结果通知各该校,并不对外宣布。

如果承认中学连续两年位列乙等,或连续三年没有毕业生经推荐考试升入燕京大学,则其承认中学的资格即被取消。被取消承认中学资格后,如再要申请为承认中学,所有手续一律重新办理。

---

① 国家图书馆馆藏:《燕京大学章程（1920—1922）》。原文无标点。
② 《招生课将派员视察各中学"以备秋季招收新生之参考"》,《燕京报》1933年4月18日。

三、考生资格与报考手续

承认中学考试并不是面向承认中学的所有毕业生,只有学业成绩达到燕京大学规定的要求者才能取得推荐考试资格。因此,教会大学的承认中学考试也称推荐考试,是优秀学生的进一步甄选。

1933年,燕京大学规定符合下列标准之一的承认中学毕业生可取得推荐考试资格:第一,承认中学毕业班学生人数在20名以上者,被推荐生成绩应列全班20%之前;第二,毕业班人员不足20人时,被推荐生总平均成绩须在80分以上;第三,高中阶段国文、英文、数学、史地、自然科学诸科成绩总平均在85分以上[1]。经过改革后的标准,比20世纪20年代的标准严苛了许多,以前只按照各主要科目成绩在85分以上为合格标准;1925年燕京大学男校文理科简章中甚至还有规定:如果承认中学毕业生不够资格,仍想获得免试入学特殊权利的,只要在报名书上增加该承认中学校长的正式推荐声明,表明该生具备攻读大学课程的能力即可[2]。改革之后,除按考试成绩加以限制外,又规定按毕业班人数的一定比例予以保荐,是为实现优中选优,选拔最优秀的学生进入燕京大学接受精英高等教育。

承认中学推荐生报考手续与普通投考者相同。在规定日期前,各承认中学报告毕业生人数,并将被推荐生的报名材料(包括学生的报名信息、中学成绩表、品行表、入学志愿书、中学校方的推荐函等)寄交燕京大学招生课。材料审核通过后才准予参加承认中学考试。

四、考试科目

由校长或教务长保荐的承认中学毕业生,材料审核通过后,参加燕京大学专门组织的承认中学考试,考试科目比普通入学(对外公开招考)考试科目少,早期只有英文与智力测验两科,后增加到3科,即国文、英文与智力测验,欲入理学院或法学院之经济学系的学生在秋季入学时还要参加数学免修考试。1935年,承认中学考试又增加数学科目,按学生拟入院系不同分

---

[1] 《招生课将派员视察各中学"以备秋季招收新生之参考"》,《燕京报》1933年4月18日。

[2] Colleges of Arts and Sciences General Information 1925-1926,北京大学档案馆馆藏:燕京大学档案 YJ1924006。

为基本数学和高级算学两种程度。1936年，数学科目考试仅限入理学院者，同时增加"奖金论文"考试科目，时间两小时①。所谓"奖金论文"考试科目是为申请奖学金的学生额外增加的考试。1937年，燕京大学继续执行奖金考试的相关政策，"凡请领奖学金者，其国文英文试题除与普通学生完全相同外，另加一部奖金考试，因此请领奖金各生之国文英文考试特延长为3小时（普通考试为2小时）"②。由上述的规定可推断，奖金论文考试至少分两部分，其一是写一篇汉语文章；其二是写一篇英文文章，两篇文章的写作时间各限定在1小时之内。1937—1938学年，燕京大学共设新生奖学金名额26名，其中免费生21名（150元者15名，110元者6名），公费生5名，每名300元，无论普通中学还是承认中学投考生均可请领，但承认中学学生报名至迟以4月20日为限③。

1937年，燕京大学承认中学考试在原有笔试的基础上，开始试行口试。北平、天津两地在考试时同时举行，其他学校在4月底或5月初由燕京大学派员赴各校参观时，顺便举行。当时初步的想法是如果试办结果圆满，会在各处推行。

五、承认中学考试的组织与管理

承认中学考试的组织与实施经过不断改革、完善后更加严谨、规范。承认中学考试最初实行时，都是由各承认中学自行组织，由中学先与燕京大学函商考试事宜，确定考期，再由燕京大学寄送试卷，承认中学组织材料审核通过的学生参加考试，考试完毕后，承认中学将试卷封存寄回燕京大学，由燕大组织教授评阅，评阅结束后，经教务会议决定录取标准，最后公布录取结果。随着承认中学数量的增加，为保证承认中学考试的公平、公正和考试的严肃性，燕京大学1933年修订承认中学考试暂行规则时，规定承认中学的推荐考试（也称保荐升学试验）采取各校会考制，选取承认中学所在区域中适当的地点举行。各承认中学校长或教务主任联合组成推荐考试委员会（保荐升学试验委员会），负责办理一切有关考试的事务。如果某一地区只有一所承认中学，无法与其他学校合并会考，该校必须聘请一名校外人士为推

---

① 《学生入学试验平津同举行》，《燕京新闻》1936年5月15日。
② 《燕京各承认中学校积极筹备考试事宜》，《燕京新闻》1937年3月26日。
③ 《燕京各承认中学校积极筹备考试事宜》，《燕京新闻》1937年3月26日。

荐考试委员会委员，以示考试组织机构的郑重。北平和天津两地因距离燕京大学较近，其推荐考试委员会必须有燕京大学代表参加①。1934年，承认中学考试继续采用分区会考的方式，由当地各校校长及教务主任组织考试委员会办理一切，试题也是当场披露②。

承认中学考试由各校自行组织时，燕京大学只需要和该承认中学单独协商考试事宜即可，1934年实行分区会考后，燕京大学教务处招生课需要在每年春季先召集北平、天津两地各承认中学校长会议，共同商讨承认中学推荐考试事宜，确定考试地点、考试时间、考试科目安排等内容。因多数承认中学集中在北平、天津两地，所以北平、天津两地考试程序确定以后，其他各区便同时举行。在考试之前，燕京大学会致函各地承认中学，请承认中学校长或教务主任在当地联合设立考试委员会，主持考试事务。函中除详述考试日期、办法外，还附寄各种表格规章及各校在燕京大学肄业学生的成绩报告表，以备参考。各区考试委员会都设主席一位、第一次会议召集人一位。考试所需各项用品和试卷考题，燕京大学会直接寄给当地考试委员会主席。1935年，燕京大学承认中学考试已经分14个区同时进行③；1937年，燕京大学承认中学达到38所，仍分14个区同时举行（见表4-8）④。

表4-8　1937年燕京大学承认中学考区分布一览表

区号	区名	承认中学	召集人
第一区	北平	贝满女中、慕贞女中、培华女中、笃志中、师大附中南校、师大附中北校、汇文中学、崇德中学、崇实中学、育英中学、潞河中学	燕京大学
第二区	天津	中西女中、南开女中、南开中学、汇文中学、新学中学	燕京大学

---

① 《招生课将派员视察各中学"以备秋季招收新生之参考"》，《燕京报》1933年4月18日。

② 《燕京大学筹备下季招考新生》，《平西报》1934年3月7日。

③ 《燕大承认中学入学考试》，《燕京新闻》1935年5月11日。14区分别为：北平区、天津区、昌黎区、山西区、上海区、南京区、浙江区、武昌区、南昌区、长沙区、福州区、泉州区、广州区及巴达维亚区。

④ 《燕京各承认中学校积极筹备考试事宜》，《燕京新闻》1937年3月26日。

续表

区号	区名	承认中学	召集人
第三区	昌黎	汇文中学	汇文中学徐校长
第四区	山西	太谷铭贤中学	铭贤中学贾炎生先生
第五区	南京	中华女中、汇文女中	中华女中陈校长
第六区	上海	清心女中、中西女中	中西女中杨校长
第七区	浙江	嘉兴秀州中学、杭州蕙兰中学	秀州中学顾校长
第八区	武昌	圣希里达女中	圣希里达女中左校长
第九区	长沙	福湘女中、雅礼中学	雅礼中学劳校长
第十区	南昌	葆灵女中、豫章中学	豫章中学夏校长
第十一区	福州	文山女中、鹤龄英华中学、格致中学	文山女中王校长
第十二区	泉州	培元中学	培元中学许校长
第十三区	广州	真光女中、培正中学、培英中学、培道中学	培道中学陈校长
第十四区	巴达维亚（雅加达）	中华会馆中学	巴达维亚中华会馆中学汤教务长

资料来源：《燕京各承认中学校积极筹备考试事宜》，《燕京新闻》1937 年 3 月 26 日。

从上表可以看出，燕京大学的承认中学考试已经具有相当规模，考区不仅在国内设立，更在国外华侨聚居的印度尼西亚设立，远在南洋的中华会馆中学也成为燕京大学的承认中学，这表明燕京大学在招收华侨学生方面已有较为完善的运行规制。逐步实现了教外、域外、境外、国外招生，促进了学校招生的多元化，形成了国际化的校园人文环境，这就是司徒雷登要把燕京大学办成国际化高等教育中心这一美好蓝图的基本策略之一。

六、承认中学考试录取情况

承认中学考试结束以后，试卷由各考点送至燕京大学，由各学系负责评阅，再由招生委员会决定录取标准，依此标准录取新生。由于参加承认中学考试的学生成绩必须在毕业班排名 20% 以前（限 20 人以上的毕业班），且各科总平均成绩不低于 80 分。因此，单纯从学业成绩而言，能够参加承认中学考试的学生已经是凤毛麟角，再加上大学对新生品行、体格等方面的严格要求，更显出参加考试的学生的优异程度。20 世纪 30 年代（抗战以前），每年参加燕京大学承认中学考试的学生在 200 人左右。1934 年燕京大学承认中学考试，除广州、福州两处外，共录取 77 人，其中男生 47 人，女生 30 人①。1936 年，承认中学考试除广州、福州、泉州 3 处外，经院长会议决定录取标准后，共录取 72 人，其中准入理学院者，男生 29 名，女生 11 名，准入文学院或法学院者，男生 21 名，女生 11 名，计共录取男生 50 名，女生 22 名②。由于广州、福州等地距离北平较远，寄送试卷所费时日较长，所以评阅与录取公布时间相应后延，其他地区则可稍早一些时日集中公布。

从以上录取情况看，承认中学考试的报考与录取比例不到 50%，也就是说，各承认中学前 20% 的优等生中仍有至少一半的学生要在推荐考试中被淘汰，转而再参加普通入学考试。每年 100 名左右的承认中学考试录取的学生平均到燕京大学 30 多所承认中学，每所中学平均录取的学生仅为 3 人左右。按照燕京大学在抗战前每年 200 名左右的本科一年级新生录取数，则总数 80~90 名的承认中学录取生则要占到 40%~50% 的比例，足以表明燕大本科一年级新生的水准。

七、对承认中学考试的评价

燕京大学的承认中学考试发挥过两种功能，一是编级，一是甄选。早期承认中学推荐生免入学考试，被录取入学后要参加编级考试。甄选性质的考试是随着中国近代高等教育和中等教育的发展逐步由早期的编级考试转变而来的。随着认可中学办学的日益完善，符合推荐资格的优秀毕业生数量显著增加，而大学的容纳能力有限，同时又希望推荐生与来自其他学校的学生一样都只占有一定的比例，以促进学校生源的开放性和多元性。这就需要大学通过考试的方式，进行甄选，优中选优，选拔推荐生中最顶尖的学生进入燕京大学。承认中学考试的优势主要体现在：

（1）为燕京大学选拔出优秀的理想生源。通过承认中学考试进入燕京大学的学生无疑是大学最理想的生源，在符合燕京大学认可质量的中学接受了严格的学术训练，具有扎实的学业基础；同时由于大多数的承认中学都是教

---

① 《燕大承认中学优等生考试取录男女生七十七名》，《平西报》1934 年 5 月 26 日。
② 《承认中学考试本届录取七十二名》，《燕京新闻》1936 年 6 月 9 日。

会中学，这些学生接受了浓厚的基督教氛围的熏陶，许多学生在中学已皈依基督；另外，在体育锻炼、团契生活、服务他人等方面，这些学生都接受了与教会大学教学管理衔接一致的训练和引导。

（2）促进承认中学与大学课程更好地衔接，发挥招生考试的教育引导功能。燕京大学要接受某所中学为其承认中学之前，必先派员对该中学进行全面调查，包括学校的课程设置、学校毕业生以往的升学成绩以及学校全面的教学环境、教学设施、师资状况等，而课程设置被首先考虑。中学为了申请成功，更为了毕业生升学成功，必然会按照大学的要求，在教学科目设置、课时安排以及教材选用等方面进行调整，以便与燕京大学的教学相衔接。燕京大学还有权利随时视察中学办学状况，了解中学教学质量、师资队伍以及学校教学设施的变化情况，督促中学努力改善办学条件，提高教学水平，使之按照大学对人才的基本要求精心办理，从而成为大学人才的储备库。招生考试的教育引导功能因此得到充分发挥。

（3）确立承认中学的进入与退出机制，使承认中学有办学的危机感，也督促承认中学本着实事求是的态度，向大学推荐优秀生源。燕京大学对承认中学实行每年一次的动态考核，考核标准与承认中学经推荐考试进入大学的学生成绩挂钩，制约中学的推荐行为，确保中学校方推荐最优秀的学生报考燕京大学；同时不断改进教育教学方法，注重学生学习能力的增强，教育学生保持积极向上的学习心态，在大学期间刻苦读书，维护中学母校的声誉。对学生而言，则应怀着感恩的心态专心求学以回报母校的付出，因为是母校享有的荣誉使他（她）获得参加推荐考试的机会，进入大学之后，他（她）自当以优异的表现维系中学母校的荣誉，使更多学弟学妹受到惠泽。不可讳言的是，这些经推荐考试进入燕京大学的学生也承受着一定的心理压力。

在燕京大学的发展中，承认中学毕业生成为燕京大学最主要、最稳定、最理想的生源。1919年至1928年，承认中学毕业生占到燕京大学新生80%的比例，10年的发展，几乎全是依靠经推荐进入燕京大学的承认中学毕业生支撑起来的。20世纪30年代，燕京大学对承认中学考试规则不断修订，承认中学推荐生的入学要求愈来愈高，班级前20%的比例限制，更使得推荐生的范围被圈定在少数顶尖学生之内。

智识水平只是录取的参考标准之一，品行和体格也是燕京大学招生时关注的重要方面。来自众多教会中学的毕业生经过中学阶段的学术训练、体育锻炼和宗教熏陶，无疑成为燕京大学的理想生源；而这些学生进入燕京大学，无疑又对燕京大学保持良好的校风、学风，延续基督教教育的精神宗旨起着不言而喻的促进作用。

第四节　智力测验

本书所指的智力测验是指中国近代教会大学曾在招生考试中设置的特殊考试科目。受各校自身条件所限，以及学校内迁、招生不便等多种外部因素的影响，除燕京大学招生考试中的智力测验曾长期、稳定地实施外，其他教会大学实行智力测验的做法都曾中断或放弃。

一、智力测验的实质

智力测验（intelligence tests），亦称智商测验，IQ 测验，是按照编制者所信奉的智力结构的理论编制，对个体认知功能水平的测验。测验结果可反映被测者解决问题的能力，或学习的能力，或适应环境的能力，或综合地反映包括上述各种能力在内的认知能力[①]。世界上第一个测量智力的常模量表是 1905 年的比纳—西蒙量表，最初主要用于区分正常儿童与迟钝儿童。1911 年该量表作了第二次修订，智力测量在世界各地盛行，量表不断得到改进和完善，测量范围相应扩大。

20 世纪初，心理学上的这项最新研究成果被介绍到中国，并在中国教育界引起强烈反响。智力测验成为众多教育机构中盛行的教育活动，在教育发达的江苏省更为显著，相关的测量结果也频繁见诸报端。当时的东南大学曾专门组织智慧测验团，分三组分赴江北一带、无锡苏州上海一带和杭州嘉兴一带，测验儿童 2 000 人，仅上海就测验 20 余所学校，其中教会学校男校为约翰、清心、尚德等，女校为女清心、晏摩氏、中西、启秀、养真等，通过收集测验数据，进行统计整理，制成测验儿童智慧标准，既开拓中国心理学史上的新纪元，也希望对小学教育前途有所贡献[②]。

一项新的研究成果受到一时的关注和热议是自然而然的，但将智力测验的常模量表进行修订、完善，使之能适应中国学生的智力分布特点，本身就是前沿的学术挑战，更不必说将其作为大学招生选拔的一项重要标准，且作

[①] 顾明远：《教育大辞典（简编本）》，上海教育出版社，1999 年，第 619 页。
[②] 《东南大学智慧测验团离沪》，《申报》1922 年 6 月 25 日。

为入学考试科目固定下来。在中国近代大学的招生考试中，也只有教会大学这样做。在此时的美国，教育测验学者怀特曼也在做此类研究，经过对4000余名学生的调查研究，得出大学成绩与智能测验成绩间的关系最为密切（其他两组对照关系是大学成绩与大学入学考试成绩，学生在大学的成绩与学生在中学的成绩）；美国大学入学委员会根据这一研究结果，并应社会各方面要求，于1926年改革入学考试，首次举办大学入学智能测验，即学业性向测验（Scholastic Aptitude Test，简称SAT）①据已有的档案资料显示，燕京大学1923年的招生考试就已进行过普通智力（General Intelligence）测验②。智力（intelligence）一词最早是在19世纪后半叶由哲学家斯宾塞（H. Spencer）和生物学家高尔顿将古代拉丁词intelligence引入英文，其意义是代表一种天生的特点及倾向性③。从"智力"一词的意义出发分析，General Intelligence和SAT虽然名称各异，其实质都是为了测验学生的学术倾向性，以及是否具备在大学学习的潜在能力；从实行的时间上看，燕京大学的智力测验比美国大学的SAT测验至少要早三年，而且燕京大学1938年外国学生入学规则中的考试科目明确标明是Scholastic Aptitude（学业性向）④。

二、智力测验考试科目的设立背景

燕京大学将智力测验引入大学招生考试，不是偶然，而是多种因素的综合影响。首先，进入20世纪20年代以后，教会大学受到非基督教运动和收回教育权运动的冲击，正面临着国人的尖锐批评。教会大学管理者们一致认为，改变学校处境的有效策略之一，是进一步提高教会大学高等教育的质量。从人才培养过程的开端，招生环节开始提高入学标准，选拔出优秀生源是提高教育质量的关键举措。提升生源质量的方法，除了入学资格的提高，

---

① 唐滢：《美国高校招生考试制度》，华中师范大学出版社，2007年，第42～43页。
② Peking University Bulletin No.15, General Circular of Information 1922-1923, 华中师范大学教会大学研究中心藏：AUBCHEA, Series Ⅳ-Box309-Folder4754。注：当时的学年按整年计算，从1922年底至1923年底。
③ 《智力测验的发展》，http://www.pep.com.cn/xgjy/xlyj/xlshuku/hs/yyxl/shuku8/201008/t20100827_814630.htm，2011年12月3日。
④ (Yenching University) Entrance Information Bulletin for Foreign Students 1938, 华中师范大学教会大学研究中心藏：AUBCHEA, Series Ⅳ-Box309-Folder4755。

考试内容及要求的提升外,运用最新的心理科学研究成果,测量学生的普通智力水平,也成为一项重要举措。

其次,当时强大的科学主义思潮在中国兴起。中国学术界对科学的态度几乎达到顶礼膜拜的程度,甚至提出科学救国的主张。国人对西方科学的认识已经广泛触及自然、社会、政治、经济等学科和领域。科学的地位之高,已达到无人敢公然冒犯的程度,正如胡适所言:"这三十年来,有一个名词在国内几乎做到了无上尊严的地位;无论懂与不懂的人,无论守旧和维新的人,都不敢公然对他表示轻视或戏侮的态度。那个名词就是'科学'。这样几乎全国一致的崇信,究竟有无价值,那是另一问题。我们至少可以说,自从中国讲变法维新以来,没有一个自命为新人物的人敢公然毁谤'科学'的。"[1] 在这样的科学背景下,燕京大学采用心理科学的研究成果,从事教育上的改革,也是非常自然的选择。

再次,燕京大学心理学系师资力量强大,足以承担类似的改革实验。燕京大学心理学系是承担智力测验的主要单位,先后两位主持者刘廷芳和陆志韦均系留美归国博士,并与美国教育心理学之父桑代克有密切关系。刘廷芳,曾在圣约翰大学肄业,1911年赴美留学,1914年、1915年在哥伦比亚大学获文学学士和硕士学位,1918年获耶鲁大学神学博士学位,1920年获哥伦比亚大学师范学院教育心理学博士学位。刘廷芳在哥伦比亚大学留学期间,美国心理学家桑代克早已在哥伦比亚大学从事教学与研究,这位教育心理学之父的智力测验理论与方法无疑给了刘廷芳深刻的学术影响。1920年回国后,刘廷芳任燕京大学心理学系主任兼神学院教授。陆志韦是芝加哥大学哲学博士,1922年任东南大学心理学系主任,1927年经刘廷芳推荐出任燕京大学心理学系主任[2]。1924年,陆志韦还在东南大学时,就发表了他修订的《中国比内—西蒙量表》。1926年,他又将桑代克1914年出版的英文著作 Educational Psychology Briefer Course 译成中文《教育心理学概论》,由商务印书馆出版,共计21万多字。1936年,已在燕京大学的陆志韦又和同事吴天敏发表了《中国比纳—西蒙量表》的第二次修订本。

燕京大学的智力测验正是建立在刘廷芳、陆志韦这些心理学研究者的研

---

[1] 胡适:《科学与人生观》,《民国丛书》编辑委员会:《科学与人生观》,上海书店出版社,1989年。

[2] 罗义贤:《司徒雷登与燕京大学》,贵州人民出版社,2005年,第118页。

究成果之上的。心理学系的前沿阵容和研究成果为智力测验提供了理论和技术支持,"凡应考燕大的新生,都要通过智力测验这一门,这些材料的准备和评阅,都是在陆先生主持下的心理学系各同人负责的"①。每年的智力测验实践又为进一步的理论研究和量表修订提供数据来源。燕京大学实施智力测验目的就是考查学生是否具备完成四年学业的基本心理素质和认知能力,提高选拔的效率和后续教学的成功率。

三、智力测验的要求和测验对象

燕京大学招生课每年都会出版往年各科的考试真题及考试说明等资料,供考生投考作准备,但燕大的智力测验试题却从不公布,理由是智力测验虽然在入学试验中占有极重要的地位,"惟以顾及其试题之特殊性,故不予发表"②;且测验内容皆是日常生活所接触的,无须刻意准备。智力测验的结果则可能考虑到学生心理,也未见公布,至少在现有材料中,还没有发现相关统计。无论如何,对新生进行智力测验的效果是积极的、显著的,燕京大学之所以人才辈出,与其历来要求对新生进行智力测验是分不开的。1941年,燕京大学在上海招考的主试官也谈到,考燕京大学,第一注重者为智力测验,该测验表面极为容易,但须头脑冷静、思维敏捷,否则殊难应答,盖时有题目极易,而时间不够;或因题目众多,而令头脑昏乱③。

燕京大学智力测验考试科目针对所有新生,包括预科新生、一年级新生和转学生。即使是华侨和外国学生投考燕京大学,也同样须接受智力测验,如果已经通过美国大学的综合入学考试和 SAT 试验者,则可免试。

智力测验的时间安排因本地考生和外地考生而不同,北平和天津地区的考生均在入学时统一进行,外地考生则在入学后进行。1932 年 10 月 1 日,燕京大学教务处通告一年级新生中从上海、广州、福州以及汉口等地考取的学生,于 10 月 5 日晚于燕京大学穆楼举行智力测验,并明确表明智力测验"纯系一种关于智力及心理方面之测验,对于学业成绩上丝毫无影响"④。随

---

① 伯容:《记陆志韦教授》,《学府纪闻:私立燕京大学》,南京出版有限公司(台北),1982年,第 142 页。
② 北京大学档案馆馆藏:燕京大学档案 YJ193707。
③ 《燕大在沪招生》,《申报》1941 年 7 月 1 日。
④ 《新生智力测验五日在穆楼举行》,《燕京报》1932 年 10 月 1 日。

着考试规则的不断完善，智力测验科目也逐渐统一在入学考试时进行。

四、试题分析

燕京大学的智力测验题分为不同模块，有数学应用题、观察寻找数字间的排列规律；看图做题；类似测验以及填字。试题的难度不是特别高，但题量大，涉及内容广泛，容易使考生头昏脑乱而出错。在试题的前面，会有一些关于智力测验的解释说明文字，包括试题的数量，模块分配，答题应注意的问题，如答题要注意时间分配，不要在一道耗费过多时间，尽量保持较合理的做题速度等。以下是燕京大学智力测验的部分真题[①]。

从现在起，受试者不准发问
第一部
（请在括弧内填答案）

(1) 新布入水，每丈缩5寸，6尺4寸新布入水该缩多少？（　　）

(2) 酱油每斤连瓶56元，瓶价8元。今买12两，连瓶共价若干？
（　　）

(3) 一棵梨树有7枝，每枝上结梨13枚。今采去42枚，树上尚余几枚？（　　）

(4) 某城坐北朝南，其形为正方，其面积为36平方里。一人由城中心向北行出北门至甲寺，知该寺在北门外26里；又由城中心向南行出南门至乙寺，知该寺在南门外12里。问两寺相距几里？（　　）

(5) 汽车每小时行60里，火车每小时行90里。今二车向同一方向同时前进，二小时半后火车在汽车前几里？（　　）

(6) 二人合伙营业，得利按甲4成乙6成分配。今乙分得利金后还去欠账7 000元尚余5 000元。问甲得利金若干？（　　）

(7) 纸有5毛一张的，有8毛一张的。某甲有6元7毛必须用尽，问8毛一张的需买几张？（　　）

(8) 100斤酒内兑15斤水。问5斤酒内有水若干两？（　　）

---

① 资料来源：齐鲁大学档案 J109-02-180。1925年齐鲁大学为提高教学质量，首先开展招生考试制度改革，规定自当年起所有投考齐鲁大学的新生必须接受智力测验。在此之前，齐鲁大学即向燕京大学咨询智力测验之事，并借阅燕京大学智力测验试题以供参考。因此，燕京大学的智力测验题得以留存在齐鲁大学的档案中。

(9) 造房一所50人工作需80天完工，50人工作20天后又添10人同做。问该房尚需几天完工？ （　　）

(10) 木条长8尺，今切成两段。短段为长段之1/3。问长段为若干尺？ （　　）

(11) 某空场为长方形，用方砖铺平，横边需60方，纵边需120方，砖每边2尺。问该空场之面积为若干平方尺？ （　　）

(12) 甲城鸡子每个价20元，乙城每个价25元。甲城洋火每匣5元，乙城每匣4元。今有人从甲城买鸡子800个赴乙城全部出售后，买回洋火1400匣到甲城全部售罄。问该人除本钱外，得利若干？
（　　）

第二部

（观察每题中各数目字间的相互关系。把答案填在每题右方的虚线上）

(1) 16　　　8　　　4　　　2　　　1　　　..................
(2) 1　　　3　　　9　　　27　　　81　　　..................
(3) $\frac{7}{8}$　　　1　　　$1\frac{1}{8}$　　　$1\frac{1}{4}$　　　$1\frac{3}{8}$　　　..................
(4) 12　　　6　　　3　　　$1\frac{1}{2}$　　　$\frac{3}{4}$　　　..................
(5) $\frac{1}{96}$　　　$\frac{1}{24}$　　　$\frac{1}{6}$　　　$\frac{2}{3}$　　　$2\frac{2}{3}$　　　..................
(6) 1　　　7　　　3　　　9　　　5　　　..................
(7) 49　　　31　　　33　　　15　　　17　　　..................
(8) $\frac{3}{16}$　　　$\frac{1}{4}$　　　$\frac{3}{8}$　　　$\frac{9}{16}$　　　$\frac{13}{16}$　　　..................
(9) $\frac{1}{9}$　　　$\frac{1}{27}$　　　$\frac{1}{3}$　　　$\frac{1}{9}$　　　1　　　..................
(10) $5\frac{1}{3}$　　　$2\frac{2}{3}$　　　$1\frac{1}{3}$　　　$\frac{2}{3}$　　　$\frac{1}{3}$　　　..................
(11)　　　4　　　$4\frac{1}{2}$　　　$4\frac{5}{6}$　　　$5\frac{1}{12}$　　　..................
(12) 160　　　120　　　80　　　50　　　30　　　..................

第三部

（把答案填在题后括弧内）

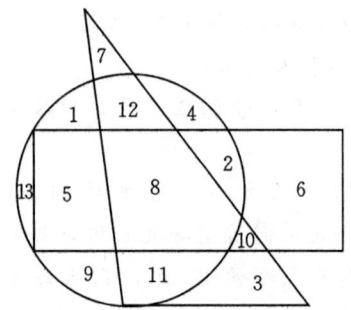

（1）在上面的几何图形内，记下不在圆形及长方形内的数目字。
（　）

（2）记下在圆形又在长方形内而不在三角形内的数目字。（　）

（3）以只在长方形内的数目字加只在三角形内的数目字，记下其答数。
（　）

（4）在圆形内以最大的数目字减去最小的数目字，加在长方形内最大的数目字，记下其答数。（　）

（5）将在圆形内而不在长方形及三角形内之数目字相加后，减去三角形内最大之数目字，再以长方形内最小之数目字乘之，记下其答数。
（　）

（6）以三角形内最小之数目字加长方形内最大之数目字，然后以长方形内最小之数目字乘之。若该答数为奇数，以3乘之；若为偶数，以12除之。记下答数。（　）

智力测验
测验四　类似测验

1. 红，白，绿
2. 苹果，桃，梨
3. 锅，碗，篮
4. 蛇，牛，麻雀
5. 船，自行车，马车
6. 礮弹，电线，铜板
7. 总统，船主，大将

1. (1) 玫瑰 (2) 纸 (3) 草 (4) 软 (5) 蓝
2. (1) 种子 (2) 树 (3) 梅 (4) 汗 (5) 皮
3. (1) 桶 (2) 柄 (3) 刀 (4) 叉 (5) 匙
4. (1) 树 (2) 困囤 (3) 猪 (4) 羽毛 (5) 皮
5. (1) 帆 (2) 汽车 (3) 船 (4) 洋 (5) 轭
6. (1) 钞票 (2) 骨 (3) 绳 (4) 铅笔 (5) 钥匙
7. (1) 船 (2) 军队 (3) 国王 (4) 民国 (5) 兵士

8. 书，教师，报纸　　8.（1）铅笔（2）杂志（3）墨水（4）名片（5）盒

9. 斧，刀，剪　　　　9.（1）钟（2）剃刀（3）锄（4）耙（5）叉

10. 霜，雪，冰　　　10.（1）奶油（2）雨（3）冷（4）棉花（5）水

11. 顶，边，问　　　11.（1）地（2）界（3）旁（4）上（5）仙

12. 胡桃，萝卜，山芋　12.（1）壳（2）树（3）业林（4）牛乳（5）苹果

13. 强，坏，快　　　13.（1）且（2）人（3）急（4）圆（5）来

14. 宽宏，仁爱，诚实　14.（1）强壮（2）自私（3）聪明（4）忠实（5）富足

15. 喜乐，忿怒，惧怕　15.（1）习惯（2）记忆（3）恨恶（4）生活（5）听觉

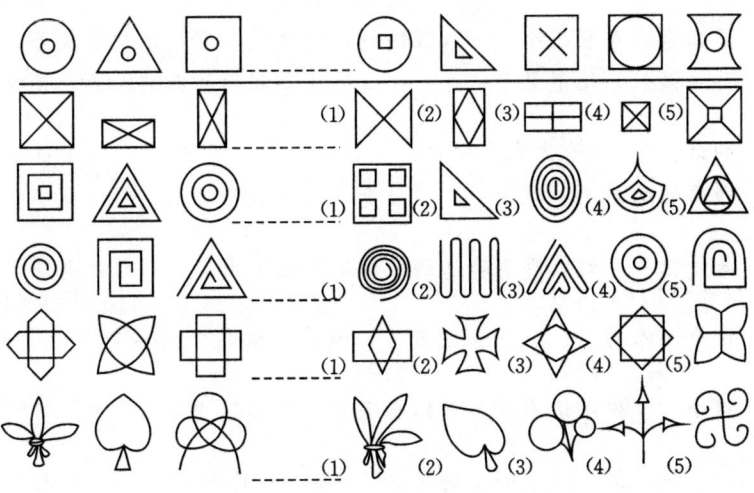

测验五　填字

说明：第五个测验是一个故事，内中有许多虚线，你仔细地看，虚线共有两种，一种是有（1）（2）（3）（4）等数字的，一种是没有的。凡有数字的虚线，就是要你在右旁的三种字中选择最适当的一种，好像：

____国____是生长于亚洲大陆的民族。

（1）1. 美　2. 中　3. 英　　（2）1. 犬　2. 牛　3. 人

在（1）的虚线内的字，就要在右旁（1）1．美 2．中 3．英三种字中找一种最适当的，那就是个"中"字，请就在"中"字前的2下画一横，像2；（2）内的一个最适当的字是"人"字，请就在"人"字前的3下画一横，像3。切不要将中与人填到虚线里去，凡没有数字的线就不要理他，像测验五第6行"希望有个　来帮助他"，是没有数字的虚线，就不必填字。

现在你们明白了没有？这个测验有6分钟的时间，你们可以尽量做。

预备好，开始作！

（到了6分钟后，就当停。）

在某　　　有个　　　住在一个幽深的　　　　里，一天他在很快乐游玩的
　　（1）　　　（2）　　　　　　　　（3）
时候，很不幸的踏在　　　上，他的　　　狂痛不已，在此间就忍痛的　　　
　　　　　　　　（4）　　　　（5）　　　　　　　　　　　　　（6）
了出来，希望有个　　　来帮助他，使他减去那受不住的痛苦。

果然，他遇见了一个　　　　，他便走到他的面前，意思是像说着这样
　　　　　　　　　　（7）
的话："　　　请你拔出我的　　　上的　　　来。"这　　　见了这个情形，也
懂得他的意思，便很　　　的接受了这个狮子请求，所以也不怕他了。于
　　　　　　　（8）
是他很　　　的将那荆棘从狮子的足上拔了出来，然后他也很　　　的舐了
　　　（9）　　　　　　　　　　　　　　　　　　　　　　　　（10）
这个牧人的　　　。一点也不　　　他，并很高兴的离开了他。过了多时，
　　　　　（11）　　　　　（12）
这个　　　被误认为行为不仁而定罪，虽然这是不　　　的。　　　说："他
　　　　　　　　　　　　　　　　　　　　　　　（13）
　　　死，掷　　　于狮子的穴里。"所以王的手下人　　　牧人，将他掷进
（14）
　　　，并放进一个又大又凶的　　　来。可是他恰是那个　　　，是牧人在
　　　　　　　　　　　　　（15）
森林里所　　　过的。好了，他不但不　　　这位　　　，并且狮子还很和爱
　　　　　　　　　　　　　　　　（16）
的舐了他的手。

　　　见了这个情形深为惊奇。他　　　牧人来　　　他在　　　中的推
（17）　　　　　　　　　　　　　　　　　　　（18）

200

力，于是这____他怎样____这____的____。根据____这个，这位
　　　　　(19)　　　　(20)　　　(21)
说:"这个____并无____的行为，释放他吧。"所以这位____得以获救，
　　　　(22)　　　　　　　　　　　　　　　(23)
以后也不再有人敢____他____了。
　　　　　　　　(24)　(25)

　　智力测验试题第一部分是给出一段表达数量关系的文字，要求考生在正确理解题意的基础上，熟练运用加、减、乘、除等基本数学运算法则，快速、准确地计算出结果。题目内容都是生活中经常应用到的，既考查学生的理解能力，又考查学生数学运算及应用能力。第二部分的试题是让考生观察数列中各个数字间的相互关系，从而找出整个数列的排列规律。此类题目主要的目的是测量、考查考生理解、把握事物间量化关系的技能，以及解决数量关系问题的能力，需要考生就数字和数据的关系进行分析、推理、判断和运算。第三部分是典型的图形、概念与数字关系相混合的测验。通过频繁变换的图形、概念与数量的关系考查学生的快速反应能力和计算能力。第四部分的类似测验主要是考查学生对各种事物关系的判断推理能力，涉及两方面，一是概念推理，要求考生对所给概念的本质特征进行抽象概括，并利用自己的判断做进一步的比较和推理；二是图形推理，要求考生认真观察并找出所给图形的排列规律后，再选出符合规律的一项。类似测验强调考生的基本认知能力和归纳、演绎等抽象推理能力，重在考查学生的抽象思维能力，而抽象思维能力又往往与学生的创新力关系密切。第五部分的填字测验注重学生的言语理解与表达能力，通过提供一段残缺不全的文字，要求学生迅速、准确地理解文字内涵，快速查找材料中的关键信息，根据上下文合理推断材料中省略的信息，并能通过判断作者的意图、价值倾向准确地遣词用字。此项测验的目的在于测查学生对语言文字的理解和驾驭能力，从而可以判断学生与人交流和沟通的能力。

五、测验成绩的运用

　　智力测验的成绩主要有两个用途，一是入学新生的教学编排；二是作为选拔新生的参考标准。其中第一个用途是开始就有的，也是主要用途；第二个用途则是随着燕京大学招生考试制度的改革衍生出来的。燕京大学逐渐在条件许可的情况下，将智力测验科目与其他入学考试科目一同举行，由此可推断出智力测验成绩也是录取的参考标准之一。至于智力测验成绩，则是用

以编排教学的主要用途，在燕大1927年—1928年的考试规则中有明确记载，这也是燕京大学早期入学考试和编级考试分别进行时的状况：

>入学注册时，无论是考试入学、证书入学，还是转学，都必须接受智力测验（General Intelligence）、国文和英文考试。这些考试的目的是进行分班，在考试中成绩不佳的学生将被要求放弃某些选修课程而学习特殊功课。①

燕京大学借助科学的研究成果在招生考试时对考生进行智力测验，并影响到其他教会大学对智力测验的认可和实施。它服务于大学的精英人才培养目标，适应了大学教育追求质量、追求卓越的内在要求。在实行精英教育的近代中国，燕京大学的智力测验，不仅使学校在选拔人才时能有科学的判断标准，而且也使入学新生的教学安排更加符合每个学生的个性差异，从而使学生比较顺利地适应大学教育。

从教育应着眼于每个人的发展来看，通过智力测验淘汰那些有可能在接受高等教育时出现困难的学生，是一件比较残酷的事，且背离教育的基本精神；但对当时注重教育质量、着力培养领袖人才的教会大学来讲，通过智力测验选择具有接受高等教育潜质的人才，无疑更利于提高教会大学的教育质量，实现"更有效率"的改进目标。齐鲁大学、金陵女子文理学院、福建协和大学以及辅仁大学等大学的招生考试中都曾经实行过智力测验。齐鲁大学曾明确规定，自1925年起在招生考试时设立智力测验这一科目："无论投考或转荐之学生均须受智力测验。"② 实行智力测验，提高新生质量，成为当时教会大学众多师生的共识："无论如何，大学教育是人才教育，更明显些说，是天才教育，所以大学入学的重要条件之一，便应当是具有智力商数。"③

燕京大学在司徒雷登追求卓越的办学理念和国际化的办学思路影响下，制定了一系列完善的招生考试规章，涵盖从专修生到研究生各个层次，面向教内外、区域内外和国内外所有的男女考生。燕京大学按照研究生、宗教

---

① （Yenching University）Entrance Regulations（1927-1928）。华中师范大学教会大学研究中心藏：AUBCHEA，Series Ⅳ-Box309-Folder4754。

② 山东省档案馆馆藏：齐鲁大学档案 J109-02-15。原文无标点。

③ 许亦仙：《理想的大学生》，《燕京半月刊》第1卷第1期，1937年4月15日，第21页。

生、编级生、本一新生、旁听生、特别生、短期专修生的合理分类实行多元录取，促进了学校生源的多样化和多元化。在招生考试活动中，燕京大学还展现出大学自身的鲜明个性，坚持依照自己的办学理念自主制定招生标准和考试内容，设立更能测查学生基本学术素养的社会科学常识考试科目，而不仅仅限于党义或公民的考试内容；同时又长期运用智力测验考查学生的学术性向，判断学生未来的学习适应能力，为因材施教、培养高素质的人才提供科学依据。燕京大学还积极与国外大学招生考试制度衔接，兼采中外评价方式，汇通中外考试内容，使其招生考试更具国际特色，为构建燕京大学多元交融的校园文化和国际化精英人才的培养作出积极贡献。燕京大学历史上众多杰出人才的涌现，都首先得益于燕大高效、人本的招生考试制度：翁独健，1928 年以优异成绩考入燕京大学，后成为中国民族史研究开拓者、民族史学家。费孝通，1928 年考入东吴大学医学预科，后因参加学生运动无法继续读书，其老师非常惜才，遂推荐他转学燕京大学社会学系，他终成社会学名家[1]；著名医学家、原中国协和医科大学校长吴阶平，原就读天津汇文中学，1933 年 5 月参加燕京大学承认中学推荐考试，以优异成绩被录取[2]；王伊同，1932 年考入金陵大学，次年通过转学考试，入读燕京大学，"从邓之诚、顾颉刚、张尔田、洪业诸先生游"，后成为历史学家[3]；知名记者和翻译家萧乾，曾就读燕京大学国文专修科，再考入辅仁大学，后转学燕京大学毕业。此类事例，不胜枚举。

---

[1]　费孝通：《从人类学是一门交叉的学科谈起》，费孝通：《论人类学与文化自觉》，华夏出版社，2004 年，第 2 页。
[2]　邓立：《吴阶平传》，浙江人民出版社，1999 年，第 11 页。
[3]　燕京研究院：《燕京大学人物志（第 2 辑）》，北京大学出版社，2002 年，第 33 页。

第五章 教会大学与国立大学招生考试之比较

　　教会大学和国立大学都是中国近代大学中颇具特色的大学群体。按照大学办学经费的来源性质进行划分，国立大学的经费主要由国库拨款，教会大学的办学经费主要来源于教会拨款或其他慈善捐款。在中国近代大学发展的不同时期，教会大学和国立大学曾分别成为中国近代高等教育机构中的核心力量，引领并深刻影响了中国近代高等教育的发展方向和改革路径。1920年，中国只有3所国立大学，而教会大学已有15所之多；在华教会学校学生数占国内学生总数的30%，其中初等学校4%，中等学校11%，高等学校竟达80%①。1937年，全国有大学35所，其中教会大学10所（按《大学组织法》规定，拥有3个学院及以上才能称为大学，之江、金陵女子、华南女子和天津工商4所被划为独立学院，圣约翰未立案），仍占29%的比例。北平燕京大学、上海圣约翰大学等教会大学中的佼佼者，其教学质量和学校声誉堪与国立大学中的北大、清华相媲美。虽然同属中国近代大学，但教会大学与国立大学招生考试制度的建设和发展却显现出不同的路径，两类大学秉持不同的招生理念，享有不同的招生政策，采用各自适宜的招考方式，建有各自的招生体系，不过两者却都在人才培养的首要环节，即人才选拔上积累了丰富的经验，并相互借鉴，互相补充，共同构成了中国近代大学多姿多彩的招生实践画面，有效地选拔出各类优秀的人才进入大学接受高等教育并服务于中国近代高等教育改革和社会建设。

---

　　① 史静寰：《狄考文与司徒雷登——西方新教传教士在华教育活动研究》，珠海出版社，1995年，第105页。

第一节　招考理念的比较

大学招生理念是指大学在选拔新生时所秉持的核心价值观，是大学招生目的、招生原则、人才标准和考试观念等的综合，是大学办学理念在招生活动中的体现，与大学的办学宗旨、人才观以及考试观息息相关，是大学招生及入学考试活动的指导思想，影响着大学的招生策略和招生考试制度建设。

中国近代大学基于西方"学术自由、大学自治、教授治校"的大学理念经营发展，招生作为大学办学的首要事务，同样受到自由、自治的大学理念影响。随着美国高等教育制度对中国近代高等教育的影响日渐深入，其高度自主的招生考试实践也成为中国近代私立大学招生考试的模板。中国近代教会大学和国立大学处于相同的历史时期，在晚清至抗战前的较长时期内都享有自主招生的权利，且立案之后的教会大学和国立大学都要受到政府教育法规和法令的约束，同为精英高等教育机构，但依然形成各自不同的招生特色，除了政府的招生政策有差异之外，大学招生考试理念的不同是关键因素。招考理念影响着大学选拔新生的标准、选拔方式、入学考试科目、考试内容以及入学考试成绩在大学招生录取中所占的比重，而影响大学招生考试理念的则不仅有学校的办学宗旨，还有大学管理者的人才观和考试观。

一、办学宗旨

办学宗旨是指导大学教学管理活动的根本思想，决定着大学人才培养的目标和规格。教会大学与国立大学的办学宗旨从创办早期差异迥然到民国中期以后逐渐接近的变化历程，在各自的招生考试中均有所体现。

1. 借教育促传教：教会大学的创办初衷

晚清民初，教会大学作为教会传教事业的一种有效方式在近代中国萌芽、发展。美国长老会传教士哈巴（Rev. Andew P. Happer）认为："通过教授西方科学、医学和宗教，使大学能有助于启迪中国，有助于使中国基督教化，并将帮助纠正由于专读儒家经书而产生的错误观点。"[①] 教会大学的出现是教会中等教育发展的必然结果，更重要的是大学教育培养精英领袖人才，对扩大传教影响的作用显而易见。基督教高等教育的创设"不仅是传教

---

① 李华兴：《民国教育史》，上海教育出版社，1997年，第761页。

士在华教育事业的一项新施展，而且也是一个新起点"①。圣约翰大学创办人施约瑟（Samual Isaac Joseph Schereschewsky）主教在1877年写文章呼吁创办教会大学时就写道："从教会的开始起，教育就一直是传播基督教的一个重要媒介……没有教育作为工具，我们在像中国这样的民族中传教的努力，是最徒劳无功的……一所如我们所提议建立的大学，在中国将比在其他地方更可能产生也许远远超过我们最乐观期望的结果……我们所提议建立的大学，无疑将成为吸引帝国各地的青年，并把他们置于基督教和基督教文明影响之下的最有效的手段。"② 1911年卜舫济在解读学校"光与真理"的办学宗旨时，讲道："本大学向以光与真理为格言，此语实包举本大学之宗旨。盖本大学之教育生徒也，不特使之智识增益，亦且使之德性坚定，俾由是而成贤人君子，以驱除群恶，为中国于灵性上、道德上、政治上、社会上、商务上、实业上造种种幸福也。"③

圣约翰大学建校伊始确定的教育方针就是宗教第一，教育第二。向所有的学生传授有关基督教的知识，并尽可能引导他们成为教徒是圣约翰自创校时就一直想要达到的目标，只是后来学校宗教教育目标实现的程度太令创办者失望。1902年，山东的美国长老会和英国浸礼会协议联合建立3所学院（即齐鲁大学前身之潍县文理学院、青州神学院和济南医学院）的文件第一条第一款即声明："联合学院第一位和最重要的目标是推进基督教在中国的事业。"文理学院的目标是"给予主要来自基督教家庭的青年提供具有鲜明基督教特色的教育"④。华西协合大学1908年筹办时的办学宗旨是"通过教育促进基督真理的宣传"（To further the cause of Christian truth by means of education）⑤。东吴大学校长孙乐文也曾明确提出，办学的基本原则之一就是："我们的教育必须是基督教的，同时采取教学和示范两种教育方式，使我们的学生有充分的机会去了解基督教信仰在整个生活：个人、社会、国

---

① 刘广京：《中国早期的基督教大学》，陈学恂：《中国近代教育史教学参考资料（下册）》，人民教育出版社，1987年，第124页。

② The Bishop Schereschewsky's Appeal for Funds to Establish a Missionary College in China，转引自徐以骅：《教育与宗教：作为传教媒介的圣约翰大学》，珠海出版社，1999年，第7~8页。

③ F. L. H. Pott, Editorial, The St. John's Echo, January 1911, pp. 1-2.

④ 郭查理：《齐鲁大学》，陶飞亚、鲁娜译，珠海出版社，1999年，第63页。

⑤ 华西史编委会：《华西医科大学校史》，四川教育出版社，1990年，第5页。

家、世界关系中的要旨与意义。"① 1915年金陵女子文理学院创办时的章程中，列出的办学宗旨是："在基督教的影响下，金女大得以创立。为伸展基督教在中国的影响缘故，及为着教育的延伸，学校必须提供领袖训练，教育基督徒妇女，以装备她们为基督服务，并发展妇女高等教育。"② 燕京大学1920年—1922年的章程中所列的教育宗旨为："引学子深明宗教真理，皈依基督，以为模范。深虑学子惊于物质之哲理，舍灵性而不修，以宗教为迷信，以道德为迂阔，安望救国利人，达本校培植之目的？美儒艾慕森有言曰：观一国之文化不在人民生齿之众，一国城郭之大乃在一国有何如之人才。诚哉斯言，本校教育宗旨约而言之，即造就有精神、有品学，将来能改造新中国之男女青年也。"③

早期教会大学通过为教会培训工作人员和培养教徒子女以更有效地传播福音，促进中国基督教传教事业的发展，力图基督教化中国，其办学宗旨决定了其在教会体系内更受欢迎。这必然使教会大学的生源受到限制，但对教会大学而言，其也乐于招收教徒和基督教家庭的子女。

2. 育新才图自强：国立大学的建校目标

国立大学创建之初即带有强烈的教育救国思想。中国近代面临的国家和民族危机、中国被强行拖入现代化发展历程的现实，使众多中国知识分子将教育作为救国的有效途径。近代中国民众贫弱、愚昧的现实困境需要靠发展教育得以改变；中国所遭受的殖民屈辱、农村经济的破产、社会的凋敝、民众的困顿、政治的动荡，与中国传统教育的局限和新式科学的不发达息息相关。近代中国从以中学为体、西学为用的思想为指导开展洋务运动，到按照西方模式创办新式大学，培养新式人才，再到废除科举，全面建立新式学堂，都是在被迫中开展的自我教育变革。这种教育变革是在中国传统文化与西方现代文明的冲突下，中国与外国列强难以对峙从而几遭瓜分的危机下产生的挽救国家危亡、民族危机的教育救国思潮影响下产生的。

1895年盛宣怀在天津创办中西学堂，1903年更名为北洋大学堂，其办学宗旨即是在"西学体用"思想指导下，借鉴美国大学办学模式，培养通晓

---

① 文乃史：《东吴大学》，王国平、杨木武译，珠海出版社，1999年，第24页。
② 黄洁珍：《从吴贻芳与金陵女子大学看基督教教育理念的实践》，香港中文大学研究院，1996年，第29页。
③ 国家图书馆馆藏：《燕京大学章程（1920—1922）》。

西语，精通技术的新式实用人才，以作育人才作为实现国家自强的根本。在上书光绪帝的奏折中，盛宣怀曾提出："自强首在储才，储才必先兴学"，"伏查自强之道，以作育人才为本；求才之道，尤宜以设立学堂为先。"①1896年刑部侍郎李端棻上奏《请推广学校折》，提出："巨厦非一木所能支，横流非独柱所能砥，天下之下，事变之极，必求多士，始济艰难。"②1898年6～7月间，康有为也连续上书光绪帝《请废八股试帖楷法试士改用策论折》和《请开学校折》，力陈变革科举制度的紧迫性，建议在全国普遍设立乡小学、县中学、省府专门高等学校与经、哲、律、医四类大学，以及京师大学堂③。京师大学堂的设立由此萌芽。1912年中华民国成立后教育部颁发《大学令》，明确规定"大学以教授高深学术，养成硕学宏材，应国家需要为宗旨"。当时执掌教育行政的蔡元培受过欧洲高等教育，尤其是法国高等教育的影响，主张国立大学由国家设立，应遵循教育的国家主义原则，为本国家造成应用之人才④。蔡元培在北京大学的教育改革及毕生努力都在追求学术救国的理想，接任蔡元培的蒋梦麟对此有精深的见解，认为"救国之要道，在从事增进文化的基础工作，而以自己的学问功夫为立脚点"⑤。曾主持中央大学的罗家伦认为，这种博大精深的见解，是蒋梦麟在种种不同教育岗位上所遵守的办学方针；就中国公立大学教育而言，罗家伦自己也认为："大学的经费来源是国家的税收，是出于人的负担，所以大学对于国家、民族的生存问题不能不负一种责任。"⑥ 1927年，（广东）中山大学时任校长朱家骅在开学典礼上的演讲中，郑重指出：

> 他（中山大学）是国民革命的根据地，策源地，不但在革命史上有重大的意义，且对于革命的将来，应负重大的责任。要救我们的"党"，

---

① 《拟设天津中西学堂章程禀（附章程、功课）》，舒新城：《中国近代教育史资料（上）》，人民教育出版社，1981年，第136～141页。
② 李端棻：《请推广学校折》，袁咏秋、曾季光：《中国历代国家藏书机构及名家藏读传选》，北京大学出版社，1997年，第73页。
③ 李华兴：《民国教育史》，上海教育出版社，1997年，第64～65页。
④ 蔡元培：《欧战后之教育问题》，高平叔：《蔡元培教育文选》，人民教育出版社，1980年，第69页。
⑤ 罗家伦：《蒋梦麟先生传略》，关鸿、魏平主编：《历史的先见：罗家伦文化随笔》，学林出版社，1997年，第161页。
⑥ 罗家伦：《中国大学教育之危机》，《申报》1934年1月19日。

救我们的国,救我们的民族,都得在中山大学求一个解决;我们中山大学,是要为革命的利益,为革命的工作,使成为中国建设革命事业的中心,使大学与社会结合。①

总而言之,国立大学的办学宗旨是世俗的、国家主义的;而教会大学的办学宗旨则是宗教的。当20世纪20年代收回教育权运动威胁到教会大学的生存时,教会大学的办学宗旨有了明显调整,宗教色彩淡化,世俗的、国家主义的色彩日益浓厚。

3. 服务国家与社会的共同取向

经过20世纪20年代的教育冲突,教会大学被严厉要求向中国政府立案,需要提交的申请材料中,所申明的大学办学目标不得以宗教为目的,材料文字中也不能出现"基督"或"宗教"的字眼,否则将影响学校的立案。为顺利立案,维护学校的存在与发展,教会大学的办学宗旨有所改变,在保持"更基督化"的前提下,重新定位于服务中国社会和国家的现实需要,这标志着教会大学的办学宗旨朝着世俗化方向迈出了一大步。1928年《燕京大学校组织大纲》中明确规定:"本大学以教授高深学术,发展才德体力,养成国民领袖,应中华民国国家及社会需要为宗旨。"② 立案后由陈裕光出任校长的金陵大学,改革学校行政管理机构与学科设置,旨在"按国内之情形,与时代之精神,社会之需要,切实培养人才"③。沪江大学也坚信学校的发展方针是"洋溢服务社会的基督教理想,把学校建设成一个基督化的学术中心"④。

一方面重视大学对中国社会的服务功能,一方面又力图保持教会大学办学的精神宗旨,因此,许多教会大学在办学目标的表述中虽变更了有关"基督"或"宗教"的直接说法,但依然有宗教的影子。1928年11月齐鲁大学董事会通过决议,将办学目标改述为:"培养学生具有爱、牺牲和服务的精

---

① 朱家骅:《国立中山大学筹备之经过和将来之希望(1927年4月1日)》,王聿均、孙斌:《朱家骅先生言论集》,台北近代史研究所,1977年,第250~251页。
② 《燕京大学校组织大纲》,《燕京大学校刊》1928年9月14日。
③ 王运来:《诚真勤仁 光裕金陵——金陵大学校长陈裕光》,山东教育出版社,2003年,第97页。
④ H. R. S. Benjamin, The University of Shanghai and Its Relationship to Schools and Churches, 1936, 王立诚:《美国文化渗透与近代中国教育:沪江大学的历史》,复旦大学出版社,2001年,第198页。

神；造就学生具有最崇高的品格；提供专业的训练，满足社会的需要。"① 1933年华西协合大学立案时的办学宗旨调整为"以博爱牺牲服务之精神，培养高尚品格，教授高深学术，造就专门人才，适用社会需要"②，"爱、牺牲和服务"显然是指基督教精神，只是没有特别指明而已。

虽然教会大学经过本土化和世俗化的调整，与国立大学具有共同的服务国家与社会的办学目标，且实现办学目标的主要途径都是通过培养高等专门人才，但两者对人才标准的定位并不一致，教会大学是通过培养具有基督教品性的人才服务国家和社会；国立大学则是通过培养具有现代民主与科学精神的人才实现大学服务社会的职能。国立大学的世俗倾向在圣约翰大学校长卜舫济看来是破坏性的，"从那儿将产生许多在情感上反教、在思想上拜物的人来"，因此教会必须提供更好的教育，"经不起让自己的学校落后于国立学校"③。卜舫济所认为的"更好的教育"，不仅指完善的教学设备、优异的教学质量，更重要的是以基督精神作为教育宗旨，培养学生具有博爱、牺牲和服务精神的基督教品性的人格。是否培养学生具有基督教品性的人格也是近代教会大学与国立大学在人才观上的根本差异。

二、人才观

大学校长是近代大学高等教育体系中特殊的管理者群体，他们以先进的教育思想、卓越的办学理念和艰辛的教育实践为近代中国树立起一座座新式高等教育的丰碑。在大学享有较高自主权的近代中国，大学校长的办学理念影响着大学的发展方向，而大学校长的人才观对大学选拔新生的教育活动无疑具有举足轻重的影响。

中国近代大学的校长，无论是国立大学、教会大学，还是较为著名的私立大学的校长，最大的共同点就是他们中的绝大多数都有接受欧美高等教育的经历。他们自身的教育经历，再加上欧美大学通识教育、精英教育的理念或思潮，使他们对人才的标准形成许多共识，如德才兼备、中西会通等人才标准，但看似相同的人才标准在实质上和实践中都存在差异。

第一，关于人才的品行标准。中国近代大学校长都认为人才的首要标准

---

① 郭查理：《齐鲁大学》，陶飞亚、鲁娜译，珠海出版社，1999年，第164页。
② 吴梓明：《基督教大学华人校长研究》，福建教育出版社，2001年，第175页。
③ 徐以骅：《教育与宗教：作为传教媒介的圣约翰大学》，珠海出版社，1999年，第19页。

是具有高尚的品格，但国立大学和教会大学校长对品格的实质内涵理解不同。国立大学校长所谓的品格是基于中国传统文化和现实需求对德行的认识和重塑。德，为学之首。"大学之道，在明明德，在新民，在止于至善"，是中国几千年传统文化的积淀。蔡元培就任北京大学校长伊始，就劝勉学生砥砺德行，"以身作则，力矫颓俗"，"苟德之不修，学之不讲，同乎流俗，合乎污世，已且为人轻侮，更何足以感人？"①清华大学校长梅贻琦从中国传统文化出发，将品格阐释为包括知、情、志三方面的整个人格，而不是人格之片段②。中央大学校长罗家伦在阐述道德勇气的修养时，也是引用《孟子》中所谓"天将降大任于斯人也，必先苦其心志、劳其筋骨、饿其体肤、空乏其身，行拂乱其所为，所以动心忍性，增益其所不能"的论述作为最好的说明，并认为道德勇气的养成标准便是一种至大至刚的"浩然之气"，一种"泰山崩于前而色不沮、黄河决于侧而神不惊"的从容态度，暗示在危难的中国，优秀的人才必须经过道德上临危的训练③。"三民主义"作为中华民国的建国精神，成为国立大学人才品行评价标准中的新元素，并占据着重要的地位。中山大学校长、国民政府教育部部长朱家骅一直将广州中山大学视为"党"的大学④，对学生品行评价的重要标准是对"党"忠诚⑤，对三民主义的认识要特别深刻，并且对奉行三民主义特别有热情。1936年交通大学招生简章中也明确列出考生的入学资格为"确能遵守校规，服从中国国民党党义"⑥。在抗战正处于艰难时期的1939年，时任中央大学校长朱家骅

---

① 蔡元培：《就任北京大学校长之演说》，高平叔：《蔡元培教育文选》，人民教育出版社，1980年，第23页。

② 梅贻琦：《就职演说（1931年）》，刘述礼、黄延复：《梅贻琦教育论著选》，人民教育出版社，1993年，第10页。

③ 罗家伦：《道德的勇气》，关鸿、魏平主编：《历史的先见：罗家伦文化随笔》，学林出版社，1997年，第12~18页。

④ 朱家骅：《中山大学是"党"的大学（1942年7月4日在中山大学同学会欢迎会致词）》，王聿均、孙斌：《朱家骅先生言论集》，台北近代史研究所，1977年，第282~283页。

⑤ 朱家骅：《别国立中山大学同学诸君书（1930年12月9日）》，王聿均、孙斌：《朱家骅先生言论集》，台北近代史研究所，1977年，第277页。

⑥《交通大学招生简章（1936年）》，《交通大学校史》撰写组：《交通大学校史资料选编（第二卷1927—1949）》，西安交通大学出版社，1986年，第209页。

特别对毕业生提出,"要崇尚气节",以古人"士可杀不可辱"的信条勉励学生,不要因为贪恋钱财、官位而放松对自己的要求,甚至不惜去做汉奸,从而丧失中国民族思想中最可珍贵的东西①。

教会大学所提倡的品格是基于基督教的宗教伦理,并与中国传统文化中强调的品行标准相结合。教会大学对人才品格之高要求不亚于国立大学,缘于教会学校一贯强调品行的教育传统。教会大学的办学宗旨中均提出,要以"博爱、牺牲和服务的精神",培养学生具有高尚的品格。福建协和大学校长林景润讲道:"人格修养,以建立中心信仰为首要,而社会风俗之隆污,以及国族之纷协或仇结,皆赖于宗教问题之认识与了解……本校本信仰自由之旨,提倡宗教研究,以基督教之精神,推进人格教育,已三十年如一日。"②金陵大学校长陈裕光也曾讲道:"教育二字,包含二种意思,一为教导学识,一为陶养品格。二者并生,不可或缺。若仅有学问,而无人格,则于事于人,无所裨益。故本校除启发知识外,亦常以琢磨品性,阐明宗教伦理为职志。"③ 圣约翰大学校长卜舫济在一次演讲中说:"品格实为万事之根本,所贵乎真教育者,非聪明、非知识,而为品格。是故,耶稣基督之言曰,吾人必求所以达天国之道,求所以得义气。"④ 当然,教会大学也注重在中国传统道德元素和三民主义的精神中融入对学生的品行要求。东吴大学的校训"法古今完人"(Unto a Full Grown Man)传递出学校培养全面发展、人格完善之学生的目标。金陵女子文理学院、华西协合大学等教会大学的立案申请资料中,明确学校的办学宗旨有"培养高尚品格"之内容。金陵大学"诚、真、勤、仁"的校训无疑也是对人才所具有的高尚品格的鲜明写照。1942年,金陵大学校长陈裕光在对毕业生的赠言中对他们在抗战时期应有的高尚品格作了具体的阐释:"当此国家民族危殆存亡之际,诸君入社会,应严是非之辩,明取舍之义,不为名利所动,勉为不挠不屈之大丈夫。"⑤辅仁大学校长陈垣理想中的人才标准主要包含三个方面,即品行、体格和学

---

① 朱家骅:《对中央大学毕业学生训词》,王聿均、孙斌:《朱家骅先生言论集》,台北近代史研究所,1977年,第289~290页。
② 林景润:《福建协和大学三十二年度报告(1943年)》,福建省档案馆馆藏:福建协和大学档案,档案号5-1-89。
③ 《本校举行60周年纪念志盛》,《金陵大学校刊》1948年11月13日。
④ 卜舫济:《北京今昔观》,The St. John's Echo, November, 1921, p.61。
⑤ 陈裕光:《赠本届毕业同学》,《金陵大学校刊》1942年6月29日。

识，其中品行是第一位的。1941年5月他发表《官书与私书》学术讲演时，提到"人生以品行为上，身体次之，学问又次之，金钱为下"；同年6月为《辅仁年刊》题词时又强调"品行第一"、"身体第二"、"学问第三"①。

第二，关于人才的学术标准。实行通才教育，培养文理兼修、通专结合的人才是近代大学众多大学校长教育思想的核心。教会大学在建校之初就完整承袭了欧美大学通识教育的理念，要培养文理兼修的领袖精英。圣约翰大学校长卜舫济提倡"通过英语提供文理通才教育"②。金陵大学校长陈裕光提出"研究高深学术，培养伟闳专才是大学的两大使命"③。其中"闳专"两字便指出其人才观的基本内涵，既要有宽阔的学术视野和知识储备，又要专精一隅。在通识与专精的关系上，讲求通专结合，以通识为基础，以专精为提升。辅仁大学校长陈垣曾专门论述过博与专的关系："只博不专，难于成功；只约不博，难于贯通。要先博后专，或先博后约，使学识成为金字塔形。"④

国立大学对人才的学术标准各校不一。北京大学、清华大学多任校长都主张通才教育，北大校长蔡元培提出著名的"五育说"。清华校长梅贻琦认为，通识与专识对人生的功用各不相同："通识，一般生活之准备也，专识，特种事业之准备也；通识之用，不止润身而已，亦所以自通于人也。"⑤ 北洋大学则倾向于学生专学精进，主张因学生兴趣及所长，培养高质量的专门人才。交通大学创始人叶恭绰1920年首倡建立交通大学，培养交通路政专门人才；1937年建议高等教育应适应国情需要，注重各种专才之供给，并提倡多设矿冶、机械、农艺、银行、保险、药学、艺术等各种专科学校，培养专才⑥。从国家有关大学的法规看，对培养通才还是专才也有争议，1912年

---

① 张荣芳：《近代之世界学者——陈垣》，广东人民出版社，2005年，第49页。

② Report of St. John's University for the Year 1921 to 1922，上海市档案馆馆藏：圣约翰大学档案 Q243-183，第16页。

③ 王运来：《诚真勤仁 光裕金陵——金陵大学校长陈裕光》，山东教育出版社，2003年，第355页。

④ 李瑚：《援庵先生的治学方法》，北京辅仁大学校友会：《辅仁往事（第二辑）》，2007年，第113页。

⑤ 梅贻琦：《就职演说（1931年）》，刘述礼、黄延复：《梅贻琦教育论著选》，人民教育出版社，1993年，第10页。

⑥ 叶恭绰：《我也来谈谈教育（1937）》，杨权、姜波：《开拓近代交通事业的文化人：叶恭绰》，广东人民出版社，2009年，第78～79页。

中华民国成立后的教育部颁发《大学令》，明确规定"大学以教授高深学术，养成硕学宏材，应国家需要为宗旨"。1929年南京国民政府公布的《大学组织法》和《大学规程》中，又规定大学"应以研究高深学术、培养专门人才为目标"。政府法规的变化以及国立大学校长频繁变动无疑造成大学对人才学术标准的左右摇摆。

第三，关于人才的体格标准。"有健全的身体才有健全的精神"是传统的西方观念，经常锻炼能使身体充满活力，有益于身体健康和思想敏锐①。重视学生的体格，重视大学的体育活动是欧美大学的传统特色。教会大学建立伊始，就将欧美大学的这一传统带至中国，并发扬光大。辅仁大学校长陈垣多次提到，人的品行是第一位的，身体是第二位的，学识只能排在第三位。不过，欧美大学对学生体格，对学校体育的重视却与中国传统格格不入，这与中国传统教育中仅仅以才取人的单一标准或德才并重的选拔要求相比有巨大突破。从中国传统来讲，书生不重视体育锻炼，不参加劳动，"文弱书生"已经成为明清时期知识分子的典型形象。"劳心者役人，劳力者役于人"往往造成受教育之青年"手无缚鸡之力，心无一夫之雄；白面纤腰，妩媚若处子；畏寒怯热，柔弱若病夫"②。尽管"德、智、体"的三育理念早已被引入中国，蔡元培也曾极力宣传体育对于造就完全人格之重要性，但体育在国立大学的实践中推行得并不彻底。1920年，蔡元培出国考察教育之前，还对学生赠言，要特别注意体育，"我们收了体育费，原望大家自由去运动的，可是二年来尚少效果。诸位何必要做成'书痴'相，弄得曲背弯腰呢？"③

以上是教会大学与国立大学有部分共识的三项人才标准，即德行、学识、体格，除此之外，教会大学对人才的标准还有群、力（或称"能"）两方面。所谓群，是指优秀的人才应能够与人为善、和睦相处；所谓力，是指理想的人才应具备各种能力，如较强的认知能力、独立思考能力、服务社会

---

① 文乃史：《东吴大学》，王国平、杨木武译，珠海出版社，1999年，第24页。
② 陈独秀：《今日之教育方针》，陈独秀著，任建树，等编：《陈独秀著作选（第一卷）》，上海人民出版社，1993年，第146页。
③ 蔡元培：《在北京大学话别会之演说词》，高平叔：《蔡元培教育文选》，人民教育出版社，1980年，第111~112页。

的能力等。燕京大学组织大纲规定:"本大学以教授高深学术,发展才、德、体、力,养成国民领袖,应中华民国国家及社会需要为宗旨。"① 金陵女子文理学院新职员就职宣誓词中,要"誓以至诚戮力同心,共谋增进同学之自治能力,及智、德、体、群之充分发展"②。陈裕光也常以"德、智、体、群"四育勉励学生,"入学不仅求知,必须四育兼备,方能完成完人教育"③。

对比而言,国立大学的人才标准更具传统色彩,更中国化,自20世纪20年代后期起,突出强调"党"化人格;教会大学的人才标准中西结合,同时具有国际化和宗教色彩,力求招收并培养出社会精英青年,既具有基督教品性的人格、广博通达的知识视野、健康的体格,还要有服务社会和国家的能力。正如燕京大学校长吴雷川在解释将燕大校训作为训育学生的标准时所说:"自由之义,可以孔子'智者不惑,仁者不忧,勇者不惧'三语诠译之;智仁勇即真理,养成智仁勇以至不惑不忧不惧,即所谓因真理得自由。故因真理得自由以服务者,换言之即具有智仁勇三达德以成就救人救世之事业。"④

三、考试观

国立大学校长深谙中国传统考试文化,虽然近代中国考试制度已经处在转型期,文官考试与学校教育考试相互独立,但科举考试中公平、公正的文化精髓同样在国立大学的入学考试中得以再现。通过入学考试选拔新生,是最客观、公正、有效的方式,很难有其他更好的方式可以代替,这也是中国1300多年科举考试中屡次改革所得的经验。清华校长梅贻琦就曾说过:"十载寒窗苦,实为莘莘学子抱无限同情。但除考试之外,尚未有其他更妥当之法,教育界同人应负改良之责也。"⑤ 曾就任中山大学、中央大学校长,并

---

① 《燕京大学校组织大纲》,《燕京大学校刊》1928年9月14日。原文无标点。
② 程斯辉、程海英:《厚生务实 巾帼楷模——金陵女子大学校长吴贻芳》,山东教育出版社,2004年,第138页。
③ 《本学期首次周会陈校长主席并勖勉》,《金陵大学校刊》1948年9月30日。
④ 《吴雷川在燕京大学新校落成典礼上的致词(1929年10月1日)》,张玮瑛、王百强、钱辛波:《燕京大学史稿》,人民中国出版社,2000年,第1210页。
⑤ 梅贻琦:《巡视考场时对记者的谈话(1934年)》,刘述礼、黄延复:《梅贻琦教育论著选》,人民教育出版社,1993年,第56页。

两度就任国民政府教育部长的朱家骅也充分认可考试的积极作用,认为大学生是全国青年最优秀的分子,是经过小学毕业和中学毕业两次选择而来的,这两次选择虽然不能完全正确,但在理论上应该是正确的①。1932年,朱家骅在一份报告中指出:"关于学生程度之提高,学校成绩之考核,考试制度之严厉实行,不可忽视……此后不特入学应受严格试验,平日月考、期考、年考,亦须认真举行,不能免除。"② 1948年,经他主持改革并公布的课程标准中,在大学方面,要求外国语课程自成一个系统,自入学考试时就加以甄别,各院系学生都要上四年的外语课,入学考试时程度最差的排在一年级,依次按照程度的深浅分班,如果学生外文训练超过四年级的程度,可以免修,以此保证各年级学生程度相近,提高学习效率③。

与国立大学不同,教会大学校长的入学考试观经历了一个不断发展变化的过程,对入学考试的认识和重视程度是逐步增加的。教会大学对入学考试的基本认识有:

第一,入学考试是编排教学班级的需要。齐鲁大学早在文会馆时期即举行入学考试,是因为学生程度和素质相差悬殊,不易组织在同一教学班级,"资禀所具,利钝攸殊,诣境所臻,浅深各异,正不得不严定去取,以期班次划一"④。有的教会大学招收学生时曾要求分别参加入学考试和编级考试,民国中后期,基本统一为一次入学考试,根据入学考试成绩编级。

第二,入学考试是提升新生入学质量的措施之一。入学考试具有一定的竞争性和选拔性,通过一定的考试科目和试题内容,能够有效地测量学生的知识储备、综合能力以及学术性向等。20世纪20年代,国立大学迅速发展,后来居上,对教会大学形成竞争压力,教会当局提出的应对策略,就是要在入学质量标准上争取有大的进展:

> 我们暂时可以依靠入学考试的方法……学校用要求一定入学资格的方法来选择它的培养对象。注意"开头",在任何事业上都有助于获致

---

① 朱家骅:《大学与大学的使命(1944年12月25日)》,王聿均、孙斌:《朱家骅先生言论集》,台北近代史研究所,1977年,第294页。

② 朱家骅:《九个月来教育整理全国教育之说明(1932年11月25日)》,王聿均、孙斌:《朱家骅先生言论集》,台北近代史研究所,1977年,第151~152页。

③ 胡颂平:《朱家骅先生年谱》,传记文学出版社(台北),1969年,第71~72页。

④ 《文会馆志》,山东省档案馆馆藏:齐鲁大学档案J109-01-662。原文无标点。

顺利的成功，在教育这个重要事业上也不例外。①

第三，入学考试对学生的评价功能是有限的，不完善的。受欧美大学考试制度以及有关研究成果的影响，教会大学校长对入学考试功能的认识相当客观。入学考试可以在一定程度上反映出学生的学术水准，但入学考试成绩本身则带有一定的迷惑性，因为学生往往用大量的精力应对考试，即使平日不努力，临时抱佛脚，也有可能获得比较好的成绩，所以考试成绩不能代表学生平日真正的学习水平，也测不出学生的学习态度，更无法评价学生的品格、群体意识以及服务精神等方面的内容。

正是基于各自的办学宗旨、人才标准和对入学考试的认识，以及两类大学在中国近代所享有的不同政策，所处的不同地位，教会大学和国立大学形成了各自的招考理念：国立大学招考规模大，竞争激烈，入学考试成为无奈的最优方式，智育标准占垄断地位；教会大学招考规模小，自主权力大，始终坚持宁缺毋滥的招生原则，坚持对学生进行全面的考核，选拔全面发展的优秀人才。教会大学始终认为他们应当把有限的人力和物质资源最大效度地发挥作用，这就需要慎重选择最适合接受基督教高等教育的人才：

> 作为基督教机构，我们主要的任务是使年青人通过在校的学习以发展一种充分的生命哲学和对基督精神的实质和力量有更清晰地理解，从而成为这个时代道德和社会改革的伟大实践者。在教员少而学生多的情况下，此项事业不能有效开展。因此，我们将后者（学生）的数量限制在一个合理的范围内，以便教师和学生有更多的机会进行私人交往和成为朋友。新生选拔因此成为我们教育过程中最重要的事情之一。②

通过入学考试录取新生是教会大学招生录取的重要方式，但不是唯一方式。教会大学的入学考试兼具选拔和学业初始测评两大功能。

招生考试理念一旦形成，又反过来深刻影响着大学招生考试实践活动，促成大学不同的人才选拔风格。教会大学基督化和国际化的招生考试理念对其招生考试活动的影响明显。教会大学非常重视学生的品行，学生填交的报

---

① 中华续行委办会调查特委会：《1901—1920年中国基督教调查资料》（原《中华归主》修订版下卷），中国社会科学出版社（内部发行），2007年，第1081页。

② (Fukien Christian University) Annual Report of the President and the Deans for 1930, Nov. 8, 1930, 华中师范大学教会大学研究中心藏：AUBCHEA, Series IV-Box108-Folder2391.

考申请资料中包括考生的中学品性表，要求考生的中学校长或教务主任亲自对考生在中学学习期间的品行表现作出评价。教会大学对教内学生或教会中学毕业生一向都有招生优待政策，如免试升学、推荐考试升学以及由差会专门提供给教徒学生奖学金等。1902年217名学生参加圣约翰书院的入学考试，其中有10人为教友，圣约翰当年新生录取的比例教内学生远远高于教外学生，两者分别为90％和20％[①]。卜舫济甚至在20世纪20年代曾一度提议教外学生不应超出全校学生总数的1/3，以改变学校宗教色彩日益淡化的倾向，只是没有实现。

在教会大学国际化的招生考试理念影响下，许多教会大学的入学标准直接仿照境外大学的入学标准，或与境外大学直接接轨。燕京大学接收国际学生的标准中就有美国大学通行的SAT考试成绩；东吴大学法学院按照美国学院的标准制定入学规则；金陵女子文理学院的入学考试均按美国最好的女子学院的标准；各教会大学对通过香港大学入学考试的学生直接免试接收。

教会大学对招生考试制度建设的自我定位即是教会大学作为规模不大但教育质量较高的私立大学，享有更多的招生自主权，应成为大学人才选拔制度改革的试验基地，教会大学改革创新的人才选拔方式、方法取得显著成效时，可向全国大学普遍推广[②]。

第二节　招考方式之异同

大学招考方式是适应学校招生政策的需要而采取的恰当形式。从现代意义上讲，大学招生政策的制定者即政策主体不是唯一的，包括立法机关、教育行政机关、考试机构、大学和中学等。教会大学与国立大学在办学性质上的显著差异决定了他们在招生政策上的差异。教会大学在立案之前处于独立的教会教育体系，中国政府颁布的招生法规对教会大学有参考价值，但不产生实质上的约束作用；同一时期，由于政治、经济、社会、教育制度的动荡变革，政府对大学的管理既无充足的精力，也无成熟的经验，国立大学也因此享有较为宽松、自由的政策环境。20世纪20年代末，基于强化政府管

---

①　徐以骅：《教育与宗教：作为传教媒介的圣约翰大学》，珠海出版社，1999年，第83页。

②　《之江教授建议大学采保送制》，《申报》1947年10月31日。

理、提高大学招生质量的政策宗旨,南京国民政府开始通过《大学组织法》、《大学规程》等法规对学生入学资格作出明确规定,且明确大学招生必须组织入学考试。教会大学立案后同样受到法律法规约束。除此之外,国民政府教育部还在每年的招考季节开始时颁布一些具体的招生办法,指导大学招生工作。由于各种主客观因素的影响,国民政府对教会大学和国立大学的招生分别制定有不同的政策措施,教会大学始终享有较大的招生自主权,相比之下的国立大学要受到更多约束。教会大学与国立大学的招考方式也因此各有侧重。

一、性质不同的单独招考

由晚清至民国初期,教会大学是中国大学的主体,国立大学仅3所。教会大学是教会等机构按照国外大学模式在中国直接建立的大学,其招生制度是以国外大学招生制度为模板,并依据中国的高等教育现状适当调整;国立大学是借鉴欧美大学制度而建,其招生制度的建设路径更多倾向于在中国传统招生考试制度的基础上参照国外的经验。这一时期,教会大学和国立大学均享有自由、宽松的招生政策,并由各校单独组织招生考试。

晚清政府曾规定,入高等学堂之学生,"必其已毕业官立、公立、自立中学堂,并经该学堂监督出具保结,证明其品行端谨、学力优等、身体强健者,可不须考验而使入学"[①]。民国初期,由于中等教育的薄弱和不足,高等教育机构难以获得充足的生源,国家的招生政策依旧宽松,允许大学招收中学毕业生和同等学力考生,但为保证招生质量,也要求大学严格入学考试。招生考试的具体方案、方式方法以及录取标准均由各校自行确定。

1903年设立的保定直隶高等学堂在1913年并入北洋大学堂之前,一直是北洋大学堂的预备学堂,其在1904年招收的第二班学生在保定直隶高等学堂读了五年,毕业时学部认为合格准予升入北洋大学正科,但北洋大学堂教务提调王劭廉亲往保定甄试,认为程度不够,该班学生因此又续读一年,才升入北洋大学正科[②]。1907年北洋大学在天津、上海、汉口、广州等地

---

① 《奏定高等农工商实业学堂章程(节录)》,中央教科所教育史研究室:《中华民国教育法规选编》,江苏教育出版社,1990年,第511页。
② 北洋大学—天津大学校史编辑室:《北洋大学—天津大学校史(第一卷)(1895—1949)》,天津大学出版社,1995年,第48页。

报纸登广告招考新生,但因录取严格,各科考生只有法科一人合格,这一年除预科转升本科者外,外考新生只取此一名①。由此可见,晚清时期国立大学享有很大的招生自主权。

1912年10月24日,北洋政府教育部公布《大学令》,其中第四、第五、第六条分别为预科、本科和研究生入学资格:

  第四条 大学设预科,其学生入学资格,须在中学校毕业,或经试验有同等学力者。

  第五条 大学各科学生入学资格,须在预科毕业或经试验有同等学力者。

  第七条 大学院生入院资格为各科毕业生或经试验有同等学力者。②

1915年2月,袁世凯颁定的《特定教育纲要》规定:"高等专门以上学校招班,宜严定考试入学,不得随意变通招考,致紊学系,由教育部通咨各省转饬遵照。"③

1917年9月27日,北洋政府教育部公布修正《大学令》:

  第四条 大学设预科,其学生入学资格,须在中学校毕业或经中学毕业同等学力试验,得有及格证书者,但入学时应受选拔试验。

  第五条 大学本科学生入学资格,须在预科毕业或经预科毕业同等学力试验及格者。

  第七条 大学院生入院之资格,为大学本科毕业生。

  第十六条 大学预科须附设于大学,不得独立。④

1924年2月,北洋政府教育部颁布《国立大学校条例》,其中对国立大学的招生作出规定:"国立大学校收受高级中学毕业生或具有同等资格者。国立大学校录取学生,以其入学试验之成绩定之。……在高级中学未普遍设

---

① 北洋大学—天津大学校史编辑室:《北洋大学—天津大学校史(第一卷)(1895—1949)》,天津大学出版社,1995年,第55页。

② 《大学令(1912年10月24日)》,中国第二历史档案馆编:《中华民国史档案资料汇编(第三辑,教育)》,江苏古籍出版社,1991年,第108~109页。

③ 《特定教育纲要》,中央教科所教育史研究室:《中华民国教育法规选编》,江苏教育出版社,1990年,第402页。

④ 《修正大学令(1917年9月27日)》,中国第二历史档案馆编:《中华民国史档案资料汇编(第三辑,教育)》,江苏古籍出版社,1991年,第168~169页。

置以前，国立大学得设预科，招收旧制中学及初级中学毕业生，其修业年限：在四年制毕业者预科修业二年，在三年制毕业者预科修业三年。"①

政府有关招生的规定在国立大学章程及相关条例中都有鲜明的体现，学校在制定具体的招生方案时，也须遵循政府法规的基本要求，如有关学生入学资格的限定和要求以入学考试成绩作为录取学生标准的规定等。天津北洋大学堂招生教学均按学堂设立时的奏定章程办理，学堂分头等学堂（大学本科）和二等学堂（预科），学制八年，一般按照自预科至本科的顺序依次升级。1895年成立时，直接从天津、上海、香港等地招取"相当于二等学堂四年毕业者，精选三十名列作头等学堂末班（即第四班）"②。1904年制定的《天津大学堂新订各规则》中规定："来学者，由中学高等学递升，具读书姓名年籍，由总办会同总教习，分日试中西学，因其程度所及，定班之高下，其不及格者，则屏之。"③ 北京大学的学校条例及组织总纲中明确规定："国立京师大学校收受高级中学毕业生或具有同等资格者。预科及专门部收受四年制初级中学之毕业生或具有同等资格者。录取学生以其入学试验之成绩定之。"④

国立大学的入学资格和录取依据与政府规定呈现出高度一致。在大学的整体发展方向上受教育部政策的影响，有些与招考新生直接相关：1914年教育部曾拟定北洋大学与北京大学合并方案，因遭两校反对未能实现；1917年教育部采纳蔡元培的建议，令北洋大学法科移入北京大学，北京大学工科移入北洋大学，两校的招生科系受此政策调整的显著影响，1917年北洋大学法科停招新生，1920年法科正式停办，北洋大学由此进入长达26年专办工科的独立学院时期。

除此之外，政府对国立大学的招生及入学考试活动并无更多的限制，国

---

① 《教育部公布国立大学校条例令（1924年2月23日）》，中国第二历史档案馆编：《中华民国史档案资料汇编（第三辑，教育）》，江苏古籍出版社，1991年，第174～175页。

② 北洋大学—天津大学校史编辑室：《北洋大学—天津大学校史（第一卷）(1895—1949)》，天津大学出版社，1995年，第28页。

③ 北洋大学—天津大学校史编辑室：《北洋大学—天津大学校史（第一卷）(1895—1949)》，天津大学出版社，1995年，第25页。

④ 《国立京师大学校组织总纲》，中国第二历史档案馆编：《中华民国史档案资料汇编（第三辑，教育）》，江苏古籍出版社，1991年，第219页。

立大学均自行组织招考。民国成立后的北洋大学制定的《国立北洋大学校学事通则》中规定，新生入学后须经复试。1914年复试题目为默写入学考试时的作文，目的是查验学生在入学考试时是否有替考，一经查出，一律取消入学资格①。北洋大学招考新生也一向不以名额定录取标准，而是根据水准决定名额，各班人数因此多少不均，有的班多达30人，有的班则不足10人。1919年北京大学招考简章规定，投考预科者须考两场，第一场考试科目为国文、外国语、数学；第二场考试科目为中外历史、中外地理、理化、博物。考试试题除外国语外均用国文，其中国文考查内容主要有解释文义、作文及句读（读用"、"句用"。"）；外国语（英文或法文、德文、俄文）考查内容主要是文法翻译；数学考查内容包括算术、平面几何。考生如果第一场不及格即不录取，不必再考第二场②。

北京大学、北洋大学等都曾专门派员到上海招生。1920年天津北洋大学在上海招生，借上海县立第一高小学校举行，由北洋大学委派的蔡惠臣、陈雄飞两位人员全面主持、第一高小的校长潘赞麟协助组织开展招考活动。两位主试人员要接收并审核报名材料，对合乎规定的资格者进行面试，将面试合格者录入准考名册，准予参加笔试，笔试结束后，主考人员再将试卷密封，带回学校评阅。为保证试题安全，不泄露，全部密封加印，有护兵两人全程往返护送③。至于招生人数、考试科目、试题内容、录取标准等皆由学校自行确定，其中本科的考试科目为德文、英文、翻译、数学、物理、化学、国文；预科的考试科目为英文、数学、物理、化学、国文。1920年国文试题内容本科和预科相同，为"中国实业现状论"④。1921年北京大学在上海招生时，是借第二师范学校举行，由胡适之、马寅初主试，所有在上海的招考活动都由主试人员全面负责，本科考试科目为国文、外国史、数学、论理学、历史地理；预科考试科目为国文、外国史、数学、化学博物、物理学⑤。20世纪30年代，北洋大学规定本科考试科目为三民主义、国文、英

---

① 北洋大学—天津大学校史编辑室：《北洋大学—天津大学校史（第一卷）（1895—1949）》，天津大学出版社，1995年，第91页。
② 《北京大学招考简章（民国八年）》，《申报》1919年4月28日。
③ 《北洋大学主试员来沪》，《申报》1920年7月28日。
④ 《天津北洋大学在沪招考纪》，《申报》1920年8月9日。
⑤ 《北大在沪招考纪》，《申报》1921年8月21日。

文、德文（或法文）、数学、物理、化学。程度要求是国文须能作长篇论说；英文须能作长篇论文及翻译；德文或法文须学过360小时以上；数学须学过平面几何；物理须将普通高级物理学学毕；化学须将普通高级化学学毕[①]。

从考试科目及内容分析，这一时期国立大学与教会大学招考存在许多差异，教会大学有宗教考试科目，且要求中学修够相应的学分。国立大学要求学生的国文程度较高，考试内容除作文外还有解释文义和句读；教会大学的国文考试在20世纪20年代中期改革以前仅要求作二三百字文章一篇。教会大学对外语水平要求明显更高，国立大学试题除外国语外，均用汉语；教会大学则在很长时期内提供中英文双语试题。

另外，从对考生的其他要求看，教会大学一直重视考生的品行和体格，并且有具体落实措施，如学生的中学品性调查表和正规西医的体检证明，而国立大学招生简章中却难觅此类具体规定。

同一时期教会大学的自由招考与国立大学的不同之处在于：教会大学招生游离于中国政府的招生政策内外，其是否遵循中国政府有关招生政策的规定，取决于学校和经营学校的教会当局。当教会当局和教会大学一致认为政府的招生政策与学校办学宗旨、招生理念没有冲突时，教会大学会主动地改革，适应政府的要求；但当有冲突时，各教会大学会依据自己的实际状况决定是否遵循政策规定。1912年教育部规定将每年的暑期作为招考新生的主要季节，原本遵循中国习惯在年初招考新生的教会大学迅即作出调整，使暑期成为招考新生的重要季节。1924年国民党开始推行党化教育，要求学校开设党义课，大学招生增加党义科目，一些教会大学为改善与政府的关系，积极作出相应调整，1925年大学招生考试科目即出现党义一科，但燕京大学、圣约翰大学等却坚持原有考试科目不变，并未因政府的要求立即作出调整。

同样都是大学自由招考，性质却完全不同，教会大学的自由招考是不受中国政府管辖的，是在教育"治外法权"的庇护下，沿袭其宗主国大学招生考试传统形成的；而国立大学的自由招考是在教育权属于国家的前提下，国家政策允许下的自由招考。受收回教育权运动的影响，教会大学的自由招考局面在20世纪20年代中期被打破，随着教会大学招生考试制度的改革和向

[①] 北洋大学—天津大学校史编辑室：《北洋大学—天津大学校史（第一卷）（1895—1949）》，天津大学出版社，1995年，第171页。

中国政府申请立案的开始，教会大学的入学资格、考试科目及内容等都按照中国政府的有关法规作出调整。立案后的教会大学开始与国立大学共处在中国政府的统一管理下，政府的招生政策对所有立案的教会大学具有普遍约束力，即使圣约翰大学一时未能立案，其招生考试制度也作出积极调整，以适应教育环境的变化。

二、统一管理下的自主招考

教会大学立案之后便与国立大学一样接受政府的统一管理。1928年5月，南京国民政府召开第一次全国教育会议，决定采取三民主义的教育宗旨，在《三民主义教育实施原则》中明确规定中国的教育是"一个党、一个主义"的教育。国民政府1929年公布，1934年修正公布的《大学组织法》第二十条规定："大学入学资格，须曾在公立或已立案之私立高级中学或同等学校毕业，经入学试验及格者。"[①] 1929年教育部公布《大学规程》中规定：

  大学或独立学院入学资格，须曾在公立或已立案之私立高级中学或同等学校毕业，经入学试验及格者。

  大学或独立学院得酌收特别生，其具有前项学校毕业资格，于第一年内接受入学试验及格者，得改为正式生。

  大学或独立学院转学资格，须学科程度相同，有原校修业证明书，于学年或学期开始以前经试验及格者。但未立案之私立大学或独立学院学生，不得转学于公立及已立案之私立大学或独立学院。

  大学各学院或独立学院各科最后一年级，不得收转学生。[②]

《大学组织法》以法律的形式明确了大学招收新生必须是在公立或已立案之私立高级中学或同等学校毕业，而且招收的新生必须参加入学考试。《大学规程》中对大学招收特别生和转学生作出明确的规范，使大学招收特别生和转学生有据可依。虽然这些制度的出台落后于大学的招生实践，但形成规章之后即产生了普遍约束力。

---

① 中央教科所教育史研究室：《中华民国教育法规选编》，江苏教育出版社，1990年，第417页。

② 中央教科所教育史研究室：《中华民国教育法规选编》，江苏教育出版社，1990年，第405~406页。

除基本法规之外，为进一步统筹高等教育的发展，提升高等教育质量，民国教育部于 1933 年起进一步介入大学招生考试管理。针对大学招生中出现的各种问题，教育部每年在暑期招考季节开始前都制定大学招生办法，具体指导和统筹大学招生问题，1933 年出台的大学招生办法要求各大学文、实科按照 1∶1 的比例招生，以解决当时大学生文（文、法、商、教育）、实科（农、工、医、理）比例 7∶3 的严重失衡问题。

　　查大学教育，原以研究高深学术养成专门人才为宗旨，惟吾国数千年来尚文积习，相沿既深，求学者因以是为趋向，而文法等科，又设备较简，办学者亦往往避难就易，遂一致侧重人文，忽视生产，形成人才过剩与缺乏之矛盾现象……于兹外侮日亟，国家经济衰落达于极度时期，自非造就多数实用科学人才，不足以应非常环境及社会需要……兹特规定各校院招生办法如下：

　　（一）自本年起，各大学兼办有甲类学院（文、法、商、教育、艺术等学院）及乙类学院（理、农、医、工等学院）者，任何甲类学院所招新生数额连同转学生，不得超过任何乙类学院所招新生之数额。其甲类学院所设学系与乙类学院所设学系数目有不同时，任何甲类学院各系所招新生之平均数，不得超过任何乙类学院各系所招新生之平均数。

　　（二）自本年起各独立学院兼办有甲类学科（文、法、商、教育、艺术等科）及乙类学科（理、农、医、工等学科）者，任何甲类学科所招新生数额连同转学生，不得超过任何乙类学科所招新生之数额。其甲类学科所设学系与乙类学科所设学系数目有不同时，任何甲类学科各系所招新生之平均数，不得超过任何乙类学科各系所招新生之平均数。

　　（三）凡专办前述甲类学科之独立学院所招新生之数额，不得超过各该学院二十年度新生数额。如有特殊情形，须先呈经本部核准。

　　（四）凡未严格依照本规定招生之学校，本部概不予审查其新生入学之资格，或更为其他纠正之处置。以上各规定，除专收女生之学院暂不适用，暨有另案令知者外，所有国立省立及已立案之私立各大学各学院，应一体遵照办理，合行令仰该大学、学院、厅局转行省立及已立案之私立大学及学院遵办。此令①

　　以上法规部令是面向所有大学公布，在实际操作中，教会大学在招生考

---

① 《教部规定各大学招生办法》，《申报》1933 年 5 月 22 日。

试上依然享有比国立大学更高的自主权。这主要是因为教会大学的主要经费来源是外国教会、慈善组织,国立大学的经费主要来源于国库拨款。在政府缺乏足够的人力、物力兴办高等教育的现状下,鼓励私人或其他社会团体兴办教育是政府的明智选择,也是中国优良的教育传统。既然教会大学不是由政府出资,那么政府对教会大学的管理自然只能在法律框架内依例进行;对政府出资的国立大学,政府则有权直接参与学校的各项教学管理事务。1931年,教育部曾指示清华大学录取新生原则:

（一）本国学生之在外国中等以上学校毕业或肄业者,如具有与本国高中以上学校毕业或肄业相当程度,经入学试验及格,均得收录。

（二）已停办之未立案私立中等以上学校学生,在中等学校毕业者,须经各省市教育厅局升学预试。在专科以上学校毕业或肄业者,须经本部甄别试验,其得有各该试验及格证书者,方得准予投考。

（三）私立中等以上学校在前大学院或本部或各省市教育厅局核准立案前之毕业及肄业生按照本部十九年（1930年）第八号布告所定承认办法,经审查核准者应准投考。再私立中等以上学校在国民政府统治前,曾经前北京教育部或各省教育行政机关核准立案者,其毕业生资格之在专门以上学校,以十七年（1928年）七月二十三日前大学院宣布立案无效,通饬重行立案以前毕业者为限,在中等学校以十八年度（1929年）学年终了前毕业者为限。①

这一时期,政府介入大学招生管理的倾向加强,各项有关大学招生政策出台的目的是规范大学的办学标准,提高大学的教育质量,强调大学通过培养人才为社会、国家服务的职能。1933年要求大学按照部定的文、实科最低招生比例录取新生,即是希望通过政府介入管理,改变大学系科发展的失衡,调整全国高等教育的发展方向,使大学培养出更多国家建设和社会发展急需的实用科学人才。而在此前的1930年,基督教全国高等教育协会重新审定的基督教大学统一调整方案中,就早已提出基督教大学应在维持西方的教育标准和适应中国社会现实需要之间取得适度的平衡,既要维持一部分大学高标准的教育,又要广泛开展规模较小、较单纯、花钱少、社会急需的专业或职业教育②。

---

① 《教部指示清华录生原则》,《申报》1931年4月29日。
② Review Correlated Program,山东省档案馆馆藏:齐鲁大学档案 J109-01-10。

在抗战爆发前，政府对大学招生考试的统一管理一直局限在政策和制度层面，具体的招生考试实践活动依然由大学自行组织，各校单独招考，自主命题，自行组织，并自主录取，教会大学如此，国立大学也如此。1930年交通大学在上海、北平、广州、武汉、沈阳五处招生，各地试卷均寄回上海本部，由学校招生委员会聘定学校教授评阅试卷，胡敦复先生评数学，裘维裕先生评物理，徐名材评化学，陈嘉佑评国文，唐谋伯评英文，李权时先生评经济商史地等①。北洋大学历来不招插班生，1935年因矿冶系二、三年级学生过少，即自主决定当年招收少量转学插班生，招收人数无事先定额，依学生水平而定②。金陵女子文理学院和华南女子文理学院因是女校，不受文、实科招生比例的限制，更具招生自主权。

这一时期，无论国立大学还是教会大学，都在遵循教育部指导原则的基础上，积极主动地进行大学自身招生考试制度的改革与完善。1933年福建协和大学改革招考制度，提高入学标准；1934年、1935年燕京大学连续改革入学考试科目，试验更有效的对考生的学术评价方式。1936年交通大学的入学资格中明确规定：考生须体格健全，毫无嗜好，确能遵守校规，服从中国国民党党义③。

三、抗战时期的自主与统一招考

1937年抗战爆发，全国高等教育机构遭受重大损失，统筹高等教育资源、保存高等教育实力、培养战时急需人才、救济战区失学青年是大学招生应解决的重要问题。在"战时当作平时看"的思想主导下，维持大学招生水准、为抗战胜利后建设国家储备人才，成为抗战时期政府招生政策的长远目标。1937年教育部试行国立大学统一招考，1938年，教育部组织国立大学及独立学院统一招考，1939年扩展为公立院校统一招生，1941年后因抗战形势日趋紧张，国立大学又恢复自主招考，国家提倡各区大学以国立大学为主，实行区域内国立大学和学院联合招考。整个抗战时期，国立大学招生经

---

① 《交大投考生之各项统计》，《申报》1930年8月15日。
② 北洋大学—天津大学校史编辑室：《北洋大学—天津大学校史（第一卷）（1895—1949）》，天津大学出版社，1995年，第171～172页。
③ 《交通大学1936年招生简章》，《交通大学校史》撰写组：《交通大学校史资料选编（第二卷1927—1949）》，西安交通大学出版社，1986年，第209页。

历了单独招考和统一招考并存→统一招考→多样化招考方式并存的发展变化过程；教会大学则仍旧是自主招生，只是囿于抗战时期的客观条件，在具体招考方式上既保持有原来的单独招考形式，也出现了新的教会大学间的自主联合招考方式。

1938年至1940年，国立大学的自主招生权严重受限，本科一年级新生招考全部由教育部设立的统一招生考试委员会负责。1940年公立各院校统一招生委员会按照教育部组织法规定成为正式组织，并通过了统一招生委员会章程，赋予招生委员会订定招生规章、规定命题、阅卷及录取、制定颁发试题、复核考试成绩、决定取录学生，以及研究招生改进事项和教育部交议的其他招生事宜等权利和义务①。教育部通过设立专门招生考试机构将国立大学本科一年级新生的招考收归政府，国立大学仅留有研究生和转学生的自主招考权利。

1940年，教育部除订定公立大学与独立学院统一招生办法外，对于私立大学及独立学院，以及公私立专科学校招生也订定办法6项：

1. 各校应将29年度（1940—1941学年度）上学期拟招新生名额及招生简章呈部核定；

2. 私立大学及独立学院入学试验科目，应参照本年统一招生笔试课目编列；

3. 私立大学及独立学院自29年度（1940—1941学年度）起不准再招收同等学力学生；

4. 各校举行新生入学试验时，本部得派员监试；

5. 各校办理招生事务完毕后，应将全部考生成绩列册连同各科试题报部备核；

6. 各校新生入学试验试卷，必要时，本部得随时抽阅。②

按照以上办法规定，教会大学自1940年起不准再招收同等学力学生，至1942年仍被禁止；但国立大学却可在遵循一定条件的前提下招收数量占新生总数5%的同等学力学生：

1. 同等学力学生录取人数，不得超过录取总数额的5%；

---

① 《各公立院校统一招生委员会章程》，中国第二历史档案馆编：《中华民国史档案资料汇编（第五辑，第二编，教育一）》，江苏古籍出版社，1997年，第714～715页。

② 《本年度私大与独院及公私立专校招生办法》，《申报》1940年6月6日。

2. 报名同等学力学生，以28年（1939年）暑假前修满高中二年级学业，因战事关系未能修毕高中学业，在家自修之学生，缴验原肄业学校成绩单经审查合格者为限；

3. 高级职业学校及师范学校学生，虽于28年（1939年）暑假前修满二年级学业者，亦不得以同等学力投考。①

教会大学与国立大学一样，积极遵循政府在抗战时期的招生政策，开设战时急需专业，培养战时急需人才；积极扩充新生、转学生及借读生名额，处在后方的教会大学除扩招名额外，也全力接收战区失学青年；教会大学还积极配合国立大学统一招生，接收教育部分发的经统考录取的学生；充分发挥教会大学的英语优势，与政府合作办理英语专修科，培养抗战急需的翻译人才；华中大学还设立大学先修班，以弥补战时高中毕业生学业水平的不足，尽力保持大学招生水准。

不过，国民政府对教会大学和国立大学招考方式的规定却显著不同。教会大学可自主招考，国立大学却必须参加统一招考。这是因为战时环境特殊，国民政府无力顾及所有私立大学；而一些教会大学身处战区，在战争初期反而可借其外国背景在战区暂时维持正常教学。因此，政府只能以有限的精力沿着从国立大学到公立大学再到所有大学的路径逐步推广其统一招生考试政策。国立大学中，中央大学、武汉大学和浙江大学三所国立大学1937年试行联合招考，1938年至1940年国立大学均参加由教育部组织的统一招生考试。

按照教育部的政策规定，教会大学可采用的招生方式有自主单独招生、自主联合招生、委托招生，这些均是大学自主前提下的具体招生方式；国立大学是国家统一招生、联合招生和委托招生，1938年—1940年间的统一招生由政府统一组织，大学无自主招生权。另外，除以考试方式招收学生外，国立大学和教会大学均可采用成绩审查的方式招收学生，以尽量给予考生便利，弥补考试录取过于单一的状况：

> 各院校除考试外，并得采用成绩审查办法。优良高中成绩优秀之毕业生，经各校汇审合格者，得通知其来校参加复试。成绩较次者，取为试读生，或授以补习课程。私立大学及独立学院暨公私立专科学校三十一年度（1942年）招生，该部规定亦应体念交通情形，尽量予考生以

---

① 《公立各院校统一招生近讯》，《申报》1940年6月7日。

便利。招生方式除本校招生外，亦得采用上述办法。①

1. 教会大学的单招与联招

由于教会大学在抗战爆发后分处各地，有内迁到西南内陆的，有处在战区的，有处在上海孤岛中的，还有迁至香港的，各校面临的具体环境差异显著。在国民政府无暇顾及之时，各校大多依据自身的实际情况进行招生，辅仁大学、燕京大学虽处沦陷的北平，其教学管理时时受到日伪的监视，但学校依然尽力秉行国民政府的招生政策，按照教育部的有关规定确立招生标准，积极扩充学校条件，增加招生数量，使沦陷区青年能够接受爱国的高等教育。1939年震旦大学招收医学院、理工学院、法学院各系男女新生及插班生，为满足学生需求，法学院还专门招收未学过法文的一年级新生，并为愿入理工或医学院者设立法文特别补习班；东吴大学文、理、法各院和沪江大学文、理、商各院均招收一年级新生及部分高年级转学生；多所教会大学同在上海招生，报名及考试日期均自主确定，各不相同，考试内容与录取标准更是由各校自行决定。

内迁至成都华西坝的四所教会大学在校舍、师资、仪器互通有无的情况下，自主决定实行联合招生考试（1942年燕京大学加入），统一组织招考活动，方便考生报考，提高考试效率，并有效维护华西坝教会大学区的日常教学和管理秩序。联合招考是抗战时期教会大学出现的新的招考方式，是教会大学在客观条件非常恶劣的情况下采取的积极应对措施。华西坝教会大学的联合招考自1939年开始一直持续到1945年抗战胜利。

教会大学采取单独招考或联合招考方式是由教会大学自主决定的，不是政府的强制规定。单独招考和联合招考均属于教会大学自主招考的具体方式，报考手续、命题及考试活动的组织、录取标准都由学校自主确定。即使是实行联合招考的几所教会大学，其联合也是形式上的，而非实质上的，各校只是将报考日期集中在一起，以方便考生；考试科目虽基本一致，但试题内容并不相同；且各校的考生试卷由各校自行评阅，录取标准也不一致。

2. 国立大学的统招与联招

与教会大学不同的是，自1938年开始，国立大学都必须参加教育部组织的一年级新生统一招考。1941年，由于战事紧张带来客观困难以及统一招考中出现诸多问题，教育部决定暂停公立院校统一招考，1942年又出台

---

① 《全国公立院校十区招生》，《申报》1942年5月11日、1942年5月12日。

分区联合招考办法。1938年国立各院校统一招生办法大纲主要内容有：一是规定各国立大学及独立学院，除上海各院校外，均参加统一招生。二是成立统一招考组织机构。由教育部各司司长、高等教育司主管科长、部聘大学校长及教授组成全国统一招生委员会，规划并执行统一招生各事宜，如确定考试科目、命题标准及录取标准，各招生处成立当地招生委员会，聘定命题委员，依照部定标准命题，聘定阅卷委员，分科阅卷，并将成绩寄送教育部。三是确定当年统一招考在武昌、长沙等11处举行，必要时设分处。四是规定录取学生的分发标准以第一志愿为依据。五是会考成绩优秀在前15％者，可免试分发，同等学力考生录取比例不超过10％等等①。1939年国立各院校统一招生办法与1938年相比，除招考地点扩大至重庆、成都、上海等15区②，还有5处不同：①1939年考试题目由教育部统一拟定颁发；②分发学生，除仍以志愿及成绩为分发标准外，优先依考试区域及附近学校分发，如该区各校额满或无投考志愿科系时，由教育部指派学校；③未经录取之学生，如成绩不至过低者，由教育部录取入大学先修班；④免试升学学生，仅限于本届中学毕业会考及格学生，由各省教育厅保送成绩优秀前列者10％，各国立中学及未举行会考省份，均不得援例保送；⑤招收同等学力学生，不得超过各区录取学生总人数的10％，并应以每区录取学生总名次前半者为限③。

1941年不再举行国立院校统一招生考试，1942年，教育部为谋学校及考生便利，推出划区联合招考办法，将全国公立大学及独立学院划分为10区，指定区内各公立院校联合招考，并指定区内一所大学或学院召集学校：重庆区指定中央大学为召集学校，成都区指定四川大学，昆明区指定西南联合大学，贵阳区指定浙江大学，西北区指定西北大学，粤桂区指定中山大学，浙赣区指定中正大学，福建区指定厦门大学，湖南区指定湖南大学，湖北区指定湖北省立教育学院④。举办联合招生的各区，组织联合招生委员

---

① 《国立各院校本届统一招生　教育部昨将办法公布　私立学校准自行招考》，《申报》1938年6月23日。

② 《国立各院校统一招生办法大纲（1939年6月21日）》，中国第二历史档案馆编：《中华民国史档案资料汇编（第五辑，第二编，教育一）》，江苏古籍出版社，1997年，第702～704。

③ 《教部本夏续办国立院校统一招生》，《申报》1939年6月27日。

④ 《全国公立院校十区招生》，《申报》1942年5月11日。

会，有关考试、命题、阅卷事宜由教育部规定，各区自行办理。由于1938年统一招考结束后，教育部为救济失学青年，设立大学选修班，招收统考成绩稍次者入读，准许一年学习期满后免试入大学，所以，自1939年开始，除统一考试录取新生外，教育部还公布两种免试升入国立大学法，其一即是各大学先修班修业期满、品行优良、体格强健、学业成绩最优、名列前25%者可保送免试升学；其二是会考成绩优秀，名列前10%者可保送免试升学，两类学生均由统一招生委员会按其志愿分发①。

1938年国立大学招考还有一种新方式，即由教育部委托上海的国立院校在上海代为招考志愿进入后方大学就读的学生。当年上海的国立院校因战事紧张没有参加教育部组织的统一招考，考虑到上海的高中毕业生必定有许多想到环境相对安定的后方读大学，教育部制定上海国立各院校代招后方国立院校新生办法，令国立交通大学、暨南大学和上海医学院在自行招考新生时代招后方国立院校新生。国立交通大学代招理、工、农三学院一年级新生，暨南大学代招文、法、教育、商四学院一年级新生，上海医学院代招医学院一年级新生，学生被录取入后方国立各院校者，一概免收学费②。

1939年和1940年上海各院校均参加统一招考，但由于上海在战争时期的特殊状况，教育部规定上海的学生可报考位于后方的大学，但后方的学生不得报考上海的国立院校。

抗战时期是国立大学和教会大学招生考试政策差异显著的时期，这缘于特殊时期政治、经济、文化与社会环境对大学的综合影响。国难当头，国立大学理所当然成为国家高等教育政策的实践场，服务于国家和社会的迫切需要，并作为高等教育的核心力量支撑起高等专门人才培养的大局。教会大学和其他私立大学作为国立大学统一招考的有益补充，则依然能够以较为自由的方式满足不同学生的个性化需求。

四、抗战后的自主与联合招考

抗战胜利后国民政府忙于收复沦陷区，大学招生的突出问题是收复区学生的甄审与甄试工作。政府对同等学力考生不再严格限制，1948年1月国民政府公布的《大学法》明确规定："大学入学资格，应曾在公立或已立案

---

① 《教部公布两种免试升入国立大学法》，《申报》1939年7月27日。
② 《二十七年度国立各院校统一招生概况（下）》，《申报》1939年8月8日。

之私立高级中学或同等学校毕业，或具有同等学力，经入学试验及格者。"①同等学力考生投考大学的权利被载入大学法，标志着国家政策向教育公平方向又迈出标志性一步，大学向自学成才的学生敞开大门，清寒学子靠自学成才一样可以进入大学深造。

教会大学和国立大学在这一时期均享有自主权利，教会大学遵循其一贯的自主风格，复校后除华东基督教联合大学曾试行一次联合招考新生外，均采取自主单独招考方式；国立大学则既有单独招考，也有联合招考，抗战时期曾组成西南联合大学的北京大学、清华大学和南开大学三校，在抗战结束后仍密切合作，实行三校联合招考新生。

总而言之，国立大学是国家教育政策的直接载体。国家统筹教育资源、提高教育质量的政策可以直接落实到国立大学招生中实现；为促进高等教育公平，发展边疆地区高等教育，政府制定蒙藏生优惠政策，也在国立大学招考中鲜明体现出来。抗战时期，政府严格限制同等学力学生报考大学，私立大学和学院自1940年起被禁止招收同等学力学生，仅允许国立大学招收同等学力考生，且比例控制在5%以内，新生质量得到进一步控制。救济青年学生是抗战期间招生政策要解决的重要问题之一，除制定大学借读生办法外，教育部要求后方未处战区的公私立大学扩充招生名额，并于1938年开始设立大学选修班。大学选修班都是设立于国立大学和学院之内，1939年，教育部又在西北大学、西北师范学院、国立师范学院、西南联大、云南大学、广西大学、浙江大学、交通大学、暨南大学等校设立大学先修班，各校设立1班至3班，使大学先修班总数达24班，可容学生1 200人②。教会大学中仅迁往云南的华中大学于1940年自主设立大学先修班。

教会大学所属的私立大学一直享有较为宽松的招生政策，就国家而言，是希望在国立大学整齐划一的规定之外，留有一些自由空间，以适应社会不同群体的特殊要求。对应于国家不同的招生政策，教会大学和国立大学在不同时期的招考方式各有侧重，并因此形成不同的招生组织体系，教会大学的

---

① 中央教科所教育史研究室：《中华民国教育法规选编》，江苏教育出版社，1990年，第432页。

② 《(国民政府)教育部为国民党六中全会撰写的教育报告书（1939年10月）》，中国第二历史档案馆编：《中华民国史档案资料汇编（第五辑，第二编，教育一）》，江苏古籍出版社，1997年，第247页。

招生考试组织机构大多是教会大学、中学以及当地教会机构，如基督教青年会，带有明显的宗教色彩，国立大学的招生考试组织机构除大学自身外，有教育部、各地教育行政机关、公私立中小学及其他民间组织，如上海环球中国学生会，就是早期各国立和私立院校在沪招生的主要的非官方机构。正是政策上的各有侧重和组织体系的各具特色，才使得中国近代大学的招生考试实践活动丰富多彩。

第三节　招生实例的比较

1938年至1940年，教会大学与国立大学招考新生模式差异最为显著，且主要集中于本科一年级新生的招考。这一时期国民政府教育部统一组织国立大学新生招考，而教会大学则依照教育部规定自行招考新生。国立大学参与的统一招考与教会大学的自主招考在组织机构、考试命题、录取程序等方面呈现诸多差异，体现出各自的优势和不足。教会大学自主招考成为近代私立大学享有更多办学自主权的典型表现，在遵循自身招考理念选拔人才的同时，其灵活自主的招生考试实践也成为国立大学统一招考的有益补充，使近代大学招生考试体系更加丰富完善，不同性质的大学之间形成良好的竞争与合作，为抗战时期国家各类人才的选拔和培养提供了多样化的运行模式。

一、招考组织体系

前述第三章已经探讨过教会大学招生考试有其相对独立的组织体系，是由教会大学、教会中学、各地教会组织等机构组成的，且长期保持着良好的合作互助关系和相对固定的运作模式。抗战期间，由于教会大学、中学四处迁移以避战乱，原有的招考组织体系受到破坏，教会大学只得一方面努力维持原有的招生渠道，另一方面在新的环境中扩充普通招生考试（即对外公开招考）的范围。其招生考试活动主要由教会大学依靠个体或联合的力量进行组织。

1. 招考机构

国立大学原有自主招考的体系同教会大学一样因战争爆发而支离破碎，但与多数教会大学抗战初期困顿的招生情景相比，国立大学的招生考试却因政府参与并统一组织变得顺畅得多。1938年国立院校统一招考，因上海处于特殊战事中，故上海的国立院校均不参加统一招考，而由各校自行招考，同时还替后方院校招考新生；1939年尽管上海的情形仍比较困难，不过还是参与了统一招考，这样，全国范围内的国立院校全部纳入统考。为适应统一招考的需要，国民政府教育组织建立起自上而下的统一招考机构体系。1938年即成立统一招生委员会，负责全面的招生考试活动事宜，各地所设考区也设置相应的招生委员会。各大学招生机构积极配合处理有关招生考试的校内事务；同时还要组织学校关于转学生和特别生的招考。1940年，公立院校统一招生委员会依照修正教育部组织法第五条的规定，成为教育部正式机构，主要目的是研究、规划并执行公立各院校统一招生事宜，其具体任务为：订定招生规章；规定命题、阅卷及取录标准；制定及颁发试题；复核考试成绩；决定及取录学生；研究招生改进事项以及教育部交议的有关招生事宜[①]。

章程的制定与颁布，标志着招生委员会正式成为国家管理高等学校招生考试的专门机构，是国民政府在总结公立院校统一招考经验的基础上进行的考试管理机构改革，是科举考试废除后再次由国家组织专门机构，统管高等学校招生考试的先河，是国民政府为进一步组织全国所有专科以上学校招生考试所作的机构建设的准备。这也表明，组织全国统一招生考试曾经是国民政府教育部的管理规划，只是由于各种主客观因素的影响而没有实现而已。

教会大学和国立大学招生考试活动的组织机构体系具有不同的特点：第一，教会大学的招考组织体系是非官方的，而国立大学的招考机构是官方的。教会大学的招考组织体系是以教会大学为中心，由大学自行联系协作方，或者由大学和中学共同所属的教会组织进行协调，以自愿、平等的原则相互合作，教会大学起主导作用；国立大学统一招考则是由政府成立的招生机构进行组织、管理，带有强制性，大学内部招生机构只是协助统一招生委员会做具体的事务性工作。第二，教会大学招考组织体系中各单位之间是一种松散联结，而国立大学统一招考组织体系则是严谨的、相对正式的行政机构。教会大学招考组织体系的松散联结决定了其具有高度的灵活性，体系中各单位都有充分的自由，自主决定是否参与合作，不过任何中学若想以教会大学承认中学的身份与教会大学合作，则必须满足教会大学对中学的教学及

---

① 《各公立院校统一招生委员会章程（1940年5月22日）》，中国第二历史档案馆编：《中华民国史档案资料汇编（第五辑，第二编，教育一）》，江苏古籍出版社，1997年，第714～715页。

管理等方面的质量要求。国立大学招考组织体系则完全由政府安排，设立教育部统一招生委员会和各区招生委员会。国立大学的招考权利和招考任务都是由教育部赋予的。

2. 招考学校与考点安排

抗战爆发导致大批学校内迁，中国高等教育的地理格局发生重大变化，高等教育重心从东部沿海转向西部内陆。1938年至1940年，国立大学统一招生的重心逐渐西移，教会大学的招生地域虽然比战前显著缩小，但仍然在东部广大的战区中树立起一面面民族高等教育的旗帜，成为战区爱国青年学子求学的希望之光。

1938年，国立各院校新生统一招考，在武昌、长沙、吉安、广州、桂林、贵阳、昆明、重庆、成都、南郑、延平、永康等12处同时举行①。1939年招考地点定为重庆、成都、南郑、昆明、贵阳、辰谿、桂林、延平、上海、兰州、泰和、永康、曲江、镇平等15区；参加统一招考的国立大学和学院共21所，其中国立大学13所，国立学院8所，分别为国立中央大学、武汉大学、同济大学、湖南大学、浙江大学、交通大学唐山工程学院、四川大学、厦门大学、东北大学、中山大学、云南大学、西北联大、西南联大、暨南大学以及中正医学院、江苏医学院、西北医学院、贵阳医学院、西北工学院、西北农学院、国立师范学院和西北师范学院②。1940年公立院校统一招生共有41所大学和学院参加，其中国立大学和学院共28所（大学16所，学院12所），设立乐山、城固、昆明、贵阳、辰谿、南平、桂林、兰州、恩施、泰和、丽水、曲江、南阳、上海等16考区，以及合川、白沙、三台、武功、洋县、香港、铜仁、长沙、蓝田、所里、长汀、龙岩、永安、天水、均县、屯溪、洛阳、镇平等18分处③。

---

① 《二十七年度国立各院校统一招生概况》，《申报》1939年8月6日。
② 《本届统一招生今日考试》，《申报》1939年8月7日。
③ 资料来源：《二十九年度（1940年）续办国立院校统一招生》，《申报》1940年4月25日；《公立院校统一招生教育部有重要补充》，《申报》，1940年7月22日。国立大学有中央大学、西南联大、西北大学、中山大学、交通大学、同济大学、暨南大学、武汉大学、东北大学、浙江大学、四川大学、湖南大学、厦门大学、云南大学、广西大学、中正大学；国立学院有上海商学院、上海医学院、中正医学院、贵阳医学院、江苏医学院、西北医学院、国立师范学院、西北师范学院、西北工学院、西北农学院、女子师范学院、湘雅医学院。

统一招考地点的设置呈现出两个显著特点：一是招考地点的设置数量明显增多；二是招考地点的设置重心不断向西南、西北转移。招考地点增多意味着统一招考的规模扩大，参与的院校和考生数量增加，说明统一招考的影响越来越大，或者是政府推进统一招考的力度增大；重心转移则是受战事的发展影响，1938年武汉、长沙、广州等城市还可设立为招考地点，到1939年即因战事的发展受到影响。对国立大学而言，虽然没有了招生自主权，但参加统一招考却无形中增加了学校的招考地点，以往学校自主招考，只是依靠大学自身的能力在有限的几个城市如上海、广州、武汉、北平等进行招考，统一招考地点由12处增加到34处，使大学的招考地域成倍扩大，潜在生源也大量增加。

同时期教会大学招考地点则明显减少，战前多数教会大学都会在学校所在城市之外的其他生源较多的省市设置招考地点，战争中一度成为各教会大学招考地点的天津、南京、武汉、广州等城市相继沦陷，致使教会大学的招考活动无法像原来一样正常开展。留守在战区的教会大学只能在学校所在地、上海租界区以及香港进行招考；内迁的教会大学则要在迁移地及其周围重新设立招考地点。教会大学的省外招考地点缩减为只有一至两处，而燕京大学一所学校在1929年单独招考时就曾在10个省份设立考点，具体有北平、太原、沈阳、哈尔滨、济南、上海、福州、厦门、广州、汉口、长沙等11处①。

教会大学的招考地点数量无论就教会大学整体而言，还是就单所教会大学而言，都明显萎缩，使得教会大学的原有生源供应链条受到较大影响，这一特点在内迁教会大学的招生上更为突出。不过，在北平、天津、济南等国立大学统一招考的空白城市，教会大学能够以学校特殊的外国背景而在这些城市坚持办学、继续招生，在一定程度上平衡了这一时期全国大学的招生格局，擎起战区民族高等教育的一面旗帜，为抗战时期中国高等教育的发展作出了特殊贡献。

二、考试科目与考试命题

考试科目及考试内容是考试的核心问题，考生的程度如何，考试是否有

---

① 《燕京大学本科简章（1929—1930）》，华中师范大学教会大学研究中心藏：AUBCHEA，Series Ⅳ-Box309-Folder4754-288。

价值，与考试科目及考试内容关系密切。考试科目过少，则难以全面考查学生已有的知识水平；科目过多，则学生负担过重，难以承受，不利于学生的健康，也影响学生正常水平的发挥。考试内容过于简单，达不到考试选拔的目的；内容过难，也无法测量学生的基本程度。因此，考试科目反映出学校想要选拔的人才的基本学术视野；而命题原则及其直接影响到的考试内容则突出大学对人才的学术水准的要求。

1. 考试科目

国民政府教育部认为，国立大学在统一招考之前由各校自行招考时，因各校所设考试科目多少不一，考试内容有难有易，因此造成新生入学程度参差不齐，影响到全国高等教育的质量。1938年教育部关于统一招生考试办法大纲中明确规定，考试科目由教育部统一招生委员会确定，一旦确定，各大学均须遵照执行；对私立大学招生考试科目要求参照统一招考科目确定。1938年统一招生考试分笔试、口试，其中口试为投考师范学院的考生的必考科目；笔试科目则分为三组，按考生报考院系不同而略有差别。考生分组情况及各组考试科目如表5-1所示：

表5-1　1938年国立院校统一招生考试科目及考生分组一览表

组别	考试科目	考生分组
第1组	①公民，②国文，③英文，④本国史地，⑤外国史地，⑥数学（代数、平面几何、三角），⑦物理、化学、生物三科中任选一门	文、法、商学院各学系；师范学院教育、公民训育、体育、国文、英语、史地、家政学系；艺术专修科及劳作专修科考生
第2组	①公民，②国文，③英文，④本国史地，⑤数学（高等代数、平面几何、解析几何、三角），⑥物理，⑦化学	工学院各学系；物理学院数学、物理、化学、天文气象、土木学系；师范学院数学、理化各学系考生
第3组	①公民，②国文，③英文，④本国史地，⑤数学（高等代数、平面几何、解析几何、三角），⑥生物（考地理系者以外国史地代生物），⑦物理、化学两科任选一门	医、农学院各学系；理学院生物、地理、地质各学系；师范学院博物系及牙医专科学校考生 投考学校如系中山大学医学院或同济大学者，英文改试德文；投考体育系及艺术专修科者，并应加试主系科目

资料来源：《二十七年度（1938年）国立各院校统一招生概况（上）》，《申报》1939年8月6日。

从上表可以看出，考生共分3组，3组考生的必考科目均为7门，分别是公民、国文、外文、数学、本国史地和理化生中任选几门。其中各组考生完全相同的科目有4门：公民、国文、本国史地和外文（分为英文和德文两种，投考中山大学医学院或同济大学的学生须考德文，其他考生均考英文）；数学按报考院系不同分两组不同的试题内容，第1组为投考文科院系的考生所考的数学，内容包括代数、平面几何和三角；报考第2、3组理、工、农、医各院系的考生所考数学则涵盖高等代数、平面几何、解析几何和三角4部分内容。理化生科目则按考生报考院系的不同而在物理、化学和生物3科中选择不同的具体考试科目，第1组是在物理、化学和生物3科中任选1门，第2组物理和化学均是必考科目，第3组生物是必考科目（除考地理系者以外国史地代生物），物理和化学两科任选1门。

1939年考生分组略有调整，投考工学院铁道管理系者归入第1组考生。三组的必考科目仍为7门，有4门完全相同，即公民、国文、英文（投考同济及中山大学者考德文）及本国史地，数学科目较1938年有调整，第1组数学仍与1938年同，包括代数、平面几何及三角；第2组数学包括高等代数、解析几何及三角；第3组数学包括高等代数、平面几何及三角。此外，考试科目还与考生的报考志愿有重要的关系，如果以第2组的院系为第1志愿而以第3组院系为第2、3志愿的，考试科目须加试生物或外国史地；如以同济或中山大学医学院为志愿者，须加考德文；如以同济大学或中山大学医学院为第1志愿而以其他学校为第2或第3志愿者，须加考英文①。1940年考生的必考科目全部增加为8门，考生分组也有调整（见表5-2）。

表5-2　1940年国立院校统一招生考试科目及考生分组一览表

组别	考试科目	考生分组
第1组	①公民，②国文，③英文，④数学（高等代数、平面几何、三角），⑤中外历史，⑥中外地理，⑦理化，⑧生物	文、商教育各学院及师范学院文组各学系；体育系加试术科、音乐系加试音乐常识
第2组	①公民，②国文，③英文，④数学（高等代数、解析几何、三角），⑤物理，⑥化学，⑦中外史地，⑧生物	理工各学院及师范学院理组各学系

① 《本届大学统一招生考试概况（二）》，《申报》1939年12月12日。

续表

组别	考试科目	考生分组
第3组	①公民，②国文，③英文（或德文），④数学（高等代数、平面几何、三角），⑤物理，⑥化学，⑦中外史地，⑧生物	医、农各学院

资料来源：《二十九年度续办国立院校统一招生》，《申报》1940年5月24日。

与前两年相比，1940年的考试科目对学生知识水平的考察范围加大，程度提高。考试科目由原来的7门增加到8门，内容扩展主要体现在两个方面：一是要求考生对外国历史、地理有相当的了解，原有考试科目只涉及本国历史、地理，1940年改为中外史地，很显然是希望学生能开拓国际视野，了解世界各国的人文地理，从而更好地认识本国在世界中的地位及发展状况；内容扩展的另一方面表现是生物成为各组必考科目，反映出抗战时期国家对人才的特殊要求：日军在中国战场试验细菌战，政府因此希望学校加强生物教学，使国家培养的人才能具备生物学基本常识，并积极开展生物科学研究。

教会大学的入学考试科目各校规定不同。1938年，辅仁大学规定投考本科和美术专修科的入学试验事项包括4大项：第1项是共同必考科目国文、英文和数学3科；第2项是检查体格；第3项是口试；第4项是分院科加试，其中拟入文学院及教育学院各系的考生加试中外史地，拟入理学院各系的学生加试物化（物理化学），拟入美术专修科的学生加试绘画书法①。1938年5月，燕京大学外国学生入学考试科目为数学、智力测验、英文、科学、国文和常识，报考自然科学学院的考生需另行加试高等数学测验②。

从考试科目的数量而言，国立大学统一招考科目要多于教会大学考试科目，1938年统考科目有7科，1939年又增至8科，而教会大学考试科目虽各校不一，但极少有考7科者，基本在5至6科。从具体的考试科目看，国立大学比较重视考生物理、化学和生物3科的基础知识，所有学生均须参加相关科目的考试，考试科目文理综合，差异不大。教会大学的考试科目也是文理综合，比较重视国文、英文和数学3大基础科目，考生的考试负担比国

---

① 北京大学图书馆馆藏：《私立北平辅仁大学一览》，民国二十七年度（1938年）。
② Yenching University Entrance Information Buletin For Foreign Students 1938，华中师范大学教会大学研究中心藏：AUBCHEA，Series Ⅳ-Box309-Folder4755。

立大学小,同时也表明教会大学对入学考试的依赖性要比国立大学小。

2. 考试命题

中国近代国立大学入学考试的命题经历了大学自主命题→大学自主命题、分区命题并存→教育部统一命题→大学自主命题→分区统一命题5个发展阶段,1938年至1940年公立院校统一招生考试命题,正涵盖第2和第3两个发展阶段,即从1938年的大学自主命题和各区招生委员会统一命题并存发展到1939年至1940年的教育部统一命题,不过仍有个别考区因特殊情况使用各区的备用试题,1940年上海和屯溪两处均未采用统一试题。与国立大学命题方式的多变相对应,教会大学的入学考试都是由大学自主命题,而且是各教会大学自主单独命题。

1938年教育部组织国立院校在全国分12个区进行统一招生考试,并没有实现统一命题,1939年公立院校统考才实现统一命题,由教育部统一招生委员会在几套备选题目中选取出来并统一印制,机密封存,并在考试前由教育部统一派送至各考区。因处于特殊的战争时期,为预防考试期间遭遇空袭或试题泄露等意外情况的发生,各考区仍自行拟定考题一份,以备不时之需。对于如何命题,教育部事先规定的标准,分别送至统一招生委员会选聘的各命题委员手中。1939年统一招考的命题标准主要有:

(1) 命题的范围及程度须以高中课程标准为限,命题的内容应以审定之适用教科书为依据;

(2) 各科试题数目应以一般考生能于规定时数内完卷者为准(国文、数学、英文或德文各三小时、其余各科各二小时),试题应规定由学生全作,不得采用任择或选作办法,但各题次序得由学生变动;

(3) 国文试作文一篇(文言语体均可)、文言语体互译各一篇;

(4) 英文试作文一篇及英译汉、汉译英各一篇(德文仿此);

(5) 各科命题、不宜空泛或偏重记忆;

(6) 物理化学生物试题中须各有一题考试实验之程序。[①]

试题拟定后,命题委员将试题直接交教育部,教育部复核后,交统一招生委员会主席严密付印,并由教育部部长、次长亲临监视,印制完毕由教育部派专员妥善送往各招生区,保密手续极为严格。

教会大学自主命题,既依照国外同等水平大学对考生的基本学术要求,

---

① 《本届大学统一招生考试概况(二)》,《申报》1939年12月12日。

同时也参考教育部规定的高中课程标准。在教育部颁布高中课程标准之前，教会大学为应对各地中学课程设置不一、教材选用参差不齐的混乱状况，曾按照本校的招生质量标准，自行颁布高中课程纲要，提出中学毕业生应学习的课程、应掌握的知识要点和应具备的基本能力，并列出相应的参考书目。每年招考季节开始前，为指导学生报考和应考，教会大学也会出版发行一些关于考试各科目的程度要求和往年试题的小册子，以便考生了解学校要求，进行复习准备应考。高中课程标准是学校招生考试命题的基本标准，但命题依于此并不局限于此，对学生应当了解的知识或应该具备的能力，如认知能力、解决问题的能力等，无论是否教材中的内容，都可以在入学考试中进行考察。教会大学卓有特色的入学考试科目——智力测验，其命题根据就不是具体的课程标准，而是基于教育心理学上不同年龄阶段学生的认知特点和认知水平。另外，教会大学的办学特色也影响到学校的考试命题，外语教学作为教会大学共同的特色决定了其入学考试自然对外语的要求更高，震旦大学的法语考试、其他教会大学的英语考试，都要经过听力、外语原著阅读、作文、语法、词汇等各项内容的严格考核。辅仁大学一向注重传统文化，其国文考试命题就偏难，只有对国学有特别兴趣或深入学习者，才能在入学考试中脱颖而出，受到阅卷教师的赏识并被录取。

从以上有关国立大学和教会大学招生考试命题的论述可知，两者在命题人和命题原则上都有差异。国立大学统一招考的命题人是由统一招生委员会选聘的命题委员进行命题，被选聘者多是大学知名教授。命题委员又分教育部统一招生委员会选聘的委员和各区招生委员会选聘的委员。教会大学的命题人则均出自本校各院系的知名教授，由学校招生部门商请其作为命题人。命题人产生的方式不同，决定了命题的风格不同，统一招考的命题委员虽出自某一所大学，但其是作为学科代表为所有参加统一招考的院校进行命题，要充分照顾到所有院校的特色是不可能的，所以命题就容易受到局限，从而形成中规中矩的命题风格。教会大学自主命题就自由得多，由本校教授命题，则易凸显学校的招生理念和办学特色。作为学校的知名教授，熟悉学校的教学状况和各自院系选拔人才的具体要求，明了招收的学生应达到的学术水平，其命题也就更贴近学校的招生目标。

从命题标准看，国立大学统一招考的命题完全是依据国家标准，也就是部颁标准。命题委员必须按照教育部颁布的高中课程标准所规定的范围和程度命题，命题内容须与教育部审核通过的教科书内容一致。教会大学的命题标准是国际标准与国家标准的有机结合。教会大学作为国外机构在中国设立的大学，与国外大学保持着密切的联系，多项学术标准直接采用创办人所在国家的大学学术标准，同时又要符合中国政府制定的国家标准。因此，教会大学的招生考试命题标准实际上是在国际标准的基础上适当融合了中国的国家标准，是中西参半的。

三、评阅、录取与分发

国立大学统一招考属于大规模考试，参加考试的人数众多，试卷评阅、考生录取以及录取后的分发都是关系考生求学命运的关键程序，与教会大学自主评阅与录取相比更加繁琐、复杂。

（一）试卷评阅

大规模统一招考带来复杂的阅卷与计分问题，其重要性不亚于命题，尤其是对学生考试成绩的评判。在成千上万的考生中，即使极小的分数差距也会导致考生入学机会的天壤之别。比较公正的做法是集中阅卷，但近代大学统一招考却不得不采取分区阅卷的办法，因为正处在抗战期间，且统一招考分区多、地域广、试卷多，更重要的是战时交通太困难，运输试卷要耗费大量的时间，还不能保证试卷安全无损。即使退一步讲，试卷能够全部、安全、快捷地运至一处集中地点，由于大学分散各地，也没有足够的人员可以供教育部安排来阅卷。1938年教育部实行分区命题、考试、阅卷；1939年—1940年实现了统一命题，但阅卷工作仍分区进行。为使试卷评阅有相对一致的标准，教育部统一招生委员会规定了几项客观原则，以指导各区试卷评阅与计分：

1. 命题委员除拟就试题外，并须拟定各题评分标准一份，就各题可能的情形，拟全对、半对、不对三等，或优、良、中、下、劣五等，并说明各题各等应给的分数，总分以100为率；
2. 各科试题须由阅卷委员会分题评阅，按照上条所开评分标准给分；
3. 体育术科另定标准。①

考虑到兰州、恩施、泰和、永康、曲江、镇平6个考区内没有国立大学，选聘不到合适的阅卷人员，1939年，教育部特别为这6个考区划定4个阅卷区，分别是南郑、重庆、桂林和浙大分校，6个考区的所有试卷分

---

① 《本届大学统一招生考试概况（三）》，《申报》1939年12月13日。

别送到最近的阅卷区评阅①。

相比国立大学复杂、规范的阅卷安排，教会大学入学考试的试卷评阅就比较简单，由学校招生部门将考生试卷按不同科目分开，分别请相关学院的教师评阅，评分标准由阅卷人自行掌握，参与阅卷的教师多是学院的院长、学系主任或知名教授，学术水平和个人品德都无可挑剔。

（二）录取

通过考试方式入学的学生，其入学考试成绩是录取的重要标准。教会大学录取新生时，入学考试成绩是一项重要的参考项，但不是唯一项，也不是最后一项。一般而言，准许学生参加入学考试，表明学生报考时所填写或提交的各种材料，包括毕业证书、入学志愿书、保证书、中学品性表、中学成绩表都已经通过大学招生机构的审核。入学考试通过后，学生会收到学校的录取通知。学校发布录取名单就意味着核心阶段的招考工作告一段落，但学生要等到开学时顺利在学校注册科完成入学注册才算真正被录取，因为有的教会大学在开学时进行体检，体检不合格的，则被取消入学资格。不同年度，由于考生的状况不同，录取的成绩标准也有差异。

对参加国立大学统一招考的学生而言，考生的入学考试成绩不仅是录取的标准，也是分发学校的重要标准。由教育部统一组织的招生考试规模庞大，要考虑考生的诸多具体情况是不可能的，考试分数成为最客观、最公平的评价标准，这也是中国一千多年考试文化积淀下来的民众心理。当然政府还是可以按照大致的情形加以区分，对特殊考生，如华侨和边疆地区考生，采取从宽录取的政策，但也有一定的成绩标准。抗战时期高等教育资源匮乏，失学者众多，教育部统一招生委员会在录取时会尽力按学校教育能力满额招生。录取分数线则按照总分和单科两项标准划定，成绩符合条件的一律录取为大学一年级新生。1939年所有参加统一招考的学生原始考试成绩的分布情况如下（见表5-3）：

表5-3　1939年统一招考学生考试原始成绩分布表

分数（分）	人数（人）	分数（分）	人数（人）
0～20	38	301～320	609
21～40	115	321～340	469

① 《本届大学统一招生考试概况（三）》，《申报》1939年12月13日。

续表

分数（分）	人数（人）	分数（分）	人数（人）
41～60	346	341～360	330
61～80	660	361～380	212
81～100	974	381～400	158
101～120	1 426	401～420	104
121～140	1 731	421～440	53
141～160	1 927	441～460	37
161～180	2 120	461～480	20
181～200	1 990	481～500	6
201～220	1 833	501～520	2
221～240	1 627	521～540	2
241～260	1 309	541～560	1
261～280	1 037		
281～300	870		

数据来源：《本届大学统一招生考试概况（四）》，《申报》1939年12月15日。

注：分数一项是指笔试7科分数之和。

从学生的成绩分布表看，75％的学生的总成绩在101到280分之间，按照7科考试科目平均，每科的平均分数在14～40分之间；全部20 006名应考的学生中，7科平均成绩达到60分的学生只有121人，可见学生的整体程度是偏低的，这与抗战时期教育环境的不稳定有很大的关系。考生的原始成绩还不能直接作为录取的依据，因为分区阅卷造成各区成绩偏差过大，需要作适当调整后再统一录取。录取标准也是依据调整后的考生成绩拟定的。1939年的录取标准主要有：

  1. 考生笔试课目总分数经调整后，在230分以上、而国文、外国文、数学均非零分者，经复核后录取之；

  2. 有加试课目者，以加试课目之分数代替计入总分数内，再依前项办理之；

  3. 同等学力考生之录取，并须依照办法大纲第十二条（即10％并以每区县录取总名次前半为限）办理；

4. 投考体育系及体育童子军专修科学生，笔试七课目总分数经调整后在 140 分以上，其中国文非零分而加试术科成绩合于规定标准者，经复核后录取之；

5. 投考师范学院学生，口试以丙等为及格；

6. 蒙藏生笔试七课目总分数经调整后在 200 分以上，而国文、外国文、数学均非零分者，经复核后录取之；

7. 华侨生录取标准，参照蒙藏生录取标准办法；

8. 大学先修班录取标准：

（1）笔试七课目总分数经调整后在 230 分以上，而外国文或数学仅有一门为零分者（国文必须非零分）；

（2）笔试七课目总分数经调整后在 220 分以上，国文、外国文、数学均非零分者；

以同等学力报考，虽合于前二项标准，亦不得录取。①

1939 年的录取标准与 1938 年相比，具体内容有所不同。1938 年的录取标准分最高与最低两项，一项是总分在 280 分以上，一项是总分在 210 分以上。两项标准的附带条件不同，总分在 280 分以上的第 1 组考生国文、外语均须非零分，第 2 及第 3 组考生国文、数学均须非零分②；总分在 210 分以上的标准其附带条件则更多。1939 年只有总分在 230 分以上这一项标准，比 1938 年最低标准高 20 分，附带条件是国文、英文、数学 3 门主要科目均须非零分。两年的标准其严格程度差不多，不过，1938 年的考生中即使数学或英文两科中有一科考了零分，但只要总分达到 280 分以上，仍可被录取。这也说明近代国立大学录取某一科为零分的考生是有据可依的正常现象，但这种状况在教会大学却是不可能发生的。

国立大学招生除统一考试录取外，教育部还规定了免试升学办法，举行会考的各省市高中会考成绩优秀的学生，以及国立中学优秀高中毕业生均可获得保送免试升学资格。各省保送的会考成绩优秀学生，其成绩须及格，且名列前 15％；各国立中学保送的毕业生，其毕业成绩须列甲等。拟保送的学生须经教育部统一招生委员会审核通过后，才能准予免试升学，并由统一招生委员会依据学生志愿分发给学校。当保送学生志愿学校经统一考试录取

---

① 《本届大学统一招生考试概况（五）》，《申报》1939 年 12 月 16 日。
② 《本届大学统一招生考试概况（七）》，《申报》1939 年 12 月 18 日。

的人数过多时，免试升学学生所占比例不得超过录取总额的15%。这一规定表明，教育部在分发学生时，给予参加统一考试的学生更多优先权。1938年，经保送免试入学的学生共计401人，绝大多数来自中西部省份的国立及省市立中学①。

(三) 分发

与教会大学自主招考不同，国立大学统一招考还有一道更繁琐的程序，就是录取之后的分发工作。录取名单公布只是代表着学生已经被录取为大学新生，却没有明确学生被哪一所大学录取，分发工作是考生非常关注的事情。能否进入自己的志愿大学，关键看考生的成绩在分发阶段是否有足够的优势。考生志愿、考试成绩和考生所在地域是决定分发的三大要素。为妥善作好分发工作，教育部也制定了极为详细的分发标准，1939年的标准共分8大条，具体内容如下：

1. 录取新生依左（下）列标准分发之：

（1）录取新生按其第一志愿不限考区依照成绩顺序分发；

（2）录取新生第一志愿学校之学系，业已额满时按其第二、第三志愿分发于本考区或附近之各院校（考试区及附近区之范围另表规定），仍以成绩先后为序；

（3）录取新生第一、第二、第三志愿之学校，均已满额不能分发时或第二、第三志愿院系在本考区或附近区各院校均未设置者，由部参酌其成绩特点、考试区域及志愿学系，指派相当院校或性质相近之其他院系，此情形相同者，仍以成绩先后为序；

（4）录取新生因额满不能依第一志愿分发，而其第二、第三志愿学校均不在本考区时，如其第二、第三志愿学校仅各该考区录取学生分发尚有空额时，得依其志愿分发，否则照第三项办法指派入相当学校院系。

2. 分发时录取新生成绩总分数相同者，以国文、英文（法文或德文）、数学三科成绩总分之多寡，定分发次序。

---

① 《二十七年度国立各院校统一招生概况（下）》，《申报》1939年8月8日。各省及各国立中学保送学生、经教部核定者、计陕西中学6人、河南中学3人、四川中学29人、贵州中学20人、甘肃中学6人、东北中学13人、广西省29人、四川省103人、湖北省105人、江西省51人、甘肃省6人、贵州省4人、云南省26人。

3. 录取新生如所填志愿中，其加试科目不及格者，分发时，该加试科目不及格之志愿作为无效，以所填其他志愿向上递升。

4. 从宽录取之蒙藏生及海外侨生，得就其三个志愿中任何一志愿之院系分发或参酌其考区及成绩，指派相当院系，视额满与否酌定之。

5. 免试升学学生依左（下）列各项分发之：

（1）免试升学学生之分发，由部参酌各院校容量酌留名额，经考试录取学生过多时，免试升学学生所占额数不得超过录取总额的10%；

（2）免试升学学生之分发，依各该生之志愿及成绩为序，大学先修班保送学生，得优先依志愿分发，其余志愿相同者，以开会抽签方法决定之；

（3）免试升学之分发，如各志愿均额满时，得指派相当院校，或性质相近之学系，国立各院校额满时，得分发于省立或已立案之私立各院系。

6. 保送升学及指派学生之分发，由本委员会指定委员七人决定之。

7. 录取于选修班之学生依其考区及成绩，分别分发于附近之先修班。

8. 分发决定公布后，一律不得请求改分。①

对上述分发标准中的所谓考区、附近区，教育部也有明文规定进行明确划分，而不是模糊的说法，例如重庆考区的学校是指中央大学、重庆大学和江苏医学院，其附近区是指成都、贵阳、恩施3个考区。进行第二、第三志愿的分发时，重庆区考生会被优先分发到上述3所大学，有余额时再以附近3个考区考生按其志愿分发，各区分发均仿照此种办法。分发的具体程序也有详细规定，以第一志愿的分发为例，招生委员会先按同一志愿学校归类，再按相同学系归类，归类后按学系排列考生成绩，最后按各学系的容量依次分发，直至额满为止，未满额者，听候第二、第三志愿分发或统一招生委员会的指派。由于指派不是学生报考志愿所填的学校或学系，所以需要特别慎重，统一招生委员会通常会指定委员7人，组成特别会议，专门决定此项事务。指派的基本原则为：

①学校不同而院系相同；②根据其相同的三个志愿学系或两个学系；③根据其第一志愿学系；④根据地域；⑤情形相同仍以成绩先后为

---

① 《本届大学统一招生考试概况（八）》，《申报》1939年12月20日。

序。如依以上各项均以额满不能分发，即采取不得已的办法，指派性质相近的学系，但仍须有相当的限制，如机械工程分发纺织工程或物理系，化学工程分发化学系，政治学系分发法律学系。①

四、新生状况比较

教会大学与国立大学招生考试的具体差异，不仅体现在招生考试的组织体系、招考程序和考试科目上，还体现在考试的录取率以及被录取新生的籍贯、信仰、毕业学校以及就读学科等方面的不同上。

1. 新生数量与录取率

表5-4　1938—1940年度部分教会大学本科一年级生统计表②（单位：人）

学生人数＼学年	1938学年	1939学年	1940学年	备注
福建协和	77	94	161	
金陵女子		88	88	
华中大学	70	-	24/20	分学期
金陵大学	140	274	400	
东吴大学	399	-	-	
沪江大学	/237	305/253		分学期
燕京大学	211	403	246	

数据来源：Annual Statistical Report of the Trustees of Fukien Christian University for the Year Ending June 30，1939，1940，1941，AUBCHEA，Series Ⅳ-Box107-Folder2389；Annual Statistical Report of the Trustees of Ginling College for the Year Ending June 30，1939，1940，1941，AUBCHEA，Series Ⅳ-Box127-Folder2624；New and Old Students（of Huachung University）for Fall Term 1938—1939，Huachung University，AUBCHEA，Series Ⅳ-Box165-Folder3079；Annual Statistical Report of the Trustees of University of Nanking for the Year Ending June 30，1939，1940，1941，

---

①　《本届大学统一招生考试概况（九）》，《申报》1939年12月21日。
②　按教会大学的统计口径，本科一年级生包括一年级新生、一年级转学生、一年级老生（因教会大学采用学分制，因未修够升级学分数继续留在一年级的学生）和未分级的一年级跟读生，因为后三类学生所占比例相当小，所以可用一年级注册生数模糊代表一年级新生。

AUBCHEA, Series Ⅳ-Box195-Folder3376. Enrollment Statistics of Soochow University 1939, AUBCHEA, Series Ⅳ-Box271-Folder4312;（University of Shanghai）Educational Statistics 1939－1940, AUBCHEA, Series Ⅳ-Box240-Folder3951; Annual Statistical Report of the Trustees of Yenching University 1938－1940, Series Ⅳ-Box303-Folder4705。

表5-5　1938年—1939年部分国立大学和学院本科一年级新生录取数量统计表

年份 学生人数	1938年	1939年
中央大学	673	743
中山大学	732	377
西南联大	655	574
浙江大学	496	377
西北联大	416	
西北大学		133
武汉大学	332	380
四川大学	325	206
西北农学院	254	38
西北工学院	247	195
交通大学唐山工程学院	163	112
湖南大学	150	190
云南大学	146	146
东北大学	117	101
厦门大学	82	90
江苏医学院	79	54
中正医学院	62	50
贵阳医学院	52	41
同济大学	20	101

数据来源：《二十七年度（1938年）国立各院校统一招生概况（中）》，《申报》1939年8月7日；《本届大学统一招生考试概况（十）》，《申报》1939年12月22日。此处新生录取数量是指经考试录取的学生数量，不含免试录取学生数。

从招生的绝对数量看（见表5-4，表5-5），教会大学招生数与国立大学相比有明显差距。国立大学集全国财力所办，尤其在抗战的特殊时期，更是国家着意保护的重要机构，是抗战建国人才的培养重镇。国立大学的招生规模，应国家需要而变化，由国家给予经费保证。教会大学则坚持少而精的招生原则，不刻意追求规模的扩大，将有限的资源运用在最希望且最适宜接受大学教育的学生身上，使教育效率最大化。

  这一时期，教会大学和国立大学经考试录取的学生都占新生的绝对比重。自1930年教育部规定所有高中毕业生须经过入学试验才能进入大学，大学招收新生时进行入学考试已成定制。新生录取率特指参加入学考试的考生录取率，而不涉及免试升学的学生。教会大学录取率低于国立大学。1938年暑期，沪江大学两次招考共有766人投考本科一年级，录取259人，录取率为33.8%①。1939年秋沪江大学招生考试有约1 200人应考，鉴于中学毕业生所面临的特殊情况，学校将招收新生数增至300人，录取比率则降至25%左右，1940年报考人数进一步增至1 524人，虽然学校再次增加部分录取名额，录取率仍有所下降。1940年，齐鲁大学报考人数共1 014人，录取128人，录取率为12.6%②。

  1938年—1939年国立大学统一招考录取率在1939年有明显波动（见表5-6），1939年明显降低，1940年又恢复较高的录取率。1938年国立院校统一招考应考人数11 119人，录取5 460人，总的录取率为49.1%。其中按第一志愿统计，中央大学应考4 393人，录取673人，录取率为15.3%；中山大学应考1 906人，录取732人，录取率为38.4%；西南联大应考1 576人，录取655人，录取率为41.6%③。1939年报名21 338人，实际应考20 006名，录取5 371人，总的录取率为26.8%④。1940年报名15 513人，实际应考人数为14 672人，录取大学新生6 552人，总的录取率为44.7%⑤。

---

  ① (University of Shanghai) Annual Report of the Dean of Faculties 1938-1939，华中师范大学教会大学研究中心藏：AUBCHEA, Series Ⅳ-Box240-Folder3950。

  ② 山东省档案馆馆藏：齐鲁大学档案 J109-01-537。数据不包括香港区考录人数。

  ③ 部分数据来源：《二十七年度国立各院校统一招生概况（上）》，《申报》1939年8月6日；《二十七年度国立各院校统一招生概况（中）》，《申报》1939年8月7日。

  ④ 部分数据来源：《本届大学统一招生考试概况（六）》，《申报》1939年12月17日。

  ⑤ 部分数据来源：《本届公立各院校统一招生录取5 600余名》，《申报》1940年9月5日；《本届公立院校统一招生共录取7 424名》，《申报》1940年9月24日。

表 5-6　1938 年—1940 年国立（公立）院校统一招生录取一览表

	报名人数（人）	应考人数（人）	录取人数（人）	录取率
1938 年		11 119	5 460	49.1%
1939 年	21 338	20 006	5 371	26.8%
1940 年	15 513	14 672	6 552	44.7%

数据来源：《二十七年度（1938 年）国立各院校统一招生概况（上）》，《申报》，1939 年 8 月 6 日；《二十七年度（1938 年）国立各院校统一招生概况（中）》，《申报》，1939 年 8 月 7 日；《本届大学统一招生考试概况（六）》，《申报》，1939 年 12 月 17 日。《本届公立各院校统一招生录取 5600 余名》，《申报》，1940 年 9 月 5 日；《本届公立院校统一招生共录取 7424 名》，《申报》，1940 年 9 月 24 日。

1939 年统一招考录取率显著下降，原因是当年考生总人数激增，1940 年教育部出台限制同等学力考生报考的规定，师范生和职业学校毕业生报考受到严格限制，使投考人数降低，录取率相对提高。教会大学平均录取率要低于国立大学，但各学校各年度的录取率差别显著，像燕京大学、辅仁大学虽处在沦陷区，但由于国立大学纷纷内迁，反而更成为战区青年报考的热门学校，虽然学校考虑处于抗战的特殊时期，努力扩充招生名额，但同时还要坚持一贯的招生质量标准，因此录取率仍然不高。

2. 新生信仰比较

录取新生中基督徒比例高，是教会大学明显区别于国立大学之处，也是教会大学招生的突出特征。虽然笔者尚未发现有关近代国立大学学生宗教信仰状况的统计数字，但仅从教会大学有关基督徒学生的统计数字之高仍可推断出教会大学比国立大学在招生上具有更鲜明的宗教特色。1938 至 1939 学年度，华中大学共有注册学生 163 人，其中基督徒 90 人，占学生总数的 55.2%。1939 至 1940 学年度秋季学期，上海沪江大学 305 名一年级新生中有 85 人是基督徒，占一年级新生的 27.9%；春季学期一年级新生有 253 人，其中基督徒 80 人，占一年级新生的 31.6%①。1940 至 1941 学年度上学期，华中大学共有学生 88 人，其中基督徒 56 人，基督徒学生比例为 63.6%；下学期注册学生 98 人，基督徒 55 人，占 56.1%②。

---

① 部分数据来源：(University of Shanghai) Educational Statistics 1939-1940，华中师范大学教会大学研究中心藏：AUBCHEA, SeriesⅣ-Box240-Folder3951。

② 部分数据来源：New and Old Students (of Huachung University) for Fall Term 1938-1939，华中师范大学教会大学研究中心藏：AUBCHEA, SeriesⅣ-Box165-Folder3079。

3. 新生学科分布

按文类、实类和师范类对新生学科分布进行统计，1938年国立大学统一招考录取的5 460人中，实类各科（包括理、农、工、医）学生共2 942人，占53.9%；文类各科（包括文、法、商）共1 427人，占26.1%；师范类1 091人，占20.0%。1939年（上海除外）共录取4 553人，其中实类各科2 706人，占59.4%；文类各科1 182人，占26.0%；师范类665人，占14.6%①。

教会大学中，华中大学1938年秋季学期本科一年级生70人，所入院系分别为文学院28人，理学院31人，教育学院11人②；文类各科学生占40%，实类各科占44.3%，师范类占15.7%。同年，东吴大学一年级生有399人，入文学院者114人，入理学院者124人，法商学院（Law & Accounting）161人，文类各科学生占68.9%，实科各科学生占31.1%③。沪江大学1939年秋季学期一年级新生305人，入文学院者130人，理学院123人，商学院52人，文、实科新生比例分别为59.7%和40.3%④。1940至1941学年度，华西协合大学一年级文、实科新生比例分别为31.8%和64.2%（有6人未分院系）。

教会大学新生的文、实科因各校院系的设置不同有较大差异，以理工农医为主的教会大学实科学生比例明显偏高，如金陵大学、震旦大学、华西协合大学等，但从整体看，文科专业仍然是多所教会大学的优势。国民政府教育部自1933年起开始通过限定大学文、实科招生比例、招生名额等办法调整高等教育文、实科极不均衡的状况，对大学招生影响显著。教会大学最初从文科大学发展而来，在人文教育上有传统优势，而同时教会大学总体上也对国民政府限制文科类专业发展的举措有不同的认识，虽然积极发展理科、工科教育，并在抗战爆发后同国立大学一样，为扩大实科教育作出积极的贡献，但教会大学总体上仍然关注对国家建设和社会发展具有长远影响的文史

---

① 《本届大学统一招生考试概况（十三）》，《申报》1939年12月25日。

② New and Old Students (of Huachung University) for Fall Term 1938-1939，华中师范大学教会大学研究中心藏：AUBCHEA, Series Ⅳ Box165-Folder3079。

③ Enrollment Statistics of Soochow University 1939，华中师范大学教会大学研究中心藏：AUBCHEA, Series Ⅳ-Box271-Folder4312。

④ University of Shanghai Educational Statistics 1939-1940，华中师范大学教会大学研究中心藏：AUBCHEA, Series Ⅳ-Box240-Folder3951。

哲类学科及专业的发展,"既力图避免与国民政府的政策直接冲突,同时又力图形成自身独特的社会效应"①。

4. 新生男女比例

1938 年国立大学统一招考（除上海的院校）录取男生 9081 人,占 81.7%,录取女生 2038 人,占 18.3%,教会大学女生录取比例无明显的规律（见表 5-7）。各校差异显著,同一学校不同年份也有差别,与抗战时期生源不稳和教会大学自主招考、并不严格预定招考名额有关。

表 5-7 1938 年—1940 年 7 所教会大学一年级女生数量统计表（单位：人）

	1938 年度			1939 年度			1940 年度		
	一年级生总数	女生数	女生比例	一年级生总数	女生数	女生比例	一年级生总数	女生数	女生比例
福建协和	77	21	27.3%	94	17	18.1%	161	20	12.4%
华中大学	70	21	30%						
金陵大学	140	4	2.9%	274	8	2.9%	400	20	5%
金陵女子				88	88	100%	88	88	100%
东吴大学				399	143	35.8%			
华西协合							88	63	71.6%
沪江大学				305	120	39.3%			

数据来源：Annual Statistical Report of the Trustees of Fukien Christian University for Year Ending June 30, 1939, 1940, 1941, AUBCHEA, Series Ⅳ-Box107-Folder2389; Old and New Students of Huachung University for Fall Term 1938-1939, AUBCHEA, Series Ⅳ-Box165-Folder3079; Annual Statistical Report of the Trustees of University of Nanking for Year Ending June 30, 1939, 1940, 1941, AUBCHEA, Series Ⅳ-Box195-Folder3376; Annual Statistical Report of the Trustees of Ginling College for Year Ending June 30, 1940, 1941, AUBCHEA, Series Ⅳ-Box127-Folder2624; Enrollment Statistics of Soochow University, 1939, AUBCHEA, Series Ⅳ-Box271-Folder4312; Annual Statistical Report of the Trustees of West China Union University for

---

① 王立诚：《美国文化渗透与近代中国教育：沪江大学的历史》,复旦大学出版社,2001 年,第 207 页。

Year Ending June 30, 1941, AUBCHEA, Series Ⅳ-Box275-Folder4357; University of Shanghai Educational Statistics 1939-1940, AUBCHEA, SeriesⅣ-Box240-Folder3951。

1915年教会所办金陵女子文理学院在南京成立,是继华北通州女子协和大学、华南女子文理学院之后教会大学所设的又一所专门招收女生,培养女性高等专门人才的高等教育机构。在近代中国民众浓厚的"女子无才便是德"的传统观念中,教会女子大学的开设无疑给近代中国女性打开了知识解放之窗,在促进男女高等教育机会平等这一方面迈出了标志性的一步。1920年沪江大学又首开教会大学男女同校之风,基督教大学一向主张男女平等,招收女生逐渐成为定制,为推动中国近代女子高等教育作出了积极的贡献。虽然各校招收女生的比例不一,但就学校而言,均是平等对待男女考生。教会大学平均招收女生数量占到教会大学招生总数的五分之一到四分之一,1940年福建协和大学新生中女生比例只有12.4%,但全校学生中,女生比例占到20%还要多一点①。个别年份的招生数据难以说明整体状况。1938年,一向较为保守的天主教辅仁大学也首开女禁,招收女生入学,当年有部分院系招生,1939年即扩至所有院系。燕京大学在抗战前始终坚持800人左右的规模,其中女生250人,占31.3%的比例。

国立大学统一招考,教会大学自主招考,两类大学的招生考试虽有共同之处,但更具各自特点,地位不同,功能各异。共同之处在于考生的基本入学资格相同,均要求是公立或已立案之私立高级中学毕业生;不同之处在于国立大学根据教育部政策规定还可招收一定比例的同等学力考生。在考试科目上,统一招考由教育部统一招生委员会规定考试科目,按教育部规定,私立大学和学院也应参照统一招生考试科目拟定入学考试科目,国文、英文、数学成为大学招生考试的3大基本科目,并一直延续至今。在招生标准上,除了教育部对蒙藏生和海外侨生有一定特殊照顾政策外,无论教会大学还是国立大学在全国范围内均采取统一录取标准,没有地域差异。国家采取的促进区域公平的举措仅限于师范院校的招生。

教会大学自主招考的优势特点主要体现在:

第一,教会大学自主招考活动规模小,程序简单,组织灵活。自主招考由各大学自行组织,大学与考生之间的招考关系直接、明了,考生规模多在

---

① (Fukien Christian University) The President's Annual Report, 1940-1941,华中师范大学教会大学研究中心藏:AUBCHEA, SeriesⅣ-Box108-Folder2393。

千人以下，试卷由各大学教授自行评阅，评阅标准唯一。国立大学统一招考则规模大，程序繁琐，比自主招考新增许多事务，如试卷的运输、保密、评阅、各区考试成绩的调整等都需要耗费相当的人力、物力、精力。在交通阻滞的抗战时期，仅运输试卷就极为困难，更何况还要保证安全、准时送达。因此教育部为防止意外发生，在教育部统一命题的同时，还要求各考区统一招生委员会自拟一份备用试题。为严格保密试题内容，教育部都是临近考试才将试题寄发各考区。1940年香港统一招考区入学考试试卷在考试当天清晨3点才经航空寄达，在考试前5分钟，由各办事员与监考者会同拆封并分发，即使在场的监考人员也不知试题内容①。

第二，教会大学自主命题、自主录取，院系教师具有招生自主权。教会大学院系直接参与招生决定，阅卷教师往往对本学系的招生具有相当的自主权，各大学自行评阅试卷，学生原始成绩即是录取成绩。而国立大学统一招考，分区阅卷，虽有阅卷标准，但各区对阅卷的标准把握不一，成绩偏差现象明显，统一招生委员会须作成绩调整。1939年各区考试成绩调整情况如下：

  重庆区应加分数（以下简称加）35，南郑区加16，昆明区应减分数（以下简称减）44，贵阳区减35，辰谿区减66，桂林区减25，延平区减6，上海区减25，香港区加39，恩施区加40，永康区减107，曲江区减7，泰和区减18，镇平区加21，成都区加56，兰州区加43，蓝田区减15。②

成都区加56分，永康区减107分，一加一减之间的分数差距竟有163分，由此可见分区阅卷导致的各区成绩偏差的程度有多大。这种现象在教会大学自主招考中是不存在的。

当命题、阅卷、成绩调整、录取、分发等各项事务悉归统一招生委员会负责时，统一招生委员会便成为专门的招生考试组织机构，成为国立大学与考生的中介，在承担国立大学招生考试事务的同时，也隔断了大学与考生的直接接触，剥夺了大学的招生自主权。

第三，教会大学录取成绩标准更高，更严，坚持全优原则。教会大学录

---

① 《统一招生香港考试情形》，《申报》1940年7月28日。
② 《本届大学统一招生考试概况（五）》，《申报》1939年12月16日。原本设立15个考区，香港因人数众多，辰谿考区蓝田分处因成绩晚到，各单列一单位，共17个单位。

取新生时对考生的单科成绩都有具体要求，对英文的入学要求更高。国立大学1938年、1939年的录取标准都不算高，各门平均成绩只有三十多分，根据1938年的录取标准，英文或数学得零分者也有被录取的机会；1939年规定最低单科标准是国文、英文、数学均"非零分"，至于其他仍没有限制。在笔者所见的所有资料中，尚没有发现教会大学有录取单科考试为零分的考生的记载。战时学生居无定所，情绪不宁，学生上课时间减少，学校教学设备不够，学业训练不足，这些导致学生学业水平降低，如果国立大学和公立大学再提高录取标准，势必导致大多数青年不能升学，因此教育部统一招考是出于国家立场的考虑，为维持多数青年不失学，同时兼顾大学的招生质量，尽力保持大学程度不降低，厘定适当的录取标准。教会大学自主招考，就可以尽力维持一贯的质量标准。

第四，教会大学自主招考，学生皆入志愿学校，不存在志愿分配问题以及由此引发的各种争议和不满。投考教会大学的考生被录取即意味着进入自己的志愿学校，而参加国立大学统一招考比教会大学还多一道非常繁琐的程序，即考生录取后的分发工作。学生参加统一招考被录取却不一定能进入志愿学校，需要由统一招生委员会根据一定的分发原则进行分发。由于考生报考志愿过于集中，分发工作显得更为棘手。以1939年国立大学各学系第一志愿最多的人而言，中央大学航空系221人、机械系155人、土木系109人、电机系108人；西南联大航空系160人、机械系143人、土木系119人；唐山工程学院土木系178人、铁道管理系179人；中央大学经济系183人、政治系141人；西南联大经济系131人；武汉大学经济系103人[①]。这些学系的最大容量在20至70人，平均下来，2/3以上的学生不能被第一志愿录取，而这些学生的成绩又都非常优秀，由此可见分发的困难，也可以想象学生被分发或指派到他处的不满。

第五，教会大学新生毕业于教会中学的比例高，基督徒比例高。自主招考的教会大学可以按照学校的办学宗旨自行确定选拔人才的标准，反过来依此标准选拔的人才又有利于学校办学宗旨的实现。作为教会教育体系中最高层次的机构，教会大学负担着教徒高等教育的重要责任，教会中学毕业生一直是教会大学重要的生源，而招收教会中学毕业生也是教会大学保持宗教特色的有效途径。

---

① 《本届大学统一招生考试概况（九）》，《申报》1939年12月21日。

国立大学统一招考也有其鲜明的优势。抗战时期，国立大学统一招考可就近参加，且填报3个志愿，全国范围内统一录取，减轻考生压力，公平竞争，录取机会大大增加。国家组织统一招考的目的即是避免学生奔波赴考之苦，就近报名，且只参加一次考试，即可实现入大学深造之愿望，而且只要成绩好，就可分发在自己志愿的学校，"完全靠成绩竞争，广东的考生可以分发到陕西，重庆的考生也可以分发到昆明，这也就是统一招生的用意所在"①。从国家提升教育质量的角度看，统一招考可以使国家按统一标准选拔出所有优秀生源，并合理分配于各院校中，"实现教育行政之预定目的，而增进教育效率"②。

另外需要关注的是，教会大学的招生院系除了与国立大学相同的文、理、法、商、工、农、医、教育8个院系外，还比国立大学招生多一个特殊的学院，即神学院（宗教学院）。晚清民国以降，随着西方科学的发展，学科体系逐步分化为自然科学、社会科学和人文学科，受其影响，中国传统的四部之学也转向七科之学③，教会大学早期以单一文科为主的招生模式相应演变为按不同学科专业招考。1929年，南京国民政府颁布的大学规章明确大学分为文、理、法、医、农、工、商7科，同时规定师范教育由国家统筹管理，私立大学师资教育被严格限制。政府颁布的立案条例中，还要求教会大学原先所设神学科系一律与大学分离，单设神学院。从教会大学的办学实践看，只有华中大学开设教育学院，其他教会大学均未单独开设教育学院，但仍有设立教育学系者；而神学院虽名义上与大学分离，实质上仍由大学董事会统一管理，大学的年度报告中仍涉及神学院状况，只是在公开文件中将神学院与文、理等其他学院分列。因此，可以说教会大学的招生院系比国立大学还要多一个神学院。

燕京大学宗教学院、齐鲁大学神学院、圣约翰大学神学院、辅仁大学司铎学院等都是教会大学专门培养高级神职人员的机构，其招生入学的资格和要求要高于普通本科一年级生，但多数采取申请免试入学的方式，且全程免

---

① 《教部高教司科长陈东原谈如何选择院系及学校（续五）》，《申报》1939年8月5日。
② 《二十七年度国立各院校统一招生概况（下）》，《申报》1939年8月8日。
③ 左玉河：《从四部之学到七科之学：学术分科与近代中国知识系统之创建》，上海书店出版社，2004年，导论。

费就读。即便如此，教会大学神学院的招生总是不如人意，一直处在青黄不接的招生境地，在令教会当局颇感无奈之时，也突显出神学在近代中国遭遇的文化尴尬。

统一招考和自主招考两种截然不同的招考方式之所以能共存于1938年至1940年这段历史时期，不仅与大学性质有关，也与这一时期国家、社会的大背景密不可分。当时国家政治、经济重心均在组织抗战上，以战时匮乏的人力、物力组织全国范围内的统一招考实在是心有余而力不足。同时，教会大学出色的办学成果也证明其人才培养模式有独特价值。自主招考是其人才培养模式中的首要环节，而当时国家组织统一招考仅是试行，在没有积累成熟的经验之前，不宜在所有大学立即推行，需要在积累成功经验的基础上逐步开展，正所谓"试考方法，容有未周，如何改进，已在教部研究计划之中。此后拟将省立各院校加入，并将进而举办，国省私立专科以上学校统一招生，拟逐渐全体的统一招生也"①。另外，教会大学属私立大学性质，经费自筹，依法律规定享有自主权利，政府改革须依法进行，不能以行政命令强制推行。

由国立大学开始并扩展至公立院校的统一招考是中国近代大学统一招生考试的萌芽，3年的统一招考在特殊时期既保证了国家有限的高等教育资源能得到充分利用，又使得众多考生在交通极端困难的情况下可就近参加大学招考，节省报考费用；但同时统一招考也带来许多问题：如考生志愿学校过度集中，大量学生难以入读心仪学校；志愿专业集中；各地教育水平不一，录取标准需不断修正，增加二次统分的工作；录取后的分发工作繁琐、问题集中，且容易引起学生不满。

国（公）立大学统一招考是中国这一时期大学招生考试的主流，是国家统筹高等教育资源，促进高等教育效率的主要途径，在特殊的国难时期，保证了国家集中力量培养抗战救国的高等专门人才，具有统一性、公正性、规范性。以教会大学为代表的私立大学自主招考则继续保持了原有的招生风格，在统一招考之外，为不同考生提供自由选择的机会，共同构成这一时期大学招生考试统而不僵、多姿多彩的局面。

---

① 《二十七年度国立各院校统一招生概况（下）》，《申报》1939年8月8日。

第六章 教会大学招生考试的理论反思

　　教会大学招生考试集教育活动和竞争性选拔活动于一身,其发展变化既有内在的逻辑性,又受到诸多外部因素的影响。运用高等教育基本理论和考试理论反思影响教会大学招生考试的政治、经济、文化及教育等因素,反思教会大学招生考试在发展过程中形成的特点、规律,产生的历史影响及其对当前高校招生考试改革的启示,可知,中国近代教会大学招生考试是中国传统文化、西方世俗文化和基督宗教文化在近代中国冲突交融的产物,是教会、政府和大学三大主体基于大学办学权利不断博弈的动态平衡过程。教会大学秉持通识精英的选拔目标和"宁缺勿滥"的招考原则,建立起来的相对独立的招考组织体系,对考生进行科学分类,运用综合多维的评价指标,充分发挥入学考试的评价、选拔、诊断和引导功能,保障了教会大学人才选拔的质量,为教会大学人才培养奠定了坚实的基础,也为中国近代大学教学管理制度建设和中国考试制度转型与重构作出了积极的贡献。

　　教会大学招生考试的历史经验表明,当前高考改革应在主客观条件具备的基础上实施高考分权;要坚持有所变,有所不变;要加强高校在自主招生改革中的自主性和自律性;更要适当为高考"减负",注重发挥高考承上启下的作用,将高校人才培养各环节有机衔接,从而真正实现高校培养创新人才的目的。

第一节 教会大学招生考试的影响因素

　　大学招生考试是一项具有鲜明特征的教育活动,是大学教学管理的重要内容。招生考试作为教育活动所涉及的主体有政府、大学、中学、学生以及社会考试机构。影响大学招生考试变化的因素除了活动主体的主观愿望之外,更多的是大学发展的内在逻辑、如影随形的历史传统以及错综复杂的社会现状。教会大学最初的教育教学,无论从学科建设还是管理模式上看,都是欧美大学的翻版,以致20世纪早期《申报》上的文章直接把教会大学称为在华的"外国大学"。但这些移植而来的教会大学在中国这块土地上的成长并不是一帆风顺的,而是经历了暴风骤雨般的洗礼和刻骨铭心的重生。教会大学身上,永远磨不掉欧美的印迹、宗教的影子,当然也深烙着中国近代教育与考试发展的辙痕。

一、自然条件的影响

大学所处的地理位置对大学招生有显著的影响。在现代交通很不发达的近代中国,距离成为学生选择大学的重要因素。距离大学的远近与学生的求学成本、语言习俗、生活习惯以至学生的心理归属直接相关。近代教会大学多数选择东部沿海省份建立,是因为这些省份具有良好的教育生态,交通便利、人口密集、文明开放程度高、经济发展水平较高等客观条件对教会大学的发展具有特殊意义。更重要的是,东部沿海省份是教会早期传教势力相对集中的地域,有着扎实的教会中等教育的基础。平津地域、河北、山东、长江中下游、福建东南沿海以及广东南部沿海都是早期教会势力进入的区域。教会中小学教育充分发展,可为教会大学提供较为充足的生源。天主教3所大学分别设立在上海、北平和天津3个城市;基督教13所大学设立时虽然有主观上的地区均衡之意图,但由于早期各教派自成系统,缺乏沟通与合作,因此在客观上也形成了东部密集的分布态势,仅上海、江苏两地就集中了金陵大学(南京)、金陵女子文理学院(南京)、圣约翰大学(上海)、沪江大学(上海)和东吴大学(苏州)5所教会大学。

从大学所处的中观生态环境看,处在不同省份,就受到不同省区政治、经济、文化、人口和教育等因素的影响,大学招生的专业、招考的方式和考试的内容都会有所不同。以齐鲁大学和圣约翰大学为例,齐鲁大学地处中国传统文化的发源地——山东,而圣约翰大学地处近代中国最繁华的国际商业大都市——上海,两校的教育生态环境迥异,导致两校早期招生政策差异显著:圣约翰大学重英文,而齐鲁大学重国学经典;圣约翰大学的基督徒学生比例要小于齐鲁大学;在招生专业上,圣约翰大学1920年开始设立并招生的报学系体现出上海新闻业发达的状况和对新闻专门人才的迫切需求。福建协和大学招生时需考普通话科目,也是针对地域文化的影响而采取的应对策略。

抗战爆发后内迁的教会大学,在中等教育欠发达的西部直接面临着合格生源锐减的困境,抗战时期困顿的经济、战时对特殊人才的需求以及学校教学设备、师资的相对缺乏也不同程度地影响着学校的招生专业、招考方式和录取标准等内容。迁校中断了教会大学与原来大部分承认中学或附属中学之间的联系,而这些承认中学或附属中学的毕业生一直是教会大学非常重要的生源。这些学生不仅成绩优异,而且大多是基督徒,使教会大学在保证教育质量和营造基督教的校园氛围上都具有重要作用。迁往内地的教会大学招收的非教徒学生有所增加,与上述原因密切相关。齐鲁大学校长在年度报告中分析认为,"非基督教徒相对增加的直接原因是因内迁而与华北地区的教会中学被迫脱离,过去我们一直从这些中学中招收相当大比例的学生"[1]。

1940年夏,成都华西坝4所教会大学在上海、香港两地同时联合招考,在上海仅录取23人[2]。学生报考人数并不是太多,与学校地处西部的客观因素有很大关系。在战乱频仍的年代,要长途跋涉至四川求学,对学生及家长而言,即使费用充足,也具有难以想象的困难,更不必说战争期间经济凋敝、物资匮乏、许多家庭陷入生活困顿的特殊状况。

二、政治和军事因素的影响

教会大学招生考试受到的政治影响主要体现在两个方面:一是政治时局的变化产生的影响;二是中国政府颁布的与教会大学有关的法律法规产生的影响。

1. 教会大学在近代中国经历的政治变革和军事运动

教会大学经历了中国由晚清皇朝到中华民国、由中华民国到中华人民共和国两次重大的政治变革。晚清末年,外国势力日益深进,中国被拖入半殖民地半封建社会的深渊,中华民族处于生死存亡的边缘。教会大学因其外国背景,并伴随着强大的政治、军事势力而入,得以享有教育上的"治外法权",在中国建立了独立自由的教会教育体系,在学校事务上享有"教授自由、行政自由和宗教自由"的特权[3],学校招考新生的政策、名额、方式、

---

[1] (Cheeloo University) President's Annual Report, 1940-1941, 华中师范大学教会大学研究中心藏:AUBCHEA, Series Ⅳ-Box243-Folder3983。

[2] 《华西四大学港沪招考竣事》,《申报》1940年7月4日。

[3] 徐宗泽:《关于教育权》,李楚材:《帝国主义侵华教育史资料——教会教育》,教育科学出版社,1987年,第567页。

标准等等均不受中国政府管辖。1898年光绪帝"百日维新"的诏令中,还有一条专门规定:"保护基督教,不得有任何推诿。"①

辛亥革命的胜利使中国从晚清王朝迈入崇尚自由、民主与科学的中华民国。民国的创立者们和继任者大多具有海外留学或游学的背景,对有浓厚宗教色彩但在传授西学方面贡献突出的教会大学颇多欣赏。国父孙中山和民国重要的管理者蒋介石都是虔诚的基督徒,民国成立之后中国教育行政官员及中国教育界名流或领袖对教会大学的逐渐认可与赞赏,为教会大学提高声誉、改变生源结构、扩充招生范围也起到了不可忽视的推动作用。

反基督教运动、收回教育权运动、五卅运动以及北伐运动是20世纪20年代集中爆发的政治军事事件。收回教育权运动与反基督教运动一脉相承,但事件性质却发生了本质的改变。收回教育权运动造成教会学校大量学生转学、退学,并严重影响到教会大学的招生;五卅运动和北伐运动都以反对外国侵略为目的,教会大学因其外国背景而成为反对目标:圣约翰大学的大批华籍师生因校长卜舫济反对学生参加爱国运动而离校,导致学校的教学活动几乎停顿,当年的招生工作也因此事件受到严重的负面影响;齐鲁大学外籍教员因战争的影响而通通离校,导致众多学生离校返家;之江大学在北伐战争期间一度停办,华中大学也因在战争期间成为难民营而被迫暂时关闭。北伐运动涉及的省份,教会大学均遭到不同程度的破坏,轻者,学校的外籍教员纷纷离校而撤至沿海港口,准备随时永久撤退;重者,学校被迫关闭,一切招生教学工作都暂时停止,华中大学在北伐期间成为难民营,直至1929年才得以恢复正常的招生教学工作。

1932年,受上海淞沪会战的影响,东吴大学学生注册数减少:"就今年的学生注册情况而言,大学注册了295名学生,中学注册了265名学生,共计注册学生560人。与去年秋季注册学生数相比,减少了270名。"②

1924年国民党开始推行党化教育,要求大中学校开设党义课,大学的招生考试科目被要求增加"党义"一科,后改为"公民";1934年,国民政府还要求大学招生考试时须加军事学术科目。

---

① 李提摩太:《亲历晚清四十五年:李提摩太在华回忆录》,李宪堂、侯林莉译,天津人民出版社,2005年,第244页。

② 杨永清:《东吴大学年度报告(1931—1932学年)》,王国平,等编:《东吴大学史料选辑(历程)》,苏州大学出版社,2010年,第97页。

最严重的当属中日战争全面爆发带来的影响。日本出于统治中国的政治目而发动了全面的侵华战争，对中国的教育事业造成了无法估量的损失。教会大学在躲避战乱、内迁西部的过程中颠沛流离，历尽艰辛，根本无法开展正常的招考工作。安顿之后的教会大学也因战争的影响在招生院系、专业、招考名额、招考方式上有所改变。留守原地办学的教会大学还要受到日伪政府的监督与干涉，有时不得不做表面的应付，辅仁大学1942年设立日本语言文学系并招收新生，就是抗战时期的无奈之举，1945年日本投降，辅仁大学随即取消了日本语言文学系。

中华人民共和国成立后，教会大学又面临着全然不同的政治环境，大学的招生考试逐步由区域联考走向全国统考，教会大学逐渐丧失招生自主权。1952年，教会大学在全国高校的院系调整中被分散合并到公立高校，全国实行高等学校统一入学考试，教会大学的教学管理包括招生考试由于政治的因素被刻意淡忘，逐渐成为一段尘封的历史。

2. 近代颁布的有关高等教育的法律规章

通过制定法律法规约束教会大学的教学管理（包括招生考试）是近代中国政府采取的主要方式。这些法律规章可分为三大类型，一是要求教会大学向中国政府立案的条例；二是关于大学组织的法律规章；三是教育部或地方教育当局出台的有关私立大学招生考试的具体办法。

自1906年至1927年，中国政府一共颁布了六次与教会大学立案相关的条例。

光绪三十二年（1906年）清朝学部颁布《咨各省督抚外人设学无庸立案文》，使教会学校成为不受中国政府教育部门约束的教育机构，其可以名正言顺地置地办学。这种状况一直延续到民国政府成立之后的一段时间。

咨各省督抚外人设学无庸立案文

为咨行事。普通兼办专门实业两司案呈，照得教育为富强之基，一国有一国之国民，即一国有一国之教育，匪惟民情国俗各有不同，即教育宗旨亦是有不能强合之处。现今振兴学务，各省地方筹建学堂，责无旁贷，亟应及时增设，俾国民得有向学之所。至外国人在内地设立学堂，奏定章程并无允许之文。除已设各学堂暂听设立，无庸立案外，嗣后如有外国人呈请在内地开设学堂，亦均无庸立案。所有学生，概不给予奖励。除分咨外，相应咨行责督抚查照行知提学使司办理可也。①

---

① 《学务杂志》，第六期，光绪三十二年（1906年）八月。

虽然科举制废除，但与科举考试密切相关的奖励出身等荣誉却在传统学子的心目中有着不可撼动的独特情结，就读公办的新式学堂可获得出身等奖励，而入读教会大学则没有任何奖励，所以这一规定还是影响了一大批修习四书五经的读书人，他们不会选择入教会大学，这就在无形中减少了优秀生源申请入读教会大学的比例。早期教会大学招生门槛较低与此不无关系。1906年清政府作出"无庸立案"的决定虽然是一种无奈的选择，并加了一条对教会大学所有学生"概不给予奖励"的限制，但还是给教会大学开出了一张在中国自由办学的特许状。

1917年5月，教育总长范源廉签发教育部第八号布告；1920年，北京政府教育部又颁布教育部布告第十一号令，内容均涉及立案（即教会大学向中国政府注册），但实质上对教会大学都没有形成约束，更多是鼓励，这与当时国内学习西学的热潮有着密切的关系。1917年的布告明确表明发出布告的目的是"推广教育起见"，其中虽有要求教会大学提高质量的内容，但从布告用语看，语气委婉。在中国急需推广西学、教会大学日受青睐的时期，这样的条例规定无异于在同教会大学进行小心翼翼的商量，至于教会大学是否愿意"买帐"，则完全是另外一回事。1920年的布告更是直接表明颁发布告是"为整理教育奖励人才，改变教会大学毕业生不能与公立、私立学校毕业生享受同等待遇的情况"而要求教会大学立案。对于政府的这种鼓励态度，上海神文女子中学的资料中曾明确提及，"自1910年以后，政府于教育之提倡极为尽力。各教会团体于上海设立学校者亦甚众"①。

政府的特许和鼓励促进了这一时期教会大学的快速发展。学校数量增多，类型多样化，一些学校纷纷升格，中国基督教综合性大学的主体在这一时期形成并得以稳定。1923年基督教大学曾达到16所，以后由于进一步合并才在数量上有所减少。学校规模不断扩大，齐鲁大学、金陵大学、圣约翰大学以及岭南大学等都在这一时期得到大面积扩建，建起了一批在当时堪称一流的、中西结合的建筑和美丽宽敞、有着独特风格的大学校园。由于教会大学放开了学生的入学条件，接纳非基督徒家庭的子女入学，学生来源也逐渐多样化，既突破了地域限制，也突破了宗教限制，学生数量迅速增加，学校逐渐成为官宦子弟争相入读的贵族学校，与早期教会学校须免费提供食宿

---

① 《神文女子中学简史》，李楚材：《帝国主义侵华教育史资料——教会教育》，教育科学出版社，1987年，第244页。

方能招到学生的景况形成强烈对比①。与此同时，教会大学的院系和课程设置逐步专业化、科学化，众多特色专业逐渐开设，如岭南大学的农学、燕京大学的家政学、东吴大学的法律学、之江大学的建筑学、文华大学的图书馆学、华西协合大学的牙科以及金陵大学的农学等，这些专业在以后都发展成为各个高校的特色系科。

教会大学的立案过程历经曲折，原因是中国政府要求教会大学废除校内的宗教必修课程，改变学校的宗教性质；而教会大学的创立人及捐资者则不希望改变教会大学宣扬基督精神及培养基督化人格的办学宗旨。两相矛盾的态度为教会大学申请立案增添了许多波折，同时还招致在校学生的不满，并影响到学校的招生。1930年12月经教育部核准立案的金陵女子文理学院，最终的呈文中删去了办学宗旨中"基督教差会"等字眼，将办学宗旨改述为"旨在按最高的教育效率来促进社会福利及公民的崇高理想，培养高尚人格，以期符合创办人的宗旨"；原来的陈述为"根据作为其创始人的5个基督教差会设定的最初目的，依照最高的教育效率的标准，提高公民的社会福利，使公民树立起崇高的理想，发展自身的特征，使之成为同类学校的最高典范"②。圣约翰大学则因为这种矛盾的持续存在及各种客观因素的影响，迟至1947年才成功立案。

事实证明，立案没有给教会大学带来预想中不利的影响，反而为教会大学创造了更好的发展环境，使教会大学得到进一步发展和繁荣，使之成为更具竞争力的大学。华人校长接手校务，学校在组织管理上逐步实现中国化，呈现出教学新气象；国学教育普遍加强，课程设置更加完善；各种实用课程广泛开设，特色专业显著突出。到1937年，开设实用教育课程的学院和系达到了30多个，包括医学院、农学院、工程学院、商学院、教育学院、法学院、乡村重建学院和农学系、工程学系、乡村重建系等。更令教会大学创立人或董事会感到欣慰的是，立案后的教会大学虽然取消了宗教必修课，但通过基督徒教授的人格感化和灵活多样的教导方式，依旧在培养具有基督教品性的高尚人格方面作出了积极的贡献，也使教会大学成为近代中国独具特色的一种高等教育模式。

收回教育权运动对政府的态度产生了强有力的影响，直接结果就是

---

① 田正平：《中外教育交流史》，广东教育出版社，2004年，第191页。
② 德本康、蔡路得：《金陵女子大学》，珠海出版社，1999年，第77页。

1925年11月北京政府教育部颁布的教育部布告第一六号令,重新统一规定了外人捐资设立学校请求认可办法六条。紧接着,广东国民政府在1926年颁发私立学校立案规程,要求教会大学必须向中国政府立案,由中国人出任校长①。如果教会大学不向政府呈请立案,势必会引起在校学生的不满,导致更多学潮发生,并影响大学的进一步招生;而决定立案,就必须改革相应的课程设置,改宗教必修课为选修课,取消招生考试中的宗教科目和要求中学阶段必修宗教课程的要求。南京国民政府在1927年12月20日又颁布《私立大学及专门学校立案条例》,详细规定私立大学和专门学校向中华民国立案必须遵守的八条规定。相比1925年的立案条例,这些规定条目更多,要求更高,而且增加了严厉的惩罚措施,规定未立案大学肄业生与毕业生不得与已立案之私立大学及专门学校学生享受同等待遇,如:不能入职政府部门;医学院毕业生不能取得行医资格;不能考取公款留学项目;未立案大学也不得刊登招生广告等。这无疑对教会学校当局形成了巨大的压力,因为限制毕业生出路会使大学的招生工作受到直接的负面影响。在近代中国,入读大学是学生家庭对子女昂贵的教育投资,家长希望借高等教育使子女获得稳固、优裕的谋生手段,如果毕业出路受阻,教育投资等于落空,对勉力维持子女就读的家庭来讲,即使学校声誉斐然,如果不立案,也不会在考虑之列。为了学校的长远发展,教会大学不得不非常慎重地考虑立案问题,而要达到政府的立案要求,教会大学需要借改革招考制度来改善生源质量、提高教育效率,以获得政府的认可。

第二类对教会大学招生产生影响的教育法规是关于大学组织机构的法律规章。民国教育部相继出台了几部重要的法律法规,既约定了教会大学招生考试应遵循的基本规范,也为教会大学享有广泛的办学自主权(含招生自主权)提供了坚实的法律保障。1913年1月12日北洋教育部公布的《大学规程令》第四条规定,大学学生入学之资格,须在预科毕业或经试验有同等学力者②。1913年1月16日又公布《私立大学规程令》,没有对入学资格作出明确规定,只要求私立大学的学则应将入学资格、修业年限等事项列入。对教会大学没有颁布专门的规程。1929年8月《大学规程》规定:

---

① 吴梓明:《基督教大学华人校长研究》,福建教育出版社,2001年,第151页。
② 中国第二历史档案馆编:《中华民国史档案资料汇编(第三辑)》,江苏古籍出版社,2000年,第49页。

第三条，大学或独立学院入学资格，须曾在公立或已立案之私立高级中学或同等学校毕业，经入学试验及格者。

第四条，大学或独立学院转学资格，须学科程度相同，有原校修业证明书，于学年或学期开始以前经试验及格者。但未立案之私立大学或独立学院学生，不得转学于公立及已立案之私立大学或独立学院。①

1929年、1930年教育部曾规定，"各私立大学举行入学考试时，查验投考者之毕业证书，如遇未立案大学预科及高级中学毕业证明及无证书者，得勒令其停止考试"；"凡京（南京）内外各私立学校，未经呈请教育部立案者，秋季（1930年秋）始业时，一律禁止招生"②。不仅如此，教育部还审核大学新生资格，遇有不合格者，要求学校转令学生退学。

民国政府以法律的形式赋予私立大学（教会大学属于私立大学）自主办学的权利，使教会大学在遵守政府制定的有关教育管理基本要求的基础上，依法享有教学管理的自主权利，如：教材的选用、课程的设置、教学方法的运用，以及学校教职员的聘请与辞退、学生招考录取与劝退开除等。大学内部其他的经济、行政事务也有权不受随意干涉。

1948年1月12日，国民政府公布的《大学法》第二十六条规定：大学入学资格，应曾在公立或已立案之私立高级中学或同等学校毕业或具有同等学历经入学试验及格者。第二十八条规定：大学各学院得附设专修科，招收高级中学或同等学校毕业生或具有同等学力者，修业二年。但应呈请教育部核准设立之③。与之前的大学组织法相比，在招生考试方面的新规定体现为：入学资格上将同等学力正式纳入法规规定，成为指导大学招生考试工作的基本法规。

对教会大学招考新生影响比较频繁的是国民政府教育部和地方教育行政当局临时颁布的教育工作指导办法或招生考试办法，1925年多数教会大学增加党义考试科目即是政府加强管理和思想控制的鲜明体现。教会大学立案之后，必须接受国民政府教育部和地方教育行政当局的管理。20世纪三四

---

① 中央教科所教育史研究室：《中华民国教育法规选编》，江苏教育出版社，1990年，第405~406页。

② 《中华教育界》第18卷第6期。

③ 中国第二历史档案馆编：《中华民国史档案资料汇编（第五辑，第三编，教育一）》，江苏古籍出版社，2000年，第49页。

十年代，教会大学招生自主是受到一定限制下的自主，不过有些约束不具强制性，在特殊情形下可申请变通。

20世纪30年代，教育与人们现实生活相脱离的情况愈加严重。蔡元培曾为此专门撰文，指出："对于过去之教育方针，加以彻底之改革……今后之教育方针，自小学以至大学，均以养成职业化，增加国民生产为一贯的精神。此种重大之革新，甚合于中国目前的需要。"① 1933年国民政府教育部为整顿全国高等教育，改革文实科学生比例失衡问题，同时针对社会需求，增加了对实科人才的培养，介入大学招生管理，规定了大学招生的文实科比例。

抗战时期，应对战时特殊状况的教育方针政策频繁出台，对各级各类学校的教学管理都产生了影响。1937年8月11日，行政院发出教育指令，要求"战争发生时，全国各地各级学校暨其他文化机关，务必镇静，以就地维持课务为原则"；"比较安全区域内之学校，尽可能范围内，设法扩充容量，收容战区学生"②。上海作为高等教育中心，如果大学教育完全停顿，则影响极大，教育部的基本原则是：凡可在租界内开班者，仍应设法开学；各校相同或相近专业，联合开班；公私立院校分别成立联合办事处，以利协商与合作等③。同时，教育部责令处于相对安全地域的各校预定收容战区学生计划，至1937年9月29日，"关于专科以上学校之借读，成都、武昌、西安、长沙、昆明、重庆、开封、安庆、武功等处公私立专科以上学校，已将计划直接报部；经核准者，截至现在止，共可容纳借读生9 645名，业经本部在报端公告"④。

抗战时期的教育实施方案明确提出政教合流，"教育为造就人才以备国家推行其政策，完成其政治经济之建设，自应与国家施政方针相吻合，故于

---

① 蔡元培：《今后的教育方针》，《中央日报》1931年6月3日。
② 《总动员时督导教育工作办法纲领》，中国第二历史档案馆编：《中华民国史档案资料汇编（第五辑，第二编，教育一）》，江苏古籍出版社，1997年，第1页。
③ 《战事发生前后教育部对各级学校之措置总说明（1937年9月29日）》，中国第二历史档案馆编：《中华民国史档案资料汇编（第五辑，第二编，教育一）》，江苏古籍出版社，1997年，第8页。
④ 《战事发生前后教育部对各级学校之措置总说明（1937年9月29日）》，中国第二历史档案馆编：《中华民国史档案资料汇编（第五辑，第二编，教育一）》，江苏古籍出版社，1997年，第5页。

自身其目光须远于各部，其联系缜密，以期质量之随时调整而合于需要"①。教育部出于节约教育资源，提高教育效率起见，对招生小于一定规模或同一地区重复较多的专业暂停招生。华中大学教育学院、沪江大学教育系和华南女子文理学院生物学系等都曾被教育部要求停止招生，后在各校校长的斡旋之下才得以通融，继续招生。

此外，还有一些非正式的影响，如政府要员、工商职业界知名人士对基督教及教会大学的认可与支持，显著提升了教会大学的社会地位，有利于教会大学的招生。1932年时任国民政府教育部部长朱家骅的态度就明显代表了当时南京国民政府对宗教的教育作用的理性认识和管理态度：

> 社会上既有宗教，而宗教之感化力，又甚普遍深切，即成为于教育极有关系之问题，教育上自不能对此问题毫无政策。过去采取干涉政策近于破坏，自非办法。但现在又因个人有信教自由，其宗教之涉及教育者亦使流于放任，尤非良策。故在教育范围中，对于宗教应依据教育宗旨，取改革态度，使宗教无妨于民族复兴而为民族复兴之用。②

1934年6月，金陵女子文理学院举行毕业典礼时，蒋介石及夫人宋美龄接受吴贻芳的邀请到场参加。蒋介石发表非正式讲话，强调宗教生活的重要性，鼓励高年级学生在基督教大学毕业之后，本着耶稣基督的精神，为社会服务③。

三、经济因素的影响

经济因素对教会大学招考新生的影响主要体现在办学经费对学校招生策略的影响、收费和资助政策对学生入学选择的影响方面。

1. 办学经费对教会大学招生策略的影响

教会大学的经费来源主要由教会拨款、捐赠、学费收入以及地产经营收入等几部分构成。除圣约翰、沪江等大学因地处经济发达地域，学费收入逐

---

① 《教育部订定之战时各级教育实施方案（1938）》，中国第二历史档案馆编：《中华民国史档案资料汇编（第五辑，第二编，教育一）》，江苏古籍出版社，1997年，第21页。

② 朱家骅：《九个月来教育整理全国教育之说明（1932年11月25日）》，王聿均、孙斌：《朱家骅先生言论集》，"中央研究院"近代史研究所（台北），1977年，第153页。

③ 程斯辉、程海英：《厚生务实 巾帼楷模——金陵女子大学校长吴贻芳》，山东教育出版社，2004年，第51页。

渐成为主要经费来源外,其他教会大学的正常经费仍依赖教会的拨款。筹措经费一直是教会大学的重要事务,各教会大学校长都曾为学校经费到处奔波、演讲。1922年至1936年,燕京大学校长司徒雷登连续10次赴美募捐,甚至因募集学校经费这种紧张而疲劳的事情,得了一种神经性的消化不良症①。为了改变早期招收贫困生常使学校处于经费短缺的境地,19世纪末,圣约翰书院院长卜舫济首先在传教士大会上提出改变原有的招生办学策略,适应国人对西文教育的迫切需求,通过开设英语课程吸引士绅和商人子女入学,并适当收取学费;同时学校的教学语言也应以英语为主,这样既可扩大教会学校的影响,又能增加学校的收入。但这一建议遭到许多传教士的反对,文会馆的狄考文便是其中之一,他坚持学校应用中文进行教学,不过这一坚持最终因大势所趋而改变。教会大学招生策略的转变在改善学校经济状况的同时也带来学校宗教色彩受到影响的隐忧。

招生策略受经济因素影响改变,改变的结果又促进学校经济条件的好转,使学校的教学设施得以改善。在开放程度较高的上海及周边城市,商业发达,招收士绅商人子女入读教会大学,不仅提高了学校的学费收入,还争取到中国绅商对学校更多的捐赠。上海圣约翰大学早期的许多学校建筑均获得中国绅商不菲的捐助:1893年建筑备馆校舍获捐白银1 000两,1899年建筑格致室获捐白银2 500两,1903年建思颜堂获捐14 595元,1908年建思孟堂获捐10 000元,1908年购置运动场获捐5 000元②。

教会每年的拨款最稳定,但拨款数额仅限于学校日常的教学管理费用和西籍教员的薪酬,学校聘用的中籍教员薪资必须靠学校自己的收入支付。学校大型建筑费、设备费等都需要专门制定预算并等待大学国外理事会的审批,如果学校能自行解决经费问题,则相对容易得多。因此,学校的招生规模很容易受到已有教学条件的限制,像地处福建的华南女子文理学院,当地民众收入低,学院除了教会的拨款,难以有更多的其他收入,学院的发展就会受到经济条件的制约。

基于现实经济条件和西方精英教育理念的影响,教会大学在发展过程中逐渐形成了少而精的办学定位和宁缺毋滥的招生原则,正如福建协和大学校

---

① 司徒雷登:《在华五十年》,常江译,海南出版社,2010年,第52~54页。
② 《圣约翰大学堂25周年纪念》,华中师范大学教会大学研究中心藏:AUBCHEA, Series Ⅳ-Box239-Folder3940。此处"元"当指银圆。

长林景润所说:

> 在中国这样的国家,任何私立教育机构的发展都应定位于质量,而不是数量。我们福建协和大学,经费和人力资源都有限,应该将有限的物质(energy)和时间投入到能够从大学教育中获益的年青学子身上。①

2. 收费和资助政策对学生入学的影响

教会大学的经费主要有三大来源:一是传教士所属差会提供的资金;二是来自国内外的捐款;三是学费②。教会大学早期发展主要依靠教会差会的直接拨款维持,随着教会大学的发展,仅靠差会提供的经费已经远远跟不上大学发展的需要,由大学直接在国内外募捐所得的款项逐渐成为又一主要来源。在募捐款项中,教会大学在国外募捐或申请所得的经费支持占有绝对比重,其中大量是美国资本家、财团的捐款,如美国洛克菲勒基金、霍尔基金等。

19世纪末20世纪初,教会大学开始向学生收取各项费用,以适当弥补庞大的教学开支。陈裕光回忆金陵大学时,曾提到:

> 金陵大学的经费,开始时多依赖美国教会拨给,学生不仅免收学费,甚至还另给津贴,但学生还是寥寥无几,因为当时社会上对"洋鬼子"办的洋学堂,心存疑虑,多不愿送子弟入学。后来"西风东渐",家长开始改变看法,把子女送入教会学校求学的逐渐多起来,学校开始对部分学生收取学费,我就是在开始收费后进去的。③

随着学校的不断发展,学生所缴纳的各项费用占学校收入的比例越来越高,并被逐渐列入大学的财政预算收入(见表6-1)。收费项目主要有:入学注册费、学费、膳宿费、毕业(授予毕业学位证书)费、实验费、图书费、杂费、保证金以及其他各种费用。1924—1925年度,基督教大学的学费(泛指学生所缴纳的各项费用)收入为 223 339 元,占教育收入的

---

① (Fukien Christian University) Annual Report of the President and the Deans for 1930, Nov. 8, 1930, 华中师范大学教会大学研究中心藏: AUBCHEA, Series IV-Box108-Folder2391.

② 王炳照主编,吴霓、胡艳编写:《中国古代私学与近代私立学校研究》,山东教育出版社,1997年,第449页。

③ 陈裕光:《回忆南京金陵大学(节录)》,陈学恂:《中国近代教育史教学参考资料》,人民教育出版社,1987年,第152页。

17.29%；教会拨款 316 535 元，占教育收入的 24.57%。1925—1926 年度，学费在基督教大学教育收入中的比重升至 20.76%①。

表 6-1　1928—1937 学年度金陵女子文理学院学生缴费统计表

学年度（年）	四项缴费（元） （学费、杂费、住宿、膳食）	占年收入百分比（%）
1928—1929	27 265	26%
1929—1930	31 615	24%
1930—1931	31 550	28%
1931—1932	38 500	26%
1932—1933	40 769	29%
1934—1935	44 070	36%
1936—1937	58 600	34%

数据来源：程斯辉、程海英：《厚生务实　巾帼楷模——金陵女子大学校长吴贻芳》，山东教育出版社，2004 年，第 206～207 页。

在上海、江苏等地区的教会大学，此种现象更加突出，1931 年已立案的教会大学中，东吴大学总收入 208 734 元，其中学费收入 123 416 元，占全年收入的 59.1%②。位于上海的沪江大学 1931 年总收入 318 064 元，其中学费收入 165 115 元，占总收入的 51.9%③。

教会大学收费高是不争的事实，但即使是国立大学，这种现象也比较突出，因为国家财力整体薄弱，无力普及高等教育；而国家对私立大学的收费也一向不作过多干涉，前提是学校不以营利为目的："对私立学校收费，可以不必规定，但不得藉以营利。国家已设有很多大学，有钱人要入私立大学，只好听其自便。应将此种情形解释，使社会人士了解。"④

---

① Earl Herbert Cressy, Christian Higher Education in China, Shanghai: China Christian Educational Association, 1928, p. 234.

② 《第一次中国教育年鉴（第二册 丙编 教育概况 上）》，开明书店，1934 年，第 96 页。

③ 《第一次中国教育年鉴（第二册 丙编 教育概况 上）》，开明书店，1934 年，第 113 页。

④ 《教育部三十五年度第六次工作讨论会记录（1946 年 8 月 13 日）》，中国第二历史档案馆编：《中华民国史档案资料汇编（第五辑，第三编，教育一）》，江苏古籍出版社，2000 年，第 250 页。

据学者陈明远统计，在20世纪30年代，国立大学的学费占平民百姓家庭生活费的份额为5%～10%，或者相当于一个普通工人一两个月的平均工资；而教会大学的学费，占平民家庭生活费的份额约为35%，即三分之一，或者相当于一个工人年工资的三分之二①。

虽然教会大学向学生收取各项费用并不是为了营利，只是由于学校的各项开支增加，教会拨款和社会捐赠远远不能满足学校正常运作的需要，但教会大学所制定的具体收费标准确实远高于普通民众的承受能力，这必然造成学生的生源更加集中于社会的富裕阶层（可参考表6-2）。

表6-2　1935—1936学年东吴大学法学院收费一览

收费项目	金额（每学期）	备注
学费	70元	
宿费	36元/43元	两种住宿标准
图书馆费	5元	
注册费	5元	本院新生一次为限
学生组织费	1元	
储存费	5元	毕业或退学时算清后发还
讲义费	5元	
建筑费	10元	本院各生一次为限
法学刊物费	2.5元	
毕业费	10元	毕业学期缴付
杂费	5元	走读生
医药费	1.5元	
选读生	10元	每课

资料来源：《东吴大学法学院一览》，东吴大学，1935年。

燕京大学学生魏永清也曾讲到20世纪30年代上大学的花费是相当惊人的：

四年大学教育的费用，计算起来，很是惊人。以燕京来说，普通的

---

① 李子迟：《晚清民国大学之旅》，中国致公出版社，2010年，第13页。

学生，每年每人三四百元的费用，也可以够用；但若把路费、学宿费、书籍文具、饭费、服装、娱乐、交际、医药、暑假费用、杂项等费用都算在一起，数目就大了。自然所费各人不同，例如服装、医药、娱乐、交际某项等伸缩性很大。因此总计起来有花至一千或八百元以上的，也有仅花三百多元的。①

按照魏永清的推算，大学一年的花费一般都要300多元，而"当时华北农家5口之家平均生活费仅为每年为160元"②。所以燕京大学的学生"多数来自各省及港、澳、南洋等地区的富户和小康之家。在当年，穷小子想进大学，谈何容易？尤其是燕大，更需要极大的勇气。所以穷小子并不多"③。从学校每年对新生的家庭背景的统计中也可以清晰地看出教会大学新生家庭所处的社会阶层，其中大部分是属于政界、商界、学界的精英家庭。因此，教会大学被认为是典型的贵族学校，农家子女想要进入教会大学读书，除非获得奖学资助，否则根本是连想都不敢想的。

不过，从教会大学管理者的角度而言，学校会尽力帮助优秀学生获得助学和奖学资助，前提是这些学生必须符合教会大学的选才标准，是学校认为值得帮助的人："尽管我们有固定的收费标准，但任何优秀的年轻人因为贫困而被学校拒于门外则有悖我们的初衷。我们已准备好为那些值得我们帮助的人，即那些既有能力又愿意接受全面教育的人提供资助。"④

资助制度分为奖学和助学两种，奖学金设立的名目比较多，其中有专门面向新生设立的；助学制度各校不一，有的学校每年设立一定数量的公费或免费学额，有的学校则提供助学贷款。1904年，圣约翰书院的助学规定是免减学费与膏火：

> 西斋正馆免费额：道学科10名，医学科5名，普通学科12名。道学、医学科肄业生酌领膏火，第一年60元，第二年70元，以示鼓励，

---

① 魏永清：《我们的消耗》，王炳照主编，吴霓、胡艳编写：《中国古代私学与近代私立学校研究》，山东教育出版社，1997年，第474～475页。

② 王炳照主编，吴霓、胡艳编写：《中国古代私学与近代私立学校研究》，山东教育出版社，1997年，第475页。

③ 李素：《燕大学生生活》，《学府纪闻——私立燕京大学》，南京出版有限公司（台北），1982年，第205页。

④ 孙乐文：《1901年度报告（东吴学院）》，王国平，等编：《东吴大学史料选辑（历程）》，苏州大学出版社，2010年，第97页。

惟当先订关约,以该科课程毕业为限,如欲中止,当将所领膏火全数缴还,另赔银50元。令膏火生,其课绩须得均中70分以上为合式。备馆减费额32名,专为教内寒素子弟而设,每月仅贴洋两元,当订立关约,以领得正馆卒业文凭为限。如中途辍业,当从进院年月计算,统院全费例赔补,其课绩得均中70分以上为及格,否则屏诸额外,苟非由监院特别许可,便不得沾此利益。①

岭南大学的助学规定是:"凡在基督教团体服务者,其儿女来学均免收学费(膳宿等费仍照缴)。其他学生之必需经济援助,而成绩优异或操行良好者,则酌予助学金,此为一种借款性质,订明于毕业后偿还半数或全数,或另订服务条件。"②

燕京大学对清寒优秀学生的帮助是不遗余力的,立校之后就多次研究解决贫寒同学的资助问题,到1930年秋已经制定了"大学奖学金制度"、"资助奖学金制度"、"学生借款简章"和"免费学额简章"等,都是为了帮助清寒优秀学生解决经济困难而制定的③。1934年,金陵大学奖学金、贷金多达20余种,其中许多是面向入学新生的,如教育奖学金,数名,中学毕业时成绩最优,而家境贫寒者;施氏奖学金(Sherwin Scholarship Fund),基督徒学生,中学毕业时成绩最优,并有该校校长介绍,可申请;考入化学研究所的学生,每人每年400元;赈灾合作奖学金(Famine Fund Cooperation Scholarship),数名,补助各农业改良合作区之家境清寒、有志升学者,毕业后须帮助金大农学院之农业改良工作。视需要而定,至多不超过国币200元④。天津工商大学为鼓励优秀学生报考,规定:"凡报考学生平均成绩列工商两科前三名者,第一名免除第一年全年学费,第二、三名免除第一年第一学期之学费。"对于成绩优异、家庭清贫之考生,设有10名免费名额,由考生所在地市县政府出具证明书,学校按考试成绩择优给予⑤。

---

① 《圣约翰书院章程》,朱有瓛、高时良:《中国近代学制史料(第四辑)》,华东师范大学出版社,1993年,第442页。
② 《简又文记岭南大学之组织时期(上)》,朱有瓛、高时良:《中国近代学制史料(第四辑)》,华东师范大学出版社,1993年,第535页。
③ 萧淑熙、叶道纯、滕茂椿:《燕大学生奖励制度和自助工作》,张玮瑛、王百强、钱辛波:《燕京大学史稿》,人民中国出版社,2000年,第443页。
④ 《奖贷金一览》,《金陵大学校刊》1934年1月8日。
⑤ 阎玉田:《踞栀津之阳——天津工商大学》,人民出版社,2010年,第69页。

抗日战争期间，许多在战区的学生家庭遭受劫难，生活困顿，失去了经济来源，尽管教会大学也采取了各种措施，如安排学生勤工俭学、减免学费等措施减轻学生经济负担，但战时的经济拮据是普遍的，长期的，许多学生连基本的生活费都筹措困难，只有暂时放弃求学。对清寒的以及家庭经济状况由富转贫的优秀学子来说，能否获得学校的公费（或免费）学额以及各种形式的新生奖学金成为他们选择学校的重要影响因素。1938—1939 年度，燕京大学设立的各种奖学金有 11 项之多，这年获奖学金人数为 214 人；1939—1940 年度，获奖学金人数达 274 人，占在校生的 25％ 左右①。1941 年被 3 所大学同时录取的傅试中，最后选择入辅仁大学的原因之一就是接到辅仁大学的免费通知：

> 记得民国三十年（1941 年）暑期中报考了 3 个大学……幸运的都分别录取了，最后我选择了辅大，一方面因为接到辅大的免费通知，减轻了家庭经济的负担；另一方面可以说是缘分，起因是受到辅大国文学系余主任季豫师的缪赏。②

四、文化教育因素的影响

"一定社会特有的文化传统（包括一定的政治指导思想、道德观念、价值取向、风俗习惯、思维方式等等）弥漫于整个社会中，渗透在人们生活的各个方面，强烈地制约着人们对子女的养育方式和教育内容；另一方面，这种稳定的教育方式、教育内容，又使传统文化在下一代身上得以再生，在这里，民族文化传统的传承与年轻一代的社会化是统一的。"③ 教育与文化的关系最为密切，文化影响教育方式、教育内容；教育传承、选择、创新、传播文化。带着西方文化教育思想和高等教育制度进入中国的教会大学，不仅深刻地受到基督教文化的影响，而且受到中、西方世俗文化的显著影响。

（一）西方文化及教育思想的影响

西方基督教文化对教会大学招生考试的影响是显而易见的，表现在各个

---

① 王百强：《燕京大学历史概述》，张玮瑛、王百强、钱辛波：《燕京大学史稿》，人民中国出版社，2000 年，第 43 页。

② 傅试中：《忆余季豫先生》，《学府纪闻：私立辅仁大学》，南京出版有限公司（台北），1982 年，第 124 页。

③ 傅维利、刘民：《文化变迁与教育发展》，四川教育出版社，1988 年，第 27 页。

方面；而西方教育思想，尤其欧美大学精神对教会大学产生了根深蒂固的影响。

1. 宗教观念与教会大学招生的德育标准

教会大学的经营者和管理者们绝大多数都是虔诚的基督徒，在他们的基本观念中，道德与宗教是不可分离的，大学教育的最高境界是培养学生具有灵性的人生哲学。正如纽曼所认为的，"从某种意义上讲，受过教育的头脑是宗教的头脑，也就是说，它具有可以被视为自身的、宗教的东西"①。大学要提供有效的道德教育，离不开宗教，最持久和最有效的道德培养必须是宗教的，这也是早期教会大学招收学生时设有宗教考试科目和要求一定数量的中学宗教课程必修学时的原因。

1913年，美国建立的教育教会委员会（the Council of Church Boards of Education），导致美国教育委员会（the United States Bureau of Education）最终放弃了对学院宗派和非宗派的区分②。在这一时期中国国内的教会大学进入各教会联合办学的高峰期，学校招生跨越宗派界线，招收不同教会派别的学生。

当教会大学招生考试中的宗教文化与中国国家主义的世俗高等教育文化产生冲突的时候，教会大学做出了适当的调整，但并没有改变大学注重学生宗教品性的特点，在维持从教会中学招收一定数量基督徒学生的基础上，教会大学将展现学校宗教特色的主要途径从人才培养的第一个环节转移到后续环节，即淡化招生考试的宗教特点而扩大对非基督徒在校学生潜移默化的宗教影响。

2. "真理统一性"原则与教会大学的招生系科

早期在中国建立的教会大学，是按照美国"真理统一性"③原则建立的，教会大学内的医科、神科和文理科，与现代学科概念没有关联，只是中世纪大学分科的延续。作为教会大学主体的文理科，在招生和培养过程中没

---

① 纽曼：《大学的理念》，高师宁，等译，贵州教育出版社，2003年，第164页。
② 黄宇红：《知识演化进程中的美国大学》，北京师范大学出版社，2008年，第102页。
③ 黄宇红：《知识演化进程中的美国大学》，北京师范大学出版社，2008年，第9页。真理统一性（the Unity of Truth），简言之，所有知识都是统一的，知识最终服务于上帝，知识具有道德价值。

有学科专业的划分，学生在四年或更长时期内修完所有规定的课程，即可毕业。从另一角度而言，教会大学实行的是自由教育。19世纪末20世纪初，美国自然科学和社会科学逐渐专业化，"真理统一性"原则消除，客观主义知识观形成，人文学科在对科学的批判中承担起道德教育的任务，也在大学得以发展并实现了自身的专业化，与自然科学和社会科学并驾齐驱。知识的专门化、学科的分化及专业化发展同样影响中国教会大学的院系发展，再加上对中国现实需要的考察，教会大学的学科建设趋向专业化，反映在招生上，是招考目标不断细化，并要求考生在报考时即填写清楚志愿所入的学系。金陵女子文理学院在1924年之前只有文理两科，学生入学后无论选学哪一科，都要学习所有开设的课程；1924年起，学院开始分设现代意义上的系科，但初期学科体系并不科学和完整，到1928年，文科共设国文、英文、历史等7个系，理科设有数理、化学等4个系。

3. 通识教育理念与大学招生秉持的人才标准

"大学的目的，不是教导单一的技能，而是提供广博的基础；不是造就某一行业的专家，而是培养领导群伦的通才……学生从大学所获得的，不是零碎知识的供给，不是职业技术的贩售；而是心灵的刺激与拓展、见识的广博与洞明。"[1] 20世纪30年代美国兴起精粹主义（essentialism）的教育思想，集西方理想主义和实在主义（realism）的思想精华。美国第三任总统杰斐逊是柏拉图永恒普遍的理念和英才教育思想的提倡者，其理想的大学教育便是完全的人才教育，招收最优秀的学生，并予以公费的教育。精粹主义强调社会需求和个人才能的密切配合；依民主的理念，按机会均等的原则，实施各级各类的教育。典型代表人物是1933年出任哈佛大学第23任校长的康能（James Bryant Conant），他在校长任期内最关切的问题便是如何将才智最好的学生吸收到哈佛大学来，而不论学生的地域和贫富[2]。精粹主义同理想主义比较一致的倾向是都主张精英式的高等教育（elite higher education），能够上大学的人需要经过一番奋斗和选择；大学选拔学生的标准具有同质性，培养目标也比较一致，希望培养为社会、国家、人类作贡献的领袖人物。中国近代教会大学正是沿袭了美国学院经典的通识教育理念，

---

[1] The Yale Report of 1828（1828年耶鲁报告），耶鲁大学，1828年。
[2] 黄坤锦：《美国大学的通识教育——美国心灵的攀登》，北京大学出版社，2006年，第46～49页。

并融合了基督教博爱、牺牲、服务的精神，形成德、智、体、群、能全面发展的人才标准，并在其教学管理中始终贯彻。

伴随着以杜威为代表的进步实用主义在20世纪20年代开始影响中国，教育的工具价值（instrumental values）被充分关注，教育不应是纯粹的文雅时尚的休闲，而应与生活、职业和工作息息相关。教会大学也开始突破传统自由教育注重人文的束缚，重视科学技术，扩展招生系科，实施职业教育，强调大学服务社会的功能。

4. 大学精神和公众契约思想与教会大学招生管理

欧美大学的核心价值在于大学自治与学术自由，教会大学的日常教学管理深受此种影响，主张招生考试作为大学教学管理的基本事务，应由学校按照民主程序自行决定，因为招生标准的设立是涉及人才培养的学术性事务。教师最清楚大学所传授的高深学问的内容，理应由他们决定谁最有资格学习高深学问[①]。至于学校采取何种方式组织招考活动，均系大学自治事务，是大学享有的应然权利。另外，经营教会大学的教会组织历来主张不与政治相牵涉以保持学校的宗教性，对教会大学建立相对独立的具有宗教色彩的招考组织体系也有一定影响。

公众契约思想对教会大学的招生管理也有鲜明的影响。美国文化史权威、哈佛大学终身教授派瑞·米勒（Perry Miller）认为，美国清教文化的核心构造是"以教会（congregation）为内涵，以契约（covenant）为形式"[②]。契约说源于上帝与亚当之约，其发展经历了中世纪的赎罪契约（Covenant of Redemption），宗教改革后的恩惠契约（Covenant of Grace）。在清教徒渡海逃生、濒临绝境的五月花号船上，随着《五月花号公约》的签订，公众契约思想成为超越恩惠契约的新思想。以"人人服从集体，事事公议表决"为主要特点的公众契约思想逐渐成为日后美国文明牢固的基石[③]。

融合了神权政治、社会契约论、基督恩惠以及启蒙者民主自由思想在内的清教契约理论同样在美国教育中留下了深深的烙印。美国教育思想、理论与制度的发展无论如何都绕不开基督教的影响，大学分权自治传统的形成更

---

① 约翰·S. 布鲁贝克：《高等教育教育哲学》，王承绪、郑继伟，等选译，浙江教育出版社，2001年，第31页。

② 赵一凡：《派瑞·米勒与美国文化根》，《读书》1987年第5期，第132页。

③ 赵一凡：《派瑞·米勒与美国文化根》，《读书》1987年第5期，第133页。

离不开契约思想的影响。按照美国大学管理模式建立起来的中国近代教会大学在学校教学管理的诸多方面都折射出美国契约思想的印迹，就其招生管理而言，教会参与招生的特殊性、不同机构在招生体系中的平等地位、招生决策的民主形成过程、院系及教师在招生过程中的自主权利以及录取新生与学校签订的入学契约等等都是公众契约思想在教会大学招生管理中的延伸。

（二）中国传统文化和教育改革思想的影响

1. 中国传统文化的影响

教会大学的入学考试科目及考试内容受到中国传统文化及教育思想的影响。早期教会大学入学考试的国文科目，内容是从科举考试必备的传统经典"四书"（《大学》、《中庸》、《论语》、《孟子》）中选择，考试要求是让学生以文言文写短篇策论文章。1913年杭州之江学堂的报名单（见表6-3）鲜明地体现出中国科举考试的遗风，如要求考生填写三代履历、国文考策论等。

表 6-3　1913 年杭州之江学堂学生报名单

学生	年　岁　省　县籍
三代	曾祖　祖父 现执何业
履历	在何学校读过 是否教友或教友子弟
地址	现住何处 寄信地方
程度	经训 国文 英文 历史 地理 算学 理化
传考	国文　考试策论至少三百字须文理清顺可观者 算学　考试四法令分小数比例等 英文　如未习过不考者听 如各科程度较高当按照已习之书考试插入相当之学级

资料来源：《之江学堂章程（1913—1914）》，AUBCHEA，SeriesⅣ-Box162-Folder3041。

新文化兴起后,以儒家文化为代表的传统文化备受冷落,甚至出现传统文化断层的危机,一批学者深感传统文化的重要,努力保护并传承经典文化,辅仁大学的创立初衷便是基于此。

今数千年固有之道德学术,竟吐弃迸绝毫不顾惜,将使有断种绝根之忧,有心人能不恝焉伤之,最可惜者,粗解横书浮慕西法之辈,袭取人之皮毛,牺牲其所可贵,买椟还珠,邯郸学步,此其类矣。

今本会办此大学之人,虽皆美产,然其来华本意,绝非用殖民政策,造成附属之口,乃为吸收中国有志爱群之士,本此志愿,同功合作,数十年后,不假外力,该会该学,纯为中国自主自立之机关,即达其志愿矣。①

1926年,陈裕光接任金陵大学文理科科长的第一年即设立国文专修科,招收培养国学专门人才,也是出于对中国传统文化的重视。1934年,文学院成立国学研究班,招收国内各大学文史哲专业毕业且有志于从事国学研究者入学,则是在社会上建设中国本位文化声浪澎湃的背景之下,为培养中国文史方面的高级人才作出的积极应对②。

充分利用考试选拔的公平性、公正性和高效性,是教会大学从中国传统科举考试文化中吸取的有益经验。随着中等教育的发展,大学有了更充足的生源。教会大学认可中学推荐的学生也越来越多,大学无法全部接收,遂通过考试进行甄选。1929年国民政府规定取消预科,要求大学招生统一开展入学考试,即使本校附中毕业生也不得免试升学,入学考试在大学招生中的地位日趋重要。

2. 中国教育改革的影响

自晚清至民国,中国历次的教育改革、百家争鸣的教育思潮以及风起云涌的文化运动,都使教会大学的招生与入学考试发生了或大或小的变化。1905年中国政府废除科举,直接从学校选拔人才,对中国所有学校都产生了深远影响。新的教育体制使政府逐步重视教会教育事业,并给予教会学校毕业生与官办学堂毕业生相同的地位。1922年新学制确立,教会大学入学

---

① 《美国圣本笃会创设北京公教大学宣言(1925年9月)》,朱有瓛、高时良:《中国近代学制史料(第四辑)》,华东师范大学出版社,1993年,第417页。

② 王运来:《诚真勤仁 光裕金陵——金陵大学校长陈裕光》,山东教育出版社,2003年,第162~163页。

资格很快由旧制 4 年中学毕业生转变为新制高中毕业生,在学制过渡的几年中,兼收两类中学毕业生。

1917 年胡适在《新青年》杂志发表《文学改良刍议》,陈独秀发表《文学革命论》,文言文被看作过时之物,文学革命就此发端。新文化运动蓬勃兴起,语体文写作以及新式标点改革如火如荼,教会大学入学考试科目及内容很快将这些改革热点体现出来。之所以反应如此迅速,是因为许多教会大学校长早有预见,语体文会成为中国通行的书面语言,狄考文早在 1892 年《官话读本》中就提到:"总有一天,丰富、准确、高雅的官话会成为中国流行的口语和书面语言。"①

20 世纪 30 年代政府提倡实科教育和职业教育,教会大学适应社会生产和民众生活需要,积极开设专修科,招收培养中等技术人员。乡村建设运动中,一向注重社会服务的教会大学更是不甘落后,燕京大学、齐鲁大学等均开设有专门的乡村建设专业,招收培养从事乡村建设的高级专门人才。

(三) 大学校长的办学理念、学校声誉与师资力量

大学管理者的办学理念会影响学校的招生风格,学校的办学声誉以及师资队伍建设也是影响学生报考志愿的重要因素。

1. 大学校长的办学理念

大学校长是大学的灵魂人物,他的教育思想、招生理念以及管理风格对学校的影响最直接,也最有力。燕京大学校长司徒雷登的目标是要把燕京大学办成国际化的高等教育机构:

> 大学这个机构,应当成为世界性的中心。我们要巩固并扩大燕京的历史和现状基础,同其他国家交上朋友。我的一个梦想已经开始悄悄实现,但离真正的开花结果还有漫漫征途要走:燕大在自身中国化的同时,也要更加深入、明确地走国际化的道路。②

司徒雷登的国际化眼光指引燕京大学走上国际化道路,学校招生始终坚持的智力测验与美国大学 SAT 考试名异实同,考试内容中西兼顾;同时在招收外国学生、华侨学生方面,学校均有详细的规章制度。辅仁大学校长陈垣坚持以"育人为本,传承中华文化"作为办学宗旨,主张"以西学辅中

---

① 郭查理:《齐鲁大学》,陶飞亚、鲁娜译,珠海出版社,1999 年,第 125 页。
② 司徒雷登:《在华五十年》,常江译,海南出版社,2010 年,第 69 页。

学，为我国培养各类学术人才"①，对国学非常重视，形成辅仁大学重国文的浓厚氛围，其国文入学试题也因之具有要求高、难度大的特点。

圣约翰大学校长卜舫济则以其深刻的洞察力和敏锐的判断力影响到学校的发展方向和人才培养目标，从而扩展出新的招生专业。早在1896年，卜舫济就看到自然科学教育正成为中国最迫切的需要之一，于是他倾其所能地筹集资金建造理科楼，并购置所需的各种设备器材，专门招收培养理科人才。物理科学后来成为中国教育事业的重要组成部分，但在当时其发展方向并不明晰，卜舫济的办学改革成为标志性的一步，文理分科招生培养渐成定例。这同时也说明大学管理者始终关注并主动适应不断变化的办学环境。燕京大学新闻系毕业生之所以能成为近代中国新闻战线上最活跃的优秀分子，就在于司徒雷登较早就意识到，由于报纸在中国生活中的影响越来越大，这项新的事业要求大学培养具有较高编辑水平和新闻道德的专门人才。

在学校的办学定位上，"小而精"是教会大学校长的共识。卜舫济曾明确指出：

> 我们一定不能让我们的学校和大学发展得过大，以致牺牲对学生的个人影响这个重要因素。我们的目标是较小的学校，保证质量，而不求数量。这将会像发酵的力量，可对整个社会产生更大的影响，这样要比因学生人数众多，教师很少与学生接触而无法施加影响要好得多。②

圣约翰大学把理想的大学招生规模限定在400人以内："大学学生，不得过400人；中学学生，不得过250人。人数较少，则师生间之接触愈多，知识上之增加更速。此种较小之大学，对于中国，贡献必多。"③

其他教会大学如福建协和大学、金陵女子文理学院以及华南女子文理学院等都持有相同观点，而且金陵女子文理学院院长吴贻芳坚持独立发展，单独招收培养女生，不与金陵大学合并，以给予女生更多、更平等的机会参加学校各项活动，使学生受到专门的培养和训练。金陵女子文理学院严格认真的管理赢得了家长的信任，使之闻名遐迩，"女孩子上金女大，家长放心；女学生上金女大，能健康成长"④。

---

① 张亚群、虞宁宁：《会通中西 教泽群贤——陈垣高等教育思想特色辨析》，《福建师范大学学报》（哲学社会科学版）2012年第1期，第151页。
② 费玛丽：《圣约翰大学》，王东波译，珠海出版社，2005年，第65页。
③ 熊月之、周武：《圣约翰大学史》，上海人民出版社，2007年，第8页。
④ 程斯辉、程海英：《厚生务实 巾帼楷模——金陵女子大学校长吴贻芳》，山东教育出版社，2004年，第250页。

教会大学校长对学校招生的影响不仅在于办学思想,还在于特殊状况下校长处理学校招生危机的能力。当华中大学教育学院和华南女子文理学院生物学系被教育部通知要求暂停招生时,时任华中大学校长韦卓民和华南女子文理学院院长王世静都曾亲自致函教育部部长陈立夫,力陈各自院系应继续招生的各项缘由。韦卓民在给陈立夫的呈函中写道:"私立学校原在就其人力物力之所得,以谋一得之贡献,只要其一切设施对于国家大计,不相抵触,正不妨与国立学校相辅而行。"[①] 他从五个方面详细列举了华中大学教育学院应继续招生的缘由:

(一) 为研究改进大学,应保持教育学院;

(二) 为补充国立师范学院所不及,应保存教育学院;

(三) 迤西师资缺乏,本校教育学院应就近补充;

(四) 为维持基督教中学及本校信誉,本校教育学院不可或停;

(五) 为使本校教育学院同事,有所建树,应继续维持。[②]

两校被部令暂停招生的院系最终都被允许继续招生。在问题解决过程中,大学管理者的态度和校长解决问题的能力是关键因素,学校董事会基于学校的办学宗旨、学校已投入的教育资源(设备、师资、图书、校舍)状况对教育部要求暂停招生问题进行讨论,确立大学自身对此问题的立场,再由校长出面同教育部进行协商。在这些事件中,大学管理者的态度和决策至关重要,而政府对大学自主招生权利的充分尊重也是问题得以圆满解决的重要条件。

2. 办学特色、教学声誉与师资力量

大学管理者影响的是学校招生考试制度,学校的办学特色和师资力量则直接关系到学生的报考选择。早期圣约翰大学、东吴大学等上海周边教会大学对英语教学的重视直接影响到学校生源的变化。以前绅商子弟趋之若鹜的洋学堂逐渐转变为学生的构成由贫寒的教友子弟为主,学生入学的主要甚至唯一的动机便是得到英语的基本训练,以便从商或谋求一份好的职业。开设英语课程,培养英语人才的确是教会大学生源变化的重要途径,同时也是一

---

① 《韦卓民为呈请续办教育学院致教育部的函(1941年3月27日)》,华中师范大学档案馆馆藏:华中大学档案,No.559。

② 《韦卓民为呈请续办教育学院致教育部的函(1941年3月27日)》,华中师范大学档案馆馆藏:华中大学档案,No.559。

些教会大学基督徒学生比例降低的原因。天津工商大学因是法国天主教会所办，故对法文特别重视，并以法语为课堂用语，但当时一般初、高中阶段大部分开设的外语为英语，因而所招新生不能领会所学专业学科讲授的知识，致使相当数量的考生对工商大学望而生畏，不得不投考他校[①]。1926年底天津工商大学校长裴百纳接受中国桥梁专家茅以升的建议，着重发展土木工科，并以英文教授，使学校生源状况大为改观[②]。

金陵大学和岭南大学的农林学，齐鲁大学医学，华西协合大学的医牙学，辅仁大学的历史学，震旦大学的工学，燕京大学的国学、新闻学，东吴大学的法学，之江文理学院的建筑学等等都是教会大学声震全国的学科专业，成为吸引学生的一大优势。费孝通先生当年投考东吴大学，就是受学校有名气的特色专业的吸引：

> 我1928年在东吴大学医预科念书，入东吴大学以前并不知道有哪些系的，甚至连系的概念都没有，也不知道有哪些学科和门类。听到哪个系有名气就去念哪一个系，结果选择了东吴大学医预科。[③]

"所谓大学者，非谓有大楼之谓也，有大师之谓也。"[④] 学校如果名师云集，必然引得青年学子趋之若鹜。20世纪30年代，燕京大学师资阵容强大，名师荟萃，赵紫宸、冯友兰、吴文藻、周作人、顾颉刚、钱穆、朱自清、冰心、许地山等等，使燕京大学成为许多优秀学子的首选。古物评鉴家张珆当年从北师大国文系转学至辅仁大学，正是由于辅仁大学有众多知名教授："在师大国文系攻读二年，慕辅仁大学沈兼士、余嘉锡、高阆仙、赵万里、陈援庵（陈垣）、孙人和诸先辈名，乃转学辅仁大学。"[⑤]

学校的教育质量和管理风格对学生入学选择影响明显。教学质量高，学校声誉好，自然吸引优秀学生前来报考；同时教会大学管理完善，实行严进严出的教学管理，这既可能成为吸引一部分优秀学生的因素，又可能成为另

---

① 阎玉田：《踞柝津之阳——天津工商大学》，人民出版社，2010年，第62页。
② 阎玉田：《踞柝津之阳——天津工商大学》，人民出版社，2010年，第63页。
③ 费孝通：《从人类学是一门交叉的学科谈起》，费孝通：《论人类学与文化自觉》，华夏出版社，2004年，第1～2页。
④ 梅贻琦：《就职演说（1931年）》，梅贻琦著，刘述礼、黄延复编：《梅贻琦教育论著选》，人民教育出版社，1993年，第10页。
⑤ 王绍桢、张振玉、公孙嬿，等：《杰出校友群像》，《学府纪闻：私立辅仁大学》，南京出版有限公司（台北），1982年，第394页。

一部分学生入学选择的障碍。

教会大学实行严进严出的教学管理，学生在学期间的淘汰率比较高，这与中国近代动荡不定的社会时局也有关，许多学生入学后因社会、家庭、个人等原因休学、退学的现象每学期都会发生；同时中国近代大学生有自由转学的畅通渠道，学生可依自己的意愿转学，这也可造成毕业生减少，但学生在校期间的高淘汰率是主要因素。教会大学对学生在校期间的严格考核与淘汰机制对学生的报考会产生影响，程度一般的学生不敢轻易报考，怕适应不了入学的学习压力；还有许多家庭倾尽全力送子女入大学，是将大学教育作为一种投资，希望其子女毕业后获得一份体面的工作和满意的收入，会选择能比较顺利地拿到毕业证书或学位的大学。淘汰率高的大学自然影响到学生和家庭的入学选择。

1947年7月，齐鲁大学7名学生因有1/2以上应修学分的课程不及格，被勒令退学；1948年1月，有1名学生因操行列丁等且学业成绩欠佳被勒令退学，有3名学生系试读生或特别生而当学期有1/2以上不及格学分被照章斥退，有3名学生系因第一年不及格学分达1/3以上而被斥退，还有4名不及格学分达1/2以上的学生因在学年中间暂不勒令退学，但劝告其退学，另外护士系有两名学生因成绩欠佳被通知退学[①]。

辅仁大学和燕京大学在抗战期间受到沦陷区学生青睐的主要原因是学校坚持民族高等教育的良好声誉，当然学校的教学质量和环境设施也是考生选择的重要因素。

> 我进辅仁读书，已是四十年前的事了，当时正值抗日战争的初期，华北已沦陷了两年……一般高中毕业生，凡是不甘心报考所谓国立的北大、师大，受奴化教育的，都挤向教会大学和私立大学……尤其是燕京和辅仁，更是考生竞相投考的理想学校。[②]

综上可知，中国近代教会大学的发展变迁受到诸多因素的综合影响，其中政府、教会和大学自身成为影响教会大学招生考试的三大主体，其对大学招生考试制度的影响力体现在不同的方面。政府为教会大学的招生考试创造

---

① 《私立齐鲁大学教务会议及训教联席会议记录（1941～1947）》，山东省档案馆馆藏：齐鲁大学档案 J109-02-98。

② 罗光：《辅大五十年》，《学府纪闻：私立辅仁大学》，南京出版有限公司（台北），1982年，第27页。

了宽松的政策环境，并赋予教会大学高度的招生自主权；教会在注重基督教特色的同时，引入西方大学招考模式，确立了教会大学招生考试的基本框架；教会大学自身则顺应大学发展的内在逻辑和中国社会的现实需要，不断提高招生质量，完善招生系科，扩展人才培养层次。三股力量相互博弈，使教会大学招生考试逐渐形成自身特色。

第二节 教会大学招生考试的特点及规律

中国近代教会大学招生考试的发展变迁体现出明显的循序渐进性，即从无到有、从简单到丰富、从形式到内容不断改革完善的发展路径，在不同历史时期都呈现出各自阶段的主要特点，但从整体而言，教会大学基本的招考理念、招考原则和招考框架体系都保持不变。在不断的探索和实践中，教会大学招生考试形成了独立灵活的招考组织体系、综合多维的评价指标、科学合理的考生分类、民主公正的考试管理等特点；而通过与教会中学的亲密合作和对考生基督化的品性要求，教会大学又保持了招生的宗教色彩。在实现选拔优秀理想生源目标的同时，教会大学招生考试活动还呈现出教育与考试基本规律共同作用下的独特性。

一、教会大学招生考试的特点

教会大学以培养具有基督教品性的通识精英为目标，秉持德、智、体、群、能全面发展的人才标准，努力适应近代中国的现实需求，在招生及入学考试活动中逐渐形成自身鲜明的特点，且共存于教会大学招生考试各个不同的发展阶段。

1. 评价指标综合多维，品性标准基督化

学术标准不是衡量人才的唯一标准，人才衡量具有多维标准；学术水平不能单凭成绩，入学考试也不是测量学术水平的唯一方式。教会大学招考新生所采取的评价指标是多元的、综合的。按照德、智、体、群、能全面发展的人才标准，教会大学对考生的考核综合了不同维度的指标，如品行、体格、学识、智力，具体材料包括学生的中学成绩、入学志愿、中学校长的推荐信（推荐生）、学生的兴趣爱好以及参与校内团体活动或社会服务活动的档案等等。对大学而言，评价指标的多维与综合，使学校能够获得更多有关学生真实状况的信息，可以在更客观的基础上作出选择。例如，通过学生的中学品性表可以了解学生是否具有博爱、牺牲和服务的基督精神；通过入学考试可以测定学生已达到的学术水平；通过体格检验可以判断学生的健康状况能否适应大学繁重的学习任务；而通过中学成绩则可以了解学生平日的努力程度，等等。对学生而言，由于个体的发展本身就是多维的、综合的，因此，采取综合的评价指标而不是单纯以入学考试成绩作为录取标准，是对学生更公平的方法。

教会大学对考生的品性考核有着浓厚的基督教色彩，这沿袭了欧美教会教育特别注重学生品行的传统。在经费和师资都有限的条件下，教会大学的办学目的被确立为培养一种特殊的领袖人才。这种特殊的领袖人才不仅具有广博、精深的学识，更重要的，也是其特殊之处在于其基督教品性的人格。首先，"对宇宙及人生要有一个全部的观念，对于中西文化风俗制度组织生活要有一个批评的态度，要能重新估量一切的价值，对于做人要抱一种为理想而牺牲的奋斗精神。换句话说，他们应有一种特殊的人生哲学，即基督教的人生哲学"。其次，"要有坚强的道德裁判力。不论处在何种情景，要必能按着他的人生哲学的标准，判决什么是最善的，是他当行的；裁判之后，必能立刻实行"[1]。齐鲁大学招生要求考生提交的中学品性表中的项目名称有多项都是基督教用语，如殷勤及忠诚、清心、洁思、同人爱敬等。其中学校长必须保证学生确有表中要求之品性，必须保证该生品行端方，保证该生准备入大学的能力甚佳，若该生有特长，有功绩，或能成其难能，务请添注勿予遗漏[2]。福建协和大学要求考生中学校长填具的《投考生性格调查表》中专有一项内容为：该生对于宗教生活与宗教事业的态度如何？如果该性格调查表没有填寄或填而不全，则投考生入学考试成绩学校概不予审查[3]。考生的中学校长要据实填写学生各方面的表现，以便大学对学生情况有全面的了解。值得一提的是考生的中学校长都能据实填写，而不会因为考生想考入大学，校长就不顾事实地给学生打上全优的分数。招收已经具备某些基督教品性特征的学生入读教会大学，既可使学校的教学管理工作较为顺畅，更可使学校的基督教人格教育事半功倍。

---

[1] 朱有光：《基督教教育对于改造中国的特殊贡献》，李楚材：《帝国主义侵华教育史资料：教会教育》，教育科学教育出版社，1987年，第442～444页。

[2] 山东省档案馆馆藏：齐鲁大学档案 J109-02-89。

[3] 福建省档案馆馆藏：福建协和大学档案，档案号 5-1-231。

为保证招生和培养质量，教会大学对学生总数多有限定，使学校师生比例维持在一定范围内，确保每位学生都受到充分关注。金陵女子文理学院为求质量提高，对于学生人数一向有限定，"战前限制学生总数为 260 名，战时迁至内地，增为 350 名，复校后拟限制为 300 名"①。圣约翰大学也坚持"惟学生将求其品学优，而不求其人数多，故新生入学将严格甄审"②。东吴大学 1943 年—1944 年迁校广东曲江时，大约有 2 400 个要求入学者参加了入学考试，但是大学只招了 100 人，因为大学认为降低学院标准的做法是不明智的③。

2. 招考机构自成体系，招录新生契约管理

教会大学享有的招生自主权使教会大学在组织招生考试时能够完全依照自身的意愿建立起教会组织系统内的招生考试组织体系。这一体系的典型特征是其中绝大多数机构都与教会相关，如教会大学、教会中学、各地青年会、各地教会机构。教会大学招考组织体系处在大的教会体系之内，且自成为一个子体系。在这个子体系中，教会大学居于核心，整个体系是松散的、平等的结构。教会大学与教会中学的关系是所有关系中最密切的，教会中学在教会大学招生考试制度的完善与改革中具有充分的话语权。既然是自成体系，那么教会大学的招生组织体系就相对独立。抗战爆发前，国立大学也实行自主招生，国立大学和教会大学在外地的招生考试都曾委托其他机构代为招考。教会大学的委托招考机构大多是其他教会大学或教会中学，或者当地教会机构，如基督教青年会；国立大学的委托招考机构则既有教育行政机关，也有公私立学校，还有社会机构。上海环球中国学生会就是许多公私立大学在上海的代招代考机构。环球中国学生会是由后来任复旦大学校长的李登辉在 1905 年留美回国时与同学颜惠庆共同创办的非官方机构，以协助社会、促进教育为宗旨，每年暑期代外地各学校在上海办理招生事宜。1923 年厦门大学、福中矿务大学、汉口明德大学等都曾委托其代理招生④；1931 年，又有国立北平大学、北平师范大学、厦门大学、南通学院农科及

---

① 《金陵女子大学校长吴贻芳详述复校情形》，《申报》1946 年 7 月 15 日。
② 《约大决定下期续办》，《申报》1948 年 6 月 13 日。
③ 《代理校长的报告（东吴大学 1943—1944 学年）》，王国平，等编：《东吴大学史料选辑（历程）》，苏州大学出版社，2010 年，第 278 页。
④ 《厦门大学行将在沪招考》，《申报》1923 年 4 月 15 日。

纺织科、河南福中矿务大学以及常州中国工艺学校等委托其代理招考事宜①。

教会机构的坦诚、合作、执着与服务精神塑造出教会大学招考组织体系严谨、诚信、合作、高效的行事风格。

受美国文化中公众契约思想的影响，教会大学在招录新生时形成了鲜明的契约式管理的特点。新生入学时须与学校签订契约书、关约或其他类似的约书。契约书有不同形式和功能，有学生与学校之间的入学志愿书，主要表明学生有志求学的意愿；有学校和学生家长（或其他监护人）签订的入学书，约定大学同意招收学生的意愿以及学生家长应全力支持的责任和义务；还有大学和第三方（保证人）签订的入学保证书，主要约定保证人确保学生在校期间品行优良、经济支持稳定的连带责任。入学契约书均是在各方自愿的基础上签订的，通过契约书的签订，使教会大学的人才培养在首要环节即成为多方参与的过程，且各方责任明确，形成团结一致的合力，目的是通过大家的共同努力，苦心智，劳筋骨，达到最终的成功，培养出德、才、学、力兼备的社会精英。

3. 考生分类，多元录取

教会大学在招考新生时，会充分考虑不同考生群体的求学意愿和群体差异，并在以生为本的前提下，着力提高学校招生考试管理的效率，对考生进行科学分类，尽量满足不同学生的入学需求。按照不同的划分标准，教会大学招生历史上曾出现过的考生类型主要有推荐免试生（保送生）、推荐考试生、普通正式生、转学生、选修生、特别生、华侨生、外国生、专修科生、本科生、研究生，各种类型之间有交叉。以齐鲁大学为例，免试有三种情况：一是经过香港大学入学考试且被录取者；二是符合条件入读神科者，"在本校文理科或其他相当大学毕业者得凭证书并遵照下列入学手续免试入学；读毕本校神预科或由新制高中毕业后又入大学肄业一年者亦可凭证书并遵照入学手续免试入学"②；三是教会大学承认中学向大学推荐的品学兼优者。对入读文理医预各系科的推荐免试生，教会大学的要求更高，1929年

---

① 《环球学生会代办各大学招考》，《申报》1931年7月17日。
② 《山东济南私立齐鲁大学招生简章》，山东省档案馆馆藏：齐鲁大学档案J109-02-15。

齐鲁大学招生简章规定，推荐免试生必须是在齐鲁大学认可的学校①完全读完六年的中学课程并提交与齐鲁大学考试科目相关的学科课程成绩，且必须满300个单位②的学时。如果被认可的学校成绩评定以60分为及格，那么保送生每科成绩必须在70分以上，且有2/3的科目成绩在80分或80分以上，300个单位的学时必须包括中学阶段的重要科目，不得以次等科目充数。重要科目包括国文共60个单位（高中30个单位）、英文60个单位、数学10个单位、代数15个单位、平面几何10个单位、中国史20个单位、西洋史（高中）10个单位、地理10个单位、公民学10个单位、普通科学10个单位、物理或化学10个单位、选科75个单位，共计300个单位③。如果被推荐的学生有一两门课程成绩不佳，仍须参加考试，要在规定的考试日期和地点参加考试，成绩及格方能被录取。不同时期对免试生的规定虽略有不同，但都清楚地表明学校采取各种措施以保证推荐免试生的质量，确保学校招到的是品学兼优的学生。

转学生是学校尊重不同考生的求学意愿，对受教育者个体权利充分尊重和理解的表现，展现出大学自由民主的价值观念。畅通的转学生制度，无论转入或转出，在尊重学生权利的同时，都充分展现出大学对自身办学特色和教育质量的自信。招考转学生制度的实施还有赖于国家整个教育制度的安排，国家对大学招生的各项自主权利给予充分认可，并在制度设计上予以扶持，如果缺乏政府的规定和大学的共识，单凭一所学校或几所学校的努力很难使其获得生存土壤和空间。

---

① 齐鲁大学认可的学校是指按照一定的原则和规定向齐鲁大学申请，获得齐鲁大学认可的学校。规则主要包括：申请学校必须先提交正式申请书给齐鲁大学入学委员会以备齐鲁大学派员审查该校是否合格；被认可的学校每年必须将该校教员及一切设备情形详细报告齐鲁大学，同时报告高三年级期终考试情况及各班成绩，齐鲁大学每年要派人到校检查一次；认可期限自齐鲁大学批准日起一年为限，如果根据被认可学校的报告和齐鲁大学的调查，该学校能维持原来的水平或者发展前景更好，齐鲁大学会保留该校的推荐保送权；如果被认可的学校中有教员不合格者或不称职贻误青年的，被认可学校当局应负责任并将该教员的智力、经验、薪金等问题详细报告给齐鲁大学。

② 初中一学期内一门课，每周一节，满45分钟为1个单位，高中课程每节满50分钟为1个单位，实验两小时合计为一节，为1个单位。

③ 《山东济南私立齐鲁大学招生简章》，山东省档案馆馆藏：齐鲁大学档案J109-02-15。

教会大学关于招考特别生和旁听生的专门规定，使大学校园内出现较为特殊的学生群体。对有学科特长但入学考试时并未达到正式生录取标准的学生，或者已经工作的在职人员，又或者单纯有学习意愿而无意拿学位者，都可通过特别生或旁听生招考进入大学校园。金陵女子文理学院将参加入学考试而不欲为正式学生和不申请学位仅选读课程者为特别生，所选课程，照给学分；对非本校学生，具有高中毕业资格，经学校招生委员会同意可成为旁听生，但学校不提供住宿，也不给学分[①]。

大学还有特别生转为正式生的专门规定，这些制度的设计使学有专长者能够被录取，并可能转为正式生，获得学位，这在制度中有据可依，有章可循，为特殊人才的选拔提供了空间和制度平台。各类学生的相互交流，互通有无，营造出大学良好的学习氛围；特别生群体的存在以及特别生为转成正式生努力刻苦的精神也鼓励在校学生积极进取，充分发挥大学校园文化的育人功能。

教会大学对考生进行科学、细致的分类体现了学校以生为本的服务理念，充分照顾到考生的个别需求。尽管这样划分会使学校增加许多繁琐的工作，因为针对不同类型的考生，就要有不同的报考要求、考试科目及内容，以及录取后院系、年级等的安排。学生入校后，如果不喜欢或者不适应当前院系的课程，还可根据自己的意愿转系别，条件是对拟转入之院系的主修课目成绩达到70分或其他规定的标准，必修各科成绩及格且拟转之院系有空额。当然请求能否通过仍由各院系决定，有时学生在一个院系成绩太差，学校也会劝其转系试读，以增加学生的学习机会，不致被劝退。

大学的基本职能在培养人才，学生是大学办学目标实现的载体。因此，无论从大学的基本职能而言，还是从学生在大学教育活动中的角色而言，学生的求学意愿都无疑应当受到学校的充分重视。教会大学将考生细致分类的做法无疑是对学生自由选择权的尊重和更多入学机会的保障。

科学合理的考生分类还成为学校多元录取的基础，依据不同类型考生的具体特点，教会大学在审核学生基本入学材料的前提下形成了推荐免试录取（保送录取）、推荐考试录取、普通考试录取、申请免试录取等多种录取方式，使大学招生考试活动更加科学化、合理化、人性化，在保证人才选拔效

[①] 徐海宁：《中国近代教会女子大学办学研究——以金陵女子大学为个案》，南京师范大学出版社，2008年，第189页。

率的基础上，最大限度地关注考生利益。

4. 入学新生的"五高"特点

教会大学有关入学新生的统计数据表明，入学新生具有本地及附近生源比例高、基督徒学生比例高、教会中学毕业生比例高以及社会精英阶层子女比例高等特点，另外，还具有公认的英语水平高等显著特点。

本地及附近生源比例高是受到主客观因素的双重影响。主观上，教会大学创立时多立足服务于本地教会和民众，像金陵女子大学创办伊始就明确其招生范围主要在长江流域；华西协合大学创办也是为弥补华西地区教会高等教育的空白。客观上，中国近代的交通极不发达，到远处求学对学生来讲具有难以想象的困难。教会大学招生时又要求必须签订保证书，在整个社会的流动性相当弱的背景之下，如果不是在当地有亲朋好友，到外地求学很难找到合适的担保人。

1920年春，之江大学共注册学生150名（大学66名，中学84名），其中浙江生源114名，占全部注册人数的76.0%[1]。1930年，齐鲁大学220名注册生中，山东、直隶两省生源共108人，占学生总数的49.1%[2]。1934年秋，华南女子文理学院招收新生22人，全部是福建生源[3]；1940年秋注册的26名新生中，除2名江西生源外，其余新生的籍贯均为福建[4]。1940年—1942年，福建协和大学的福建生源占到70%。1946年春，华西协合大学注册的1 294名学生，四川生源有852人，占总数的65.8%[5]。燕京大学比较特殊，与学校居于全国教育文化中心城市——北平有关。1927年燕京大学注册生共545人，生源籍贯分布在21个省份，另有美国1人，人数居于前5位的省份分别是广东96人，占17.6%；直隶91人，占16.7%；福建60人，

---

[1] Hangchow College Annual Report 1919，华中师范大学教会大学研究中心藏：AUBCHEA, SeriesⅣ-Box160-Folder3014。

[2] Shantung Christian University Enrollment by Years, Oct. 15th 1930，华中师范大学教会大学研究中心藏：AUBCHEA, SeriesⅣ-Box244-Folder3994。

[3] 《私立华南女子文理学院二十三年度（1934年）上学期新生一览表》，福建省档案馆馆藏：华南女子文理学院档案，档案号39-1-15。

[4] 《私立华南女子文理学院二十九年度（1940年）上学期新生一览表》，福建省档案馆馆藏：华南女子文理学院档案，档案号39-1-29。

[5] 《华西协合大学1946年春季学生籍贯统计》，华中师范大学教会大学研究中心藏：AUBCHEA, SeriesⅡ-Box42-Folder1077。

占 11.0%；江苏 50 人，占 9.2%；山东 43 人，占 7.9%①。

新生基督徒比例高和教会中学毕业生比例高是教会大学宗教色彩浓厚的典型表现。1940 年春，沪江大学一年级注册生 253 人，其中基督徒 80 人，占 31.6%，已经是属于比较低的比例。虽然缺少有关新生基督徒比例的直接数据，但从全体注册生中基督徒的比例也可以间接得出教会大学新生基督徒比例高的推断。1928—1929 学年福建协和大学注册学生数为 112 名，其中基督徒 78 人，占总人数的 69.6%②。1935—1936 学年，齐鲁大学 492 名注册生中有基督徒 261 人，基督徒比例为 53.0%③。1938—1939 学年华中大学共有在校生 163 人，其中基督徒 90 人，占 55.2%④。

来自教会中学的学生比例高主要有三方面原因：一是承认中学（绝大多数是教会中学）推荐生，早期免试入学，后有专门的入学考试，科目少，通过率相对高；二是承认中学未被推荐的学生仍可按正常手续报考；第三，其他未被承认的教会中学毕业生，尤其是基督徒学生，多数倾向于继续投考教会大学。1919 年，福建协和大学全校注册的 90 名学生中，5/8 或以上的学生（five by eight or more students）是由 12 所教会中学推荐的⑤；1928—1929 学年，112 名学生中教会中学毕业生 94 名，所占比例为 83.9%⑥。1930 年秋，燕京大学 800 多名注册生中，来自教会大学和专门学校的学生

---

① （Yenching University）Students Statistics by Provinces（Graduates and Undergraduates）1927，华中师范大学教会大学研究中心藏：AUBCHEA，SeriesⅣ-Box309-Folder4762。

② （Fukien Christian University）Annual Report of the President，1928-1929，Oct.，1929，华中师范大学教会大学研究中心藏：AUBCHEA，SeriesⅣ-Box108-Folder2391。

③ Cheeloo University Students by Missions，华中师范大学教会大学研究中心藏：AUBCHEA，SeriesⅣ-Box243-Folder3983。

④ New and Old Students (of Huachung University) for Fall Term 1938-1939，华中师范大学教会大学研究中心藏：AUBCHEA，SeriesⅣ-Box165-Folder3079。

⑤ （Fukien Christian University）President's Report Oct. 10th，1919，华中师范大学教会大学研究中心藏：AUBCHEA，SeriesⅣ-Box108-Folder2391。

⑥ （Fukien Christian University）Annual Report of the President，1928-1929，Oct.，1929，华中师范大学教会大学研究中心藏：AUBCHEA，SeriesⅣ-Box108-Folder2391。

有211人，来自教会中学的学生有374人①。1938年—1939年，沪江大学招生录取的259名新生中，47.7%的学生毕业于教会中学②；同年华中大学163名在校学生中，有125人毕业于教会中学，占76.7%；1940—1941学年上学期88名学生中有64名毕业于教会中学，下学期98名学生中，有63名毕业于教会中学，分别占72.7%和64.3%③。1948年秋季，金陵女子文理学院招收了159名新生，通过与基督教女子中学的合作，新生中基督徒学生达到46%（全院的平均比例是44%），全院学生中教会中学毕业生比例达53%④。

教会大学对新生家庭背景的统计分析显示，政界、学界、商界等社会阶层家庭子女比例较高。1936年—1937年，金陵女子文理学院有学生259人，其中来自商界、政界、教育界、宗教界的学生计202人，而来自农业界的只有2人⑤。学生家境比较宽裕是各教会大学的共同特点。

外语水平要求高是教会大学招考的显著特点，主要表现在以下几方面：

第一，外语是本科新生入学考试必考的3大基本科目之一。与国文、数学科目相比，外语科目的考试项目多，内容广泛，考生要经过词汇、语法、阅读、听力与写作各方面的考核，其中基督教大学英语考试中英文阅读材料皆选自文学原著经典，如《莎士比亚》、《鲁滨逊漂流记》等，要求学生就所读文献回答问题。学生如果不是经过专门外语学习，很难达到考试的要求。金陵大学校长陈裕光在回忆中就提到，"一年级新生入学考试，仅英文一项，就要过五道关：听力、读力、作文、语法、字量（常用字的字义及用法）"⑥。

---

① 张玮瑛、王百强、钱辛波：《燕京大学史稿》，人民中国出版社，2000年，第1232页。

② Annual Report of the Dean of Faculties 1938-1939（the University of Shanghai），华中师范大学教会大学研究中心藏：AUBCHEA，SeriesⅣ-Box240-Folder3950。

③ 部分数据来源：New and Old Students（of Hua Chung University）for Fall Term 1938-1939，Hua Chung University，华中师范大学教会大学研究中心藏：AUBCHEA，SeriesⅣ-Box165-Folder3079。

④ Report of the President（Ginling College），1948.11，华中师范大学教会大学研究中心藏：AUBCHEA，SeriesⅡ-Box45-Folder1166。

⑤ 程斯辉、孙海英：《厚生务实　巾帼楷模——金陵女子大学校长吴贻芳》，山东教育出版社，2003年，第151页。

⑥ 陈裕光：《回忆南京金陵大学（节录）》，陈学恂：《中国近代教育史教学参考资料》，人民教育出版社，1987年，第152页。

20世纪30年代圣约翰大学英语考试,要求考生必须明了英语文法规则之应用、句法之变化、语句之分析;对选读和精读的英文原版书籍,要求注意其字句、故事、体裁以及作风,并由其前肄业学校教员具函证明该生英语程度①。早期教会大学英文试题甚至直接采用外国大学试卷。圣约翰大学入学英文考试,曾使用美国纽约州立大学入学考试同样的试卷,据圣约翰新闻系教授武道(Maurice E. Votaw)的估计,要通过此考试至少要学6年英文②。外语科目录取标准相比其他科目也更高。通常情况下齐鲁大学单科及格分数一般都规定为60分,但一般专业英文合格分数是70分,而英文系的英文则以80分为合格。在福建协和大学1916年的考试大纲中甚至连普通话和国学两门考试科目中都有笔试英汉互译的内容③。

第二,外语曾作为考试用语。无论是入学考试还是入校后的学业测评,外语都曾作为教会大学的考试用语之一。试题以中外文方式呈现,学生答题可任意选择使用何种语言,能以外语答题者必然受到评阅教师的青睐。随着教会大学的中国化,入学考试逐渐强调以中文为答题用语,但在学业测试中,理工医等学系的考试用语仍频繁使用外语。燕京大学的入学试题除国文、英文两科外,均提供中、英文双语试题,学生可任意选择其中一种。

齐鲁大学1924年预科普通科学试题:

Science—General Matriculation Exam

Credit for satisfactory notebook-20 points (maximum)

Satisfactory answers to following-80 points.

1. a. How do plants secure the nourishment that enables them to grow?　b. What are bacteria and where do they come from?

2. Explain exactly what happens when water boils.

3. Explain how a falling barometer indicates a storm.

4. Draw a curve to indicate in general how the rainfall varies at your own home from month thruout the year.

---

① 熊月之、周武:《圣约翰大学史》,上海人民出版社,2007年,第76页。

② 徐以骅:《教育与宗教:作为传教媒介的圣约翰大学》,珠海出版社,1999年,第29页。

③ (Fukien Christian University) Syllabus of Entrance Examination,1916-1917,华中师范大学教会大学研究中心藏:AUBCHEA,Series Ⅳ-Box109-Folder2397.

5. How could you determine in the laboratory the amount of oxygen in the air?

6. Explain how you would test to show that a certain rock is limestone.

7. Why do firecrackers explode? What are the constituents of the material which causes the explosion?

8. Diagram carefully a "feng-hsiang" indicating clearly how it operates. Could you change the feng-hsiang so that it would suck in air as well as force out air? Show this in your diagram.

一 a. 植物如何得营养而滋长？试简切述之。

　　b. 细菌为何，且来自何处？

二 水经煮沸，所遇之变化，试简切述之。

三 气压表降低，即兆暴风雨，试言其故。

四 试绘一曲线图，指明汝之家乡，按寻常之景况，每年各月份所降落雨量之多寡。

五 汝在实验室中，如何测求空气所含氧气之量？

六 试述某岩石系灰岩之方法。

七 燃放爆竹、缘何轰炸？致轰炸之各物为何？

八 慎绘一风箱之图，并指明其各部分系如何应用，且能否改变风箱，令其吸气如吹气然？亦于图中指明之。①

第三，大学指定学生备考的参考书目中有大量外文原版书籍。应考生备考的需要，教会大学会将考生应达到的程度和各科的参考书目一并公布给学生，其中大量书目是外文原版，特别是自然科学课程的参考书目，显示出学校对考生运用外语学习能力的高要求。1929 年，齐鲁大学招生简章中推荐的自然科学课本及参考书共 8 种，均为外文原版：Manual of Suggestions for Teachers (Gruenberg), Civic Biology (Hodge and Dawson), Student's Manual of Exercises in Elementary Biology (Gruenberg and Wheat), Civic and Economic Biology (Atwood), Elementary Biology (Gruenberg), Laboratory Problems in Civic Biology (Hunter), Civic Biology (Hunter),

---

① 山东省档案馆馆藏：齐鲁大学档案 J109-02-11。

Laboratory and Field Manual of Biology (Bergen and Davis)①。

5. 立足地方招考，融合考试功能

教会大学新生籍贯整体上呈现地域性特点，大学所在城市及附近地区的学生占大学新生的相当比例。除此之外，教会大学还依据地方特色和社会需求设置招考院系以及考试科目和内容。1920年上海圣约翰大学设立中国最早的报学系，招收培养报业所需的高等专门人才，与上海近代中国传媒业中心的地域文化背景息息相关。鸦片战争后，上海成为近代中国的最大商埠和文化交流中心，商业的发展、信息的交流、多元文化的繁荣促生了上海近代的传媒业。"鸦片战争后的半个世纪里，传教士创办的中外文报刊近170种，约占同期中国报刊总数的95%。"② 上海无疑是中国近代报刊业的中心，1868年创刊的《万国公报》、1872年英国商人安纳斯托·美查（Ernest Major）投资创办的《申报》以及国人自办的上海《时报》等都是具有广泛社会影响的报纸。此外，上海还有众多商业性、娱乐性以及新闻性的小报。报刊业的迅猛发展和激烈竞争产生了对专业人才的迫切需求，再加上众多报刊都是以传教士为主创办的，与教会组织有密切关联。因此，上海圣约翰大学最早设立报学系，培养报业专门人才，无疑是受到上海报业发展的显著影响。

教会大学早期的入学考试科目和内容更多地体现出地方特色：如，上海、苏州、杭州等地的教会大学对英文更加重视，而对国文考试的要求则略低于华北地区的教会大学，这与长江中下游地区对外交流频繁、工商业发达的现实密切相关。福建协和大学创立早期的招生考试科目一直设有普通话科目，要求学生能听、说普通话，能运用普通话进行英汉互译、文言语体互译。这一特殊的考试科目是应对福建东南地区主要使用方言，难以对外交流的现状，引导学生学习并掌握官话（普通话），从而提高教学效率。

教会大学的招生考试，既是优胜劣汰的选拔考试，也是入学新生的第一次学业诊断考试，两种考试功能融为一体。新生入学后的选课计划与班级安排与其入学考试成绩紧密联系。符合录取标准但不及格的考试科目必须在入学后补修，且须在一定时期之内（一般为一学年）取得及格分数。1923年秋，圣约翰大学国学部规定："凡华侨或由他校转学，其中文未得有适当程

---

① 山东省档案馆馆藏：齐鲁大学档案 J109-02-0015。
② 《西学东渐：中国近代报业发展的历史阐释》，范文先生网，http://www.fwsir.com/wenshi/HTML/wenshi_20081217203248_181951.html，2012-3-22。

度之入大学者，专开一补习班。"① 齐鲁大学 1925 年的入学规则规定，考试结果以 60 分为及格，如学员中有一门课程未考及格而仍在 40 分以上且其总平均分能达 60 分者（含不及格之卷在内），亦准其入学，然此门课程仍以不及格论，入学后一年之内该学员可请求补考，如补考及格，则可谓补齐，以勉其向学之志②。1934—1935 学年圣约翰大学的入学规则中规定，医科学生有两门以下科目不及格者，"亦得录取"，但要在入学后医科二年级之前补考及格③。1941 年齐鲁大学规定，英文系学生以英文在 80 分以上者为合格；英文标准 70 分以上者可入大一英文班，50～69 分均须读补习班英文，英文 50 分以下者不录④。

招生考试是大学教学管理的重要内容，所招学生又是大学要培养的人才之基，这决定了教会大学招生考试活动必然受到高等教育内外部关系规律的制约；同时，入学考试作为竞争性的人才选拔方式，又必然受到考试规律的制约，优胜劣汰是其基本准则。

宗教色彩是教会大学招生考试与生俱来的特点，虽然有淡化的倾向，但仍然较为明显，集中体现在招考活动的组织体系、考生的品行评价标准、新生前肄业学校的性质以及新生的宗教信仰等方面，从一个侧面反映了教会大学的办学性质。具体如：早期招收教徒子女、设置宗教考试科目，改革之后仍倾向招收教会中学毕业生，所设神学院不向政府立案以维持神学教育，宗教考试科目虽取消，但中西史考试科目中仍会刻意涉及宗教内容，学生报名书中设有"宗教信仰"一栏，学校招生注册课会对学生的宗教信仰作专门统计，作为大学进行宣教工作的基础背景资料。在校学生的信徒比例是教会大学每年向国外托事部必须汇报的内容之一，并作为办学成果的重要方面向国外教徒展示，以争取更多捐助。总之，教会大学招生考试受到各种规律的制约和不同文化的影响，由此形成了自身的招考特点。这些特点的形成与发展，则进一步凸显了教会大学招生考试的特殊规律。

二、教会大学招生考试的规律

教会大学招生考试规律是指教会大学招生考试活动中客观存在的、内在

---

① 《圣约翰大学之锐意革新》，《申报》1923 年 9 月 17 日。
② 山东省档案馆馆藏：齐鲁大学档案 J109-02-0015。原文无标点。
③ 熊月之、周武：《圣约翰大学史》，上海人民出版社，2007 年，第 72 页。
④ 山东省档案馆馆藏：齐鲁大学档案 J109-02-183。

的、本质的必然联系。按照辩证唯物主义的观点，事物的发展不是简单的重复过程，而是一个不断向前发展或者不断提升的过程，其发展形势可能是波浪式的，也可能是螺旋式的。教会大学招生考试的历史变迁过程正体现了事物的一般发展规律，其内部诸要素间的矛盾关系决定着教会大学招生考试的发展方向，招生考试作为一项重要的教育活动还要遵循教育的基本规律，而以优胜劣汰为本质特性的招生考试是竞争性的人才选拔方式，还体现着考试的基本规律。在各种规律的作用下，教育规律对教会大学招生考试的影响最为明显。教育最基本的规律有两条，一条是关于教育与社会发展关系的规律，称为教育的外部关系规律；一条是关于教育和人的发展关系的规律，称为教育的内部关系规律。作为社会大系统中的子系统，教育与政治、经济、文化等其他子系统，以及人口、资源、地理、生态、民族和宗教等社会要素间存在必然联系①。教育内部的基本关系则是指教育要求与教育对象的身心发展以及个性特征的关系，人的全面发展各个组成部分之间的关系，教育者（教师）、教育对象（学生）、教育影响（教育载体及其运用的方式、方法）诸要素在教育（教学）过程中的关系等的总和②。由于教会大学在近代中国处于特殊的历史地位，在组织经营上具有宗教慈善性质，而且大学招生考试又是与社会紧密联系的特殊教育活动，因此教会大学招生考试规律还呈现出自身的独特性。概括而言，中国近代教会大学招生考试制度是西方教会大学制度的重要组成部分，带有西方文化的特征，并随本土化发展而变迁。具体体现在以下四个方面。

第一，从大学办学权利的视角看，教会大学招生考试的发展演变受教会、政府和大学三大主体的影响，具有自身的内在逻辑，是教会、政府和大学三大主体力量不断博弈的动态平衡过程。在教会大学招生考试的发展变迁过程中，除了战争等不可预测的突发因素外，其他政治、经济以及文化教育因素的影响均通过教会、政府以及大学自身三大主体得以充分展现，三者始终处在动态的力量博弈中，不同时期，三者的地位和影响不同，不断变化的力量平衡结构导致不同阶段教会大学招生考试发展特征的形成。

早期教会大学不受中国政府管理，大学管理者均为传教士，隶属于教会

---

① 潘懋元：《教育基本规律及其在高等教育研究与实践中的运用》，潘懋元：《潘懋元论高等教育》，福建教育出版社，2000年，第142～144页。

② 潘懋元：《新编高等教育学》，北京师范大学出版社，2009年，第13页。

组织，传教是大学设立和存在的主要原因和目的，培训教会工作人员和教育基督徒子女是教会大学的附属功能。政府无权干涉，大学从属于教会，这样的力量格局决定了教会在大学招生考试中的主导地位，也形成了教会大学招生考试非常浓厚的宗教色彩。在招生渠道上，教会成为组织中心，通过教会各级组织和教会所办中学选拔合适的生源成为教会大学早期招生的主要途径；在入学资格上，考生是否基督徒或教徒家庭子女成为重要的考察指标；在招生系科上，神学科（或称道学科）在教会大学普遍设立；更为明显的是，在普通文理科的招生考试科目上，教会大学不仅设立"圣经"等宗教考试科目，而且要求考生在中学阶段必须修满一定的宗教学时。学校的招生资助政策也明显倾向于基督徒学生或教徒子女。

教会主导的权力格局在20世纪20年代中期被打破，直到30年代初期，新的权力格局才重新建立。由民间力量推动产生的"非基"运动和收回教育权运动将教会大学置于发展的危机中，也促发了政府对教会大学的管理。南京国民政府逐渐成为与教会相抗衡的强势主体，坚决要求收回政府对教会教育机构的管理权；与此同时，教会大学自身的管理者也开始成长为一支力量显赫的队伍，更加注重教会大学作为高等教育机构而不是传教机构的职能，强烈主张教会大学应在培养世俗高等专门人才、科学研究和社会服务等方面作出更卓越的贡献，大学自身开始在政府与教会的博弈中扮演特殊的角色。与这一时期教会、政府和大学三大主体力量的集中博弈相对应，教会大学的招生考试处在深刻的变革中。政府的强势崛起要求教会大学统一向中国政府"立案"，按照政府颁布的教育法律法规进行相应的教学管理改革（包括招生考试改革），如入学资格、招考院系、考试科目及内容等方面；教会则担心这样的改革会使教会大学丧失宗教特色；教会大学自身管理者则基于大学的未来发展，主张应按照政府要求作出相应改革以便"立案"，为教会大学获得适宜的发展空间；同时，教会大学又向教会承诺会以更有效的方式进行宗教教育，保持学校的宗教特色。

在政府加强管理、教会作出妥协、大学积极协调的基础上，政府、教会和大学三大主体力量构建出新的权力格局。在这一新的权力格局中，教会大学虽身受政府和教会的双重管理，但依然享有很大的办学自主权利，体现在招生考试上，即是招生自主权。这是因为，向中国政府立案后，教会大学经费来源逐渐发生改变，教会拨款在大学经费中所占比例下降，西方教会的直接管理相对减弱；同时中国政府因无力投资创办更多高等教育机构满足民众的学习需求，对私人捐资（包括外国人和外国团体）所设的教会大学持鼓励态度，除基本的教育法律规章所规定的条款外，对教会大学的具体教学管理活动不作过多干涉。教会大学自身在改组行政机构以及加强大学自身筹资能力的过程中，对学校发展和教学管理有了更明确的方向和思路。

从这一时期教会大学招生考试改革的效果上，也可以看出三者力量的平衡。首先是政府的影响，要求所有教会大学入学资格均为政府在《大学规程》中统一规定的内容，即考生必须是"公立或已立案之私立高级中学毕业生"；国文考试的标准显著提高；宗教考试科目和对学生在中学阶段的宗教学时要求均被取消；教会大学的神学院（或宗教学院）从大学独立出去，大学不再设神学系科；党义成为多所教会大学的入学考试科目。其次是教会的影响。教会虽然在管理上做出明显妥协，但在教会大学招生考试中仍然有特殊影响。各地、各级、各类教会组织不同程度地参与教会大学的招生考试活动，教会大学新生中既有教会保送培训的教会工作人员，也有教会资助的基督徒清寒学子；少数几所教会大学神学院（宗教学院）的招生考试活动与教会关系更加密切，大多需要有教区牧师（或天主教神父）的推荐信，表明考生在教区宗教活动中的表现。最后是大学自身的影响。大学自身行政管理机构随着立案进程的深入逐渐完善，大学管理者更多从教会大学是高等教育机构的视角审视教会大学招生考试的改革，不仅成立了专门的机构组织招生考试活动，并且确立了综合多维的评价指标，其中入学考试作为提高生源质量的有效方式受到重视。另外，为充分发挥大学的社会服务职能，扩大教会大学的影响力和贡献力，教会大学 20 世纪 30 年代之后的招生策略中开始关注中国社会现实需要，招收、培养短期、职业性的技术人才。

三足鼎立的格局使教会大学在这一时期的自主招生考试平稳发展，招生质量和人才培养质量稳步提高。直至抗战爆发，这种权力格局再度被打破。抗战期间，政府忙于抗战，对公立大学之外的私立大学无暇顾及；同时教育部组织公立大学统一考试仍处于试验阶段，需要积累经验，逐步推进。因此，政府除了出台一些指导性的招生政策外，仍给予私立大学较大的招生考试自主权。远在国外的教会母会对深陷战乱的教会大学鞭长莫及，只能由教会大学自身根据实际状况作出决策。教会大学自身开始在三大主体力量中占据主导地位。特殊的战争环境造成了政府、教会和大学间力量格局的变化，大学自身对学校招生考试的影响力更加明显。教会大学根据客观条件，适时调整招考策略，适应战时人才的迫切需要。值得关注的是，教会大学管理者并没有滥用这种自主权利,而是始终坚持大学的招考理念和招生的高标准,选拔最适宜的人才接受大学教育。

抗战胜利后,政府介入教会大学招生考试管理的趋势加强,教会的影响已经微乎其微。中华人民共和国成立后,政府的主导地位进一步加强,并最终完全取代教会大学的自主权利,教会大学自主招生考试成为历史。

综上可知,中国近代教会大学招生考试的发展变迁受到中国政府、西方教会和大学自身三大主体力量的牵系。近代中国特殊的政治环境,使西方教会能够在教会大学招生考试中发挥重要的影响;中国政府基于自身能力所限和对教会大学办学成效的认可,实施有限作为,赋予教会大学高度的招生自主权;教会大学自身则顺应教育发展的内在逻辑和中国社会的现实需求,积极追求招生质量的提高和招生的多样化。三大主体力量的相互博弈,贯穿于教会大学招生考试的整个发展过程。

第二,从教育与个体发展的关系视角看,教会大学招生考试引导学生以基督教品行为核心,综合多维发展,并充分关注学生个体的不同发展诉求。大学招生考试是一种特殊的教育活动,它通过设立一定的人才选拔标准对中等教育发挥着导向功能。教育的目的是促进学生个体的充分发展,使其既成"人",又成"才"。成"人"意味着学生具有丰满的人性,德行高尚,情感丰富,理智卓越,有明辨是非的判断力和择善而从的意志力;成"才"则意味着学生掌握某些方面的专业知识和技能,有为他人和社会服务的能力,能够为他人和社会作出某些贡献,具有社会价值。成"人"与成"才",是个体充分发展的两大维度,也是衡量教育价值的重要指标。其中,成"人"是根本,成"才"是完善。在德、智、体、能等衡量个体发展的具体指标中,德居于最核心的地位,是个体和谐发展的灵魂所在。如果没有高尚的德行,智力就面临被滥用的危机。正如叔本华所指出的:"智力,如同爪、牙一样,不过是为意欲服务的一个工具而已。"[1] 教育应当使学生对自身存在的价值有深刻的理解,更重要的是,学生必须获得一种能力,即"对美和道德上的善有鲜明的辨别力。否则,他——连同他的专业知识——更像一只受过很好训练的狗,而不像一个和谐发展的人"[2]。

---

[1] 阿·叔本华:《叔本华思想随笔》,韦启昌译,上海人民出版社,2005年,第39页。
[2] 爱因斯坦:《爱因斯坦文集(第三卷)》,许良英,等译,商务印书馆,1979年,第310页。

教会教育历来就有重视学生品行的传统，因此教会大学招生时重视对考生品行的考查是不言而喻的，而西方自古希腊时期就已形成的和谐教育思想自然也影响到中国近代教会大学的教育观念。身心和谐发展，尤其是精神上的灵性发展都是教会大学在人才培养上追求的目标。一方面是学生的个体发展本来就具有综合、多维的特点；另一方面是教会大学的人才培养目标是全面发展的通识精英，两者的共性决定了大学招生时对学生的评价标准不是单一的智识标准。在教会大学看来，学生成"人"的最高标准是具有基督教品性的人格，成"才"的最高标准则是通识和专精的有机结合，而成"人"与成"才"又都离不开健康的身体这一物理基础。因此，教会大学在招生时逐步确立了以基督教品行为核心的德、智、体、群、能的综合、多维评价指标，不仅要求学生德行高尚，还要求学生体格健康、智识出众，且具有服务精神、合作意识，以及运用所学知识解决问题的能力。

学生成才的标准是多维的，仅从智识的维度分析，其成才的表现也是不均衡的。学生身心发展具有个体性和多样性，决定了其在智识上的发展各有特色，有的学生各学科均衡发展，科科优秀；有的学生则是在某一学科方向上发展突出。全面发展是指学生在德、智、体、群、能等方面和谐发展，而不是指学生在各门学科上均衡发展。因此，教会大学招生及入学考试的目的是选拔各方面和谐发展的学生接受大学教育。

以上是从大学人才培养的角度分析教会大学的招生考试；从学生个体发展的角度而言，教会大学招生考试是通过多种形式和途径满足了不同考生的个性诉求。大学教育是个体受教育历程中的高级阶段，在这一阶段，个体发展的中心任务是在继续丰富个人品性的同时，接受高等专业教育，为进一步的专业发展奠定坚实的基础。有的中学毕业生投考大学，是希望直接深造并获得更高学位；有的在职人员希望接受大学教育，是基于工作中对专业知识和技能的更高要求；还有的人想进入大学就读某一课程，只是单纯为了自己的兴趣爱好；更有许多在校大学生，在接受了一定时期的大学教育后，研究兴趣发生转移，想要重新确立自己的专业发展方向。所有这些不同的发展诉求，都对教会大学招生考试工作提出挑战，而教会大学从以人为本的观念出发，尊重学生的发展意愿，认真考虑并分析不同考生的发展诉求，通过将考生进行科学的分类，如转学生、特别生以及旁听生等，设立相应的招生考试标准，满足考生的个性需求，促进学生个体的积极发展。

第三，从大学与社会的关系视角看，教会大学招生考试承载着宗教社会和世俗社会对人才的双重需求，同时又以契约管理的思想主导着大学与中学、大学与学生及家长，以及大学与其他社会组织间的多向互动。由于教育不可避免地带有社会性的特点，所以教会大学招生评价标准的确立、多样化的考生分类和多元录取方式的形成也折射出社会对人才的需求、学校的人才培养目标和学生个体发展三者间的博弈过程。众多学生在接受大学教育后将直接踏入社会，以自己的所学为社会服务，因此，大学的人才培养与社会对人才的需求联系最为紧密。

教会大学教育的社会性特点经历了从宗教社会性向世俗社会性的显著转变。最初的人才培养主要服务于宗教小社会的人才需求；随着教会大学的发展，其人才培养目标的服务定位有所转变，既服务于宗教小社会，也服务于世俗大社会，且后者占有越来越大的比重。当教会大学的人才培养目标定位于为相对独立的宗教小社会服务时，宗教社会对人才的需求和教会大学的人才培养目标较为一致，即主要为教会组织培养各种神职人员和教会中学的师资，由此确定的招生和后续培养过程中对所有学生宗教信仰和宗教学时的严苛要求，就明显限制了学生个性的多样化发展。当教会大学开始重视学校的世俗教育功能时，基于学校有限的经济和人力资源，所订定的人才培养目标是培养具有基督精神的领袖人才，这种领袖人才"不独要有精深的专门学识和训练，对于改造国家的影响，可因少数坚决的领袖而转移，影响到该地人民以后的历史……倘若他们能参与指导中华文化和国家生活进步的方向，而且能以实力令这种进步得以实现，这便是基督教教育永久特殊贡献"[①]。因此，教会大学在招生时是秉持着德、智、体、群、能全面发展的精英选拔理念，但这种高层次的通识性精英人才选拔理念却不能完全与近代中国社会现实相契合。因为教会大学基本上是照搬欧美文科大学的四年本科教育课程，与此目标相适应的美国大学招考制度也以选拔凸显人文特质的通识性人才为主要目标。但在中国，民众的经济水平难以负担四年的本科教育，正如司徒雷登所说："我本人一直觉得，把美国四年制大学教育课程照搬到中国来是个错误，其中教会大学要负一部分责任。受中国的经济环境和其他因素决定，还是把高中的后两年和大学前两年糅在一起更好，之后的课程再进行不同程度的专业化。大多数学生没钱接受大学文科教育，所以很多上教会大学

---

① 朱有光：《基督教教育对于改造中国的特殊贡献》，李楚材：《帝国主义侵华教育史资料：教会教育》，教育科学出版社，1987年，第442~444页。

的人仅仅将之当成英语职业培训看待。"①

按照马丁·特罗的分析，美国在20世纪初已经开始由精英教育走向大众教育，而此时的中国才刚刚处于新式高等教育的启蒙时期，公共教育系统尚不发达，社会环境动荡不定，民众普遍贫弱不堪，发展学制较短的职业教育，解决民众的就业、谋生问题才是中国高等教育的重要目标。在这种情形下，教会大学积极扩展教育层次，设立各种专修科以及短期职业培训班，使较低层次的职业教育和较高层次的通识教育并行，兼顾中国社会的现实需要和教会大学的传统办学理念。

在教会大学招生考试的运作模式中，契约管理思想处处可见。契约思想的基本精神内涵是民主和平等，即人人享有平等的权利，人人又当服从民主决议。教会大学与学生家长之间的入学契约、与第三方保证人签订的入学保证书、与承认中学之间的认可协议、与其他机构之间的协作都是在双方自愿、平等的基础上形成的约定，约定形成之后，各方都要自觉遵守。学校招生考试标准的确立，也是先经过各院系教师的民主议决，形成院系的招生考试标准，最后再将院系标准汇总至学校。同时，学校招生机构每年要考查承认中学的办学状况，并听取中学对招生考试的意见。教会大学还将每年考试试题结集出版，以听取社会人士的建议。最后再由学校专门成立的招生委员会等机构将各种信息进行整合，不断改进和完善学校的招生考试制度。

第四，从自主招生考试内部诸要素间的关系视角分析，教会大学招生考试在效率优先的原则下，努力提高了招生考试的科学性并兼顾公平性。任何事物的发展都不是一帆风顺的直线过程，而是要经历从萌芽到发展，到成熟，到完善的一般过程。从发展层次上看，由低层次的完善逐步上升到高层次的完善；从事物内部诸要素的发展关系看，则是由较低层次的平衡逐步发展到高层次的平衡，一直不断地螺旋上升。教会大学的招生考试同样经历了由简到繁，由低到高，由量变到质变的发展过程。教会大学最初招生门槛低，对学生没有严格的入学资格要求，多数教会大学没有正规的入学考试；学校招生规模极小，甚至只有个位数，学校没有专门的招生考试机构；学生采取申请入学的方式，且随时入学，无时间限制。1905年，科举制度废止，国内学习西学热情高涨，同时教会大学新式人才培养方式初显成效，使教会大学生源急剧增加，为教会大学人才选拔标准的质变奠定了基础。教会大学

---

① 司徒雷登：《在华五十年》，常江译，海南出版社，2010年，第66页。

逐步建立起完善的招生考试管理机构，大学管理者遵循教育和考试发展的内在逻辑，以提高招生质量为突破口，改进教育质量，入学考试改革成为提高招生质量的重要方式。

教会大学招生考试的改革和完善，始终遵循着效率优先的原则，不断提高招生考试的科学性，同时兼顾招生考试的公平性。就当前的高考而言，效率有两种，一是人才选拔方面的效率；二是考试本身做到高效、经济，使招生考试简便易行，省时、省力、省事[①]。教会大学招生考试的效率则有三种：一是人才选拔的效率；二是学校注册生数与学校教育资源的匹配度；三是招生考试活动的运作是否简便、经济。第一种效率指向招生考试的目的，即是否通过招生考试选拔出了适宜接受大学教育的优秀生源；第二种效率指向教育资源的利用，即学校能否做到所有注册学生均能享有充分的教育资源，同时又不会造成学校教育资源的空闲和浪费；第三种效率指向招生考试运作过程中的成本耗费，即是否以最小的投入（人力、物力、财力）获得最大的产出（优秀生源）。教会大学在招生考试中最为关注的是前两种效率。为此，教会大学一方面对考生进行多维度的考核，综合采用客观的可量化指标和主观的质性评价指标，除进一步完善入学考试科目、提高入学考试的区分度之外，对学生的入学意愿、中学成绩、品行状况、社团服务情况以及宗教信仰等方面都加以关注。另一方面，教会大学针对学生转、退、休学现象普遍的问题，通过招考转学生、特别生及旁听生，及时补充高年级生源，充分利用学校已有的教育资源。在保证前两种效率实现的同时，教会大学积极采取推荐制、承认中学考试、委托招考、广设考点等方式，节约考试成本，减轻考生赴校考试负担。

从效率与公平的关系上看，两方面难以同时兼顾，主考者较注重效率，考虑如何更有效地选拔真才，而应试者较注重公平，关心考试竞争的公平性和录取程序的公正性[②]。不过，在近代中国，教会大学的私立性质、宗教组织特性以及学校自身良好的教学声誉和社会公信力却使考生、家长和社会民众极少对教会大学招生考试的公平性和公正性产生怀疑。尽管如此，教会大学管理者仍在秉持效率优先的原则下，自觉改进招考制度，使考试竞争更公平，录取更公正。例如，在近代中国浓厚的"女子无才便是德"的传统社会

---

① 刘海峰：《高考改革中的公平与效率问题》，《教育研究》2002年第12期，第83页。
② 刘海峰：《高考改革中的公平与效率问题》，《教育研究》2002年第12期，第81页。

氛围中，给予中国女性同等入学的机会；逐步对教徒学生和非教徒学生采取同样的入学考试标准；燕京大学承认中学考试由最初各校自行组织改为相近地域共同组织会考，聘请社会知名人士加入招生委员会；各校对华侨生给予优惠录取政策，以及对优秀清寒学子给予奖、贷学金资助等，这些都是在保证效率的前提下实施促进社会公平的举措。

综之，教会大学招生考试之所以形成自身独特的规律是特定历史时期、多种因素综合作用的结果。教会大学以基督精神为指导的办学宗旨，以通识教育为核心的办学理念，以基督人格为最高追求的精英培养目标，外国教会在近代中国的庞大组织体系、深刻的影响力以及近代中国政府无奈或刻意的有限作为，使教育、宗教和政治成为三大突出的要素，它们相互交织与融合，共同作用于教会大学的招生考试，使教会大学招生考试突显出教育的基本规律，也由此形成在教育方面的深刻影响。

第三节 教会大学招生考试的历史作用与现实启示

任何事物在其发展变化过程中，其内部的要素变化并不总是保持一致，有相对活跃的部分，也有相对迟缓的部分。教会大学招生考试就是中国近代大学招生考试发展变化中积极、活跃的那分子，其在中国近代70年（1882年—1952年）的发展历程，正是中国教育和考试制度发生巨变的70年。教会大学招生考试从萌芽，到发展，到改革，到调整，到最终消亡；中国教育和考试制度则从对科举考试制度的部分改革到彻底革废，从现代学校教育考试制度的初步确立到大学招生考试的日趋成熟。教会大学在借鉴西方大学招考制度的基础上，在中国近代高等教育实践中构建起大学招生考试的基本框架，引入了对考生进行德行、智识、体格、能力等全面考核的通识性精英选拔观念，初步确立了质性和量化相结合的评价指标，并组织起非政府性的招生运作体系，为我国近代大学招生考试制度的建立、发展和完善提供了现实的经验和参照样本。

一、教会大学招生考试的历史作用

教会大学创建早，而且是欧美大学教育制度在中国的移植。在中国全力学习欧美的近代，教会大学作为现实版本的欧美大学，其教学管理包括招生考试制度，这不仅是教会大学人才选拔质量的重要保障，也对中国高等教育发展和考试制度转型起到了借鉴和示范作用。

（一）为教会大学人才培养奠定了良好基础

中国近代教会大学以培育精英人才为办学目标，构建灵活、有效的自主招生选拔制度，通过公开招考、择优录取，为其人才培养奠定了良好基础。招生是学校人才培养的首要环节，是大学教学管理活动的前提和基础，入学考试是实现招生目的的主要方式。招生为教会大学的人才培养选拔出优良的"苗子"，创立好的开端，没有招生，大学教学管理活动就失去了主要对象；没有入学考试，大学缺乏客观的量化指标考核学生的学术水平，也难以因材施教地开展教学活动。中国近代教会大学招生考试活动围绕学校的人才培养目标，确立了德、智、体、群、能全面发展的人才标准，并在招生考试中通过多维评价指标全面考核考生，保证了教会大学的人才选拔质量，奠定了人才培养的良好基础。

1. 树立了大学严格招生的良好风范

教会大学坚持重质优于重量、宁缺毋滥的招生原则树立了大学严格招生的良好风范，保证了教会大学的人才选拔和培养质量。招生考试的目的是遴选人才，其本质是优胜劣汰。教会大学在经费和人力有限的客观条件下，将办学定位于精英高等教育。为了实现培养具有基督教品性的领袖人才的目标，教会大学坚持效率优先，通过完善大学招生考试制度，选拔出品性优良、学习能力强、身体健康、有深造潜质的学生进入大学，淘汰不适宜接受大学教育的学生，保证大学教育有一个良好的开端，进而促进大学人才培养目标的实现。教会大学始终坚持入学的高标准，金陵女子文理学院在招生比较困难的早期坚持入学的高标准，还曾受到支持办学的某一教会的不理解，"支持我们的一个教会要求我们降低入学标准，因为该教会认为不可能在其教会所属的中学开设理科课程，而且我们的英语要求也太高。该教会希望我们增设预科，教授英文和理科课程，以使其教会中学的学生达到我们的入学标准"[1]。

入学考试是逐渐被引入教会大学招生活动中的。早期的教会大学比较盛

---

[1] （Ginling College）Annual Report（1918），华中师范大学教会大学研究中心藏：AUBCHEA，Series Ⅳ-Box154-Folder2961。

行推荐免试入学制度，但各教会中学和教会大学的教学水平高低不同，致使教会大学招收的学生层次不一，造成教学上的突出问题。1924—1925学年，燕京大学的年度报告就提到，由于转学生来自不同的大学，因各校教学差异，学业评价标准不一，大部分学生达不到燕京大学同年级学生的水平，使教学工作出现许多问题，学校只得为这些学生专设补习班。这不仅使学校的教务额外增加，还影响到学校的教学质量，燕京大学由此决定对转学生也要进行入学考试，以本校的学术标准衡量考生是否能够达到在本校插班就读的水平。入学考试成为提高大学招生质量的有效方式。需要特别指出的是，教会大学的入学考试成绩只是学校评价学生学识的一项重要指标，而不是学校录取新生的唯一指标。

另外，教会大学学生的成才率和毕业生深造率也可从某种程度上反映出教会大学招生考试制度的科学性和有效性。仅以金陵女子文理学院为例，从1915年建校到1947年的33年间，学校共有本科毕业生732人，除去世29人外，剩余的703人中，有191人再深造，占27.2%[①]。金陵女子文理学院毕业生中有相当一部分是我国妇女界知识分子中的精英，在教育、科技和其他方面作出了积极的贡献：首届校友徐亦蓁，把一生献给了中国女子教育事业和济贫救困慈善事业，1946年出任联合国妇女地位委员会中国代表；1925届校友刘恩兰，毕业后出国深造，获牛津大学博士学位，是中国第一位女自然地理学家、女海洋学家，是中国地理学会创始人之一；1932届校友刘家琦，是著名眼科专家，年近八旬时创建国内第一家小儿眼科诊所；1932届校友胡秀英，毕业后留学美国，获哈佛大学植物学博士学位，并成为哈佛大学终身教授[②]。在中国近代的男权社会中，金陵女子文理学院毕业生能够冲破传统文化的樊篱，在学术和事业上开拓出一片属于自己的天空，除了有深厚的教育背景外，她们对于学术的兴趣与执着，以及坚强的毅力、健康的体格和热爱奉献的精神都是不可或缺的。这与大学人才培养的过程息息相关，而招生考试无疑又是整个过程中最基础的第一环节。

2. 建立起新的全面选才标准和综合评价体系

中国传统科举考试对考生文学才华的考核达到了极致，除了武科举选拔

---

① 程斯辉、程海英：《厚生务实　巾帼楷模——金陵女子大学校长吴贻芳》，山东教育出版社，2004年，第267页。

② 程斯辉、程海英：《厚生务实　巾帼楷模——金陵女子大学校长吴贻芳》，山东教育出版社，2004年，第269~270页。

出的极少数军事人才外,"文弱书生"成为中国古代科举人才的基本写照。教会大学对人才的评价标准,尤其是对学生体格的重视,则完全颠覆了中国传统的文人形象,突破了中国传统的思维方式。在西医尚未被普通民众普遍接受之时,教会大学就要求考生提供西医开具的体格检验单,全面了解学生健康状况,判断学生是否能够适应大学较为繁重的学习任务,以免学生因健康问题中途荒废学业。智力测验也是教会大学的特殊考试科目,运用最新的心理学研究成果测量学生的学术性向,为教会大学的人才选拔提供科学的依据。入学考试在招生选拔中发挥着重要的作用,但教会大学对入学考试的认识是客观的、理性的,能够参加入学考试的考生是各项报名材料经过仔细审核并通过的。入学考试只是教会大学依照自身的学术标准测量考生学识和学术性向(智力测验科目)的重要方式,至于学生的品性、体格、平时学习的状况,以及学生的合作意识、服务精神等都需要结合学生提交的材料加以考查。总而言之,教会大学在选拔人才时对学生做到了尽可能客观和综合的评价,这也符合个体身心发展的多维特征。

3. 构建起非官方的招生考试组织体系

中国自古代起考试选才的权利就一直掌握在国家手中,这与古代考试的选官特性紧密相关。中国近代教会大学在突破中国传统选才方式的同时,也在近代中国首先构建起非官方的招生考试组织体系,确立了教会保送、承认中学招考和对外公开招考(普通招考)三种基本招生方式,其中承认中学招考和对外公开招考两种方式与入学考试密切相关。教会大学招考组织体系中的成员均为教会学校、私立中学、青年会组织等机构,没有任何官方机构的参与。这种非官方的、社会化的招生考试运作模式成为中国近代私立大学招生考试的主流模式,只是教会大学招考体系内的机构均带有宗教色彩,而其他大学的招考参与机构多为世俗机构。

4. 确立了外语科目在大学入学考试中的特殊地位

教会大学对考生外语水平的重视使外语不仅成为三大必考科目之一,而且考试内容广泛,形式多样,要求严格。教会大学对外语的高要求,受主客观双重因素的影响。主观上,教会大学要利用国人对西学的兴趣,充分发挥学校的办学优势,提高教会大学的声誉,因为掌握外语是学习西学的重要途径;从大学的办学方向上看,国际化是目标,学校在国外的注册一直有效,且与国外交流频繁,毕业生要出国交流或深造,都必须通晓国际通用语言。客观上,当时教会大学开设的自然科学诸课程缺乏合适的中译教材,如果自行组织编译教材，要浪费大量人力、物力和时间，而且随着科学知识更新的速度加快，等到翻译的教材投入使用时，许多内容已跟不上前沿的发展，再加上当时中国汉语词汇中还缺乏前沿的科学术语，如果翻译不恰切，还会影响学生的理解。因此，教会大学的许多课程教材均直接采用外文原版教材，由外籍教师直接用外语讲授，即便当时一直提倡中文教学的齐鲁大学，其自然科学课程也都以英语作为教学语言。主客观因素的双重影响，使大学在选拔人才时必须综合考核学生的外语水平，包括听、说、读、写、译等各个方面。即便如此，仍有学生因外语水平跟不上教学进度而被降级。

教会大学招生考试对外语科目的重视还表现在外语是各个层次考生的必考科目，从预科、专修科，到本科以及研究生招考均要求外语考试。在近代中国，青年学子对外语的学习几乎达到狂热的地步，甚至有一些学者提出，应以拉丁字母取代中国方块字。多种因素的共同影响导致外语科目在大学入学考试中的地位稳固且长久，直至今日都难以撼动，其中教会大学造成的影响是首当其冲的。

另外，教会大学招生考试一直与国外大学招生考试制度接轨，教会大学毕业生出国深造的途径畅通，有利于人才的继续深造，使教会大学的人才培养延伸到更高层次和水平。

（二）促进了中国近代大学招生考试制度的变革与发展

教会大学在近代中国实行自主招考时间最早，历时最久，它在探索公平、高效的选拔模式、招考制度方面，产生了示范效应，促进了中国近代大学招生考试制度的变革与发展。教会大学招生考试是中国近代大学人才选拔的典型模式，其招生考试制度既是中国近代大学招生考试制度的重要内容，同时也发挥着重要的影响和促进作用。教会大学是中国最早的新式大学，1922年时，教会大学已经有17所之多，而国人自办的大学只有3所。教会大学的教学管理在当时颇受青睐，其初步成型的招生考试制度必然对其他大学产生一定的辐射力，如转学生制度最早就是在教会大学间通行，后逐渐推广。1929年国民政府颁布的教育法规对大学招收转学生加以规范，使其成为近代大学招生考试制度中的正式内容。另外，教会大学盛行的承认中学制度也在其他大学中实施。1923年被圣约翰大学认可的上海昌世中学，1926年又被复旦大学接受为认可中学。复旦大学校长李登辉致函该中学，"允许该中学高中毕业生各课过75分者，均可送入复旦大学肄业，惟入校时，须面试中西论说各一篇，其余各课，一概免考，闻尚有数大学行将同样承认云"①。私立厦门大学也制定有专门的《中等学校免试规则》,对厦门大学认可的集美学校、同文书院、寻源书院及培元中学等学校的毕业生,经该中学校长保荐后,免于部分或全部入学考试②。这说明,最早发起于教会大学的承认中学制度因对大学招收优秀生源有积极效果,已经在中国近代私立大学招生中形成一定的共识。

教会大学招生考试的自主实践推动了近代大学招生考试制度的建设和发展。中国传统的选才模式是以选官为目的,以科举考试为工具,在近代中国面临民族危难的时候,科举考试在选拔新式人才方面的滞后使之频遭诟病;而与此同时,教会教育已在近代中国悄然兴起,在国人对西学的急切需求甚至盲目崇拜中,教会大学迅速崛起,成为晚清民初中国近代高等教育领域一支显赫的力量。教会大学所代表的西方教育考试制度受到关注,迅速成为新式学校招生考试制度建设过程中被学习和仿照的对象。

清末教育改革制定的《壬寅学制》和《癸卯学制》中已经有完整的学校教育考试制度,包括招生、学业测评和毕业考试。清末学堂考试章程也将学校入学考试明确列为学校考试类型之一。辛亥革命后,民国政府通过颁布《大学令》、《文官考试令》等法规,逐步确立了学校教育考试和文官考试两大考试体系,中国现代考试制度的框架基本形成。在国家考试制度转型和重构时期,教会大学丰富的自主招生考试实践所积累的经验和显现出的不足都成为国家考试制度建设的重要参考,在南京国民政府出台《大学组织法》、《大学规程》、《专科学校规程》等法律法规,对转学生、旁听生、特别生等作出具体规定之前,教会大学的相应招考制度早已确立并有了成熟的运行机制。从这个层面上讲,是大学招生考试的自主实践推动了国家层面的大学招生考试制度建设,而其中教会大学的贡献难以抹杀。

(三) 促进了中国近代考试文化的转型和中外考试文化的交融

科举革废是中国考试文化的转折点,但从考"官"到考"学"的考试文化的划时代变革③,却不是在转瞬间完成的,而是在经历了外来冲击、自我改革直至自我否定的痛苦裂变后的重生。教会大学所代表的欧美大学招生考

---

① 《复旦大学承认昌世中学》,《申报》1926 年 5 月 7 日。
② 张亚群:《自强不息　止于至善——厦门大学校长林文庆》,山东教育出版社,2012 年,第 235 页。
③ 张亚群:《从考"官"到考"学"——废科举后考试文化的变革与传承》,《书屋》2005 年第 1 期,第 18 页。

试制度显然是这一过程中的助推器。在欧美国家，学校教育考试与文官考试已形成相互分离的两大体系，教会大学招生考试受欧美大学招考制度的显著影响，将学校考试分为入学考试、学业测评和毕业考试三大阶段类型，均服务于大学的人才培养目标。考试的评价、测量、选拔和引导功能受到充分关注，与科举考试的"选官"性质差异显著。在科举日益遭受尖锐批判之时，教会大学因新式人才培养的卓著成效备受瞩目，西方教育考试文化因此得到传播，并形成对科举考试文化的直接冲击，促使其发生转变。在考试科目应涵盖哪些学科，形而下的"器物之学"是否应当成为考试科目，考试内容应体现什么，以及考试要测查考生的记忆能力还是测查学生分析问题和解决问题的能力等方面引起国人的深刻反思。中国对西学由排斥到几近崇拜的态度变迁，正是西方教育考试文化逐渐渗入并瓦解、催生中国现代考试文化的过程。

另外，教会大学作为中西教育的集汇地，其招生考试从总体上呈现中西合璧的特点：考生来源中外兼有，考试标准中西兼容，考试内容东西汇通，通过兼采国（境）外和国内大学通行的入学标准，招收国内外学生，积极与世界高等教育接轨。教会大学招生考试制度本身还是中外考试文化交融的产物，教会大学不断地将国外考试思想和考试制度在中国进行实践，同时又受中国考试文化影响积极改革其考试制度，在与国外大学密切往来与合作的过程中，成为一个重要的媒介，将中国的考试文化不断传播出去，促进着中外考试文化的交流。

（四）对中学教育产生了深刻影响

教会大学与中学，尤其是与教会中学间的密切合作关系，使教会大学的招考要求直接影响到中学的教学目标、课程设置和教科书的选用。20世纪30年代之前，教会大学对其认可中学的承认条例中明确规定认可中学的课程设置与教学程度须与大学课程相衔接。在国民政府教育部颁布高中课程标准之前，各教会大学早已依据自身的招生要求，制定并公布高中课程纲要，使中学明了大学招生对学生学术水平和学业课程的基本要求，以期改变教会中学因学制不一、教材各异而产生的教学差异。燕京大学早在1920年章程中就制定了《中学校课程准则》，明确列出中学生各科必修和选修课时，并要求承认中学必须有圣经功课[①]。1929年齐鲁大学招生简章中公布有中学

---

① 《中学校课程准则》，国家图书馆馆藏：《燕京大学章程（1920~1922）》，第19~21页。

课程大纲，虽明确表明大纲不"指定中学课程之范围"，只"略举本校对于各种需要之程度，使学生易于从事预备"，但大纲内容既提出了国文、英文、数学、宗教教育、自然科学、化学、物理、国史、西史、公民学、地理等各学科的教学学时要求，也列明了具体的学科要点及学习要求，如要求中学在高中阶段"亦可选择英美名家之散文小说等，使学生诵读以为学习文学之引阶，高中末年须练习速读、点读、自由讨论等以为升学之预备"，并为中学推荐了大量教材和参考书①。

教会大学颁布的中学课程准则或大纲无异于是在变相安排中学的课时进度和课程内容。教会中学亦受此影响，以培养学生升入教会大学为主要教学目标，教会中学实质上成为大学的预备学校，专门为大学输送生源，而偏离了高中教育的主要目标，即培养有能力自主生活的公民。福建协和大学校长林景润在1930年的大学年度报告就明确指出这一问题：

> 依我看，我们现行的将中学作为大学预备训练的管理制度是错误的。中学毕业生必须接受的教育是使他们在社会上能够面向生活，为中国作出各自的贡献。因此，现行的所有课程学科等，必须按照中国社会新的需要重新研究。②

虽然教会大学对这一问题有所察觉，但其对中学办学产生的影响，却很难在短期内消除。高中为升学做准备的教育取向，直到今天仍是高中教育的主流，或许当年教会大学招生考试成为中学教育名副其实的指挥棒，才真正是今天高中应试教育的滥觞。

清末民初的教会大学是中国新式高等教育的重心，随着国立大学的后来居上，教会大学所处的垄断地位发生变化，由中国新式高等教育的引领者转变为追随者。国立大学开始成为中国高等教育发展的中心和重心。国家对高等教育的管理进一步加强，大学招生考试的主导权逐渐倾向国立大学和政府。不过，在政府加强招生考试管理的同时，教会大学依然被赋予高度的自主招生权；教会大学自身又以高度的自律性，善用这份权利，始终坚持严格的招生标准，不随意多取，不擅自滥取，确保人才选拔的质量，维护大学的

---

① 《山东济南私立齐鲁大学招生简章（1929年）》，山东省档案馆馆藏：齐鲁大学档案 J109-02-0015。

② (Fukien Christian University) Annual Report of the President and the Deans for 1930，华中师范大学教会大学研究中心藏：AUBCHEA, Series Ⅳ-Box108-Folder2391。

良好声誉；同时，教会大学重新进行正确的自我定位，以私立大学享有的自主政策积极进行人才选拔方式的改革，积累成功的经验，并使之逐步推广于公立大学，推进国家人才选拔制度的改革，以期更加科学、完善，符合教育促进个体充分发展和适应社会需求的基本价值取向。

二、教会大学招生考试的现实启示

中国近代教会大学在招生考试实践中积累的有益经验，对于当今我国高校自主招生改革具有重要的现实借鉴意义。作为大学与中学之间的桥梁，高校招生考试既是高等教育的起点，也是高等学校与社会各界联系最密切的方面之一，因此高考改革是个相当敏感的问题[①]。2010年，《国家中长期教育改革和发展规划纲要（2010—2020年）》（以下简称《纲要》）中明确提出，要"完善高等学校考试招生制度。深化考试内容和形式改革，着重考查综合素质和能力；建立健全有利于促进入学机会公平、有利于优秀人才选拔的多元录取机制"。《纲要》中还具体列明了针对不同类型考生可采取的择优录取、自主录取、推荐录取、定向录取和破格录取等多种录取方式，以及以统一入学考试为基本方式，结合学业水平考试和综合素质评价的教育评价改革思路，为高校考试招生制度改革提出了方向和目标。

教会大学在当今中国大陆虽然已经不复存在，但其招生考试却对中国近现代中高等教育的发展、学校考试制度的转型，以及中外考试文化的交流产生了深刻的历史影响。作为大学教育的首要环节，教会大学招生考试活动鲜明折射出教育发展的基本关系规律。规律是客观存在并且能够反复起作用的。当前高校招生考试虽然与教会大学招生考试处在不同的社会历史环境中，但两者同属以选拔人才为目的的教育活动，入学考试作为一种教育测量方式，在两者的教育评价中均发挥着重要的作用。更明显的是，当前高考改革中的热点问题，如统一招考与自主招考、分数唯一与综合评价、考试入学与多元录取、公平效率与创新培养、大学自主与政府管理等矛盾在教会大学招生考试中都有涉及。因此，教会大学招生考试凸显出的诸多特点和规律仍然能够为当前高校招生考试制度改革提供有益的借鉴和启示。

第一，高校招生考试改革应有所变，有所不变，坚持对的，吸收好的，改变低效的，摒弃不适的。这看起来似乎很简单，似乎比较容易做到，其实

---

① 刘海峰：《高考改革中的两难问题》，《高等教育研究》2000年第3期，第36页。

不然。许多人认为，改革就是要全面改革，深化改革，从内容到形式，从外到里，改到最后，往往就会忘记改革的初衷，为改革而改革。既是改革，做到有所变化很容易，因为变化是永恒的，只要改革，就有变化；难的是不变，更难的是哪些不变。教会大学招生考试的成功之处在于，虽然历经70年的整体变迁，从招生标准到招考院系、招考范围、考试科目、考试内容、录取标准都有诸多变化，但始终坚持自己的办学理念和招考原则不动摇：一是注重人才选拔效率，坚持宁缺毋滥的招考原则；二是坚持对考生进行多维综合评价；三是坚持招生考试活动是服务于个体的发展这一基本立场。当前，中国的高考在资源竞争、利益博弈和公平诉求中被迫承载着日益附加和异化的功能，其改革已不仅仅是教育问题，且成为重要的民生问题，牵一发而动全身；同时，作为教育活动，其影响又具有延迟性，一项改革的成效不是一朝一夕即可见分晓，在急功近利的社会环境中，又不可避免地因此招致更多的质疑。至少在当前，我国高校招考制度改革就面临着在追求效率与保障公平之间摇摆不定的困境。

事实上，招考制度本身无优劣之分，适合自己的，就是最好的。中国考试制度的历史发展早已证明，统一考试最适合中国这种人情社会的大规模人才选拔。虽然"他山之石，可以攻玉"，但本国的历史经验与教训更值得深究，教会大学招生考试的历史变迁已经表明，虽然其招考制度源于甚至照搬欧美大学招考模式，与SAT考试同出一辙的智力测验也曾广泛实施，但在中国文化、教育土壤中，它却不可能发展成为今天美国大学以SAT和ACT考试为基础的综合评价招考制度。这是因为"一国一民族之文化，必有其根本精神，可以卓立于世界，亘千百世而未之能变"[①]，文化的影响是深刻的、无形的。因此，中国的高考改革必须要坚持自己的独立性，然后再吸取他人所长而融会贯通；必须要明确招生考试的真正目的，要在实现优秀生源的选拔目的之外，再关注其他衍生功能。

第二，在政府、高校和社会等各方条件相对成熟的基础上实施招考分权。教会大学70年的招考历程虽然基本上都是自主招考，但中国人才选拔制度的整体发展却遵循着"合久必分，分久必合"的基本规律，从科举时代的"统"走向晚清民国的"分"，再到建国后的"统"，直至近年来再次出现

---

① 陈立夫：《金陵大学55周年纪念训词》，南京大学高教研究所校史编写组编：《金陵大学史料集》，南京大学出版社，1989年，第59页。

"分"权趋势。1 300多年的科举考试选才制度发展到晚清时期,已经高度僵化,在考试形式、科目和内容上严重滞后于国家、社会对新式人才的需求。在这种情形下,教会大学将西方高等教育模式移植到中国,虽有借助军事势力的支持,却也隐然适应了中国近代高等教育发展的内在逻辑。按照相对论的观点,运动是事物发展的永恒特点,而静止是相对的,中国大一统的科举考试在僵化已久的情形下必然走向它的对立面,即分权。分权主要指国家和高等教育机构在人才选择上的权利分配,教会大学招生考试由于教会组织的介入,又成为这种分权现象中的特例。分权产生的必要条件有以下几点:一是原有统一的人才选拔制度出现严重弊端且无有效的改善措施;二是政府介入管理的程度有意或被迫降低;三是大学自身具备足够的能力承担分权后人才选拔的责任和义务。

2001年东南大学、南京理工大学和南京航空航天大学三所高校进行自主招生改革试点,揭开了中国自1952年实行全国统一高考后的再次分权改革。2003年教育部正式发文《关于做好高等学校自主选拔录取改革试点工作的通知》,统一部署全国范围内的高校自主招生改革试点工作,随着试点院校数量的增加,"华约"、"北约"和"卓越"等自主招考联盟的成立,自主招生被公众称为"掐尖大战",赞同、质疑和反对声彼此混杂。如果仍以前述3个必要条件来分析当今分权现象的产生,会发现当前人才选拔分权现象的出现主要是顺应了政府主观推动的影响,高校自身和社会民众并未做好相应的准备。高校自主招生是政府主导下的"分"权,不是客观必然的"分",高校自主意识不够,许多学校出于各种考虑,主要是省事省力的原因,"不愿回到单独招考的老路上去"[①]。自主招生实践运作中出现的高成本、同质化以及权力寻租等有损效率和公平的现象,也表明招生考试的分权还有待更深入的研究及稳妥的推行计划。还有一些高校借助被赋予的自主权,盲目扩大招生名额,其最终目的不是更好地发展教育,而是赚取更多的学费。更何况,当前的高考还被赋予了维护社会公平等诸多附加功能,在高校自律性不强、公信力弱,社会民主、法治环境又不足以有效监督的情况下,公立高校的招生考试改革因涉及学生、家长、高校和政府等各相关主体间的利益博弈,更易牵一发而动全身,尤需慎行。

第三,推进自主招生改革,既要扩大高校招生选拔的自主性与多元化,

---

① 刘海峰:《高考改革中的公平与效率问题》,《教育研究》2002年第12期,第83页。

也须加强其自律性。当前高校试行的自主招生中出现的同质化现象和所受到的诸多质疑，反映出高校的自主性和自律性还有所欠缺。自主性是指高校招生时能秉持自己的教育理念，对自身有明确的定位，对学校的人才培养特色有清晰的认识，对所要选拔的人才标准也有理性的思考；自律性则是指高校在招生选拔过程中能自我约束，自觉遵守招生规则，自觉维护高校招生的公正度、公平性、公开化和公信力[1]。大学发挥自主性的关键在于大学的管理者，有执着的办学理念，有坚定的意志、独立的人格，甚至有为教育甘愿牺牲的勇气和魄力。中国近代大学管理者们不仅中西会通，深谙中外教育思想和理论，而且有着特立独行的教育风格，他们坚定地秉持各自大学的办学理念，无意随波逐流，对大学自身的办学有明确的定位、清晰的认识和充分的自信。教会大学管理者注重基督精神在人才培养中的特殊地位，坚持对学生进行综合评价，并依照各自的办学特色设计各有侧重的招考标准。教会大学在审核学生报名材料、组织入学考试、评阅试卷以及录取学生的各个环节中，虽然都是由各校自行组织，但都表现出良好的自律性，从而有很高的社会公信力。

高校自主招生是当前高考改革中正在进行的重要内容，即将进一步实行的多元录取改革中，自主录取、推荐录取、定向录取和破格录取等多样化的录取方式将更加广泛地被应用，对学生的综合评价也将融入更多主观性的指标。除了在法律上规范招考程序、加强对招考过程的监督外，高校在招生录取中的自主性和自律性也亟待加强[2]。在高等教育大众化、国际化的背景之下，参与自主招生的高校应遵循大学的办学理念，作出准确的办学定位，并根据学校自身的办学特色，制定招考标准，选拔出真正适合学校要求的优秀生源。

第四，应注重高校招生选拔的效率，有效衔接人才选拔与培养各环节，推动创新人才的培养和中小学素质教育的发展。招生考试是高校人才培养的首要环节，其任务是选拔出可塑之才，使之进入高校接受进一步的专业教育，发挥着承上启下的重要作用。效率是大学选拔人才的基本要求，但注重

---

[1] 虞宁宁：《高校招生"多元录取"的中外实践与启示》，《湖北招生考试》2011年第8期，第47页。

[2] 虞宁宁：《高校招生"多元录取"的中外实践与启示》，《湖北招生考试》2011年第8期，第47页。

效率不等于放弃公平,在高校招生选拔过程中,严格规范并保证整个过程的公开、公正,即是一定意义上兼顾公平的体现。教会大学非常注重招生考试的两大功能,一是评价学生当前的发展水平,包括智力、体力、品行和学识等方面,作为学校甄选人才的依据;二是为学生入校后的因材施教提供参考,从而将招生考试与高校人才培养的后续环节紧密联系在一起。如果学生在入学考试中有个别科目成绩低于学校规定的及格分数,则入学之后要及时补修该科目,学生的选课也要受到相应的限制;转学生如果智力测验成绩不佳或在前校已获学分的课程考试成绩不佳,则会被降级编班,重修一些重要的课程。这也充分说明,招生考试是高校人才培养诸环节中的一环,并不是相对独立的教育活动。然而,现实中的高考选拔功能既被扩大,又被异化,对高考误解的明显例子就是将高考选拔的人才等同于创新人才。高考本质上是人才培养中的过程性选拔考试,却被当成了终结性的选拔考试,招生考试选拔之后的高校人才培养环节在无形中被忽视。因此,必须明确,招生考试作为人才培养的首要环节,固然重要,但不能代替人才培养的后续环节。高校招生考试改革应把高考从过重的负担中解脱出来,回归其基本的功能,尤其是要通过大学对入校后新生的教学管理改革实现国家培养创新人才的目标。

　　国家实行自主招生改革,提倡综合素质评价,推进多元录取方式,都是为了实现高校选拔优秀生源接受高等教育的目的。这表明,提高人才选拔效率实为高校招生考试制度改革的首要目的,也是高校培养创新人才的必要前提。为高考减负,将重心转移,回归入学考试的基本功能,关注高校人才培养的其他环节,别让形式绑架了目的,才是当前高校改革应坚持的基本方针。

　　回顾湮没于历史尘埃中的中国近代教会大学,虽然不可避免地带有几分神秘的宗教色彩,但作为中国近代高等教育体系的一部分,其在新式教育方面的成绩是斐然的,有目共睹的。作为外国教会或宗教人士在近代中国所办的新式高等教育机构,它从根本上突破了中国传统教育的局限,在办学模式、教学内容、人才培养、适应社会等许多方面都为中国高等教育提供了崭新的内容①。孙中山、孔祥熙、胡适、张伯苓等近代知名人士都曾对教会大学出色的人才培养成果赞许有加。良好的开端是成功的一半,招生考试作为

---

① 王忠欣:《基督教与中国近现代教育》,湖北教育出版社,1999年,第69页。

大学人才培养的开端，无疑发挥着重要的作用。在教会大学几十年的发展历程中，诸多因素影响着其招生考试的变革。从教育的角度而言，高等教育的发展变革必然带来招生考试的变革，扩大教育规模自然伴生招生名额的增加；院系扩展要求按照专业特点制定招考标准；社会文化变迁更是毫无疑问影响到招生考试的内容；而客观的物质条件又会制约招生考试的方式。从教育社会学角度分析，教会大学在招生考试活动中要平衡多项关系，如宗教教义与世俗科学之间的关系、教会与政府间的关系、大学招生与中学教学之间，以及大学人才培养与社会实际需求之间的关系等等。教会大学所有的招生考试改革都紧密围绕着人才培养质量这一核心，自始至终坚持选拔身心各方面综合发展的全优学生，虽然会以特别生或旁听生的方式招收个别具有学科特长的学生，但仅是对考生的学术水平采取灵活的考核标准，并不意味着对考生品行及体格等方面要求的降低。在正确的坚持与科学的取舍基础上，教会大学招生考试形成了自身的特点，实现了选拔优秀人才的目标，培养出了大量精英人才，也留下了大学自主招考和创新人才培养的宝贵经验和教训，让我们更全面、理性地认识和了解中国近代大学的招生考试和人才培养模式，以扬优抑劣，服务于当前中国高等教育的发展和改革。

附 录

附录1：1937—1940年度全国高等教育概况统计表

1937—1940年度全国高等教育概况统计表

		学校数（所）				学生数（人）			
		1937年	1938年	1939年	1940年	1937年	1938年	1939年	1940年
总计	共计	91	97	101	113	31 188	36 180	44 422	49 673
	国立	24	24	36	41	13 554	16 648	22 745	25 988
	省立	20	24	20	21	4 754	3 986	3 767	3 861
	私立	47	49	45	51	12 880	15 546	17 910	19824
大学	共计	35	35	37	38	23 644	26 259	31 102	34 984
	国立	12	9	15	16	11 920	13 535	17 196	20 079
	省立	5	6	4	4	3 608	2 199	1 839	1 841
	私立	18	20	18	18	8 116	10 525	12 067	13 064
独立学院	共计	32	35	36	42	5 265	7 110	9 750	10 692
	国立	6	9	11	13	941	2 346	3 972	3 919
	省立	6	6	6	8	497	772	945	1 129
	私立	20	20	19	21	3 827	3 992	4 833	5 644
专科学校	共计	24	27	28	33	2 279	2 311	3 590	3 997
	国立	6	6	10	12	693	267	1 577	1 990
	省立	9	12	10	9	649	1 015	1 006	891
	私立	9	9	8	12	937	1 029	1 007	1 116

数据来源：《民国二十六—二十九年度全国高等教育概况统计表（1940）》，中国第二历史档案馆编：《中华民国史档案资料汇编（第五辑，第二编，教育一）》，南京：江苏古籍出版社，1997年，第744页。其中1940年度学生数内有国立大学4校、省立大学1校、私立大学9校、国立学院2校、省立学院2校、私立学院5校、省立专科学校4校及私立专科学校3校材料未呈报，学生照上年度数字估计。

附录2：福建协和大学投考生性格调查表①

私立福建协和大学

投考生性格调查表

投考生姓名		
高级中学校名		
校　长		
说　明：学生的教育包含着整个人格的许多方面，在学业成绩单上，是不能完全表显得出的。为要使每个学生都能获得本校适当的指导；我们愿意得到每个学生在整个人格所表现的特性，做我们的参考。为了这个缘故，我们特意制备此表，敢请详为填写。 　　　　比如你没有机会细察该生某项之特性，就请于"没得机会观察"的一项注明。 　　　　这个调查表惟一目的，是要明了该生的整个生活，以便本校对于该生的整个生活发展上，有所贡献。一切记录自当严守秘密。		
（谓于下列各项的前面方格□，作一记号，表示他的特性，另在右边空格里举例证明。）		
（一）领袖的才干	□1. 表现显著的领袖才干。 □2. 有时在要紧事情上作领导。 □3. 有时在小事上作领导。 □4. 让别人作领导。 □5. 大约不能领导人。 □6. 没得机会观察。	（请举例证明）
（二）工作的状况	□1. 自寻额外附加的工作。 □2. 完成额外的工作。 □3. 只会做平凡分内所指定的工作。 □4. 须得人家的勉励。 □5. 须赖特别的催促。 □6. 没得机会观察。	（请举例证明）

---

① 福建省档案馆馆藏：福建协和大学档案，档案号5-1-231。

续表

（三）情绪的倾向	□1. 与人非常融合且谨慎守规。 □2. 甚融和中节。 □3. 很能持平调和。 □4. 性情乖忤不易感化。 □5. 容易发怒丧气，态度冷淡。 □6. 没得机会观察。	（请举例证明）
（四）交接的态度	□1. 容易得人的钦敬。 □2. 人很喜欢亲近他。 □3. 人不讨厌他。 □4. 人能容忍他。 □5. 人要远避他。 □6. 没得机会观察。	（请举例证明）
（五）处事的毅力	□1. 能聚精会神的规定一次大小计划。 □2. 有一个固定的计划。 □3. 好像有目标似的。 □4. "得过且过"。 □5. 全无目的。 □6. 没有机会观察。	（请举例证明）

（一）按你的观察，该生将来在大学的成绩大约可列在那一等？
　　最优等□　优等□　中等□　及格□　劣等□

（二）据你的观察该生的特长是什么？

（三）该生在校肄业时，在训育方面有无特殊问题发生？

（四）该生对于宗教生活与宗教事业的态度如何？

（五）按你的意见，该生在升学进展中有那几点是特需帮助的？

（六）请于下列三项中，划一黑线，表示该生之健康情形？
　　（甲）体质强旺　（乙）体质正常　（丙）赢弱多病

（七）请坦白率直的用书面叙述，关于该生其他未曾列出的事实，以便本校当局去指引该生前途之进步。

注意：本表未填寄或填而不全者，入学考试成绩，概不予审查。

附录3：齐鲁大学入学试题[①]

齐鲁大学1916年常年考数学问题

一　今有一数以5、6、7、8、9、10除之，皆余一。问此数最少几何？

二　设有一亭，长二十一尺六寸，宽十七尺六寸，以方砖铺之，长宽适宜，并无奇零。问方砖边长几何？

三　王姓将所有之银用去2/3，后又用去1/3元，于是净剩银21元。问原有银几何？

四　日本东京在革尔尼城以东$139°44'30''.3$。问其时辰相差几何？

五　设有圆田，周围长320丈，径102丈。问有亩数若干？

六　今有长方田，面积45 225方步，长比宽多24步，问长宽各若干？

七　今有7/8之3又3分之2，除以5/6之2又7分之4，等于若干？

八　设某人共有树24 389株，只知其园数与每园之行数与每行之株数亦相同。问此人有园若干？

九　周吴二个合伙为商，周出本银2 500元，吴出本银2 000元，若共得利银900元。问各分利银几何？

十　设有三等酒，其每瓶之价银为1.2元、1.8元、2.3元。问此三等酒各用几瓶，并加水几瓶，始令所兑酒卖1.5元一瓶？

齐鲁大学1924年预科西史试题

一　试述古代希腊之宗教。

二　略言回教之缘起及传布。

三　在中世纪时，教皇如何得大权。

四　详述路德及喀尔文之事迹。

五　马哥孛罗为谁，曾往何国。

六　法国革命之经济原因为何，解明之。

七　普法之战原因为何。

八　林肯为谁，详述其事迹。

九　比较德意志与意大利统一之异同。

十　欧洲大战主要原因为何。

[①] 山东省档案馆馆藏：齐鲁大学档案 J109-02-11。

附录4：辅仁大学入学试题[①]

辅仁大学二十八年度（1939年）试题

国　文

一、作文题（文言白话不拘）　自一身以至于天下国家皆学问之事论

二、翻译题　将后面的一段翻成语体文

魏有隐士曰侯嬴年七十为大梁夷门监者公子闻之往请欲厚遗之不肯受曰臣修身洁行数十年终不以监门困故而受公子财公子于是乃置酒大会宾客坐定公子从车骑虚左自迎夷门侯生侯生摄弊衣冠直上载公子上坐不让欲以观公子公子执辔愈恭侯生又谓公子曰臣有客在市屠中愿枉车骑过之公子引车入市侯生下见其客朱亥睥睨故久立与其客语微察公子公子颜色愈和

（一）两篇须全作，并自加符号标点，不完卷者不阅。

（二）翻译题只写翻译二字，不必录全文。

（三）用墨笔缮写清楚，如用钢笔铅笔者不阅。

（四）交卷时将题纸夹在卷内同缴。

历　史

一、问西洋史上三十年战争之远近因为何？参加战争者有何国？结果如何？

二、问十八世纪时波兰国被瓜分之原因为何？

三、问何谓三玄？魏晋时期清谈由何而起？其流弊若何？

四、问何谓理学？理学至宋始盛之原因有几？

地　理

一、问美梭不达米亚（Mesopotamia）地方四周界邻何国？欧战以后有何新国家起于其地？最大都市何名？最要出产如何？

二、问波罗的海东岸有何新兴国家？各国属何民族？历史文化背景若何？

三、问河淮间有何重要都会？试详举之，并各言其地位形势。

四、问中国全国北部中部及南部之气候若何？试略言之。

[①] 北京大学图书馆馆藏：《辅仁大学入学试题》，二十六年度至二十八年度（1937-1939）。

书　法
大楷　临唐碑一纸　小楷　临晋唐小楷一纸
绘　画
山水　夏日山居图　花卉　岁寒图

附录5：燕京大学1946年入学试题①

燕京大学本科一年级入学考试
民国三十五年度
常识测验

　　I. 将下列各横线上空白处填入适当字句。例如：我国产钨最多的是<u>江西省</u>。

1. 先秦诸子的九流是_____ _____ _____ _____ _____ _____ _____ _____ _____。
2. 日本降服后，我国饥荒最严重的四省是_____ _____ _____ _____。
3. 史前时期可分为_____ _____两个时期。
4. 希腊最著名的两个市邦是_____ _____。
5. 今年一月间国内最重要的会议是_____。
6. 宋神宗变法，新派首领是_____，旧派首领是_____。
7. 经学今古文之争，所谓今文是_____，古文是_____。
8. 西洋的字母是自_____输入，宗教是自_____人传入。
9. 国共停战协定由_____ _____ _____三人签字。
10. 今年六月间在南京开的国际会议是_____。
11. 罗马史分_____ _____两大时期。
12. 五代时候的十国是_____。
13. 陇海路现在东已修至_____，西已修至_____。
14. 西洋民主制度始于_____，成文宪法始于_____。
15. 国府在_____年_____月_____日还都。
16. 波罗底海滨有_____ _____ _____ _____四国。

---

① 北京大学档案馆馆藏：燕京大学档案 YJ1946054。

17. 我国现有二京一都，二京是_____ _____，一都是_____。
18. 军事调处执行部由_____ _____ _____三人负责。
19. 世界二次大战欧洲方面起于_____年_____月_____日德国进攻波兰；终于_____年_____月_____日德国投降。
20. 日本大量吸收中华文化是在我国_____朝，初次大举侵犯中华是在我国_____朝。

Ⅱ．将下面空白地图依照数码把省区和城市名称写下来。例如：○外蒙古

共要求填写36个省区名，14个城市名。（全国地图略）

附录6：福建协和大学入学试题[①]

福建协和大学1947年英语试题

F. C. U. Entrance Examination in English Summer, 1947

Ⅰ. Correct any words that are misspelled:
   eight friend recieve believe destroy
   writting dining meating grammar

Ⅱ. Change these sentences a) to present tense b) to perfect tense
   1. The student wrote a good composition.
   2. I spoke too quickly.
   3. The dog lay beside the fire.
   4. The workmen wore old clothes.

Ⅲ. Fill the blanks with prepositions.
   1. _____ four o'clock _____ Tuesday the ship will sail.
   2. This book is different _____ that.
   3. Are you afraid _____ taking examinations?
   4. The bus runs _____ The big gate.
   5. I have no time to wait _____ you.

Ⅳ. Change these quotations from the direct to the indirect form:
   1. He asks me: "Where are you going?"

---

① 福建省档案馆馆藏：福建协和大学档案，档案号5-1-231。

2. I said to him: "This is not your business."

3. You told your mother: " I have failed in my work."

V. Fill these blanks with the right word.

1. If (its or it's) raining an umbrella is needed.

2. The cat washes (its or it's) paws.

3. My father is taller than (I or me).

4. When you go abroad, you will need (much or many) money.

5. Are you willing to (lend or borrow) me your new book?

6. Please go to the Dean's office and (bring or take) this letter.

VI. Write sentences using:

1. an adjective phrase   2. an adjective clause

3. an adverb phrase   4. an adverb clause

(Underline your examples)

VII. Change these sentences to the plural number:

1. This boy is growing up to be a man.

2. Everyone knows what he should do.

3. This child is wiser than his father.

VIII. Change these sentences to the active voice:

1. The matter is not understood by my friend.

2. The bowl was broken by the careless servant.

3. The news has not been reported in the papers.

IX. Find the adverb in each sentence, and tell what part of speech it modifies:

1. The work is completely wrong.

2. He writes English very well.

3. Quinine cured my malaria quickly.

X. Complete these sentences:

1. Although the weather is not good _____.

2. No one can tell whether _____.

3. This is the gentleman whom _____.

Write a short story with this beginning: A brother and sister, John and Mary Lin, come to the F. C. U. to take the entrance examinations.

Mary is not to so well prepared as John, and asks him to help her answer the questions.

Write the end of the story to suit yourself.

附录7：燕京大学1949年入学试题[①]

燕京大学入学试验　　　　　　　分数
社会科学试题　　　　　　　　　第一部_____
中华民国三十八年八月二十三日　第二部_____
　　　　　　　　　　　　　　　共　计_____
　　　　　　　　　　　　　　　第三部_____

考生注意事项：

（一）本试题分为三部，时限共为两小时。

（二）先作第一第二两部，如有剩余时间再作第三部。

（三）第一部共五十题，每题有四个答案，由考生选择一个正确的答案。举例如下：

新疆省在中国的　　　　　　　　　　　　　　　　（　　）。

（1）东北部　　（2）东南部　　（3）西北部　　（4）西南部

本题所列的四个答案中，只有第三个是正确的，应在题后括弧内填上一个3字。

（四）第二部共二十六题，各由考生填充空白。举例如下：

中国第一部编年史是_____所修的_____。

此题填充后，成为：中国第一部编年史是<u>孔子</u>所修的<u>春秋</u>。

（五）第一第二两部试题，不答与误答者均不给分，但亦不减扣分数。

（六）第三部有二题，由考生任选其一，作短文一篇。

第一部

1. 北京人的年代约在公元前 …………………………………（　　）。

（1）三千年　　（2）三万年　　（3）五万年　　（4）五十万年

2. 非洲南部的土著人种是 ……………………………………（　　）。

（1）印第安人　（2）尼格罗人　（3）高加索人　（4）鞑靼人

[①] 北京大学档案馆馆藏：燕京大学档案 YJ19490051。

3. 通古斯族的居留地在中国的 ……………………………………（ ）。
   (1) 东北部   (2) 西北部   (3) 西南部   (4) 东南部
4. 生物进化论的发明者是 ………………………………………（ ）。
   (1) 黑格尔   (2) 马克斯   (3) 马尔萨斯   (4) 达尔文
5. 由原始共产社会跟着就发展到 ………………………………（ ）。
   (1) 奴隶社会   (2) 封建社会
   (3) 资本主义社会   (4) 社会主义社会
6. 社会发展的最终目标是 ………………………………………（ ）。
   (1) 资本主义社会   (2) 共产主义社会
   (3) 社会主义社会   (4) 新民主主义社会
7. 社会进化的基本因素是由于 …………………………………（ ）。
   (1) 物质生活条件的改变   (2) 地理环境的改变
   (3) 社会制度的改变   (4) 思想观念的改变
8. 目前社会阶级中最富革命性的是 ……………………………（ ）。
   (1) 资产阶级   (2) 农民阶级   (3) 工人阶级   (4) 知识阶级
9. 目前人民政府对侨汇的政策是 ………………………………（ ）。
   (1) 禁止的   (2) 加以节制的
   (3) 欢迎的   (4) 不问不闻的
10. 现在华北人民政府最关心的农作物是…………………………（ ）。
    (1) 麻   (2) 棉   (3) 麦   (4) 米
11. 人民政府鼓励工人增产的主要方式是…………………………（ ）。
    (1) 增加工资   (2) 增加配给
    (3) 减少工作时间   (4) 发动劳动竞赛
12. 季米特洛夫是……………………………………………………（ ）。
    (1) 保加利亚人 (2) 苏联人   (3) 南斯拉夫人 (4) 芬兰人
13. 我国东北主要出口商品是………………………………………（ ）。
    (1) 盐   (2) 大豆   (3) 丝   (4) 羊毛
14. 中国重工业的中心是……………………………………………（ ）。
    (1) 华中   (2) 华南   (3) 东北   (4) 华北
15. 新民主主义的土地政策是………………………………………（ ）。
    (1) 成立集体农场   (2) 成立国营农场
    (3) 容许大地主存在   (4) 耕者有其田

16. 新中国的国旗是……………………………………………（   ）。
(1) 红旗   (2) 斧头镰刀旗
(3) 五角星八一旗   (4) 尚未规定

17. 鸦片战争发生于…………………………………………（   ）。
(1) 1840 年   (2) 1842 年   (3) 1856 年   (4) 1860 年

18. 外来宗教首先传入中国者为……………………………（   ）。
(1) 祆教   (2) 佛教   (3) 回教   (4) 基督教

19. 多数社会史学家认为周代社会是………………………（   ）。
(1) 原始共产社会   (2) 奴隶社会
(3) 初期封建社会   (4) 专制主义的封建社会

20. 明初赋税制度是…………………………………………（   ）。
(1) 租庸调法   (2) 两税法
(3) 一条鞭法   (4) 地丁合一法

21. 戊戌变政的领导人物是…………………………………（   ）。
(1) 袁世凯   (2) 李鸿章   (3) 康有为   (4) 左宗棠

22. 古罗马人对世界文明的贡献是…………………………（   ）。
(1) 哲学   (2) 自然科学   (3) 政治法律   (4) 文学艺术

23. 维也纳会议的领导人物是………………………………（   ）。
(1) 拿破仑   (2) 纳尔逊   (3) 威灵吞   (4) 梅特涅

24. 1832 年，英国制定大改革法，由此获得选举权的是……（   ）。
(1) 贵族阶级   (2) 工人阶级
(3) 新兴资产阶级   (4) 妇女

25. 西洋中古时代与近代的分界是…………………………（   ）。
(1) 476 年   (2) 800 年   (3) 1492 年   (4) 1789 年

26. 十九世纪世界最强大的国家是…………………………（   ）。
(1) 俄国   (2) 美国   (3) 英国   (4) 德国

27. 1935 年，德国纳粹向外发展是为了……………………（   ）。
(1) 重新占领莱因河区域   (2) 收复萨尔煤田区域
(3) 德奥合并   (4) 挑动西班牙内战

28. 苏联目前的社会是………………………………………（   ）。
(1) 共产主义社会   (2) 新民主主义社会
(3) 社会主义社会   (4) 资本主义社会

29. 苏联现任外交部长是……………………………………（   ）。
(1) 莫洛托夫   (2) 维辛斯基   (3) 哥罗米柯   (4) 朱可夫
30. 苏联的加盟共和国现有……………………………………（   ）。
(1) 七个   (2) 十一个   (3) 十六个   (4) 二十个
31. 共产党宣言发表于…………………………………………（   ）。
(1) 1815 年   (2) 1830 年   (3) 1848 年   (4) 1871 年
32. 斯大林是……………………………………………………（   ）。
(1) 苏联的大总统   (2) 苏联部长会议主席
(3) 苏联最高苏维埃主席   (4) 全苏联苏维埃大会主席
33. Comintern 是 ……………………………………………（   ）。
(1) 第三党   (2) 第一国际   (3) 克里姆林宫 (4) 共产国际
34. 恩格斯是…………………………………………………（   ）。
(1) 英国人   (2) 俄国人   (3) 德国人   (4) 犹太人
35. Thomas Hobbes 是 ………………………………………（   ）。
(1) 英国的哲学家   (2) 美国的政治家
(3) 德国的军事家   (4) 法国的艺术家
36. 工业革命（或称产业革命）首先发生于…………………（   ）。
(1) 德国   (2) 俄国   (3) 美国   (4) 英国
37. 德国国社党在理论上号召…………………………………（   ）。
(1) 谋求日耳曼民族的发展   (2) 德皇室复辟
(3) 国家至上   (4) 平均财富
38. 新西兰现为………………………………………………（   ）。
(1) 美国殖民地   (2) 英国自治领
(3) 独立国家   (4) 英美荷诸国军事占领区域
39. 意大利现为………………………………………………（   ）。
(1) 君主立宪国家   (2) 君主独裁国家
(3) 民主共和国家   (4) 英美苏诸国军事占领区域
40. 比利时目前为……………………………………………（   ）。
(1) 君主立宪国家   (2) 君主独裁国家
(3) 民主共和国家   (4) 联邦共和国家
41. 延安位于…………………………………………………（   ）。
(1) 长城以南，黄河以北   (2) 长城以南，渭水以北
(3) 长城以南，阴山以北   (4) 渭水以南，秦岭以北

42. 南斯拉夫的京城是…………………………………………（　）。
(1) 布达佩斯　　　　　　(2) 布加勒斯多
(3) 索菲亚　　　　　　　(4) 柏尔格刺德

43. Oslo 是………………………………………………………（　）。
(1) 芬兰的京城　　　　　(2) 瑞典的京城
(3) 挪威的京城　　　　　(4) 丹麦的京城

44. 世界多数国家的中央议会行………………………………（　）。
(1) 一院制　(2) 两院制　(3) 四院制　(4) 五院制

45. 中国共产党成立于………………………………………（　）。
(1) 民国八年　　　　　　(2) 民国十年
(3) 民国十三年　　　　　(4) 民国十六年

46. 中共红军二万五千里长征之出发点是…………………（　）。
(1) 安徽　　(2) 江西　　(3) 浙江　　(4) 江苏

47. "一二九"青年革命运动发生于…………………………（　）。
(1) 民国四年　　　　　　(2) 民国十四年
(3) 民国二十四年　　　　(4) 民国三十四年

48. 乌江（河名）在…………………………………………（　）。
(1) 苏皖境内　　　　　　(2) 闽浙境内
(3) 豫鄂境内　　　　　　(4) 黔川境内

49. 多瑙河注入……………………………………………（　）。
(1) 北海　　(2) 地中海　　(3) 黑海　　(4) 里海

50. 斯大林格勒位于…………………………………………（　）。
(1) 乌拉河畔　　　　　　(2) 伏尔加河畔
(3) 顿河畔　　　　　　　(4) 聂伯尔河畔

第二部

51. 召集新政协的目标在建立＿＿＿＿政府。

52. 马克斯治学的方法是＿＿＿＿。

53. 家庭，私有财产及国家的起源一书的著者是＿＿＿＿。

54. 国家与革命一书的著者是＿＿＿＿。

55. 现在日本的首相是＿＿＿＿。

56. 英国现在由＿＿＿＿当政。

57. 生产方式包括生产力与＿＿＿＿。

58. 外汇交易场所设于_____银行内。
59. 苏联石油主要生产地在_____一带。
60. 新民主主义的政体是_____。
61. "苏维埃"这个名词在俄文中本来是_____的意思。
62. 清末所谓代表全国民意的机关是_____。
63. 宪法之修改程序较普通法律之修改程序为繁难者称_____。
64. 人类社会发展史中，使用磨光石器的时代称为_____时代。
65. 共产主义的经济分配原则是各尽所能，各取所_____；社会主义的经济分配原则是_____。
66. 劳动者工资普通计算方法有：
    (1) _____
    (2) _____
67. 公历第八世纪当中国的_____代，
    公历第十五世纪当中国的_____代。
68. 根据马关条约，中国割让于日本的土地有：
    (1) _____
    (2) _____
69. UNO 中国译称_____，成立于_____年。
70. 资本家增加剩余价值的方法普通是：
    (1) _____
    (2) _____
    (3) _____
71. 民国初年领导北洋系实力派的三巨头是：
    (1) _____
    (2) _____
    (3) _____
72. 新民主的中国在现在阶段，四个阶级的人民团结起来建立自己的国家，这四个阶级是
    (1) _____
    (2) _____
    (3) _____
    (4) _____

73. 最近我国恢复并发展生产，需要贯彻四方八面政策。四方八面是
  (1) _____
  (2) _____
  (3) _____
  (4) _____

74. 我国少数民族之分布：
  (1) 在广西有 _____
  (2) 在贵州有 _____
  (3) 在云南、四川有 _____
  (4) 在海南岛有 _____

75. 1917年，俄国革命时期的重要政党有：
  (1) _____
  (2) _____
  (3) _____
  (4) _____

76. 共产主义的四大领袖是：
  (1) _____
  (2) _____
  (3) _____
  (4) _____

第三部

就下列二题，任选其一，作短文一篇，文言白话不拘：
  (1) 人类社会如何发展？
  (2) 新旧民主主义之区别。

参考文献

一、史料和著作

[1] Archives of United Board of Christian Higher Education in Asia. 华中师范大学教会大学研究中心藏. 亚洲基督教高等教育联合董事会档案（缩微胶卷，简称 AUBCHEA）[A]. Yale Divinity School Library, Series Ⅳ-Box 108-303, 1922-1923, 1927-1928, 1930, 1938-1945.

[2] 北京大学图书馆，北京大学档案馆馆藏. 燕京大学档案 [A]. 燕京大学. 1924, 1926, 1937, 1938, 1940, 1947-1950.

[3] 北京师范大学档案馆，北京大学图书馆馆藏. 辅仁大学档案 [A]. 1925, 1937-1939, 1942.

[4] 山东省档案馆馆藏. 齐鲁大学档案 [A]. 齐鲁大学，1882-1951.

[5] 福建省档案馆馆藏. 福建协和大学档案 [A]. 福建协和大学，1933-1934.

[6] 福建省档案馆馆藏. 华南女子文理学院档案 [A]. 华南女子文理学院，1934, 1940.

[7] 华中师范大学档案馆馆藏. 华中大学档案 [A]. No. 48, 206, 223-224, 314-316, 401, 458, 559.

[8] 申报 [N]. 1919-1952.

[9] 燕京大学校刊 [J]. 燕京大学，Vol. 5, No. 7, 1932.

[10] 平西报 [N]. 1932-02-14, 1934-03-07, 1934-03-14.

[11] 燕京报 [N]. 燕京大学，1933-03-16, 1933-04-18.

[12] 燕京新闻 [N]. 燕京大学，1934-12-11, 1935-01-31, 1936-03-13, 1936-05-01, 1937-03-26.

[13] 燕京新闻成都版 [N]. 燕京大学，1942-12-19，1943-12-11，1945-05-23，1945-06-13.

[14] 燕京半月刊 [J]. 燕京大学，Vol. 1 No. 1，1937-04-15.

[15] 协大校刊 [J]. 福建协和大学，Vol. 29，No. 1，1947-11-15.

[16] 协大消息 [J]. 福建协和大学，Vol. 29，No. 15，1934.

[17] 协大学生 [J]. 福建协和大学，1934.

[18] 私立福建协和大学二十五周年纪念册 [G]. 福建协和大学，1941.5.

[19] 齐大季刊 [J]. 齐鲁大学，1932（12）-1935（6）.

[20] 金陵大学校刊 [J]. 金陵大学，1948-09-30，1948-11-13.

[21] 学务杂志 [J]. 光绪三十二年八月.

[22] 教育部. 第一次中国教育年鉴（第二册 丙编：教育概况 上）[M]. 上海：开明书店，1934.

[23] 李楚材. 帝国主义侵华教育史资料：教会教育 [M]. 北京：教育科学出版社，1987.

[24] 舒新城. 中国近代教育史资料 [M]. 北京：人民教育出版社，1981.

[25] Chinese Christian Education—A Report of A Conference Held in New York City: Foreign Missions Conference of North America [C]. April 6th, 1925.

[26] 陈学恂. 中国近代教育史教学参考资料：下册 [M]. 北京：人民教育出版社，1987.

[27] Educational Review [J]. The Educational Association of China（中国教育会），Vol. 2, No. 6, 1909; Vol. 3, No. 7, 1910; Vol. 3, No. 9, 1910; Vol. 4, No. 9, 1911; Vol. 8, No. 2, 1916.

[28] 中央日报 [N]. 1931-06-03.

[29] 中华教育界 [J]. Vol. 18, No. 6.

[30] 南京大学高教研究所校史编写组. 金陵大学史料集 [M]. 南京：南京大学出版社，1989.

[31] 王国平，等. 东吴大学史料选辑 [M]. 苏州：苏州大学出版社，2010.

[32] 学府纪闻：私立辅仁大学 [M]. 台北：南京出版有限公司，1982.

[33] 学府纪闻：私立燕京大学 [M]. 台北：南京出版有限公司，1982.

[34] 张玮瑛，王百强，钱辛波. 燕京大学史稿（1919—1952）[M]. 北京：

人民中国出版社，2000.

[35] 中华续行委办会调查特委会. 中华归主：中国基督教事业统计：上、中、下 [M]. 北京：中国社会科学出版社，1987.

[36] 中华续行委办会调查特委会. 1901—1920年中国基督教调查资料 [M]. 蔡咏春，等，译. 北京：中国社会科学出版社，2007.

[37] 朱有瓛. 中国近代学制史料：第三辑上 [M]. 上海：华东师范大学出版社，1990.

[38] 朱有瓛，高时良. 中国近代学制史料：第四辑 [M]. 上海：华东师范大学出版社，1993.

[39] 中央教科所教育史研究室. 中华民国教育法规选编 [M]. 南京：江苏教育出版社，1990.

[40] 中国第二历史档案馆编. 中华民国史档案资料汇编：第三辑，教育 [M]. 南京：江苏古籍出版社，1991.

[41] 中国第二历史档案馆. 中华民国史档案资料汇编：第五辑，第二编，教育一 [M]. 南京：江苏古籍出版社，1997.

[42] 中国第二历史档案馆. 中华民国史档案资料汇编：第五辑，第三编，教育一 [M]. 南京：江苏古籍出版社，2000.

[43] 顾明远. 教育大辞典 [M]. 上海：上海教育出版社，1999.

[44] 《交通大学校史》撰写组. 交通大学校史资料选编：第二卷1927-1949 [M]. 西安：西安交通大学出版社，1986.

[45] 袁咏秋，曾季光. 中国历代国家藏书机构及名家藏读传选 [M]. 北京：北京大学出版社，1997.

[46] 刘廷芳. 司徒雷登博士年谱 [M]. 北京：燕京大学，1946.

[47] 上海理工大学档案馆. 沪江大学学术讲演录 [M]. 上海：上海交通大学出版社，2011.

[48] 王光媛. 抗战时期的华西协和大学 [M] // 中国人民政治协商会议四川省成都市委员会文史资料研究委员会. 成都文史资料选辑（总第九辑）（内部发行），1985.

[49] 燕大文史资料编委会. 燕大文史资料：第1辑 [M]. 北京：北京大学出版社，1988.

[50] 燕大文史资料编委会. 燕大文史资料：第3辑 [M]. 北京：北京大学出版社，1990.

[51] 燕大文史资料编委会. 燕大文史资料：第8辑［M］. 北京：北京大学出版社，1994.

[52] 燕京研究院. 燕京大学人物志：第二辑［M］. 北京：北京大学出版社，2002.

[53] 杨学为，朱仇美，张海鹏. 中国考试制度史资料选编［M］. 合肥：黄山书社，1992.

[54] 杨学为. 中国考试史文献集成［M］. 北京：高等教育出版社，2003.

[55] 东吴大学上海校友会，苏州大学上海校友会. 东吴春秋：东吴大学建校百十周年纪念［M］. 苏州：苏州大学出版社，2010.

[56] 邓定人. 中国考试制度研究［M］. 上海：民智书局，1929.

[57] 于信凤. 考试学引论［M］. 沈阳：辽宁人民出版社，1987.

[58] 廖平胜. 考试是一门科学［M］. 武汉：华中师范大学出版社，2003.

[59] 廖平胜. 考试学原理［M］. 武汉：华中师范大学出版社，2003.

[60] 杨学为，廖平胜. 考试社会学问题研究［M］. 武汉：华中师范大学出版社，2003.

[61] 杨学为总主编. 中国考试通史［M］. 北京：首都师范大学出版社，2004.

[62] 刘海峰，等. 中国考试发展史［M］. 武汉：华中师范大学出版社，2002.

[63] 刘海峰. 高考改革的理论思考［M］. 武汉：华中师范大学出版社，2007.

[64] 刘海峰. 高校招生考试制度改革研究［M］. 北京：经济科学出版社，2009.

[65] 张亚群. 科举革废与近代中国高等教育的转型［M］. 武汉：华中师范大学出版社，2005.

[66] 郑若玲. 科举、高考与社会之关系研究［M］. 武汉：华中师范大学出版社，2007.

[67] 杨智磊，王兴亚. 中国考试管理制度史［M］. 郑州：中州古籍出版社，2007.

[68] 杨李娜. 台湾地区大学入学考试制度研究［M］. 武汉：华中师范大学出版社，2008.

[69] 胡向东. 民国时期中国考试制度的转型与重构［M］. 武汉：湖北人民

出版社, 2008.

[70] 唐滢. 美国高校招生考试制度 [M]. 武汉：华中师范大学出版社, 2007.

[71] 王立科. 英国高校招生考试制度研究 [M]. 武汉：华中师范大学出版社, 2008.

[72] 程凯, 王卫东. 考试社会学概论 [M]. 开封：河南大学出版社, 2000.

[73] 贾非. 各国大学入学考试制度比较研究 [M]. 沈阳：辽宁教育出版社, 1990.

[74] 康乃美, 蔡炽昌. 中外考试制度比较研究 [M]. 武汉：华中师范大学出版社, 2002.

[75] 陆震. 中外学校教育考试制度探讨 [M]. 北京：高等教育出版社, 1997.

[76] 罗立祝. 高校招生考试政策研究 [M]. 武汉：华中师范大学出版社, 2007.

[77] 沈兼士. 中国考试制度史 [M]. 台北：台湾商务印书馆, 1995.

[78] 杰西·格·卢茨. 中国教会大学史（1850—1950）[M]. 曾钜生, 译. 杭州：浙江教育出版社, 1987.

[79] 高时良. 教会学校史 [M]. 长沙：湖南教育出版社, 1994.

[80] 吴洪成. 中国教会教育史 [M]. 重庆：西南师范大学出版社, 1998.

[81] 吴梓明. 基督教大学华人校长研究 [M]. 福州：福建教育出版社, 2001.

[82] 吴梓明. 基督宗教与中国大学教育 [M]. 北京：中国社会科学出版社, 2003.

[83] 刘家峰, 刘天路. 抗日战争时期的基督教大学 [M]. 福州：福建教育出版社, 2003.

[84] 德本康夫人, 蔡路得. 金陵女子大学 [M]. 杨天宏, 译. 珠海：珠海出版社, 1999.

[85] 队克勋. 之江大学 [M]. 刘家峰, 译. 珠海：珠海出版社, 1999.

[86] 郭查理. 齐鲁大学 [M]. 陶飞亚, 鲁娜, 译. 珠海：珠海出版社, 1999.

[87] 黄思礼. 华西协合大学 [M]. 秦和平, 何启浩, 译. 珠海：珠海出版

社，1999.

[88] 柯约翰. 华中大学［M］. 马敏，叶桦，译. 珠海：珠海出版社，1999.

[89] 罗德里克·斯科特. 福建协和大学［M］. 陈建明，姜源，译. 珠海：珠海出版社，1999.

[90] 文乃史. 东吴大学［M］. 王国平，杨木武，译. 珠海：珠海出版社，1999.

[91] 王立诚. 美国文化渗透与近代中国教育：沪江大学的历史［M］. 上海：复旦大学出版社，2001.

[92] 张宪文. 金陵大学史［M］. 南京：南京大学出版社，2002.

[93] 朱峰. 基督教与近代中国女子高等教育：金陵女大与华南女大比较研究［M］. 福州：福建教育出版社，2002.

[94] 王国平. 博习天赐庄——东吴大学［M］. 石家庄：河北教育出版社，2003.

[95] 王国平. 东吴大学简史［M］. 苏州：苏州大学出版社，2009.

[96] 孙邦华. 会友贝勒府——辅仁大学［M］. 石家庄：河北教育出版社，2003.

[97] 张安明，刘祖芬. 江汉县华林——华中大学［M］. 石家庄：河北教育出版社，2003.

[98] 孙海英. 金陵百屋房——金陵女子大学［M］. 石家庄：河北教育出版社，2004.

[99] 谢必震. 香飘魏歧村——福建协和大学［M］. 石家庄：河北教育出版社，2004.

[100] 张丽萍. 相思华西坝——华西协合大学［M］. 石家庄：河北教育出版社，2004.

[101] 黄涛. 大德是钦：记忆深处的福建协和大学［M］. 北京：中国大百科全书出版社，2007.

[102] 徐以骅. 教会大学与神学教育［M］. 福州：福建教育出版社，1999.

[103] 徐以骅，韩信昌. 海上梵王渡——圣约翰大学［M］. 石家庄：河北教育出版社，2003.

[104] 徐以骅. 上海圣约翰大学（1879—1952）［M］. 上海：上海人民出版社，2009.

[105] 张连红. 金陵女子大学校史 [M]. 南京：江苏人民出版社，2005.

[106] 徐乃乾，北京辅仁大学校友会编. 北京辅仁大学校史 1925—1952 [M]. 北京：中国社会出版社，2005.

[107] 熊月之，周武. 圣约翰大学史 [M]. 上海：上海人民出版社，2007.

[108] 徐海宁. 中国近代教会女子大学办学研究——以金陵女子大学为个案 [M]. 南京：南京师范大学出版社，2008.

[109] 阎玉田. 踞柝津之阳——天津工商大学 [M]. 北京：人民出版社，2010.

[110] 北洋大学—天津大学校史编辑室. 北洋大学—天津大学校史：第一卷（1895—1949）[M]. 天津：天津大学出版社，1995.

[111] 陈国钦，袁征. 新史学：瞬逝的辉煌岭南大学六十四年 [M]. 广州：广东人民出版社，2008.

[112] 辅仁大学校友会编委会，《风云录》编辑组. 风云录 [M]. 北京：北京师范大学出版社，1985.

[113] Jerome Oetgen. 北京辅仁大学创办史：美国本笃会在中国（1923—1933）[M]. 张琰，译. 台北：辅仁大学出版社，2001.

[114] 辅仁大学校友会. 辅仁往事：1—5辑 [M]. 北京：辅仁大学校友会，2006—2010.

[115] 华西史编委会. 华西医科大学校史 [M]. 成都：四川教育出版社，1990.

[116] 《交通大学校史》撰写组. 交通大学校史资料选编：第二卷 1927—1949 [G]. 西安：西安交通大学出版社，1986.

[117] 《民国丛书》编辑委员会. 科学与人生观 [M]. 上海：上海书店出版社，1989.

[118] 汪文汉. 华中师范大学校史 1903—1993 [M]. 武汉：华中师范大学出版社，1993.

[119] 汪征鲁. 福建师范大学校史：上 [M]. 北京：中国大百科全书出版社，2007.

[120] 章开沅. 文化传播与教会大学 [M]. 武汉：湖北教育出版社，1996.

[121] 章开沅，马敏. 社会转型与教会大学 [M]. 武汉：湖北教育出版社，1998.

[122] 潘懋元. 潘懋元论高等教育 [M]. 福州：福建教育出版社，2000.

[123] 潘懋元. 中国高等教育百年 [M]. 广州：广东高等教育出版社，2003.
[124] 潘懋元. 新编高等教育学 [M]. 北京：北京师范大学出版社，2009.
[125] 田正平. 中外教育交流史 [M]. 广州：广东教育出版社，2004.
[126] 刘述礼，黄延复. 梅贻琦教育论著选 [M]. 北京：人民教育出版社，1993.
[127] 王聿均，孙斌. 朱家骅先生言论集 [G]. 台北：台北近代史研究所，1977.
[128] 高平叔. 蔡元培教育文选 [M]. 北京：人民教育出版社，1980.
[129] 史静寰. 狄考文和司徒雷登在华教育活动 [M]. 台北：台北文津出版社，1991.
[130] 史静寰. 狄考文与司徒雷登——西方传教士在华教育活动研究 [M]. 珠海：珠海出版社，1999.
[131] 史静寰，王立新. 基督教教育与中国知识分子 [M]. 福州：福建教育出版社，2000.
[132] 程斯辉，孙海英. 厚生务实 巾帼楷模——金陵女子大学校长吴贻芳 [M]. 济南：山东教育出版社，2004.
[133] 王运来. 诚真勤仁 光裕金陵——金陵大学校长陈裕光 [M]. 济南：山东教育出版社，2004.
[134] 孙邦华. 身等国宝 志存辅仁——辅仁大学校长陈垣 [M]. 济南：山东教育出版社，2004.
[135] 李跃森. 司徒雷登传 [M]. 北京：中国广播电视出版社，2004.
[136] 金一虹. 吴贻芳的教育思想与实践 [M]. 南京：江苏人民出版社，2005.
[137] 罗义贤. 司徒雷登与燕京大学 [M]. 贵阳：贵州人民出版社，2005.
[138] 丹尼尔 W. 费舍. 狄考文传 [M]. 关志远，等译. 南宁：广西师范大学出版社，2009.
[139] 陈垣. 陈垣全集（全23册）[M]. 合肥：安徽大学出版社，2009.
[140] 司徒雷登. 在华五十年 [M]. 常江，译. 海口：海南出版社，2010.
[141] 石建国. 卜舫济传记 [M]. 北京：社会科学文献出版社，2011.
[142] 张亚群. 自强不息 止于至善——厦门大学校长林文庆 [M]. 济南：

山东教育出版社，2012.

[143] 陈独秀. 今日之教育方针 [M] //陈独秀著作选：第一卷. 上海：上海人民出版社，1993.

[144] 陈明远. 那时的大学 [M]. 太原：山西人民出版社，2011.

[145] 陈远. 消逝的燕京 [M]. 重庆：重庆出版社，2011.

[146] 阿·叔本华. 叔本华思想随笔 [M]. 韦启昌，译. 上海：上海人民出版社，2005.

[147] 邓立. 吴阶平传 [M]. 杭州：浙江人民出版社，1999.

[148] 费孝通. 论人类学与文化自觉 [M]. 北京：华夏出版社，2004.

[149] 傅林. 百年回眸：中国大学文化研究 [M]. 北京：教育科学出版社，2009.

[150] 顾长声. 传教士与近代中国 [M]. 上海：人民出版社，1991.

[151] 顾长声. 从马礼逊到司徒雷登——来华新教传教士评传 [M]. 上海：上海书店出版社，2005.

[152] 郝平. 无奈的结局：司徒雷登与中国 [M]. 北京：北京大学出版社，2002.

[153] 何晓夏，史静寰. 教会学校与中国教育近代化 [M]. 广州：广东教育出版社，1996.

[154] 侯仁之. 我从燕京大学来 [M]. 北京：生活·读书·新知三联书店，2009.

[155] 黄坤锦. 美国大学的通识教育——美国心灵的攀登 [M]. 北京：北京大学出版社，2006.

[156] 黄新宪. 基督教教育与中国社会变迁 [M]. 福州：福建教育出版社，1996.

[157] 黄宇红. 知识演化进程中的美国大学 [M]. 北京：北京师范大学出版社，2008.

[158] 惠世如. 抗战时期内迁西南的高等院校 [M]. 贵阳：贵州民族出版社，1988.

[159] 霍益萍. 近代中国的高等教育 [M]. 上海：华东师范大学出版社，1999.

[160] 蒋廷黻. 蒋廷黻回忆录 [M]. 北京：东方出版社，2011.

[161] 金以林. 近代中国大学研究 [M]. 北京：中央文献出版社，2000.

[162] 李华兴. 民国教育史 [M]. 上海：上海教育出版社，1997.

[163] 李良明，申富强. 韦卓民年谱 [M]. 武汉：华中师范大学出版社，2010.

[164] 李天纲编校. 万国公报文选 [M]. 北京：生活·读书·新知三联书店，1998.

[165] 李湘敏. 基督教教育与近代中国妇女 [M]. 福州：福建教育出版社，1999.

[166] 李子迟. 大学史记：近代中国的那些大学 [M]. 济南：济南出版社，2010.

[167] 林语堂. 林语堂自传 [M]. 北京：群言出版社，2010.

[168] 刘少雪. 中国大学教育史 [M]. 太原：山西教育出版社，2007.

[169] 约翰 S. 布鲁贝克. 高等教育哲学 [M]. 郑继伟，等译. 杭州：浙江教育出版社，1987.

[170] 胡斯都·L. 冈察雷斯. 基督教思想史 [M]. 南京：译林出版社，2008.

[171] 劳伦斯 A. 克雷明. 美国教育史（3）[M]. 北京：北京师范大学出版社，2002.

[172] 明妮·魏特琳. 魏特琳日记 [M]. 南京师范大学南京大屠杀研究中心，译. 南京：江苏人民出版社，2000.

[173] 爱因斯坦. 爱因斯坦文集：第三卷 [M]. 许良英，等译. 北京：商务印书馆，1979.

[174] 穆子月，许毕基. 大学校长记：那个年代的大学校长们 [M]. 济南：济南出版社，2010.

[175] 宋秋蓉. 近代中国私立大学发展史 [M]. 西安：陕西人民教育出版社，2006.

[176] 孙岳. 吴贻芳纪念集 [M]. 南京：江苏教育出版社，1987.

[177] 谭双泉. 教会大学在近现代中国 [M]. 长沙：湖南教育出版社，1995.

[178] 陶飞亚，刘天路. 基督教会与近代山东社会 [M]. 济南：山东大学出版社，1995.

[179] 陶飞亚. 边缘的历史：基督教与近代中国 [M]. 上海：上海古籍出版社，2005.

[180] 陶飞亚. 基督教大学与国学研究 [M]. 福州：福建教育出版社，1998.

[181] 杨天宏. 基督教与民国知识分子：1922—1927年中国非基督教运动研究 [M]. 北京：人民出版社，2005.

[182] 王炳照主编. 吴霓，胡艳编写. 中国古代私学与近代私立学校研究 [M]. 济南：山东教育出版社，1997.

[183] 王昊. 近代中国大学校长的文化选择 [M]. 天津：天津教育出版社，2010.

[184] 王忠欣. 基督教与中国近现代教育 [M]. 武汉：湖北教育出版社，2000.

[185] 吴雷川. 基督教与中国文化 [M]. 上海：上海古籍出版社，2008.

[186] 李提摩太. 亲历晚清四十五年：李提摩太在华回忆录 [M]. 李宪堂，侯林莉，译. 天津：天津人民出版社，2005.

[187] 纽曼. 大学的理念 [M]. 高师宁，等译. 贵阳：贵州教育出版社，2003.

[188] 喻本伐，熊贤君. 中国教育发展史 [M]. 武汉：华中师范大学出版社，2000.

[189] 张荣芳. 近代之世界学者——陈垣 [M]. 广州：广东人民出版社，2005.

[190] 张书丰. 山东教育通史·近现代卷 [M]. 济南：山东人民出版社，2001.

[191] 郑登云. 中国高等教育史：上 [M]. 上海：华东师范大学出版社，1994.

[192] 郑连根. 昨夜西风：那些活跃在近代中国的传教士 [M]. 北京：中国华侨出版社，2011.

[193] 周一良. 毕竟是书生 [M]. 北京：北京十月文艺出版社，1998.

[194] 邹韬奋. 经历 [M]. 北京：生活·读书·新知三联书店，1979.

[195] 左玉河. 从四部之学到七科之学：学术分科与近代中国知识系统之创建 [M]. 上海：上海书店出版社，2004.

[196] Christian Education and the National Consciousness in China[M]. New York: E.P.Dutton, 1923.

[197] Committee of Reference and Counsel of the Foreign Conference of

North America [M]// Christian Education in China, New York City,1922.

[198] CRESSY E H. Christian Higher Education In China[M]. Shanghai:China Christian Educational Association,1928.

[199] FENN W P. Christian Higher Education in Changing China:1880—1950[M]. Grand Rapids:Wm. B. Eerdmans Publishing Company,1976.

[200] PEAKE G N. Nationalism and Education in Modern China[M].[s. n.],1932.

[201] RIDDER-SYMOENS H De. A History of the Universities in Europe (Vol. Ⅰ):Universities in the Middle Ages[M]. Cambridge:Cambridge University Press,1992.

[202] TWISS G R. Science and Education in China[M].[s. n.],1925.

[203] Yenching University and Sino-Western Relations(1916-1952)[M]. Harvard University Press,1976.

二、论 文

[1] 巨玉霞,张亚群,近代中国教会大学的招生特点[J]. 大学教育科学,2005(3):70-74.

[2] 刘海峰. 高考改革中的两难问题[J]. 高等教育研究,2000(3):36-38.

[3] 刘海峰. 高考改革中的公平与效率问题[J]. 教育研究,2002(12):80-84.

[4] 张亚群. 从单独招考到统一招考——民国时期高校招生考试变革的启示[J]. 中国教师,2005(6):24-26.

[5] 张亚群. 从考"官"到考"学"——废科举后考试文化的变革与传承[J]. 书屋,2005(1):16-20.

[6] 张亚群,虞宁宁. 会通中西 教泽群贤:陈垣高等教育思想特色辨析[J]. 福建师范大学学报:哲学社会科学版,2012(1):150-155.

[7] 郑若玲. 自主招生改革何去何从[J]. 华中师范大学学报:人文社会科学版,2010(7):135-142.

[8] 刘清华. 民国时期高校招生考试与学校教育的关系 [J]. 宁波大学学报: 教育科学版, 2004 (10): 42-47.

[9] 高耀明. 民国时期高校招生制度述略 [J]. 高等师范教育研究, 1997 (4): 69-74.

[10] 房列曙. 民国时期高校考试制度的历史考察 [J]. 安徽师范大学学报: 人文社会科学版, 2004 (3): 363-368.

[11] 杨李娜. 民国时期的大学招考制度及其影响 [J]. 漳州师范学院学报: 哲学社会科学版, 2005 (4): 118-123.

[12] 陈彬莉. 高考制度历史演变轨迹探析 [J]. 山西师大学报: 社会科学版, 2007 (1): 137-140.

[13] 胡向东. 民初学校校内考试制度的建立与实施 [J]. 湖北招生考试, 2008: 49-53.

[14] 张学强, 彭慧丽. 民国时期高校自主招生制度探析——兼论对完善我国当代高校自主招生制度的启示 [J]. 社会科学战线, 2009 (5): 210-216.

[15] 虞宁宁. 中国近代大学招生推荐制的特点与现实思考 [J]. 考试研究, 2011 (3): 34-39.

[16] 虞宁宁. 高校招生"多元录取"的中外实践与启示 [J]. 湖北招生考试, 2011 (8): 44-48.

[17] 虞宁宁. 齐鲁大学"立案"研究 [J]. 当代教育科学, 2010 (1): 52-55.

[18] 宋玉霞. 民国前期教育考试变革之争——基于民国教育期刊的分析 [J]. 中国考试, 2009 (4): 48-52.

[19] 吴江. 民国时期的大学入学考试 [J]. 钟山风雨, 2007 (5): 56.

[20] 王英杰. 浅谈美国高等学校的招生和考试制度 [J]. 比较教育研究, 1983 (3): 52-56.

[21] 李宁, 刘本武. 美国大学招生考试制度的发展及其特点分析 [J]. 高等教育研究, 2008 (3): 73-75.

[22] 黄新宪. 从华南女子大学到华南女子文理学院——对旧中国一所著名教会女子大学的考察 [J]. 教育科学, 1990 (3): 60-65.

[23] 黄新宪. 教会大学与文化变迁 [J]. 高等教育研究, 1996 (1): 82-87.

[24] 黄新宪. 基督教高等教育家林景润教育观探略 [J]. 福建论坛: 人文社会科学版, 2002 (1): 93-99.

[25] Scott R., 游捷, 陈德琼. 林景润与福建协和大学 [J]. 教育评论, 1991 (3): 63-65.

[26] 张书丰. 山东教会学校九十年 [J]. 华东师范大学学报: 哲学社会科学版, 2000 (4): 79-95.

[27] 平欲晓, 张生. 一个教会大学校长的生存状态——陈裕光治理金陵大学评述 [J]. 江西社会科学, 2006 (10): 108-115.

[28] 秦和平. 张凌高与华西协合大学 [J]. 华中师范大学学报: 哲学社会科学版, 1997 (3): 28-33.

[29] 徐海宁. 吴贻芳教育思想的社会学分析 [J]. 高等教育研究, 2007 (4): 92-96.

[30] 陈才俊. 华人掌校与教会大学的"中国化": 以陈裕光执治金陵大学为例 [J]. 高等教育研究, 2008 (7): 97-104.

[31] 项建英. 卜舫济的大学教育思想及办学实践 [J]. 高教探索, 2008 (2): 17-21.

[32] 胡艺华. 金陵女子大学的办学特色初探 [J]. 高校教育管理, 2009 (3): 54-60.

[33] 孙邦华. 论陈垣的大学教育思想 [J]. 天津师范大学学报: 社会科学版, 2011 (5): 69-75.

[34] 范荫荣. 试论人民教育家吴贻芳的教育思想 [J]. 黑龙江高教研究, 2010 (11): 25-27.

[35] 余骏. 卜舫济与司徒雷登治校之道 [J]. 清华大学教育研究, 2010 (3): 119-124.

[36] 傅长禄. 大革命时期收回教育权运动初探 [J]. 史学集刊, 1988 (1): 48-53.

[37] 蒋纯焦. 新时期教会教育研究综述 [J]. 河北师范大学学报: 哲学社会科学版, 1998 (1): 36-41.

[38] 李鹏程. 齐鲁大学办学模式考析 [J]. 临沂师范学院学报, 2002 (4): 108-111.

[39] 李永春. 论近代中国教会女子教育 [J]. 湘潭大学学报: 哲学社会科学版, 1997 (6): 46-48.

[40] 李勇忠,李春华.帝国主义对华的教育侵略与教会学校的二重性[J].江西师范大学学报:哲学社会科学版,1999(2):29-33.

[41] 刘卫,徐国利.胡适论西方在华教会教育[J].安徽大学学报:哲学社会科学版,2005(5):81-86.

[42] 龙伟.教会大学与"地方认知":基于华西协合大学立案的分析[J].宗教学研究,2009(1):192-198.

[43] 卢红飚.近代教会学校的儒学教育[J].教育评论,1998(5):55-56.

[44] 鲁娜.顾颉刚与教会大学[J].上海大学学报:哲学社会科学版,2003(3):82-86.

[45] 孟欢欢,王鹏.吴贻芳女子体育思想管窥[J].教育评论,2011(5):153-155.

[46] 彭益军.近代西方教会与齐鲁大学[J].山东医科大学学报:社会科学版,1999(2):63-65.

[47] 彭益军.齐鲁大学与近代山东医学教育[J].山东医科大学学报:社会科学版,2000(3):59-62,67.

[48] 秦立霞.从传教为主到教育为本——试论近代教会大学角色转变的历史根源[J].江苏高教,2002(1):114-117.

[49] 孙竟昊.西学·西教·近代化——对教会大学在中国及相关问题的思考[J].华东师范大学学报:哲学社会科学版,1995(2):9-13,60.

[50] 刘海燕.浅论教会大学在中国近代高等教育建设中的作用[J].陕西师范大学继续教育学报,2005(1):93-96.

[51] 魏喜龙.大革命时期收回教育权运动的历史意义及其局限性[J].学习论坛,1998(6):43-45.

[52] 吴琼.论中国教会女子高等教育早期发展[J].教育评论,1997(6):50-52.

[53] 吴洪成.中国近代教会高等教育的历史审视[J].社会科学辑刊,2002(5):127-131.

[54] 夏泉,徐天舒.岭南大学经费筹措及其影响因素分析[J].高等教育研究,2004(6):84-88.

[55] 肖朗,项建英.近代教会大学教育学科的建立与发展[J].高等教育研究,2005(4):84-89.

[56] 薛晓建. 论非基督教运动对中国教育发展的影响 [J]. 北京行政学院学报, 2001 (3): 77-81.

[57] 严蓉. 外国教育资源的中国转化——教会大学嬗变的历史考察 [J]. 理工教育研究, 2003 (2): 35-36, 57.

[58] 杨大春. 南京国民政府的教会学校政策述论 [J]. 苏州大学学报: 哲学社会科学版, 1999 (2): 90-96.

[59] 杨家余, 王红岩. 吴贻芳女子高等教育思想述评: 以金陵女子大学为例 [J]. 黑龙江高教研究, 2010 (2): 24-27.

[60] 杨天宏. 二十世纪初基督教传教事业的发展变化与非基督运动的发生 [J]. 四川师范大学学报: 社会科学版, 1993 (4): 103-111.

[61] 余齐昭, 李坚. 钟荣光传略 [J]. 中山大学学报: 社会科学版, 1984 (4): 56-62.

[62] 余子峡. 陶行知与近代中国教会教育 [J]. 河北师范大学学报:教育科学版, 2002 (5): 27-29.

[63] 张永广, 李亚娟. 对民国时期金陵女子大学"女性取向"的体育教育考察 [J]. 妇女研究论丛, 2007 (5): 33-38.

[64] 郑生勇. 教会学校对浙江教育近代化的影响 [J]. 浙江社会科学, 2004 (3): 184-187.

[65] 刘清华. 高考与学校教育的关系研究 [D]. 厦门: 厦门大学, 2003.

[66] 宋浩绚. 基于国家主义的高等学校招生考试制度研究 [D]. 武汉: 华中科技大学, 2009.

[67] 余伟良. 二十世纪的中国学位制度研究 [D]. 长沙: 湖南师范大学, 2008.

[68] 程斯辉. 中国近代大学校长研究 [D]. 武汉: 华中师范大学, 2007.

[69] 崔恒秀. 民国教育部与大学关系之研究 (1912—1937) [D]. 苏州: 苏州大学, 2008.

[70] 章博. 近代中国社会变迁与基督教大学的发展——以华中大学为中心的研究 [D]. 武汉: 华中师范大学, 2006.

[71] 金林祥. 民国西医高等教育研究 (1912—1949) [D]. 上海: 华东师范大学, 2005.

[72] 汪润. "夺取汉学中心"的理念与实践——以《辅仁学志》为中心 [D]. 北京: 北京师范大学, 2009.

[73] 王玮. 中国教会大学科学教育研究（1901—1936）[D]. 上海：上海交通大学，2008.

[74] 王小丁. 中美教育关系研究（1840—1927）[D]. 保定：河北大学，2007.

[75] 肖会平. 基督教高等教育合作组织在华活动研究——从中国共和大学中心办公室到中国基督教大学联合董事会（1922—1951）[D]. 武汉：华中师范大学，2008.

[76] 杨禾丰. 圣约翰大学的校园生活及其变迁（1920—1937）[D]. 上海：复旦大学，2008.

[77] 杨兰英. 教会女子大学在中国社会的历史演变——以金陵女子大学为个案 [D]. 长沙：湖南师范大学，2009.

[78] 赵厚勰. 雅礼会在华教育事业研究（1906—1951）[D]. 武汉：华中师范大学，2006.

[79] 陈功江. 校训：大学个性化之彰显——民国时期知名大学校训研究 [D]. 武汉：华中师范大学，2009.

[80] NORMAN C Howard a history of the Protestant Movement in Shandong Province, China, 1859—1951[D]. England, The University of Buckingham (United Kingdom). Ph. D.

[81] MARJORIE J H. American missions, Chinese realities: an historical analysis of the cross-cultural influences on the development of North China Union Women's College / Yenching Women's College, 1905—1943 [D]. United States-North Carolina, The University of North Carolina at Chapel Hill. Ph. D.

[82] DWAYNE G R College Evangelists and Foreign Missions: the Student Volunteer Movement, 1886—1920[D]. University of California, Davis, Ph. D. , 1988.

[83] VAN PUTTEN J D Christian higher education in China: survey of its historical developments and its contributions to Chinese life [D]. United States—Illinois, University of Chicago, Ph. D. , 1934.

[84] YEH, WEN-HSING. The alienated academy: higher education in Republican China (St. John's University, Shanghai University)[D]. United States-California, University of California, Berkeley. Ph.

D.,1984.

[85] 薛成龙. 近代中国高校招生考试研究 [D]. 厦门：厦门大学，1999.

[86] 彭慧丽. 民国时期高校自主招生制度研究（1912—1949）[D]. 兰州：西北师范大学，2009.

[87] 韩斌. 民国时期大学入学数学考试研究 [D]. 呼和浩特：内蒙古师范大学，2010.

[88] 汪菁. 我国高校自主招生政策评析 [D]. 杭州：浙江大学，2007.

[89] 肖娟群. 我国高校自主招生考试的历史考察与现状研究 [D]. 厦门：厦门大学，2008.

[90] 孙帅. 中国近现代教会大学办学研究 [D]. 长春：东北师范大学，2003.

[91] 韩静. 卜舫济与圣约翰大学 [D]. 上海：华东师范大学，2004.

[92] 黄晓红. 我国女子高等教育的历程及存在问题——来自华南女子学院的个案分析 [D]. 福州：福建师范大学，2004.

[93] 胡凯基. 狄考文在华活动研究 [D]. 北京：清华大学，2006.

[94] 张越. 论陈垣的高等教育管理思想 [D]. 武汉：中南民族大学，2006.

[95] 虞宁宁. "立案"前后中国基督教高等教育的变迁研究 [D]. 济南：山东师范大学，2008.

[96] 郭霞. 林景润校长时期福建协和大学人才培养模式个案研究 [D]. 福州：福建师范大学，2008.

[97] 陈小刚. 司徒雷登的大学管理思想与实践研究 [D]. 西安：陕西师范大学，2008.

[98] 李娟. 华西坝教会五大学联合办学研究 [D]. 昆明：西南大学，2010.

[99] 赵晓兵. 卜舫济办学理念及其教育实践研究 [D]. 保定：河北大学，2010.

[100] 左松涛. 基督教大学学生群体与近代中国社会变迁：以文华、华中大学为讨论中心 [D]. 武汉：华中师范大学，2003.

[101] 陈瑶. 近代女子高等教育与女性发展——以20世纪40年代的私立华南女子文理学院为例 [D]. 北京：北京大学，2007.

[102] 李庆华. 马相伯思想述论 [D]. 济南：山东师范大学，2002.

[103] 张永广. 沟通基督教高等教育与中等教育的桥梁——华中大学教育学院个案研究 [D]. 武汉：华中师范大学，2005.

[104] 朱寿标. 中国知名教会大学校训研究 [D]. 武汉：华中师范大学，2007.

[105] 智力测验的发展[EB/OL]. [2011-12-03]. http://www.pep.com.cn/xgjy/xlyj/xlshuku/hs/yyxl/shuku8/201008/t20100827_814630.htm.

[106] 西学东渐：中国近代报业发展的历史阐释[EB/OL]. [2012-03-22]. 范文先生网 http://www.fwsir.com/wenshi/HTML/wenshi_20081217203248_181951.html.

后　　记

　　大学考试招生制度改革因其高利害性一直备受关注，国家最新出台的深化教育领域综合改革的构想明确提出，要推进考试招生制度改革，从根本上解决一考定终身的弊端。高考改革的推进必然期待相关领域更深入的科学研究，使改革能够在评价与反思历史经验的基础上平稳推进。此时，有幸能将博士论文修改出版，为大学考试招生研究和改革提供一点思考，备感研究的价值体现。

　　回想论文写作及修改的过程，有太多的事值得怀念，有太多的人令我感动，是他们助我在学术的百尺竿头更进一步；是他们为我的学术生活增添温情。

　　首先感谢导师张亚群教授。对学术研究一丝不苟的他，很早就同我们讨论博士论文的选题方向，叮嘱我们在修习课程的同时关注自己的研究兴趣。张老师细心引导我走向学术之门，从文献的检索到史料的搜集，从开题报告的撰写到论文的写作修改，张老师都以其素有的严谨和渊博的学识引导我。每每看到老师发来的电子邮件上时间显示已是深夜时，涌上心头的是无以言表的感动。张老师对我学业的指导和生活的关心，仅用一册论文是断断难以回报的。

　　感谢厦门大学教育研究院学识渊博而平易近人的老师、民主浓厚的学术氛围和亲密和谐的师生关系。耄耋之年的潘懋元先生以他深厚的理论修养和敏锐的判断力为我们打开了高等教育研究的广阔视野。他总是善解人意地给学生更多的引导和鼓励。在课程学习和论文写作过程中，许多问题和困惑都在先生的沙龙上得到有益的启示。刘海峰院长对学术的纯粹热爱、对学生的宽容体谅，以及温文尔雅的大家风范使我欣羡他所达到的学术和人生境界。每每听他的课、参加他的沙龙都让我受益匪浅，在开拓思维的同时，我又增添了许多前进的动力。郑若玲老师在考试研究方面的丰硕成果给了我诸多写作论文的启示,她在开题之初为我提出的许多建议,使我能较为顺利地开展研究。此外,还要感谢宋毅书记、杨广云副院长、王洪才老师、范怡红老师、陈兴德老师、覃红霞老师、冯波老师、肖娟群老师以及其他老师对我学习和生活的关心与帮助。

感谢读硕期间的导师张书丰教授、李忠教授、于洪波教授和金传宝教授对我的肯定和鼓励,希望自己的拙作能不负他们对我的期望。

在搜集论文资料的过程中,受到众多人的帮助,一一感激在心:福建省档案馆里校友师姐的温暖问候;山东省档案馆里几位老师的全力支持;北师大校园里素昧平生的同学为我遮雨;北京大学档案馆的好心保安,以及帮我刷卡打饭的研修生给我的帮助。华中师范大学教会大学研究中心的老师对我的信任和支持,使我以最小的成本获得最丰富的史料,又省却了奔波之苦。在这里向曾在资料搜集过程中帮助过我的徐炳三老师、刘来兵老师、宓雅荣学妹以及其他所有不知姓名的老师和同学致以深深的感谢。

感谢我的朋辈给予我的无私帮助,我可以同他们交流论文写作心得,也可以向他们倾诉写作过程中的苦闷和焦虑,是他们使我在厦门大学的生活更加丰富多彩,充满美好回忆。他们是同学斯日古楞、肖玮萍、马鹏媛、张宁、任丽婵、冯建民、杨院、王琪、李青合、晏成步、周剑清、冯用军、黄茂荣、杨秋兰等;学长车如山、李力、张伟锋;学妹汪洋、郑丽、刘磊;学弟曾华、闫志军、党廷军、李雄鹰、李木洲等。

最后,要深深地感谢我的家人。他们的鼓励和支持永远是不可或缺的。父母、公婆、先生、孩子给予我无限的宽容、支持与鼓励。这份感激是无法用语言表达的,将激励我不断前行。

学术追求是无止境的,满载着老师、同学、朋友、家人的期待和鼓励,我将不断进取,努力创新。

虞宁宁
2014年10月于济南大学